Alexander Schug

„Deutsche Kultur" und Werbung Studien zur Geschichte der
Wirtschaftswerbung von 1918 bis 1945

erschienen in der Reihe Q-Serie der Humboldt-Universität zu Berlin

Alexander Schug

„Deutsche Kultur" und Werbung

Studien zur Geschichte der Wirtschaftswerbung von 1918 bis 1945

Bibliografische Information der Deutschen Nationalbibliothek
Die Deutsche Bibliothek verzeichnet diese Publikation in der
Deutschen Nationalbibliographie; detaillierte bibliografische Daten sind im
Internet über http://www.d-nb.de abrufbar.

 2011 Humboldt-Universität zu Berlin

Diese Publikation ist als elektronische Publikation abrufbar:
http://nbn-resolving.de/urn:nbn:de:kobv:11- 100110941

Vorwort

Ich werde es kurz halten und bitte um Verzeihung bei denen, die an dieser Stelle eine ausführlichere Danksagung erwartet hätten.

Ich danke vor allem meinem Doktorvater Prof. Dr. Wolfgang Hardtwig für die geduldige Unterstützung und das Gewährenlassen, das ich als große Freiheit erfahren habe. Prof. Dr. Erhard Schütz gilt mein Dank für die Zweitbegutachtung. Die Arbeit ist dank der großzügigen Unterstützung durch die Graduiertenförderung der Konrad-Adenauer-Stiftung zustande gekommen.

Allen meinen Freunden, Arbeitskollegen von der Vergangenheitagentur (und hier insbesondere Dr. Hilmar Sack) sowie meinen Eltern sei herzlich für die Unterstützung während der Arbeit an der Dissertation gedankt, die sich länger hinzog als gedacht. Meine Großmutter Erika Greczmiel hat den Zeitpunkt der Fertigstellung nicht mehr erlebt. Ihr hatte ich das erste gedruckte Exemplar versprochen; dieses Buch sei ihr gewidmet.

Inhaltsverzeichnis

1 Einleitung und Fragestellung   1

    Zur Einführung: Über die kulturellen Machtverhältnisse im klassischen Zeitalter der Moderne   1

    Fragestellung   3

    Begriffsdefinitionen: Werbung, Nation, Kultur, Oberfläche   4

    Aufbau der Arbeit   16

    Quellen   18

    Forschungsstand: Werbung und Geschichtswissenschaft   20

    Methodologische Überlegungen   24

2 Der kultur- und wirtschaftshistorische Rahmen des Werbediskurses   37

    „Entseelung" des Lebens? Werbung und die Kultur des Kapitalismus 37

    Heimatschutz und die Konservierung traditioneller Bilder der Nation 64

    Der Deutsche Werkbund als Katalysator „deutscher Oberflächengestaltung"   73

    Der kulturelle Repräsentationsanspruch der Werbefachleute   85

    Die Kreativen in der Werbung als Konstrukteure deutscher Bildkultur   104

    Die Ausweitung der Werbezone   118

3 Werbung als Signum der Moderne in der Weimarer Republik   131

    Die Ausgangssituation   131

    Der Geist der Weimarer Werbung und die Werbepolitik der 1920er Jahre   135

    „Reklame schafft erst die moderne Welt!"   142

    Ikone des Fortschritts: „Amerika" und die deutsche Werbebranche 158

4 Werbung als politisches Instrument im Nationalsozialismus · 173

Die Ausgangssituation · 173

Der „Geist des neuen Deutschland" in der Werbung · 192

Wirtschaftspropaganda und Verbrauchslenkung 1933 bis 1939 · 226

Werbung in der Kriegswirtschaft · 234

Exkurs: Hitler als werblich inszenierte Marke · 250

5 Werbegestaltung, Konsumideologie und nationale Bildkultur · 265

Grundsätze der Werbegestaltung in der Weimarer Republik · 265

Grundsätze der Werbegestaltung im Nationalsozialismus · 272

Verallgemeinerte Grundsätze der Werbegestaltung · 280

Fallbeispiele: Werbewelten von 1918 bis 1939 · 282

6 Schlussbetrachtungen · 311

Zusammenfassung der Ergebnisse · 311

Schlussfolgerungen · 317

Quellen und Literatur · 321

Zusammenfassung

Die Arbeit präsentiert die Geschichte der modernen Wirtschaftswerbung in der ersten Hälfte des 20. Jahrhunderts und zeigt, dass Werbung trotz kultureller Barrieren die Alltagswelten der Deutschen kolonialisierte und Einfluss auf die „deutsche Kultur" nahm. Die Arbeit zeigt, dass das Konstrukt der „deutschen Kultur" nicht ausschließlich durch die bürgerliche Hochkultur definiert wurde, sondern zunehmend auch durch Einflüsse der Konsumkultur bestimmt war. Die Bilderwelten der Werbung prägten nationale Ikonen, schufen (bspw. durch Leuchtwerbung) modifizierte "Oberflächen" und Raumwahrnehmungen, ebenso wie die Logik der Marktdifferenzierung und des Marketing soziale Interaktionen als auch die politische Kommunikation (Hitler als Marke) zu bestimmen begann.

Diese Entwicklung verlief nicht konfliktfrei. Sowohl die Debatten über Werbung als auch die direkte Konfrontation zwischen Kulturkritikern und Werbern verdeutlichen den massiven Zusammenprall zweier Mentalitäten, die den Konflikt von traditionellem zünftigem Denken, hochkultureller Repräsentation sowie einer vermeintlich authentischen Ästhetik des Inhalts auf der einen Seite und einer "Welt des Scheins" und einer Ästhetik der äußeren Form auf der anderen Seite hervortreten ließ. In dieser Debatte spielte eine Frage eine zentrale Rolle: inwieweit Kapitalismus, Marktwirtschaft, Konsum und die Ästhetik der modernen Lebenswelt mit ihrer spezifischen (werblichen) Oberflächenstruktur mit Vorstellungen "des Deutschen" zu vereinbaren waren.

Schlagwörter:

> Werbung, Wirtschaftswerbung, Bauhaus, Werkbund, deutsche Kultur, Konsumismus, Konsumgeschichte, 20. Jahrhundert, Ästhetik, Hochkultur, Popkultur

Abstract

This dissertation offers a history of modern commercial advertising during the first half of the twentieth century and demonstrates that despite cultural barriers, advertising colonized the everyday world of Germans and began to encroach upon "German culture". The work shows that the construct of "German culture" was not only defined by bourgeois high culture, but rather increasingly by factors from consumer culture. The imagery of advertising shaped national icons, created modified "surfaces" (for example, through illuminated ad media) and perceptions of space. Likewise, the logic of market differentiation and marketing began to determine social interactions as well as political communication (Hitler branding).

This development did not progress without conflict: Debates surrounding both advertising as well as the direct confrontation between cultural critics and advertisers make clear that there was a massive collision between two mentalities. This allowed a conflict to emerge between traditional, guild thinking, high cultural representations and a putatively authentic aesthetics of content, on the one hand, and on the other hand, a "world of appearances" and aesthetic of the exterior form. One question in particular played a central role in this debate, namely the extent to which capitalism, the market economy, consumption and the aesthetics of the modern *Lebenswelt* with its specific (commercial) texture were in accord with ideas of "Germanness."

Keywords:

advertising, commercial advertising, Bauhaus, Werkbund, German culture, consumerism, consumer history, 20th century, aesthetics, high culture, pop culture

„Seien wir deutsch! Werbung ist nicht mehr nur der zukunftshungrige, ewig Sensationenausheckende, bedenkenlos vorwärtsstürmende Impresario des Fortschritts. Unsere Werbung ist keine für den Tag bestimmte Gegenwartsaufgabe mehr, sie hat die deutschen Kulturgüter der Jahrhunderte zu ihrem Ideenquell zu machen, sie muß eine Brücke schlagen zwischen unserer völkischen Vergangenheit und der Jetztzeit. [...] Es gilt für den deutschen Menschen deutsch zu werden. Es gilt den Strom der geistigen und materiellen Güter im deutschen Lebensraum in Bewegung zu setzen, die Berührungsflächen zwischen Erzeugern und Verbrauchern mehr und mehr ausgleichend auf alle Volksschichten zu erweitern, es gilt durch deutsche Werbung nach der politischen Einigung der wirtschaftlichen den Weg zu bereiten."[1]

---

[1] Anon., Vom Ethos des deutschen Werbers, in: Die Reklame, 1933, 13, S. 412.

1 Einleitung und Fragestellung

Zur Einführung: Über die kulturellen Machtverhältnisse im klassischen Zeitalter der Moderne

Werbung als ökonomisch-kulturelle Praxis und visuelles Zeichen gehört seit Ende des 19. Jahrhunderts zur Signatur unseres Alltags. Kaum eine Dienstleistung erwies sich als Geschäftsmodell in kapitalistisch verfassten Gesellschaften so erfolgreich wie die Werbung und konnte sich über einen vergleichbar langen Zeitraum über wirtschaftliche und politische Krisen hinweg so gut entwickeln. Kaum eine Branche kann für sich außerdem in Anspruch nehmen, so nachhaltig gesellschaftliche Debatten angefacht zu haben. Werbung wurde immer als Ausdruck und Antrieb eines kulturprägenden Wirtschaftssystems verstanden, über das sich bis heute kein Konsens gebildet hat.[2]

An Werbung als einem scheinbar banalen Oberflächensymptom lassen sich aus kulturhistorischer Perspektive grundsätzliche Aspekte der gesellschaftlichen Entwicklung in Deutschland genauer analysieren.[3] Aus Sicht der Kulturgeschichte erscheint Werbung als populäres Diskursmotiv, an dem sich auch Auseinandersetzungen über die Definition einer „deutschen Kultur" und deren Praktiken im Spannungsverhältnis zwischen herkömmlicher Hochkultur und Konsumkultur sowie der vielfältigen Beziehungen zwischen den sozialen Feldern Wirtschaft, Kunst und Alltag ablesen lassen. Werbung ist ein Symptom der gesellschaftlichen Transformation, in dem sich sowohl die Ökonomisierung des Lebens als auch die massenhafte Verbreitung populärer Bilder manifestiert.[4]

---

[2] Sennet, Richard, Die Kultur des neuen Kapitalismus, Berlin 2005; Clark, Eric, Weltmacht Werbung. Die Kunst, Wünsche zu wecken, Bergisch Gladbach 1989.
[3] Zum Reiz der Oberfläche: Lüdtke, Alf, Stofflichkeit, Macht-Lust und Reiz der Oberflächen. Zu den Perspektiven von Alltagsgeschichte, in: Schulze, Winfried (Hg.), Sozialgeschichte, Alltagsgeschichte, Mikro-Historie. Eine Diskussion, Göttingen 1994, S. 65–80.
[4] Zur Wiederkehr der Bilder und der gewachsenen Visualität des Alltags in den modernen Gesellschaften seit dem 19. Jahrhundert: Belting, Hans, Bild-Anthropologie. Entwürfe für eine Bildwissenschaft, München 2001, S. 7–55.

Im Zentrum der Arbeit steht die Frage, welchen Einfluss Werbung und die Debatten über Werbung auf das Konstrukt „deutsche Kultur" gehabt haben. Diese Frage lohnt deshalb eine Untersuchung, weil damit der Versuch unternommen werden kann, Werbegeschichte von einer realienkundlichen oder wirtschafts- bzw. unternehmenshistorischen Perspektive zu lösen und in den gesellschaftlichen Kontext zu stellen. Umgekehrt wird die Kultur des Nationalen und die Erforschung des Nationalismus um eine wirtschafts- und kulturhistorische Perspektive ergänzt, die bislang kaum wahrgenommen worden ist.[5] Diese konsumkulturelle Perspektive auf die Nation eröffnet neue Forschungsfelder und führt zu der zunächst unkonventionellen Feststellung, dass die werbliche Inszenierung beispielsweise von Mercedes-Benz oder des Waschmittels Persil mit nationalen Mythen und der politisch-hochkulturellen Ikonografie vergleichbar ist.[6] Zugespitzt heißt das, dass eine Nivea-Dose und die mit ihr verbundenen Erfahrungen Konsumenten im Prinzip ebenso als Einheit, als Nation zusammenfassen können, wie es Denkmale zu tun vermögen, selbst wenn die politische Symbolik ein anderes Bewusstsein evoziert als Konsumprodukte. Diese formen die Nation nicht zum sozialmoralischen, politischen Gebilde, sondern zur Gesinnungsgemeinschaft, die ihren gemeinsamen Nenner im Konsum findet.[7]

Dass Werbung auf die Definition „deutscher Kultur" einwirkte, ergibt sich aus der Intensität der Debatten über Werbung. Schritt für Schritt wuchs die Werbebranche, deren Anfänge in der Mitte des 19. Jahrhunderts liegen, zu einer mächtigen Industrie heran. Diese wurde nie wertneutral betrachtet,

---

[5] Vgl.: Berghoff, Hartmut/Vogel, Jakob (Hg.), Wirtschaftsgeschichte als Kulturgeschichte. Dimensionen eines Perspektivenwechsels, Frankfurt am Main/New York 2004.
[6] Haupt, Heinz-Gerhard/Tacke, Charlotte, Die Kultur des Nationalen, in: Hardtwig, Wolfgang/Wehler, Hans-Ulrich (Hg.), Kulturgeschichte heute, Göttingen 1996 (= Geschichte und Gesellschaft, Sonderheft 16), S. 255-283.
[7] Vgl.: Hardtwig, Wolfgang, Nationsbildung und politische Mentalität. Denkmal und Fest im Kaiserreich, in: ders., Geschichtskultur und Wissenschaft, München 1990, S. 264-301; vgl. die Ansätze Noras bzgl. Erinnerungsorte als Kristallisation kollektiver Identitäten. Dieses Konzept ließe sich grundsätzlich auch auf Nivea-Creme-Dosen oder VW-Käfer übertragen. Unter diesem Blickwinkel können Konsumprodukte unter bestimmten Voraussetzungen ebenso „deutsche Erinnerungsorte" sein wie die Paulskirche, Reichstag oder Nationalhymne, siehe: Francois, Etienne/Schulze, Hagen (Hg.), Deutsche Erinnerungsorte. Eine Auswahl, Bonn 2005 (= Schriftenreihe Bundeszentrale für politische Aufklärung, Bd. 475), S. 7-12, 13-30, 177-196, 351-368, 490-494; Nora, Pierre (Hg.), Les lieux de mémoire, Paris 1997; dt. Ausgabe: ders. (Hg.), Erinnerungsorte Frankreichs, München 2005.

Einleitung und Fragestellung

sondern an normativen Vorstellungen einer akzeptablen Kultur gemessen, die Ausdruck der Nation sein konnte.[8]

Die Debatten zur Werbung offenbaren zentrale Streitfragen der modernen Gesellschaft und können als Stellvertreterdebatten über Kapitalismus, Marktwirtschaft, Konsum, die Konkurrenzhaftigkeit und den Vermarktungszwang auf allen gesellschaftlichen Ebenen bis ins Private hinein, über Repräsentationsansprüche unterschiedlicher Milieus sowie die ästhetische Ausgestaltung der industriellen Lebenswelt gelten. Die Kritik am Kapitalismus wurde über die Kritik an der Werbung fassbar und kreiste in der zumeist konservativ-bildungsbürgerlichen Auffassung um das negativ konnotierte Inszenatorische, Spektakelhafte und Blendende, das der Werbung zu eigen war. Werbung prägte eine Rhetorik, die sich auf die Selbstrepräsentation der Individuen im Alltag übertrug, jedoch der „Innerlichkeit" des bildungsbürgerlichen Habitus widersprach. In dieser Debatte spielte auch die Frage eine Rolle, inwieweit Kapitalismus, Marktwirtschaft, Konsum und eine noch zu beschreibende Ästhetik der modernen Lebenswelt mit ihrer spezifischen „Oberflächenstruktur" mit Vorstellungen „des Deutschen" zu vereinbaren waren. Die Auseinandersetzung um die Konsumkultur der Moderne und um ihre Rolle in Praxis und Theorie der „deutschen Kultur" scheint eine wichtige Konfliktlinie der Geschichte darzustellen.[9]

Fragestellung

Vorliegende Arbeit soll den Zusammenhang zwischen „deutscher Kultur", nationaler Identität und der entstehenden Konsumkultur diskutieren und fallbeispielhaft für die Zeit zwischen 1918 und 1945 klären. Es soll verhandelt werden, inwiefern Werbung als immanentes Phänomen der Konsumkultur zu einer ideellen und visuellen Erweiterung des Verständnisses von der Nation und ihrer Repräsentanten beigetragen hat. Diesem Problem geht die Frage voraus, wie es den Vertretern der Werbebranche gelungen ist, in den hoheitlichen Diskurs über die Nation einzudringen. Letztlich soll geklärt

---

[8] Zum Alltag als Spiegel des Nationalen: Haupt, Kultur, S. 255–283.
[9] Vgl.: Maase, Kaspar, Krisenbewusstsein und Reformorientierung. Zum Deutungshorizont der Gegner der modernen Populärkünste 1880–1918, in: ders./Kaschuba, Wolfgang (Hg.), Schund und Schönheit. Populäre Kultur um 1900, Köln 2001, S. 291.

werden, wie sehr die Bilderwelten der Werbung Einfluss auf die Kultur des Nationalen nahmen.

Begriffsdefinitionen: Werbung, Nation, Kultur, Oberfläche

Einige Begriffe bedürfen vorab der Klärung – an erster Stelle jener der Werbung mit seinen unterschiedlichen Bedeutungsebenen. Werbung ist in dieser Arbeit zum einen als ein Produkt von Akteuren, Institutionen und Praktiken zu verstehen, zum anderen aber auch als Gesamtheit visueller Zeichen in Form von Anzeigen, Leuchtwerbung, Straßenplakaten etc. Werbung in beiderlei Verständnis ist darauf ausgerichtet, Produkte, Dienstleistungen, Unternehmen und politische, kulturelle, religiöse Ideen durch die strategische und systematische sowie von Auftraggebern bezahlte Beeinflussung von Verhalten über Massenmedien zu verkaufen bzw. zu popularisieren.[10]

Der Begriff ist historisch mit spezifischen Inhalten belegt: Er ist seit dem 19. Jahrhundert in Gebrauch, allerdings wurde er spätestens seit 1933 ideologisch aufgeladen. „Deutsche Werbung" war das konstruierte Pendant zur marktschreierischen „jüdischen Reklame". Werbung bezeichnete angeblich ein geordnetes, sachlich überzeugendes, ehrliches „deutsches Werbewesen", während Reklame für Manipulation, Verführung, unlauteren Wettbewerb, Kapitalismus und grenzenloses Konkurrenzdenken stand.

Im heutigen Sprachgebrauch hat sich die ideologische Bedeutung beider Begriffe aufgelöst. Der Begriff der Werbung wird in dieser Arbeit durchgängig verwendet, während der Begriff der Reklame nur im historischen Kontext gebraucht wird.

Der im Untersuchungszeitraum häufig synonym zu Reklame oder Werbung verwendete Begriff der Propaganda wird ausschließlich für die politische Kommunikationsarbeit, insbesondere die der NSDAP, verwendet.

Die hier betrachtete Werbung bezieht sich auf die Werbung für den Endverbraucher, weil es der Bereich der Wirtschaftskommunikation ist, der

---

[10] Zur Definition des Begriffs: Schnierer, Thomas, Soziologie der Werbung. Ein Überblick zum Forschungsstand einschließlich zentraler Aspekte der Werbepsychologie, Opladen 1999, S. 13–17.

die breiteste Wirkung hatte und in der Gesellschaft am präsentesten war und ist. Es wird keine Individualwerbung, das heißt direkte und interpersonale Maßnahmen, berücksichtigt, also reine Werbehandlungen im Sinne der Kundenbevorteilung wie der höfliche Gruß im Geschäft oder Werbegeschenke an Kunden. Werbung soll als ein Phänomen untersucht werden, das sich nicht auf ein Individuum, sondern auf Großgruppen der deutschen Gesellschaft bezieht. Werbung ist vor allem als massenmedial vermittelte Botschaft von Bedeutung. Sie ist somit an Werbeträger gebunden, die eine breite Streuung von Botschaften erlauben: Dazu gehören Anzeigen in auflagenstarken Zeitungen, Plakate, die reichsweit aufgehängt wurden, oder Radiowerbung, die schon in den 1920er Jahren Hunderttausende von Menschen erreichte. Aus dem gleichen Grund soll die so genannte „gegenständliche Werbung", d.h. Ausstellungen, Schaufenster, Modevorführungen, ausgeklammert werden, es sei denn, einzelne Aspekte dieses Bereichs sind für das Verständnis hilfreich.

Die Nation wird in dieser Arbeit im Sinne des „linguistic turn" und der neueren Kulturgeschichte als utopischer Entwurf und eine zunächst nur gedachte Ordnung verstanden.[11] Ältere Vorstellungen der Nation als eine quasi-natürliche, gegebene oder ausschließlich von oben durch den Staat und seine Repräsentanten garantierte Einheit werden damit ad acta gelegt.[12] Die Nation ist kein klar definierbarer Untersuchungsgegenstand, sondern muss als Konstrukt einzelner Akteure und Interessengruppen nachgezeichnet und empirisch unterlegt werden. Dieses Verständnis legt zugleich nahe, dass die legitimen Repräsentanten und das, was die Nation repräsentiert, permanenten Aushandlungsprozessen unterliegen. Die Nation ist damit ständiges konfliktauslösendes Streitobjekt zwischen denen, die meinen, die Nation rechtmäßig vertreten zu können, und denen, die aufgrund gesellschaftlicher Zuschreibungen von einer Teilhabe an der Repräsentation ausgeschlossen sind. Die Aushandlung der Nation sowie Vertretungs- bzw. Gestaltungsansprüche darauf sind folglich stellvertretende Aspekte gesellschaftlicher Machtkämpfe. Eine Einheit der Nation ist dieser Definition

---

[11] Grundsätzlich: Hobsbawm, Eric J., Nationen und Nationalismus. Mythos und Realität seit 1780, Frankfurt/M. 2005, S. 11–24; eine zusammenfassende Darstellung des Nationalismus und Theorien darüber bietet: Wehler, Hans-Ulrich, Nationalismus. Geschichte, Formen, Folgen, 2. durchges. Aufl., München 2004.
[12] Hobsbawm, Nationen, S. 97–119.

entsprechend nicht existent. Im Hinblick auf den Untersuchungsgegenstand wird deutlich, dass es sich nicht nur um die Diskussion des Phänomens der Werbung beispielsweise in seiner ästhetischen Ausgestaltung handeln kann, sondern es bei der Werbung um einen grundsätzlichen Streit unterschiedlicher Kulturen und Milieus ging: hier Hochkultur und „alte Eliten" wie Bildungsbürgertum, dort Konsumkultur, Wirtschaftsbürgertum sowie aufstrebende Mittelschichten, die ebenfalls Anspruch auf die Definition der Nation anmeldeten.

Nachdem der Nationalismus im Laufe des 19. Jahrhunderts zur Massenbewegung geworden war, brauchte es keine bürgerlichen „opinion leaders" und schützenden Vereine mehr für die Idee der Nation. Die lange Zeit dominierende Rolle der bürgerlichen Intellektuellen verlor deshalb spätestens im 20. Jahrhundert an Bedeutung, was die Möglichkeit schuf, nicht-intellektuelle Akteure wie auch die Werber in den Diskurs über die Nation einzubeziehen.[13]

Die Nation kann ebenso als Produkt anonymer Marktprozesse angesehen werden; Marktteilnehmer werden z. B. über den Konsum von Produkten und Medien zur unbewussten Nation gemacht. Diese These, die gängigen Vorstellungen von der Nation als bewusstes politisches Konstrukt widerspricht, bildet eine Grundlage für die Diskussion über die Rolle der Werbung. Konkreter: Nicht die politische Idee der Nation und noch viel weniger das Singen einer Nationalhymne in einer gemeinsamen Sprache ist im vorliegenden Kontext entscheidend, sondern der durch Markenwerbung angeleitete Konsum von Produkten, wobei deren Vermarktung allerdings teilweise auf der politischen Nation und der Vorstellung von „deutschen Produkten" aufbaute. Die Grundlage der hier zu untersuchenden Nation und ihrer Kultur ist folglich der sich im 20. Jahrhundert steigernde Konsumismus, ein charakteristisches kulturelles Orientierungssyndrom der Moderne und dominante Form symbolischer Kulturvermittlung.[14] Aus dieser Begriffsdefinition ergibt sich auch, dass sich die Visualisierungsformen der

---

[13] Zu den traditionellen Trägerschichten des Nationalismus: Wehler, Nationalismus, S. 41–44.
[14] Lamla, Jörn, Politisierter Konsum – konsumierte Politik. Kritikmuster und Engagementformen im kulturellen Kapitalismus, in: ders./Neckel, Sighard (Hg.), Politisierter Konsum – konsumierte Politik, Wiesbaden 2006, S. 15.

Nation ausdifferenzieren. Die Ikonografie der deutschen Nation beschränkt sich damit nicht nur auf herkömmliche politische Bildtraditionen.[15]

Der Begriff der „deutschen Kultur", der im Mittelpunkt dieser Arbeit steht, ist ebenso erklärungsbedürftig. „Deutsche Kultur" soll als Konzept angesehen werden, dessen Bedingtheit ebenso wenig wie die Nation von „letzten Werten", „obersten Deutungsmustern", „reinem Sinn" geprägt ist. Vielmehr ist „deutsche Kultur" ein verhandelbares Konstrukt, beeinflusst von den Interessen historischer Subjekte. Kultur als interaktiv-interpretatives Konzept entsteht folglich durch Wechselwirkungen verschiedener Felder wie bildende Kunst, Religion, Politik, Wirtschaft, Alltag, die sich in zeitlich spezifischen Artikulationsformen niederschlagen.[16] Kultur meint demnach ein Ensemble von geistigen Vorstellungen und Praktiken, die für Kollektive und ihre Aushandlungsprozesse charakteristisch sind, jedoch hier nicht als Ganzes beschrieben werden können.[17] Sie sind nur das, was anhand des Untersuchungsgegenstands fragmentarisch dargestellt werden kann. „Deutsche Kultur" und daraus abgeleitet „deutsche Identität" sollen deshalb nicht explizit be- und damit festgeschrieben werden. Die Arbeit konzentriert sich auf subjektive Perspektiven und spezifische Formen, in denen nationale Kultur und Identität erfasst werden können. Damit wird der Begriff der „deutschen Kultur" zu einem empirisch zu unterfütternden, variabel und offen gehaltenen Forschungsobjekt.[18]

Kultur als ausgehandeltes Konstrukt von Sinngebungen und Deutungen ist kein machtfreier, ausbalancierter, erst recht kein konfliktfreier Ausdruck von kollektivierten Handlungen, sondern ist seit dem 20. Jahrhundert zunehmend von der informellen Definitionsmacht der Wirtschaft geprägt. Die Kultur ist Ergebnis erheblicher Konflikte zwischen Staat, Politik und eben der Wirtschaft, zwischen alten Eliten und aufstrebenden Mittelschichten, Männern und Frauen, hoher und niederer Kunst. Diese Konflikte, vielfach pauschal in Verbindung gebracht mit dem Aufkommen der kulturell nicht unspezifischen „Massengesellschaft" und der

---

[15] Zur Politischen Ikonografie: http://www.warburg-haus.de/texte/forsch.html (28.2.07)
[16] Lipp, Wolfgang, Kultursoziologie, in: Endruweit, Günter et al. (Hg.), Wörterbuch der Soziologie, Stuttgart 1989, S. 373.
[17] Hardtwig, Wolfgang, Alltagsgeschichte heute. Eine kritische Bilanz, in: Schulze, Sozialgeschichte, S. 25.
[18] Brubaker, Rogers/Cooper, Frederick, Beyond Identity, in: Theory and Society 29, 2000, S. 1–47.

Ökonomisierung der Gesellschaft, zirkulierten um spezifische soziale Leitideen. Sie offenbaren Maße und Maßstabsverinnerlichung von „deutscher Kultur", die durch Personen und Institutionen interaktiv, aber nie gleichberechtigt und konfliktfrei konstruiert wurden.[19] Im Mittelpunkt dieser Konflikte stand immer auch die Frage, ob das, was sich neu entwickelte, noch etwas mit der imaginierten Tradition und den althergebrachten Vorstellungen „deutscher Kultur" zu tun hatte. Die inhaltliche Aufladung des Kulturbegriffs muss genauer diskutiert werden.

Eine zentrale Rolle spielen dabei die Begriffe der Hochkultur und Konsumkultur bzw. die Frage, wie weit die Repräsentation des Nationalen in den beiden Bereichen reicht. Ob es sich dabei tatsächlich um getrennte Felder handelt, kann zur Disposition gestellt werden. Es soll deutlich gemacht werden, wieso als Gegenbegriff zur hohen Kultur der Terminus Konsumkultur gebraucht wird und inwiefern sich dieser von dem der Alltags-, Massen- oder Populärkultur abgrenzen lässt.

Der Begriff der Alltagskultur erscheint insgesamt als zu unspezifisch und nur wenig operabel. Alltag bezeichnet nach einer gängigen Definition das werktägliche, normale, gewöhnliche Tun im Kontrast zu fest-, feier- oder sonntäglichem Handeln; Alltag besteht in der routinierten, pragmatischen Bewegung in einer unhinterfragten Normalität, die die Ganzheit unseres Lebensrahmens darstellt, oder anders ausgedrückt: Er ist alles, was zu unserem Leben selbstverständlich dazugehört.[20] Die Definitionsschwierigkeiten, was normal oder selbstverständlich ist, sind offensichtlich. Ähnliche Probleme tauchen bei dem Begriff der „Massenkultur" auf, die durch ihre Träger definiert zu sein scheint. Die „Massen" sind jedoch kaum identifizierbar und implizieren in diffuser Weise eine Gegenbewegung zu „den Eliten". Zudem hat „Massenkultur" nach wie vor den Beigeschmack eines sozialen Kampfbegriffes, der das Bild einer Auseinandersetzung zwischen oben und unten bestärkt.[21] Kaum anders sieht es mit dem Begriff der Populärkultur aus. Oft werden die drei Begriffe

---

[19] Zur Aufwertung individueller und informeller Machtausübung im Kontext von Alltags- und kulturhistorischen Fragestellungen: Hardtwig, Alltagsgeschichte, S. 22f.
[20] Hügel, Hans-Otto, Einführung. Populäre Kultur macht Spaß – Probleme der Forschung, in: ders. (Hg.), Handbuch Populäre Kultur. Begriffe, Theorien und Diskussionen, Stuttgart 2003, S. 23.
[21] Vgl.: Maase, Kaspar, Grenzenloses Vergnügen. Der Aufstieg der Massenkultur 1850–1970, 3. Aufl., Frankfurt/M. 2001, S. 25.

(Alltags-, Massen- und Populärkultur) synonym verwendet.[22] Als Gegenbegriff zu Hochkultur scheint sich Populärkultur am stärksten etabliert zu haben. Seine Implikationen sollen ausführlicher besprochen werden.

Einigkeit bei allen an der Erforschung des Populären beteiligten Disziplinen besteht darin, dass populäre Kultur etwas mit Vergnügen zu tun hat.[23] Zumindest im Hinblick auf unseren Untersuchungsgegenstand scheint dieses offensichtlich zentrale Definitionsmerkmal allerdings unzureichend. Wenn Populärkultur sich durch Unterhaltung definiert, fällt Werbung aus dieser Definition heraus, denn sie ist nicht in jedem Fall unterhaltend. Ihr Ziel ist ein anderes (Konsum), und Unterhaltung ist nur eine Strategie von mehreren zur Erreichung dieses Ziels.

Problematisch ist der Begriff der Populärkultur, weil er – vergleichbar mit jenem der Alltags- oder Massenkultur – ideologisch stark aufgeladen ist. Aus der kritischen Perspektive der Cultural Studies, die sich seit den 1960er Jahren dem Verhältnis von hoher und populärer Kultur annimmt, steht die Populärkultur in einer konstanten Spannung zur dominanten Kultur. Innerhalb dieses Spannungsfeldes werden die Beziehungen zwischen Macht und Widerstand, zwischen oben und unten immer wieder neu artikuliert und verleihen nach älteren Darstellungen dem Aufkommen sowie der Expansion der Populärkultur einen emanzipatorischen und kämpferischen Charakter, der durch die Abgrenzung von „popular forces" gegenüber einem „power-block" geprägt sei.[24] Populärkultur als Demokratisierungsfaktor steht demnach im Gegensatz zur Referenzkultur des „Machtblocks". Das Populäre wird als Kultur der Moderne und des sozialen Widerstands gelesen, die Teilhabe daran ist Bestandteil eines eigensinnigen Lebens.[25]

Allerdings erscheint es fragwürdig, ob solch eine pauschale positive Beurteilung der Populärkultur als widerständige Kultur von unten zutreffend ist. Diese Wertung wirkt verklärend. Nicht alle Äußerungen der Populärkultur werden für sich den Anspruch des gesellschaftlich

---

[22] Ebd., S. 26.
[23] Hügel, Handbuch, S. 1; Maase, Vergnügen, S. 29–32.
[24] Hall, Stuart, Notes on Deconstructing 'the Popular', in: Samuel, Ralph (Hg.), People's History and Socialist Theory, London 1981, S. 238f.
[25] Besonders ausgeprägt ist diese Position bei: Maase, Vergnügen, S. 18, 40; siehe auch: Hügel, Handbuch, S. 15.

Emanzipatorischen erheben können. Populärkultur ist schließlich nicht der Ausdruck des Volkes oder verallgemeinert der Unterprivilegierten, womit das Populäre vorschnell in den Kontext von politischer Demokratisierung und sozialen Egalisierungsprozessen gestellt werden könnte. Die Populärkultur darf folglich auch nicht mit der Kultur der Arbeiterklasse oder der Unterschicht gleichgesetzt werden,.

Populärkultur ist kein klassenkulturelles Phänomen – jedenfalls ist diese Einschätzung zutreffend, wenn man sich von den parteilichen Quellen der radikalen Kulturkritik löst, in denen das Populäre als kulturelles Angebot für die „Massen" oder als Emanzipation denunziert bzw. verklärt wurde, ohne zu berücksichtigen, dass dieses Angebot ebenso zur bürgerlichen Lebensweise gehörte und auch Produkt bürgerlicher Protagonisten war.[26] Dieser Punkt ist insbesondere für die Werbung zutreffend, denn sie war Produkt bürgerlicher Akteure, die zwar soziale Aufsteiger waren, jedoch trotzdem eher den alten Eliten zuzuschlagen sind, als dass sie Teil einer Emanzipationsbewegung populärer Kräfte gewesen wären.[27] Die dichotomische Auffassung, die die Hoch- und Populärkultur wertend trennt, ist damit strukturell falsch.[28]

Die Annahme vom Populären als Emanzipation muss folglich differenziert betrachtet und je nach Untersuchungsgegenstand gerechtfertigt werden. Wie wenig diese Gleichsetzung aufgeht, lässt sich anhand einer weiteren gängigen Lesart des Populären erkennen. So stellt zum Beispiel die Macht der Kulturindustrie und ihr Einfluss auf die Definition gesellschaftlicher Wirklichkeiten einen wichtigen Ausgangspunkt für die Bestimmung des Populären dar und lässt es als kommerzialisierte Sphäre der Unterhaltung erscheinen. Der Begriff der Unterhaltungs- und Bewusstseinsindustrie, die die Populärkultur herstellt, dient nach Meinung prominenter Kulturkritiker wie Horkheimer und Adorno zur Bewusstseinsmanipulation der „Massen", denen statt sinnstiftender, authentischer Angebote „billige" Illusionssubstitute gereicht werden. Merkmale der Populärkultur sind demnach der Kommerz, Trivialität sowie die industrielle Produktion als auch die Art und Weise, wie Öffentlichkeit für die Produkte der Populärkultur

---

[26] Maase, Kaspar, Einleitung: Schund und Schönheit, in: ders., Schund, S. 23; ders., Vergnügen, S. 22.
[27] Bausinger, Hermann, Populäre Kultur zwischen 1850 und dem Ersten Weltkrieg, in: Maase, Schund, S. 33.
[28] Vgl.: Hügel, Handbuch, S. 1.

Einleitung und Fragestellung

hergestellt wird (z. B. durch Werbung). Populärkultur ist im Sinne der Dialektik der Aufklärung folglich nicht Ausdruck der Emanzipation, sondern Teil eines Massenbetrugs sowie Mittel der Herrschaftsstabilisierung zugunsten des Primats der Wirtschaft. Populärkultur ist demnach kaum eine Äußerung aus den „Massen" heraus, sondern von oben implementiert, wobei sich das „Oben" vor allem durch den Besitz materieller und ideologischer Ressourcen sowie durch die Beziehung vom Produzenten zum Konsumenten definiert.[29]

Der Begriff der Populärkultur muss des Weiteren auch von dem der Volkskultur unterschieden werden.[30] Wenn Volkskultur nicht als ältere Form der Populärkultur verstanden wird, die eine spezifische, bäuerliche Lebensform der Frühen Neuzeit beschreibt[31], könnte sie als weitere Subkultur zumindest nach Muchembled oder Bausinger in Opposition zu einer „oktroyierten" großstädtischen Populär- oder Massenkultur angesehen werden.[32] Die Volkskultur stand für die Einsicht, dass kaum die gesamte Bevölkerung zur Bewunderung und Pflege großer und hehrer Kunst verführt werden könne. Erreichbar erschien die Stabilisierung und Förderung der traditionellen Volkskultur, die sich aus der bäuerlichen Kultur als einzig legitime Ausdrucksform unterhalb der hohen Kultur des Nationalstaates herleitete und beispielsweise von der Heimatschutzbewegung und Protagonisten wie Ernst Rudorff institutionalisiert wurde.[33] In der Volkskultur manifestierte sich die Idee der Nation vermeintlich am unverfälschtesten, jedoch war sie in großen Teilen ein Konstrukt, das spätestens um 1900 in eine bewusste kulturpolitische Programmatik eingebunden war.[34] Das Konstrukt der ländlich geprägten, für die ganze Nation repräsentativen, homogenen Volkskultur fungierte lediglich als

---

[29] Horkheimer, Max/Adorno, Theodor W., Dialektik der Aufklärung. Philosophische Fragmente, Frankfurt/M. 2003, S. 128–176.
[30] Als Beispiel für den unreflektierten Gebrauch des Begriffspaars Hoch- und Volkskultur siehe: Burke, Peter, Was ist Kulturgeschichte?, Frankfurt/M. 2005, S. 43ff. (Evtl. ist der Begriff der Volkskultur bei Burke allerdings auch nur der deutschen Übersetzung geschuldet.)
[31] Göttsch, Silke, Volkskultur. Fund und Erfindung – zum Begriff, in: Hügel, Handbuch, S. 83.
[32] Muchembled, Robert, Kultur des Volks – Kultur der Eliten, Stuttgart 1982, S. 277ff.; Bausinger, Hermann, Volkskultur in der technischen Welt, Stuttgart 1986.
[33] Rudorff, Ernst, Der Schutz der landschaftlichen Natur und der geschichtlichen Denkmäler Deutschlands, Berlin 1892; ders., Heimatschutz, Berlin 1926.
[34] Göttsch, Volkskultur, S. 84.

„Abpolsterung von Bürgerlichkeit, als eine Schutzschicht nach unten und als rhetorisches Bollwerk" gegen die Populär- und Konsumkultur.[35] In der Realität wurden diese Schutzmauern der Bürgerkultur und deren beschränkter ländlicher Gegenentwurf jedoch durch die „eigentliche" populäre Kultur unterwandert bzw. eingerissen. Volkskultur wie auch hohe Kultur konnten folglich kein authentischerer Ausdruck der Nation sein als andere Subkulturen. Vor allem war das dort der Fall, wo Volkskultur sich in vermarktete Folklore transformierte.[36]

Infolge der bisherigen Argumentation ergibt sich an manchen Punkten eine inhaltliche Nähe des Begriffs der Populärkultur zu jenem der Konsumkultur, wie er hier benutzt werden soll. Beide Termini stehen erstens für eine Kommerzialisierung des Kulturellen, zweitens für spezifische Rezeptions- als auch Vermarktungsstrategien. Als Gegenbegriff zur Hochkultur erscheint die Konsumkultur jedoch geeigneter. Populärkultur steht für Vergnügen, bestimmte Medien und Darstellungsformen wie Kino, Trivialliteratur, Operette und für eine Kulturproduktion, deren Definitionsmerkmal allgemeine Verständlichkeit und Nicht-Exklusivität ist. Konsum dagegen beschreibt eine Praxis sozialen Handelns, die sich nicht nur auf das Einkaufen von Produkten oder z. B. die Welt der Warenhäuser reduziert, sondern als eine moderne Art und Weise des Zugangs und Umgangs mit der Lebenswelt insgesamt erfassen lässt.

Konsum bezieht sich als übergeordneter Begriff auch auf den Konsum von populärer Kultur und verweist auf eine Haltung gegenüber der Lebenswelt. Der Konflikt, den diese Haltung auslöste, bestand darin, dass das ausgreifende konsumistische Denken auch die Regeln der Hochkultur und deren relative Autonomie angriff und sie ebenfalls zu einem konsumierbaren Produkt machte, das nach Marktgesetzen, Zuschauerzahlen und -bedürfnissen funktionierte. Konsumistisches Denken heißt, dass durch die Logik des Konsumierens bestimmte Formen der Aneignung des Kulturellen ausgeübt wurden.

---

[35] Zit.n. Bausinger, Kultur, S. 43f.
[36] Göttsch, Volkskultur, S. 85.

Einleitung und Fragestellung

Der Begriff der Konsumkultur wird als Funktionsprinzip und nicht als Klammer historischer Artefakte wie einer Oper, einem Theaterstück oder einem Kunstwerk verstanden. Die Konsumkultur ist zunächst Ausdruck einer Ökonomie, die zur kulturellen Produktion nicht hinzukommt, sondern dem modernen Leben inhärent ist. Die Ordnungsprinzipien der Konsumkultur werden durch die Ökonomie der Aufmerksamkeit definiert, die zur gesellschaftlichen Ressource wird.[37] Der Konflikt zwischen Hoch- und Konsumkultur ist folglich ein Kampf zwischen unterschiedlichen Aneignungsweisen, einer sich unterscheidenden Visualität und den Maßstäben der Bewertung kultureller Produktion. Konkret heißt das, dass die Konsumkultur für die Bewertung kultureller Produktion anhand des Markterfolgs statt durch Kennerschaft und Expertentum steht, wobei beides nicht zwangsläufig im Gegensatz stehen muss.

Markterfolg ist die Folge von Aufmerksamkeitserregung und dem Schaffen von Konsumbereitschaft und -ausübung. Das Medium zur Aufmerksamkeitserregung ist die Werbung. Sie ist das Instrument, mit dem Theaterstücke oder Hautcremes vermarktet werden. Der einzige Unterschied bestand im Untersuchungszeitraum darin, dass die Produzenten von Hochkultur im Gegensatz zu denen von Hautcremes sich dieser Vermarktungsmethode kaum bedienten, weil sie ansonsten eine vermeintlich unzulässige Vergleichbarkeit der Produktionsbereiche herbeigeführt hätten, die der Exklusivität der Hochkultur und dem Distinktionsbedürfnis ihrer Vertreter widersprochen hätte.

Nachfolgend soll nun ausschließlich mit den Begriffen der Hoch- und Konsumkultur operiert werden, wobei – um eine letzte Unterscheidung zu treffen – der erste vor allem auf das 19. Jahrhundert und die bürgerliche Gesellschaft und der zweite auf das 20. Jahrhundert und die entstehende Konsumgesellschaft verweist. Beide Kulturen lassen sich im Übrigen nicht am politischen System festmachen. Beide Gesellschaftsformationen sind unabhängig von politischen Systemen, wurden von diesen allerdings in ihren Ausprägungen begünstigt oder eingeschränkt.

---

[37] Franck, Georg, Mentaler Kapitalismus. Eine politische Ökonomie des Geistes, München 2005, S. 11–30.

Für unsere Fragestellung ist insbesondere interessant, welche Identifikationsangebote die besprochenen Felder – Hoch- und Konsumkultur – machten. Identität soll dabei nicht als rein subjektive Erfahrung verstanden werden. Es soll auch nicht nachvollzogen werden, wie die Identifikationsangebote der Subkulturen bei der Mehrheit der „Endkunden" rezipiert worden sind. Die Stiftung nationaler Identität wird am Diskurs über das Phänomen Werbung festgemacht. Diese Einschränkung macht noch einmal deutlich, dass es sich nicht um eine repräsentative Studie zur Nationalkultur handelt, sondern um die Analyse eines eingeschränkten Felds, das allerdings einschlägige Positionen von Eliten in Bezug auf das Konstrukt der „deutschen Kultur" offenlegt.

Der Hochkultur wohnte nach gängiger Meinung das Nationale gewissermaßen organisch inne und war selbstverständliche Quelle nationaler Identität und Einheit. Hochkultur und Nation gehörten im bürgerlichen Verständnis eng zusammen; Hochkultur wurde wesentlich als eine nationale Angelegenheit empfunden, die zum Beispiel in Museen, Staatstheatern und Opernhäusern eine Artikulationsplattform erhielt. Hochkultur stand in engem Zusammenhang mit offizieller Politik, mit Geschichte und bewusster Erinnerung, während die Konsumkultur inhaltlich als Ausdruck eines unspezifischen, zufälligen Durcheinanders unterhalb der Ebene offizieller Sinnbildungen galt.[38]

Der Begriff der Konsumkultur erscheint in der historiografischen Betrachtung frei von nationalen Prägungen zu sein, bzw. es wurde und wird mit kulturkritischem Ton unterstellt, dass es sich hierbei maßgeblich um ein Produkt des Hegemons USA handele, dessen nicht zu leugnende Einflüsse unter dem Strich einer negativen Bilanz anheim fielen und als Bedrohung höherer ästhetischer und intellektueller Ausdrucksformen des menschlichen (deutschen) Geistes gelten müssten.[39] In diesem Sinne wird die Expansion der Konsumkultur als Amerikanisierung oder „Westernisierung" verstanden, die sich vor allem anhand der Filmindustrie, des Jazz, der Popmusik sowie in

---

[38] Mommsen, Wolfgang J., Bürgerliche Kultur und politische Ordnung. Künstler, Schriftsteller und Intellektuelle in der deutschen Geschichte 1830–1933, 2. Aufl., Frankfurt/M. 2002, S. 11, 46–58.
[39] Für diese einseitige Perspektive steht: Dunk, Hermann Walther von der, Kulturgeschichte des 20. Jahrhunderts, München 2004; zur Konsumkultur als Ausdruck nationaler Identitäten: Gries, Rainer, Produkte als Medien. Kulturgeschichte der Produktkommunikation in der Bundesrepublik und der DDR, Leipzig 2003, S. 11–51.

Einleitung und Fragestellung

besonderem Maße anhand der Produktkultur in Deutschland und anderen Ländern abzeichnete und damals wie heute Anlass für einen expliziten Anti-Amerikanismus oder – bezogen auf die Produktkultur – für die „De-Coca-Colonization" ist, um einen aktuellen Begriff zu nutzen.[40] Um so interessanter scheint der Zusammenhang von „deutscher Kultur" und Werbung zu sein, weil anhand der Werbung und des von ihr angeleiteten Konsums sowohl eigenständige nationale Leistungen als auch fremde Einflüsse verhandelt worden sind. Im Hintergrund dieser Verhandlungen stand immer die Frage, was deutsch sei und was die „deutsche Oberflächenstruktur" kennzeichnen solle.

Als „deutsche Oberflächen", ein zentraler Begriff dieser Arbeit, sei die Summe aller visuellen Phänomene bezeichnet, die die deutschen Landschaften, Städte oder auch Körper charakterisiert. Dazu gehören beispielsweise Gebäude, Straßen, Landschaften, aber auch Menschen mit ihren spezifischen, kulturell verortbaren Erscheinungsformen. Zu vergleichen ist der Begriff der „deutschen Oberflächen" mit zeitgenössischen Vorstellungen wie denen, die Werkbündler oder Heimatschützer hatten, wenn sie von der Lebenswelt als Gesamtkunstwerk sprachen oder – wie der Heimatschützer Ernst Rudorff – von der

> „Gesammtphysiognomie des Vaterlandes, wie sie im Laufe der Jahrhunderte und Jahrtausende sich entwickelt hat".[41]

Die Vorstellung der gestaltbaren Lebensumwelt wird in der aktuellen Literatur zur Konsumkultur auch als *branding von Kulturräumen* mit ihren

---

[40] Vgl.: Lüdtke, Alf/Marßolek, Inge/Saldern, Adelheid von (Hg.), Amerikanisierung. Traum und Alptraum im Deutschland des 20. Jahrhunderts, Stuttgart 1996 (Transatlantische Historische Studien, 6); Döring–Manteuffel, Anselm, Wie westlich sind die Deutschen? Amerikanisierung und Westernisierung im 20. Jahrhundert, Göttingen 1999; Paul, Heike/Kanzler, Katja (Hg.), Amerikanische Populärkultur in Deutschland. Case Studies in Cultural Transfer Past and Present, Leipzig 2002; Stephan, Alexander (Hg.), Americanization and Anti–Americanism. The German Encounter With American Culture After 1945, Oxford 2004; Flusty, Steven, De–Coca–Colonization. Making the Globe from the Inside out, London 2004; Klein, Naomi, No Logo! Der Kampf der Global Players um Marktmacht. Ein Spiel mit vielen Verlierern und wenigen Gewinnern, Gütersloh 2000.
[41] Zit. n.: Knaut, Andreas, Ernst Rudorff und die Anfänge der deutschen Heimatbewegung, in: Klueting, Edeltraut (Hg.), Antimodernismus und Reform. Zur Geschichte der deutschen Heimatbewegung, Darmstadt 1991, S. 27.

raumzeitlich-strukturellen wie auch symbolisch-kulturellen Aspekten diskutiert.[42]

Aufbau der Arbeit

Das zweite Kapitel führt zunächst über die Betrachtung des Untersuchungszeitraumes von 1918 bis 1945 weit hinaus. Die leitende Frage ist, welche Grundlagen die Auseinandersetzung über Werbung bestimmt haben bzw. wodurch die Akzeptanz dieses Phänomens verhindert oder gefördert wurde. Grundsätzlich befand sich die Werbung seit dem 19. Jahrhundert in der gesellschaftlichen Defensive. Der Weg aus dieser Defensive macht die Eigenart der deutschen Werbegeschichte aus. Vier Aspekte definieren den Rahmen dieser Arbeit:

a) Der Rahmen wird erstens durch die Diskussion über die Eigenart der kapitalistischen Kultur gesteckt. Hierbei geht es um die Frage, ob die soziale Ordnung der Moderne, für die Werbung Repräsentantin sein konnte, von außen implantiert war oder eventuell doch nationale Züge trug. Damit verbunden war die Suche nach dem national vertretbaren Stellenwert von Werbung, Markt, Wettbewerb, Konkurrenz und Konsum. Diesem Kapitel ist außerdem die Erläuterung der Entwicklung der Markenkultur in Deutschland untergeordnet, die als zentrale Grundlage zur Expansion der Werbung anzusehen ist. Die

---

[42] Lamla, Konsum, S. 65-80. Der Begriff Branding bezeichnet den Aufbau und Einsatz von Marken, um Unternehmen zu profilieren und damit zur Steigerung des Unternehmenswerts beizutragen. Corporate Branding soll ein unverwechselbares Profil eines Unternehmens nach innen und außen erzeugen. Angeblich sollen drei Parameter den Erfolg der Markenführung bestimmen: die Ziele des Managements, die bestehende interne Kultur und das externe Image bei Kunden und Medien; der Begriff kann auf übergeordnete Themen transferiert werden. So ist das Nation Branding ein mittlerweile eingeführter Arbeitsbereich von Marketingstrategen, die eine Nation wie ein Markenprodukt am Markt führen. Das Branding arbeitet in diesem Kontext besondere marktrelevante Eigenschaften der Nation heraus und präsentiert diese auf werbliche Art und Weise. Der Begriff Nation Branding dient zur Beschreibung des systematischen Prozesses der Ausrichtung von Aktionen, Verhalten, Investitionen, Innovationen und Kommunikationen eines Landes im Hinblick auf eine Strategie für eine verbesserte wettbewerbsfähige Identität. Kritiker dieser Perspektive plädierten dafür, den Nationalstaat als etwas Komplexeres zu betrachten als nur eine Marke. Der implizierte Vergleich mit Produkten in einem Supermarktregal als Selbstverteidigung gegenüber der Trivialisierungstendenz der öffentlichen Meinung angesehen, siehe: Zeitschrift für KulturAustausch 3+4/2005, http://typo3.ifa.webart.de/publikationen/zeitschrift-fuer-kulturaustausch/archiv/ ausgaben-2005/deutschland-von-auen/anholt/ (20.3.2007).

Einleitung und Fragestellung

Markenkultur macht einerseits die Logik der konkurrenzbasierten Marktdifferenzierung deutlich. Andererseits steht sie für die Ausprägung einer nationalen Ikonografie der Konsumgesellschaft.

b) Die Diskussion über die kapitalistische Kultur macht deutlich, dass diese als ein ästhetisches Problem wahrgenommen wurde, auf das Initiativen wie Heimatschutzbewegung und Werkbund reagierten. Beide Bewegungen bauten auf einer spezifischen Vorstellung von Kultur und deren Ausprägung in Landschaft und Alltag auf und versuchten Steuerungsmechanismen innerhalb der kapitalistischen Verfasstheit der Gesellschaft zu etablieren, die das angenommene Problem der kulturellen „Entartung" durch ein umfassendes Verständnis von Gestaltung beseitigen sollten. Als Teil dieser „Entartung" galt Werbung in ihren unterschiedlichen Erscheinungsformen.

c) Weiterhin werden die Selbst- und Fremdbilder sowie die bewusste Identitätspolitik von Werbern und Kreativen analysiert. Wirtschaftssystem und Werbung werden damit nicht als rationalistische Phänomene betrachtet, sondern als ein von der Eigenart und den kulturellen Deutungsmustern der Akteure definiertes Feld.

d) Schließlich sollen grundsätzliche Aspekte der Expansion von Werbung im öffentlichen Raum, ihrer Durchsetzung im Wirtschaftsleben sowie ihrer ideellen Ansätze geklärt werden.

Ausgehend von den grundsätzlichen Koordinaten des Werbediskurses, die das zweite Kapitel skizziert, ist das dritte und vierte Kapitel chronologisch aufgebaut. Es behandelt den Zusammenhang zwischen politischem System und Werbung in der Weimarer Republik als auch in der Zeit des Nationalsozialismus, wobei die institutionellen und diskursiven Kontinuitäten zwischen beiden Epochen, die weitere Entwicklung und Durchsetzung der Werbung und einzelner Werbemedien im Mittelpunkt stehen. Die Darstellung wird zeigen, dass die Zwischenkriegszeit als „Sattelzeit" der werblichen Wirtschaftskommunikation anzusehen ist.

Das fünfte Kapitel geht auf die hier so genannten Werbewelten ein. Gemeint sind damit die Bilderwelten der Werbung und die in der Werbung hervortretenden Überzeugungsstrategien, mit denen Produkte, jedoch ebenso identitätsstiftende Kultur-Bilder verkauft wurden.

Die im Text in Klammern erwähnten Abbildungen finden sich mit der jeweiligen Bildnummer, Bildunterschrift und dem Quellenverweis in einem beiliegenden Bildquellenband, dessen Seitennummerierung zur schnellen Orientierung den Bildnummern entsprechen.

Quellen

Es gibt eine Fülle an überlieferten Quellen zur Werbegeschichte und einen insgesamt problemlosen Zugang zu einer Vielzahl an visuellen Quellen, was nicht Probleme der Auffindbarkeit, sondern der Auswahl aufwirft. Das Quellenmaterial, das dieser Arbeit zugrunde liegt, ist entsprechend vielfältig.

Eine der Hauptquellen stellen die verschiedenen Fachzeitschriften der Werbebranche dar wie „Die Reklame" (ab 1933: „Deutsche Werbung"), „Seidels Reklame", „Werbungs-Mittler", das „Mitteilungsblatt des Werberates der Deutschen Wirtschaft" (kurz: „Wirtschaftswerbung") sowie die „Zeitschrift des Verbandes Deutscher Annoncen-Expeditionen", deren Ausgaben von 1918 bis 1945 durchgesehen worden sind. Bei einzelnen Fragen und Themen sind Ausgaben auch aus der Zeit vor 1918 berücksichtigt worden. Die Fachzeitschriften geben einen detaillierten Überblick zu den brancheninternen Debatten der deutschen Werbefachleute.

An gedruckten und nicht gedruckten schriftlichen Quellen wurden Bestände aus dem Bundesarchiv Berlin herangezogen. Hierbei handelt es sich vor allem um Akten des Reichskunstwarts bzw. für die Zeit nach 1933 um Unterlagen des Propaganda- und Wirtschaftsministeriums sowie um die lückenhaft überlieferten Bestände des Werberates der Deutschen Wirtschaft aus der NS-Zeit.

Zudem wurden Bestände des Westfälischen Wirtschaftsarchives in Dortmund als auch des Wirtschaftsarchives Baden-Württemberg in Stuttgart einbezogen: Hauptsächlich handelt es sich dabei um Deposita regionaler Unternehmen. Aufschlussreich waren vor allem die Akten der unternehmensinternen Werbeabteilungen, wozu Werbepläne, Aufstellungen über Werbeausgaben, aber auch Werbemittel zählen.

Zur Analyse der Expansion amerikanischer Werbeagenturen nach Deutschland wurden die umfangreichen Bestände der Werbeagentur J.

Walter Thompson im Hartman Center for Sales, Advertising & Marketing History der Duke University, North Carolina/USA sowie das Archiv der Werbeagentur Dorland, Berlin berücksichtigt.

Für einzelne Fragen wurden Bestände des Bauhaus-Archivs Berlin, des Herbert Bayer Archive (Denver Art Museum, Denver/USA), des Karl-Ernst-Osthaus-Archivs in Hagen, des Archivs der Erzdiözese Köln sowie private Nachlässe wie der des Bauhausgrafikers Max Gebhardt herangezogen.

Einen eigenständigen Quellenkorpus machen insgesamt elf leitfadengestützte Interviews mit Zeitzeugen der deutschen Werbegeschichte aus, so beispielsweise mit dem mittlerweile verstorbenen Kreativdirektor der Werbeagentur Dorland der 1930er Jahre.

Für den Überblick über die Bilderwelten der Werbung zu erhalten, konnte auf drei wichtige Ressourcen zurückgegriffen werden:

1) Erstens waren das Illustrierte („Berliner Illustrierte Zeitung", „Die Woche", „Die Dame", „die neue linie", „Der Stürmer"). Die Auswahl dieser Medien ergab sich aus der Tatsache, dass sie zu den meistgenutzten überregionalen Werbeträgern gehörten. Dieser Umstand lässt sich aus den Mediaplänen zahlreicher Unternehmen herauslesen.[43] Um eine Gegenprobe zu den werblichen Bilderwelten der illustrierten Gesellschaftsblätter (zumindest für die Zeit nach 1933) zu erhalten, wurde „Der Stürmer" in das Sample einbezogen. Angesichts dieses Quellenmaterials liegt der Schwerpunkt der Beschreibung der Werbewelten bei der Anzeigenwerbung.

2) Ergänzt wird dieses Quellenmaterial durch gezielte Recherchen in den Archiven deutscher Markenunternehmen. Ausgewählt wurden diese Unternehmen nach folgenden Kriterien: Alter (Existenz mindestens seit 1918), überregionale Bedeutung, Markenbekanntheit, intensive Werbetätigkeit im Untersuchungszeitraum, Zugänglichkeit zum Unternehmensarchiv (nicht alle Unternehmen ermöglichen Wissenschaftlern die unabhängige und uneingeschränkte Recherche in ihren Archiven), sowie die Produktgruppe (in Frage kamen

---

[43] Siehe z. B.: Reklame-Programme der Marken Rama, Palmin etc., Unilever-Archiv Hamburg, o. Sign.

ausschließlich Produkte des alltäglichen Gebrauchs, also klassische Konsumgüter für den Endkunden). Aufgrund dieser Maßgaben kam folgendes Sample an Unternehmen zustande: Bahlsen, Hannover (Lebensmittel: Leibniz-Kekse etc.); Beiersdorf, Hamburg (Kosmetik: Nivea); DaimlerChrysler, Stuttgart (Automobile: Mercedes-Benz); Faber-Castell, Nürnberg (Schreibwaren); Henkel, Düsseldorf (Wasch- und Reinigungsmittel, Kosmetik: Persil etc.); Kraft Foods, Bremen (Lebensmittel: Kaffee Hag, Jacobs Kaffee, Kaba etc.); Pelikan, Hannover (Schreibwaren); Reemtsma/ Imperial Tobacco Group Company, Hamburg (Zigaretten); Unilever/Best Foods, Hamburg (Lebensmittel, Wasch- und Reinigungsmittel, Kosmetik: Rama, Elida etc.).

Die Archivbestände dieser Unternehmen sind relativ umfangreich, wenngleich für die Fragestellung nicht immer ergiebig. Hauptsächlich konnten Werbebilder in Form von Anzeigen oder Plakaten und Emailleschildern wie auch Radio- und Filmwerbung recherchiert werden. Schriftliche Quellen wie Mediapläne, Protokolle von Vertreterkonferenzen, in manchen Fällen auch die Memoiren mitteilungsbedürftiger Werbeleiter ergänzen das Bildmaterial.[44]

Insgesamt wurden fast 2000 Werbemotive zusammengetragen, hinzu kommen ca. 30 Werbefilme und einige wenige Radiospots. Die Auswahl bekannter und stark beworbener Marken, insbesondere die stilbildende Werbung von Persil, Nivea, Rama oder Kaffee Hag, lässt einen repräsentativen Blick auf die Werbegestaltung im Untersuchungszeitraum zu.

Forschungsstand: Werbung und Geschichtswissenschaft

Das Zusammenspiel von Marktkräften und vor allem die Analyse der gesellschaftlichen Auswirkungen von Konsum, der Markenkultur, und – als deren Vehikel – der Werbung, ist von deutschen Historikern erst in letzter

---

[44] Bspw.: Mengelberg, H., Lebensbericht, o.O. 1948 (= unveröffentl. Manuskript), Unilever–Archiv, Hamburg, o. Signatur.

Einleitung und Fragestellung

Zeit zum Thema gemacht worden.[45] Insgesamt entstand wegen des größeren Gewichts von Kultur-, Konsum- oder auch Unternehmensgeschichte in den letzten 15, insbesondere in den letzten fünf Jahren eine Fülle von Literatur über Werbung im Allgemeinen und einzelne Aspekte ihrer Geschichte, die die Einschätzung der Werbegeschichte als Modethema rechtfertigt.[46]

Reinhardts 1993 publizierte voluminöse Studie versuchte erstmals die Entwicklung der Werbung vom 19. Jahrhundert bis zur Mitte des 20. Jahrhunderts abzustecken.[47] Sie ist die bis heute in ihrer Ausführlichkeit kaum zu übertreffende Darstellung der Branche, ihrer Produzenten, Medien und Rezipienten. Sie bietet außerdem eine nachvollziehbare Periodisierung an, nach der die 1850er Jahre als Gründungsphase, die Gründerzeit als Phase erster Erfolge, die Jahrhundertwende als Phase der Expansion und zunehmenden Kritik und die Zwischenkriegszeit als Sattelzeit dieses Mediums zu verstehen ist.[48] Lamberty baut in den Ergebnissen weitgehend auf Reinhardt auf, untersucht jedoch den zeitlich begrenzten Rahmen der Kaiserzeit und bietet für diesen Zeitrahmen vor allem eine Darstellung der Professionalisierungsgeschichte der deutschen Werber in der Frühphase der modernen Wirtschaftskommunikation.[49]

Daneben sind Monografien zu den Vermarktungsstrategien einzelner Produkte oder Marken erschienen, die der Tenor vereint, dass Werbung ein Mittel der Konsumdemokratisierung sei, mit dem Luxusprodukte wie Sekt

---

[45] Anders stellt sich die Situation in den USA dar. Siehe bspw.: Marchand, Roland, Advertising the American Dream. Making Way for Modernity 1920–1940, Berkeley 1985; Bird, William L., Better Living. Advertising, Media, and the New Vocabulary of Business Leadership, 1935–1955, Evanston 1999; Goodrum, Charles/Dalrymple, Helen, Advertising in America. The first 200 Years, New York 1990 und Sivulka, Juliann, Soap, Sex, and Cigarettes. A Cultural History of American Advertising, Belmont 1997 sowie Mierau, Christina, Accept no Substitutes. The History of American Advertising, Minneapolis 2000; als Überblick dient: Pollay, Richard W. (Hg.), Information Sources in Advertising History, Westport 1979 oder Williams, Emelda et al., American Advertising. A Reference Guide, New York 1988 (= Garland Reference Library of Social Science, Vol. 398).
[46] Vgl.: Kleinschmidt, Christian/Triebel, Florian (Hg.), Marketing. Historische Aspekte der Wettbewerbs- und Absatzpolitik, Essen 2004, S. 9f.
[47] Reinhardt, Dirk, Von der Reklame zum Marketing. Geschichte der Wirtschaftswerbung in Deutschland, Berlin 1993.
[48] Reinhardt, Reklame, S. 429–449.
[49] Lamberty, Christiane, Reklame in Deutschland, 1890–1914. Wahrnehmung, Professionalisierung und Kritik der Wirtschaftswerbung, Berlin 2000.

breiteren Massen „schmackhaft" gemacht werden konnte.⁵⁰ Bei den themenbezogenen Darstellungen sticht die Studie von Maatje über die Kommerzialisierung des Rundfunks durch Werbung in der Zeit von 1923 bis 1936 heraus, weil sie sich immerhin von dem verbreiteten realienkundlichen Ansatz löst und Kommerzialisierung als kulturelles Faktum mit entsprechenden Gegenreaktionen behandelt.⁵¹

Besondere Beachtung hat bislang die Werbung der NS-Zeit gefunden.⁵² Etabliert ist außerdem die Geschichte der Werbung als Teilaspekt der Absatzpolitik von Unternehmen. Werbung wird hier in den Kontext des Marketing gestellt, das die Summe der Beziehungen zum Markt und aller Absatzbeziehungen beschreibt.⁵³ Im Rahmen der Unternehmensgeschichte verstehen die Autoren Werbung als unternehmerische Aufgabe, die zum Funktionieren der Organisation „Unternehmen" beiträgt. Entsprechend dominieren Perspektiven der Institutionenökonomik und werden

---

⁵⁰ Zu Produkt- und Markengeschichten: Kaufhold, Barbara, Deutsche Sektreklame von 1879–1918. Ihre Entwicklung unter wirtschaftlichen, gesellschaftlichen und künstlerischen Aspekten, Bochum 2003 (Internetpublikation: http://www-brs.ub.ruhr-uni-bochum.de/netahtml/HSS/Diss/KaufholdBarbara/diss.pdf); Conrad, Hans-Gerd, Werbung und Markenartikel am Beispiel der Markenfirma Dr. Oetker von 1891 bis 1975 in Deutschland, Berlin 2002; zur Geschichte einzelner Werbemedien und ihrer Produzenten: Reichwein, Sabine, Die Litfaßsäule. Die 125jährige Geschichte eines Straßenmöbels aus Berlin, Berlin 1980; Agde, Günter, Flimmernde Versprechen. Geschichte des deutschen Werbefilms im Kino seit 1897, Berlin 1998; Film-Archiv Lippe (Hg.), Werbefilme. Spiegel der Zeiten – Chronik des Alltags, Bielefeld 2002; Eckardt, André, Im Dienst der Werbung. Die Boehner-Film 1926–1967, Berlin 2004.
⁵¹ Maatje, Christian, Verkaufte Luft. Die Kommerzialisierung des Rundfunks. Hörfunkwerbung in Deutschland (1923–1936), Potsdam 2000 (= zugl. Münster, Westf. Wilhelms-Univ., Diss., 1999).
⁵² Berghoff, Hartmut (Hg), Konsumpolitik. Die Regulierung des privaten Verbrauchs im 20. Jahrhundert, Göttingen 1999; ders., Methoden der Verbrauchslenkung im Nationalsozialismus. Konsumpolitische Normensetzung zwischen totalitärem Anspruch und widerspenstiger Praxis, in: Gosewinkel, Dieter (Hg.), Wirtschaftskontrolle und Recht in der nationalsozialistischen Diktatur, Frankfurt/M. 2005, S. 281–316; ders., „Times change and we change with them." The German Advertising Industry in the 'Third Reich': Between Professional Self-Interest and Political Repression, in: Business History 46 (2003), Heft 1, S. 128–147; ders., Konsumgüterindustrie im Nationalsozialismus. Marketing im Spannungsfeld von Profit- und Regimeinteressen, in: Archiv für Sozialgeschichte 36 (1996), S. 293–322; siehe auch die weiteren einschlägigen Publikationen von Berghoff: ders., Zwischen Kleinstadt und Weltmarkt. Hohner und die Harmonika 1857 bis 1961. Unternehmensgeschichte als Gesellschaftsgeschichte, Paderborn 1997 (gekürzte und überarbeitete Fassung der Habilitationsschrift von 1996); ders., This is an Age of Advertisement, Absatzwerbung und Unternehmenswachstum am Beispiel Hohner 1900–1914, in: Zeitschrift für Unternehmensgeschichte 40, 1995, S. 216–234. Außerdem zum Thema: Rücker, Matthias, Wirtschaftswerbung unter dem Nationalsozialismus. Rechtliche Ausgestaltung der Werbung und Tätigkeit des Werberats der deutschen Wirtschaft, Frankfurt/Main 2000; eher journalistisch: Westphal, Uwe, Werbung im Dritten Reich, Berlin 1989.
⁵³ Einschlägig: Pohl, Hans (Hg.), Absatzstrategien deutscher Unternehmer. Gestern – Heute – Morgen, Wiesbaden 1982 (= ZUG, Beiheft 23).

Einleitung und Fragestellung

Transaktionskosten beim Dialog mit der Öffentlichkeit oder Kommunikationstheorien besprochen. Das durch Werbung aufgebaute konkrete kulturelle Beziehungsgeflecht zwischen Unternehmen und Konsumenten spielt dabei allerdings nur eine unzureichende Rolle.[54]

Das populärste Feld einer kulturalistisch-historischen Werbeforschung scheint das Verhältnis von Geschlecht und Werbung zu sein, deren Aussagen konzentrieren sich insbesondere auf die Sexualisierung und Objektivierung der Frau. Die klischeehaften Darstellungen der Geschlechter sind als Ausdruck allgemeiner Macht- und Geschlechterverhältnisse zu verstehen.[55] Wie sehr allerdings auch der Männerkörper einer Objektivierung unterliegt, wird in der Literatur kaum behandelt.[56] Zahlreich sind historisch-linguistische Studien, die die Entwicklung der Werbesprache oder deren Einfluss auf die Alltagssprache untersuchen.[57]

Die gewonnenen Detailinformationen werden nur unzureichend oder gar nicht in einen allgemeinen Diskurs über Gesellschaft eingebunden. Der deutschen Werbegeschichtsschreibung mangelt es an „Gesellschaftlichkeit". Es fehlen zugespitzte Thesen, die die gesammelten Informationen zusammenfassen und generalisieren. So ist die bislang geschriebene Geschichte der deutschen Werbung hauptsächlich eine materielle Geschichte ihrer Institutionen und der Herausbildung einzelner Werbeträger.

Einen multiperspektivischen Überblick, der Werbung als gesellschaftliches Diskursphänomen stärker hervorhebt, bietet der Sammelband von Borscheid

---

[54] Wischermann, Clemens/Borscheid, Peter/Ellerbrock, Karl-Peter (Hg.), Unternehmenskommunikation im 19. und 20. Jahrhundert, Neue Wege der Unternehmensgeschichte, Dortmund 2000 (Untersuchungen zur Wirtschafts-, Sozial- und Technikgeschichte, Band 19); Wischermann, Clemens (Hg.), Unternehmenskommunikation deutscher Mittel- und Großunternehmen, Theorie und Praxis in historischer Perspektive, Münster 2003.
[55] Schmerl, Christiane, Das Frauen- und Mädchenbild in den Medien (Alltag und Biografie von Mädchen Band 5), Opladen 1984.
[56] Eine Ausnahme ist: Zurstiege, Guido, Mannsbilder – Männlichkeit in der Werbung. Eine Untersuchung zur Darstellung von Männern in der Anzeigenwerbung der 50er, 70er und 90er Jahre (Studien zur Kommunikationswissenschaft Band 34), Wiesbaden 1998.
[57] Adam-Wintjen, Christiane, Werbung im Jahr 1947. Zur Sprache der Anzeigen in Zeitschriften der Nachkriegszeit, Tübingen 1998; Bendel, Sylvia, Werbeanzeigen von 1622–1798. Entstehung und Entwicklung einer Textsorte, Tübingen 1998; Hohmeister, Karl-Heinz, Veränderungen in der Sprache der Anzeigenwerbung. Dargestellt an ausgewählten Beispielen aus dem „Gießener Anzeiger" vom Jahre 1800 bis zur Gegenwart, Frankfurt/M. 1981; Stolze, Peter, Untersuchungen zur Sprache der Anzeigenwerbung in der zweiten Hälfte des 18. Jahrhunderts. Eine Analyse ausgewählter Anzeigen in den „Leipziger Zeitungen" von 1741–1801, Göppingen 1982.

und Wischermann.[58] Er verortet in zahlreichen Fallstudien Werbung innerhalb der Debatten über populäre Kultur. In dem Sammelband wird bereits sehr deutlich, in welchem größeren Rahmen Werbegeschichte angelegt sein muss. Die Autoren des Sammelbandes thematisieren das Verhältnis von Werbung und Großstadt sowie die Widerstände, die sich gegen die Werbung aufbauten. Wegweisend für den hier gewählten Ansatz und die Fragestellung sind vor allem die theoretisch ambitioniertesten Publikationen von Gries, Ilgen und Schindelbeck, die versuchen, Werbegeschichte als Subdisziplin von Wirtschafts- und Sozialgeschichte, von Kunst- und Kulturgeschichte, von gesellschaftskritischer Massenkonsumgeschichte, von Kommunikationsgeschichte und Mentalitätsgeschichte zu schreiben. Allerdings präsentieren sie ihren Ansatz in fast überzogener Weise als Königsweg der Geschichtsforschung.[59]

Werbung einen wichtigen Part bei der Konstruktion von Kultur sowie bei nationalen Identifikationsprozessen zuzuweisen ist insgesamt relativ neu. Ein Desiderat scheint ebenfalls zu sein, die kulturhistorische Perspektive, die Diskussion von Hoch- und Konsumkultur sowie die Frage nach der Prägung nationaler Identität mit Ansätzen der visual history zu verbinden.[60] Werbliches Bildmaterial, Bildlichkeit und die Auffassung von Lebenswelt als Summe vieler Bilder, die die Oberflächenstruktur einer Nation prägen, spielen deshalb in dieser Untersuchung eine wesentliche Rolle.

Methodologische Überlegungen

Die Arbeit verbindet die konventionelle Textanalyse von gedruckten Quellen und Texten der oral history mit Ansätzen der visual history.[61] Der methodologische Ansatz beruht auf einer breiten Quellenbasis und dem Versuch, die Forschungsfrage multiperspektivisch, fallbeispielhaft und – wo es zur pointierten Darstellung angebracht erscheint – vergleichend zu klären. Dazu war es wichtig, bei der Wahl der Sekundärliteratur über die Grenzen

---

[58] Borscheid, Peter et al. (Hg.), Bilderwelt des Alltags. Werbung in der Konsumgesellschaft des 19. und 20. Jahrhunderts. Festschrift für Jürgen Teuteberg, Stuttgart 1995.
[59] Gries, Rainer/Ilgen, Volker/Schindelbeck, Dirk, „Ins Gehirn der Masse kriechen!" Werbung und Mentalitätsgeschichte, Darmstadt 1995; Gries, Produkte.
[60] Paul, Gerhard (Hg.), Visual History. Ein Studienbuch, Göttingen 2006.
[61] Ebd., S. 7–36.

Einleitung und Fragestellung

der eigenen Disziplin hinauszugehen und Literatur (deutschsprachige und amerikanische) insbesondere aus der Kunstgeschichte, der Ethnologie und den Wirtschaftswissenschaften heranzuziehen. Die Deutung der behandelten Phänomene folgt einem konstruktivistischen, konflikttheoretischen Ansatz.

Ist der Umgang mit Texten und ihrer Kritik in der Geschichtswissenschaft eingeübt, so bedarf die Verwendung von Bildern, vor allem von Werbebildern, weiterer Erklärungen. Ihre Verarbeitung und Entschlüsselung folgt der gängigen kunsthistorischen Methodik insbesondere in Anlehnung an Erwin Panofsky und ergänzt diese mit dem kulturwissenschaftlichen Ansatz, der nach der sozialen Praxis und den gesellschaftlichen Zusammenhängen fragt, in denen Bilder entstehen, kommuniziert und gedeutet werden.[62]

Von zentraler Bedeutung ist die Frage, inwiefern Werbebilder überhaupt als Instrument der historischen Forschung verwendet werden können. Sie bedarf zunächst noch einer genaueren Klärung, die nicht im engeren Sinne mit der Methodologie der Arbeit zu tun hat. Die Beantwortung dieser Frage klärt allerdings in einem weiteren Rahmen Auswahl und Umgang mit dem zugrunde liegenden Quellenmaterial.

Mit der Bildvorstellung der bürgerlichen Hochkultur und dem Werbebild stießen in der zeitgenössischen Wahrnehmung zwei Welten aufeinander, die – symbolisch gedeutet – jeweils für grundverschiedene, zunächst unvereinbare Vorstellungen von Kultur standen, auch wenn es Verknüpfungspunkte und zuweilen deutliche Schnittmengen gab. Folgt man zunächst der Vorstellung gänzlich unvereinbarer Bereiche, so galt das bürgerliche „hohe Bild" als Teil einer legitimen Kultur (Bourdieu), die geschichtsbildend und aussagekräftig war. Das Werbebild dagegen gehörte zur Konsumkultur, die in das negative Verdikt der Unterhaltungs- und Bewusstseinsindustrie einbezogen wurde und im Kulturdiskurs als kaum

---

[62] Panofsky, Erwin, Studies in Iconology. Humanistic Themes in the Art of the Renaissance, New York 1939, S. 3–31; ders., Meaning in the Visual Arts, Harmondsworth 1970, siehe vor allem: S. 51–81; Paul, Gerhard, Von der Historischen Bildkunde zur Visual History. Eine Einführung, in: ders., History, S. 16.

aussagekräftiges Material über die „echten Werte" einer Gesellschaft gehandelt wurde.[63]

Die naheliegende Frage ist, welche Aussagekraft über nationale Identität, welche Funktion, soziale Dimension, letztlich: welchen Quellenwert haben die verschiedenen Arten von Bildern?[64] Die Beantwortung hat einen praktischen Hintergrund: Abseits von zeitgenössischen, vor allem konservativ bildungsbürgerlichen, kunstexpertokratischen und damit stark milieuverfangenen Einschätzungen des Bildes erklärt sie, wie mit den visuellen Quellen der Werbung verfahren werden kann. Gehen wir deshalb in einem ersten Schritt der Frage nach, was als Bild gelten bzw. welchen Bildern eine Zeugenschaft zugeschrieben werden kann.[65]

Die Fragen betreffen ein grundsätzliches Problem dieser Arbeit und allgemein des Historikers im Umgang mit Bildern; ihre Beantwortung erklärt trotz der Bilderexplosion der letzten 200 Jahre und etlicher Bemühungen der aktuellen Forschung die Bildferne der Neueren und Neuesten Geschichtsschreibung.[66]

---

[63] Bonacker, Kathrin, Illustrierte Anzeigenwerbung als kulturhistorisches Quellenmaterial, Marburg 2000, S. 7–13; 1986 fasste Theodore K. Rabb die Diskussion um den Wert von Bildern wie folgt zusammen: „The power that visual evidence possesses to define what a society considers both normal and eccentric is an asset that no scholar can ignore", in: Rabb, Theodore K. et al., The Evidence of Art: Images and Meaning in History, in: Journal of Interdisciplinary History, 17, 1986, S. 2; Beispiele der geschichtswissenschaftlichen Beschäftigung mit Bildquellen sowie theoretische Grundlagen bieten: Paul, Gerhard, Aufstand der Bilder. Die NS-Propaganda vor 1933, Berlin 1990; Arnold, Sabine R./Fuhrmeister, Christian/Schiller, Dietmar (Hg.), Politische Inszenierung im 20. Jahrhundert. Zur Sinnlichkeit der Macht, Wien 1998; Hamburger Institut für Sozialforschung (Hg.), Verbrechen der Wehrmacht. Dimensionen des Vernichtungskrieges 1941–1944, Ausstellungskatalog, Hamburg 2002; ders. (Hg.), Eine Ausstellung und ihre Folgen. Zur Rezeption der Ausstellung ‚Vernichtungskrieg. Verbrechen der Wehrmacht 1941 bis 1944', Hamburg 1999; Jäger, Jens, Photographie: Bilder der Neuzeit. Einführung in die Historische Bildforschung, Tübingen 2000; Müller, Marion G., Grundlagen der visuellen Kommunikation, Konstanz 2003; dass gerade die Körpergeschichte ein stark visuell ausgerichtetes Forschungsfeld ist, zeigt: Lorenz, Maren, Leibhaftige Vergangenheit. Einführung in die Körpergeschichte, Tübingen 2000; Erstic, Marijana/Schuhen, Gregor/Schwan, Tanja (Hg.), Avantgarde – Medien – Performativität. Inszenierungs- und Wahrnehmungsmuster zu Beginn des 20. Jahrhunderts, Bielefeld 2005; Puttnies, Hans, Das Gesicht der Weimarer Republik. Menschenbild und Bildkultur 1918–1933, Berlin 2000 (= Katalog einer Ausstellung des Deutschen Historischen Museums, Berlin und des Einstein Forums, Potsdam).
[64] Vgl.: Müller, Grundlagen, S. 13–120.
[65] Grundsätzlich, wenn auch fast ausschließlich nur auf Bilder der Kunst bezogen: Boehm, Gottfried (Hg.), Was ist ein Bild? 4. Aufl., München 2006.
[66] Nach wie vor bezeichnen visual historians die Beziehung der Historiker zu Bildmedien als schwierig; siehe z. B.: Riederer, Günter, Film und Geschichtswissenschaft. Zum aktuellen Verhältnis einer schwierigen Beziehung, in: Paul, History, S. 96–113.

Das Fehlen einer auch auf Bildquellen gestützten Geschichtsschreibung hängt – so eine gängige Meinung – damit zusammen, dass Historiker primär an Machtgeschichte interessiert seien, welche sich wiederum unkomplizierter, präziser und umfassender aus schriftlichen als aus bildlichen Überlieferungen erschließen lasse.[67] Die Macht der Bilder und ihre Funktionalisierung in der Mediengesellschaft, insbesondere in der Diktatur, widersprechen jedoch dieser Einschätzung vor allem dann, wenn Politik als symbolisch-bildlich vermittelte Kommunikation verstanden wird.[68] Bilder sind demnach ein fester Bestandteil von Macht- und Nationalgeschichte. Selbst Werbebilder, die meist abseits der politischen Sphäre betrachtet werden, können ein Bestandteil dieser Geschichte, von Machtkämpfen und Herrschaftsverhältnissen sein.[69]

Allgemein lässt sich sagen: Es gibt nur einen kleinen Kreis von akzeptierten historischen Bildern, was die Integration neuer, populärer Bilderwelten schwierig macht. Angesichts der exklusiven Definition von historischen Bildern und der nur zaghaften Realisierung des iconic turns in der Geschichtswissenschaft über die Neueste Zeit ist die Beschäftigung mit den Bilderwelten der Werbung für viele Vertreter der historischen Zunft allenfalls ein unterhaltsames Vorhaben, das vielleicht im Trend liegt, jedoch mit Skepsis betrachtet wird, weil die inhaltliche Verbindung zu den historiografischen Schwerpunktthemen Nation – Staat – Politik kaum Beachtung findet.

Das von der Historikerzunft anerkannte, „echte" Bild war und ist in den meisten Fällen – sofern diese Quellenart überhaupt wahrgenommen wird – das Abbild von tatsächlichen Personen, von Orten, Ereignissen und Dingen, das dem besseren Verständnis der Vergangenheit und ihrer Erinnerung

---

[67] Hardtwig, Wolfgang, Der Historiker und die Bilder. Überlegungen zu Francis Haskell, in: Geschichte und Gesellschaft 2, 1998, S. 305-322, hier: 316.
[68] Siehe: Müller, Grundlagen.
[69] Meyer, Thomas, Mediokratie. Die Kolonisierung der Politik durch das Mediensystem, Frankfurt/M. 2001.

dient.⁷⁰ Hier ist neben der Fotografie insbesondere das in der Geschichtswissenschaft stark zu Illustrationszwecken rezipierte Genre der bis in das 19. Jahrhundert populären Historien- und Panoramamalerei zu erwähnen.⁷¹ Das Bild als Abbild der Nationalgeschichte hat hauptsächlich in den Archiven und Museen, in denen der Historiker zahlreiche Herrscherportraits sowie Bilder zur Militär- und Kriegsgeschichte findet, seine Geltung und weitere Entfaltung erfahren. Diese für Historiker als relevant anerkannten Bildquellen wurden mit der Absicht gesammelt, historische Realität zu visualisieren – ein Begriff, der problematisch ist und auf den später noch einmal eingegangen werden muss. Dieses Bildquellengut unterstützt die Imagination des Historikers von seinen zu Texten verarbeiteten Untersuchungsgegenständen und steht vermeintlich für Authentizität, Objektivität und Repräsentativität. Es ist zwar unstrittig, dass Abbildungen – etwa von Landschaften – nicht immer genau sind, dass Verzerrungen und Idealisierungen vorkommen, dennoch wird ihnen ein relativ großes Vertrauen entgegengebracht.⁷² Unter diesen fragwürdigen, allerdings bis heute verbreiteten⁷³ Prämissen begann die Institutionalisierung der historischen Bildkunde zu Beginn des 20. Jahrhunderts in Deutschland.⁷⁴

1928 wurde auf dem internationalen Historikerkongress in Oslo erstmals eine „Kommission für Ikonographie" eingerichtet, der entsprechende

---

⁷⁰ Jacob, Frank-Dietrich, Aspekte zu Entwicklung und Aufgaben der Historischen Bildkunde, in: Rat der Stadt Görlitz (Hg.), Festschrift für Ernst-Heinz Lemper (Görlitzer Magazin, 3, 1989, Beiheft), 1989, S. 15; die Repräsentation der Geschichte im Bild sucht ebenfalls: Boockmann, Hartmut, Über den Aussagewert von Bildquellen zur Geschichte des Mittelalters, in: Manegold, Karl-Heinz (Hg.), Wissenschaft, Wirtschaft und Technik. Studien zur Geschichte. Wilhelm Treue zum 60. Geburtstag, München 1969, S. 29–37. Siehe zum Realismuspostulat: Maurer, Michael, Bilder, in: ders. (Hg.), Aufriß der Historischen Wissenschaften, Bd. 4: Quellen, Stuttgart 2002, S. 403.
⁷¹ Zum Genre der Historienmalerei: Petersen, Traute, Historienmalerei. Programm und Probleme, in: GWU 36, 1985, S. 565–576; Hager, Werner, Geschichte in Bildern. Studien zur Historienmalerei des 19. Jahrhunderts, Hildesheim 1989; Mai, Ekkehard (Hg.), Historienmalerei in Europa. Paradigmen in Form, Funktion und Ideologie, Mainz 1990.
⁷² Vgl.: Talkenberger, Heike, Von der Illustration zur Interpretation: Das Bild als historische Quelle. Methodische Überlegungen zur Historischen Bildkunde, in: Zeitschrift für historische Forschung, 21, 1994, S. 290; bei Keyser wird die Fotografie noch gelobt als Medium, das die Wirklichkeit unmittelbar wiedergebe und deshalb besonders hohen geschichtlichen Quellenwert besitze, siehe: Keyser, Erich, Das Bild als Geschichtsquelle, Hamburg 1935 (= Historische Bildkunde, Heft 2), S. 22.
⁷³ Siehe dazu die überholten Positionen von: Jacob, Aspekte, S. 19.
⁷⁴ Keyser, Bild, S. 7–16.

Gründungen auf nationaler Ebene folgten.[75] So rief der Verband Deutscher Historiker im April 1930 einen „Deutschen Ikonographischen Ausschuß" mit Sitz am Leipziger Institut für Kultur- und Universalgeschichte ins Leben, dessen Aufgabe es war,

> „bildliche Überreste nicht als Gegenstände der Kunstgeschichte, sondern als Dokumente der Geschichte überhaupt für die Forschung bereitzustellen und auszuwerten".[76]

Ikonografisches Material von Interesse waren damals lediglich Personenbildnisse, die Darstellung historischer Ereignisse und Dinge sowie topografische Bilder. Das Interesse an ihnen erwies sich als ein ausschließlich realienkundliches.[77]

Der realienkundliche Ansatz des Bilderlesens birgt jedoch die große Gefahr, historische Realität mit deren Gestaltung in einem ästhetischen Medium zu verwechseln sowie außer Acht zu lassen, inwiefern Technik sowie perspektivische, symbolische und allegorische Transformationen in der Bildsprache eine Rolle spielen. Wenn Authentizität als Selektionsmerkmal für Bildquellen dient, ist es zwar verständlich, jedoch zu kurz gegriffen, dass Werbebilder bislang kaum zum Gegenstand historisch-wissenschaftlicher Analysen wurden. Denn auch eine auf der Realienkunde beruhende Authentizität ist ein Konstrukt und das Vertrauen auf eine authentische Abbildung historischer Realität bedenklich. Gerade die historische Filmforschung, die sich lange Zeit im Wesentlichen darauf konzentrierte, Absichten, Mittel und Effekte der NS-Propaganda zu untersuchen, hat diesen realienkundlichen Mythos, der sich in Propagandamaterial nur offensichtlich zuspitzt, enttarnt.[78]

Wenn der Historiker Medien als Quelle heranzieht, sollte er folglich grundsätzlich davon ausgehen, dass diese keine Wirklichkeitswiedergabe

---

[75] Steinberg, Sigfrid H., Die internationale und die deutsche ikonographische Kommission, in: Historische Zeitschrift, 144, 1931, S. 287–296.
[76] ders., S. 287.
[77] Keyser, Bild, S. 8; zur meisterforschten Gruppe der Geschichtsbilder wurden Portraits, weshalb umfangreiche Bildniskataloge zur deutschen Geschichte entstanden: Singer, H.W., Allgemeiner Bildniskatalog, 14 Bde., Leipzig 1930–1936.
[78] Hagen, Manfred, Filme und Tonaufnahmen als Überrestquellen. Versuch einer thematisch-kritischen Bild- und Tonquellenedition zum 17. Juni 1953, in: Geschichte in Wissenschaft und Unterricht, 6, 1990, S. 353.

leisten, das heißt, in einer direkten Übertragung Realität fixieren. Bilder sind immer nur Ausschnitte der historischen Realität, die durch technische Einschränkungen sowie Gestaltungsabsichten geprägt werden und deshalb Restriktionen ausgeliefert sind. Dimensionen wie Dreidimensionalität, die Wahrnehmung taktiler Reize oder Gerüche bleiben bislang ohnehin vollkommen ausgespart. Entscheidend ist z. B. das Objektiv eines Fotoapparates oder einer Filmkamera, aber genauso der Mensch, der diese Apparatur steuert und sowohl bei der Aufnahme von Daten als auch bei deren Nachbearbeitung selektierend vorgeht. Dazu gehören der Schnitt sowie die Vertonung (bei Filmen) und Manipulationen wie Retuschen, die – im Falle der Werbung – von vornherein sogar beabsichtigt sind. Sie sind dort fester Bestandteil des Gestaltungsrepertoires und kehren die historische Beweisführung um. Grundsätzlich ist das allerdings nicht kritischer zu sehen als etwa die historische Berichterstattung durch Zeitzeugen, deren Wahrnehmung ebenso vielen Störfaktoren wie mangelnde Aufmerksamkeit, fehlende Information, Gedächtnisleistung oder Formulierungsfähigkeit unterliegt. Medial vermittelte historische Realität ist somit immer die Reduzierung auf eine oder zwei Dimensionen innerhalb eines mehrstufigen Transformationsprozesses. Das „echte Bild", das beispielsweise der Bildanthropologe Hans Belting sucht, gibt es mithin nicht.[79]

Der von einer positivistischen Geschichtsschreibung stark geprägte und eingeschränkte Begriff der „Realität" muss erweitert werden, um grundsätzlich die Konnotation des Konstruierten, Perspektivischen hervorzurufen. Wenn der Historiker das Bild als Wirklichkeit mit dem doppelten Boden psychologischer, sinnesphysiologischer, soziologischer und technologischer Voraussetzungen betrachtet, dann wird es, so Talkenberger, möglich, die unterschiedlichen Mediengattungen als

---

[79] Belting, Hans, Das echte Bild. Bildfragen als Glaubensfragen, München 2005, S. 7.

Einleitung und Fragestellung

„reale Fantasieprodukte einer Gesellschaft zu sehen und sich mit dem Ringen um Bedeutungen und der Bildung von Bewusstsein durch Medien auseinanderzusetzen".[80]

Bei der Werbung ist die Fantasieproduktion von vorneherein Zweck. Genau deswegen ist sie durchschaubar und einfacher zu entziffern als Bilder, die vordergründig Authentizität vorgeben. Zugespitzt ließe sich sagen, dass Werbematerialien „ehrliche" Quellen sind, weil sie offen „lügen". Authentisch sind sie nicht in einem realienkundlichen Sinne; dennoch sind sie ein authentischer Ausdruck unserer Gesellschaft, weil Werbung darin seit dem 19. Jahrhundert eine Rolle spielt, auch wenn diese Rolle im Vergleich zu anderen Bildern lange unbeachtet blieb.

Bedenklich ist nicht nur die übliche Funktionszuweisung von Bildern als Illustration im Sinne des beschriebenen realienkundlichen Authentizitätsanspruchs. Ein weiterer Aspekt dieser Diskussion besteht darin, dass Bilder – und das gilt eingeschränkt auch für Filme und einige Tondokumente wie Klanginstallationen und bestimmte Arten von literarischen Hörspielen – oft fälschlicherweise ausschließlich als Kunstwerke verstanden werden, die – um als wertvoll und repräsentativ zu gelten – Produkte eines singulären schöpferischen Aktes sein müssen. Einige historische Abhandlungen widmen sich in diesem Sinne der Kunst und ihren Bildern, meinen und beschreiben damit allerdings nur einen kleinen Ausschnitt des Bildhaushalts einer Gesellschaft, der von stilbildenden, definitionsmächtigen Milieus in einer Art von Klassenethnozentrismus als die repräsentative Bilderwelt einer Gesellschaft emporgehoben wird. Gemeint ist damit die hohe Kunst, also die eingeschlossene Museums- und Galeriekunst, deren Stellenwert sich bis heute von den Sinnkonstruktionen des 19. Jahrhunderts herleiten lässt. Dieses Verständnis von Kunst und Kunstwerk beziehungsweise Bild ist elitär. Darüber hinaus verengt es die Definition des Begriffes „Bild" auf unzulässige Weise. Wenn also beispielsweise Haskell von der „Entdeckung des Bildes" im Zusammenhang mit der Deutung von Vergangenheit spricht, so ist das von ihm „entdeckte

---

[80] Zit. n.: Talkenberger, Illustration, S. 313; zu der Konstruktion von Realität in der Kunst aus naturwissenschaftlicher Sicht: Schober, Herbert et al., Das Bild als Schein der Wirklichkeit. Optische Täuschungen in Wissenschaft und Kunst, München 1972; zu Realität und Film: White, Hayden, Historiography and Historiophoty, in: The American Historical Review, 93, 5, 1988, S. 1193–1199; Hagen, Manfred et al., Film-, Foto- und Tonquellen zum 17. Juni 1953 in Berlin, Göttingen 1992.

Bild" doch weniger verallgemeinernd zu verstehen denn als eine Auswahl von Bildern, die er und viele Wissenschaftler vor ihm als geschichtsträchtig verstanden haben.[81] Und das sind beispielsweise die Arbeiten von Raphael, Brueghel und anderen Produzenten musealer oder auch architektonischer Hochkultur. Bilder und ihre Produzenten, so ist daraus zu folgern, müssen selbst ein spezifisches „Image" haben, um wahrgenommen und überliefert zu werden.

Vertreter dieser Art elitärer historischer Bildkunde sollten sich jedoch verdeutlichen, dass sie nicht mehr – aber auch nicht weniger – als ein hochkulturelles Phänomen besprechen, das in erster Linie Informationen über einen kleinen Kreis innerhalb einer Gesellschaft offenbart sowie oftmals so codiert ist, dass es einen exklusiven Charakter trägt und sich deshalb einer breiten Auseinandersetzung widersetzt. Die Verwendung der hohen Kunst als Quelle eignet sich ideal für die Analyse der bürgerlichen Gesellschaft des 19. Jahrhunderts. Ihre Bedeutung wird allerdings nicht in Diskursen einer allgemeinen Öffentlichkeit konstruiert und tradiert, sondern von Experten hergestellt, deren Legitimation Kennerschaft, Macht sowie Autorität ist und die oftmals gemeinsam mit den Produzenten von Kunst zu ein und derselben Denk- und Bildungsgemeinschaft gehören. Deren Definitionen von Nation, Kultur und Kunstwerken werden Gruppen mit geringerem kulturellen Kapital (Bourdieu) aufoktroyiert und in der Folge von diesen als normatives Bild-Wissen wahrgenommen. Vor allem dadurch ist es möglich, dass ein hochkulturelles Kunstwerk wegen des Renommés seines Produzenten und Sammlers oder durch seine museale Inszenierung einen nationalen Charakter mit hoher Symbolkraft erlangen kann und schließlich in den ebenfalls insgesamt hochkulturellen Blick des Historikers gerät, der ein sehr spezifisches Bild der Nation kreiert. Die historische Bedeutung und die Repräsentativität einer Bildquelle ergeben sich folglich nicht natürlicherweise. Sie sind Ausdruck gesellschaftlicher Machtverhältnisse und eines Denkens, das traditionellen, bildungsbürgerlichen Standards verhaftet

---

[81] Haskell, Francis, Die Geschichte und ihre Bilder, München 1995, S. 23–142; ähnliches „elitäres" Bildmaterial wird verwendet bei: Altrichter, Helmut (Hg.), Bilder erzählen Geschichte, Freiburg/Breisgau 1995.

ist und die Nation und ihre Repräsentationsformen fast ausschließlich im hochkulturellen Sinne fassbar macht.[82]

Dass das Bild in den sich modernisierenden Gesellschaften des 19. und 20. Jahrhunderts allerdings nicht mehr als exklusives, repräsentatives und in Staats- oder Nationalgalerien gesammeltes Kunstwerk begriffen werden kann, versteht sich aus der Logik der explodierenden Bilderproduktion in der Moderne heraus. Gerade im 20. Jahrhundert zeigen sich die Medien, die als Träger eines Bildes dienen, wie auch die Inhalte in sehr vielfältiger Weise, wobei die Bildqualität Gegenstand eines ausdifferenzierten Bewertungskatalogs ist. Der Wert moderner Bilder, z. B. massenproduzierte Werbebilder, wird weniger durch Expertentum und Kunstsinnigkeit festgestellt, sondern durch quantitative Präsenz und die sozialen Umstände ihrer Rezeption. Der Unterhaltungswert eines Bildes sollte – vom Standpunkt des Historikers – nicht weniger bedeutend als dessen Kunstwert sein. Deshalb kann nicht nur das „echte" und „richtige" Bild Aussagen über die Vergangenheit treffen, wie es einer der frühen Fürsprecher der historischen Bildkunde in Deutschland, Erich Keyser, 1935 im Sinne eines hochkulturellen Verständnisses formulierte und damit Bewertungskriterien festlegte, die vollkommen subjektiv, letztlich beliebig waren.[83]

Das Bild des 20. Jahrhunderts braucht andere Maßstäbe und Definitionsmerkmale, die die Funktionszusammenhänge eines Bildes in der modernen, medial geprägten Konsumgesellschaft berücksichtigen und sprichwörtlich alles grafisch Gestaltete als Bild auffassen, da sich die Koordinaten für die Bildproduktion, die Betrachter, die Medien der Bildpräsentation sowie die Funktion eines Bildes im 20. Jahrhundert fundamental geändert haben.[84] Gerade deshalb hat sich in der Konsequenz auch die bisherige historische Bildkunde zur historischen Medienkunde oder visual history zu entwickeln und sich neuen Bildquellen und technischen Trägermedien gegenüber zu öffnen vermocht. Unabhängig vom Status des Produzenten, vom Trägermedium oder von der Herstellungsart ist es notwendig, dass ein ideologiefreies Verständnis vom Bild entsteht, um breite

---

[82] Bourdieu, Pierre, Zur Soziologie der symbolischen Formen, Frankfurt/M. 1974, S. 75–124.
[83] Keyser, Bild, S. 8.
[84] Burda, Hubert, Iconic turn weitergedreht – Die neue Macht der Bilder, in: Maar, Christa/ders. (Hg.), Iconic Turn. Die neue Macht der Bilder, 2. Aufl., Köln 2004, S. 9–13.

kulturhistorische Fragestellungen auf der Basis von Bildquellen bearbeiten zu können.

Das heißt, dass vom einmaligen Kunstwerk bis zur Zeitungsannonce, vom Bewegtbild (Film) bis zum Foto allem Bildlichen eine *„geschichtliche Zeugenschaft"* (Benjamin) zuzuweisen ist. Im Zeitalter der technischen Reproduzierbarkeit verliert das Kunstwerk deshalb nicht seine Aura und wird vor allem nicht wertlos für die historische Forschung.[85]

Im Sinne einer ideologiefreien historischen Medienkunde wird folglich von einem offenen Begriff des Bildes ausgegangen, der sich klar von der kunsthistorischen und *„bürgerlich-kunstexpertokratischen Fixierung auf das Bild"* distanziert.[86] Die bloße Existenz einer grafischen Information ist das ausschlaggebende Kriterium, ein Bild als Quelle anzuerkennen. Die soziale Struktur eines Bildes (also die Umstände seiner Produktion, seine Ästhetik, Inszenierung oder Wirkung) macht es für bestimmte (hochkulturelle oder konsumkulturelle) Fragestellungen relevant; sie begründet aber keinen generellen Repräsentationsanspruch.

So wie die Bilderwelten des schriftlosen Menschen bis zum Mittelalter und in die frühe Neuzeit hinein als oftmals einziges Zeugnis seines Handelns und Denkens von Historikern anerkannt sind, so sollten auch Werbemittel als eine brauchbare Quelle für das 20. Jahrhundert genutzt werden, die – so fiktiv sie auf den ersten Blick scheinen mögen – die öffentlichste, meistrezipierte und prägendste verbildlichte Vorstellung vom Menschen und seinen Rollen in westlichen Konsumgesellschaften seit dem 20. Jahrhundert darstellt. Eine adäquate Medienkunde des 20. Jahrhunderts oder anders ausgedrückt: eine Ikonografie der modernen oder auch postmodernen Nation wird kaum an dem vielfältigen Werbematerial vorbeikommen. Die relativ weite Definition vom Bild ermöglicht die problemlose Integration der werblichen Bilderwelten als historische Quelle. Vor allem ist damit auch eine Klammer für das heterogene Quellenmaterial der Werbung vorhanden.

---

[85] Vgl.: Benjamin, Walter, Das Kunstwerk im Zeitalter seiner technischen Reproduzierbarkeit, Frankfurt/Main 1963.
[86] Zu einer ähnlichen Definition kommt: Müller, Grundlagen, S. 18–23; zur bürgerlich-kunstexpertokratischen Fixierung auf das Bild: Knoch, Habbo, Renaissance der Bildanalyse in der Neuen Kulturgeschichte, in: Bruhn, Matthias/Borgmann, Karsten (Hg.), Sichtbarkeit der Geschichte. Beiträge zu einer Historiografie der Bilder, Berlin 2005 (= Historisches Forum, Bd. 5), S. 57.

Anzeigen, Plakate, Werbebanner, Etiketten, Logos, aber auch Filme können unter dem Begriff der (Werbe-)Bilder zusammengefasst und in dieser Studie verarbeitet werden.

Der offene Bildbegriff soll um einen weiteren Aspekt ergänzt werden. Bilder sind bislang als Fixierungen auf einem bemalbaren und bedruckbaren Medium oder auf belichtungsfähigen Papieren verstanden worden. Visuelle Produktionen sind jedoch ebenfalls nicht gerahmte Bilder. Auch die Stadt, architektonisches Inventar und Objekte außerhalb musealer oder werblicher Präsentationen sind Bilder, die sich zu Sehoberflächen aneinanderreihen. Diese nicht-fixierten Bilder erschöpfen sich nicht im konkreten Gegenstand. Auch hier ist die Materialität des Bildes (z. B. das architektonische Bild einer Großstadt) nur ein Aspekt. Das Sichtbare vermischt sich mit dem Imaginativen. Kunstwerke, Werbebilder, Stadt- und Landschaftsbilder und die Bewertung dieser medial fixierten oder nicht-fixierten Oberflächen korrelieren außerdem immer mit den inneren, sprachlich artikulierbaren Idealbildern ihrer Betrachter. Das Bild der Stadt, die nachts von Lichtwerbung erleuchtet ist, kann demnach je nach innerer Imagination ihrer Betrachter als visuelle Metapher kulturellen Niedergangs oder aber auch als Ausdruck urbaner Modernität verstanden werden. Bilder sind mithin fluide Medien, die erschlossen werden müssen.

2 Der kultur- und wirtschaftshistorische Rahmen des Werbediskurses

„Entseelung" des Lebens? Werbung und die Kultur des Kapitalismus

Im 19. Jahrhundert traten die meisten Deutschen schon aufgrund von Steuerpflicht, Verstädterung und des steigenden Austausches von Dienstleistungen und Produkten, von Lohnarbeit und einer neuen Konsumethik sowie allgemein unter den Bedingungen des Kapitalismus und der Marktexpansion in Ware-Geld-Beziehungen ein.[87] Dieser grundlegende Wandel und dessen Implikationen für die Individuen wurden unterschiedlich kommentiert. Der Kapitalismus wurde nicht nur ökonomisch gedeutet, wie es beispielsweise Karl Bücher tat, der ihn und die Entstehung der Marktwirtschaften 1894 in ein idealtypisches 3-Phasen-Modell einordnete – und zwar als eine logische Folge der archaischen Hauswirtschaft, die sich über die vormoderne Stadtwirtschaft zur modernen Volkswirtschaft weiterentwickelt habe.[88] Solche linearen Entwicklungsmodelle sagen letztlich wenig über die sozialen Folgen aus. Sie machen vor allem nicht deutlich, in welchem komplexen Zusammenhang Wirtschaft und Gesellschaft stehen und wie sehr dieser Komplex Gegenstand kultureller Deutungen war und ist. Mit einer rein wirtschaftshistorischen Perspektive wird man deshalb kaum weiterkommen. Die Kultur des Kapitalismus muss vielmehr im Zusammenhang von wirtschaftlichen Entwicklungen, sozialen Faktoren und kulturellen Deutungsmustern gesehen werden. Davon ausgehend wird man schnell zu dem für die Jahrhundertwende charakteristischen Kulturpessimismus bildungsbürgerlicher Meinungseliten vorstoßen. Dreh- und Angelpunkt der Diskussion ist wohl bis heute Fritz Sterns Studie von 1963.[89] Die gesamte Debatte über den deutschen Kulturpessimismus kann

---

[87] Haupt, Heinz–Gerhard, Konsum und Handel. Europa im 19. und 20. Jahrhundert, Göttingen 2003, S. 38–47.
[88] Hellmann, Kai–Uwe, Soziologie der Marke, Frankfurt/Main 2003, S. 188ff.
[89] Stern, Fritz, Kulturpessimismus als politische Gefahr. Eine Analyse nationaler Ideologie in Deutschland, Bern 1963.

hier nicht zusammengefasst und grundsätzlich erweitert werden, vielmehr sollen einzelne Typen von Kulturpessimisten (Tönnies, Sombart) und deren Blick auf Wirtschaft, Kultur und Werbung herausgegriffen werden. Als Gegenpol dazu soll Max Weber befragt werden. Diese Betrachtung bleibt kursorisch, dient allerdings auch nur als gedankliches Sprungbrett, um die intellektuelle Eigenart der Debatten über Kapitalismus und Werbung deutlich zu machen. Schließlich wurde es zur erklärten Aufgabe der Werber, sich als Protagonisten einer positiv gedeuteten Moderne zu verstehen und sich damit als Antipoden der Kulturpessimisten aus dem bestimmenden Korsett negativer Gesellschaftsdeutungen zu lösen.

1.

Ferdinand Tönnies' Werk über die Entwicklung von der Gemeinschaft zur Gesellschaft greift die ökonomisch bedingten Veränderungen seiner Zeit auf.[90] Mit Gemeinschaft bezeichnet Tönnies die Gesamtwirklichkeit einer vorindustriellen Gesellschaft, die durch affektive Nähe, enge Verbundenheit und gemeinsame Überzeugungen der Menschen geprägt gewesen sei. Die sozialen Beziehungen seien in der Gemeinschaft noch nicht entfremdet und das Handeln erfolge aus eigenem Antrieb und unterliege noch nicht der Macht externer, überindividueller Strukturen. Im Gegensatz dazu sei die industrielle Gesellschaft durch mechanische Aspekte geprägt, wobei das Leben in dieser Gesellschaft zweckorientiert sei und Tauschinteressen diene. Derart entfremdetes Leben fand sich, so Tönnies, in den modernen Staaten, in den Großstädten und in der arbeitsteilig strukturierten Fabrik. Gesellschaft bringt Tönnies unmittelbar in Zusammenhang mit Profitgier und Konkurrenzdenken, das als Krieg aller gegen alle angesehen wurde.[91]

---

[90] Tönnies, Ferdinand, Gemeinschaft und Gesellschaft. Abhandlung des Communismus und des Socialismus als empirischer Culturformen, Leipzig 1887. Tönnies, Soziologe und Philosoph, (geb. am 26.7.1855, gest. in Kiel am 11.4.1936) war ab 1909 Professor in Kiel; verlor 1933 aufgrund seiner entschiedenen Ablehnung des Nationalsozialismus seine Professur. Im Zentrum seiner Soziologie (siehe „Gemeinschaft und Gesellschaft") stehen die beiden Vergesellschaftungsformen „Gemeinschaft" und „Gesellschaft". Der erste Begriff umfasst für Tönnies Gruppen wie familiäre, freundschaftliche und nachbarschaftliche, in denen soziale Bindungen um ihrer selbst willen bestehen, der zweite reinem Nutzenkalkül folgende Zweckverbände auf der Grundlage gemeinsamer Interessen. Zur Wirkungsgeschichte von Tönnies: Clausen, Lars/Schlüter, Carsten (Hg.), Hundert Jahre „Gemeinschaft und Gesellschaft". Ferdinand Tönnies in der internationalen Diskussion, Opladen 1991, S. 463–560.
[91] Tönnies, Gemeinschaft, S. 62, 282ff.

Die äußeren gesellschaftlichen Entwicklungen zogen laut Tönnies eine spezifische Denkart nach sich, die der eigentlichen, grundlegenden Mentalität oder der Seele der Menschen widersprach, diese schließlich alle zu Kaufmännern machte.[92] Das Leben werde als Beruf betrieben oder schlimmer noch: Es werde zum Geschäft; das Individuum war zur Selbstvermarktung gezwungen, was all jene Bevölkerungsteile ängstigen musste, die bislang in einer qua Geburt definierten Rolle agierten.[93] Daraus kann der Schluss gezogen werden, dass das Verkaufen und das Sich-Verkaufen – somit auch die Werbung – als ein Phänomen erfahren wurde, das Auswirkungen bis hin zur privaten Selbstinszenierung hatte. Tönnies Deutung ist defensiv und pessimistisch. Sie grenzt Phänomene der Konsumkultur wie die Werbung aus und bestärkt das Bild einer fortschreitenden Entfremdung. Die Entwicklung zur Gesellschaft impliziert eine eindeutige Moral. Werbung im Besonderen kann Tönnies nichts abgewinnen:

> „Reklame ist eine unproduktive Vergeudung von Arbeit und Arbeitsmitteln für den Kampf zwischen Fabrikanten und Händlern, die einander im Erfolge ihrer Lieferungen zu übertreffen wünschen, während es dem Konsumenten zumeist gleichgültig sein wird, ob Hinz oder Kunz den besseren Absatz hat, und er jedenfalls beiden die Zeche zahlen muß; d.h., die Ware des einen wie die des anderen wird durch die Kosten ihres Krieges, wenn beide Reklame machen, verteuert".[94]

Die Betonung der Werbung als volks- wie betriebswirtschaftliche Vergeudung unterstreicht die Meinung Tönnies', dass es sich bei der Vergesellschaftung teils um Entwicklungen gehandelt habe, die mit dem vorausgesetzten, allerdings nicht weiter erklärten gesunden Menschenverstand nicht mehr verständlich gewesen seien.

---

[92] Ebd., S. 60; zur Natur des Menschen: ebd., S. 115–122.
[93] Ebd., S. 156.
[94] Tönnies, Ferdinand, Zweck und Mittel im sozialen Leben, in: Palyi, Melchior (Hg.), Hauptprobleme der Soziologie. Erinnerungsgabe für Max Weber, 1. Band, München 1923, S. 263.

2.

Ähnlich, jedoch mit anderen Schlussfolgerungen, argumentiert Werner Sombart, der „*resignierte Antikapitalist*" und eine Schlüsselfigur der Intellektuellen.[95] Sombart war nach 1900 der wohl bekannteste deutsche Soziologe und äußerte sich ebenfalls explizit zur Werbung.[96] Sombarts Positionen sind denen von Tönnies ähnlich, allerdings zeigt sich im Werk Sombarts eine verhängnisvolle Zuspitzung, die explizit antisemitisch war.

Mit kulturkritischem Unterton beschreibt Werner Sombart 1908 die neue Zeit in einem Artikel, in dem die Kundenakquise als deutlichster Ausdruck einer veränderten Mentalität des Wirtschaftens begriffen wird:

> „Der Kunde, den man früher wohlgemut erwartet hatte, und der auch sicher gekommen war, [...] mußte jetzt gesucht, angegriffen, herbeigeschleppt werden. In Breslau und wohl auch anderswo liegen in manchen Straßen fast Haus neben Haus ganze Reihen minderwertiger Herrenbekleidungshandlungen. In der Ladentür stehen der Besitzer selbst oder sein Stellvertreter, auf Beute ausschauend. Läßt sich auch nur von fern ein Bäuerlein erblicken, so geraten die Türsteher in unseren Läden in Bewegung. Und wie sich das Bäuerlein ihnen nähert, beginnen sie, es in ein Gespräch zu verwickeln und zum Kaufen zu animieren. Folgt es nicht willig, so wird wohl auch eine leise Nachhilfe, ein sanftes Schieben oder ein schüchternes Zupfen nicht verschmäht [...] Und es kann kommen, daß an dem einen Rockärmel unseres Michels der Herr Cohn und am anderen der Herr Levy ziehen. Ärmelausreißgeschäfte nennt der Volksmund treffend diese Sorten Läden."[97]

Die negativen und vor allem antisemitischen Implikationen dieser szenischen Darstellung lassen sich verallgemeinern und führen vor Augen, wie die Marktvergesellschaftung, also das, was Tönnies als Entwicklung hin zur Gesellschaft bezeichnete, auf der Ebene subjektiver Erfahrungen als bedrohlich wahrgenommen werden konnte. Der Konkurrenzdruck und

---

[95] Sieferle, Rolf Peter, Die Konservative Revolution. Fünf biographische Skizzen, Frankfurt/M. 1995, S. 74–105, hier S. 74.
[96] Ebd., S. 74.
[97] Sombart, Werner, Die Reklame, in: Morgen, 10, 1908, S. 283.

Absatzzwang in der kapitalistischen Industriegesellschaft führte zu rücksichtslosen, normenverletzenden Verhaltensweisen, die im krassen Gegensatz zur angeblichen Gemütlichkeit vormoderner Zeiten standen. Insbesondere die Betonung jüdischer Einflüsse wirft allerdings ein fragwürdiges Licht auf die von Sombart konstruierte Eigenart der Kultur des Kapitalismus in Deutschland, die – weil sie jüdisch war – als fremd kategorisiert wurde. Damit konnte man ein moralisch überhöhtes Deutschsein davon abrücken.

Seinen Antimodernismus und die Ablehnung der händlerisch-kommerzialisierten Welt des Hochkapitalismus legt Sombart in seinem 1911 veröffentlichten Buch „Die Juden und das Wirtschaftsleben" dar, in dem er auch über die Entstehung der modernen Werbung berichtet und Deutschland als ein Bollwerk gegen die Kommerzialisierung zu positionieren versucht.[98] Er nutzt sämtliche Argumente der in jenen Jahren gängigen Kultur- und Technikkritik und verbindet sie mit einem ausgeprägten Antisemitismus, der für die weitere Betrachtung in dieser Studie eine wichtige Rolle spielt. Die Entwicklung von der Gemeinschaft zur Gesellschaft war somit eine Entwicklung von einer imaginierten „deutschen Gemeinschaft" zu einer durch fremde, das heißt jüdische und amerikanische Einflüsse bestimmten Gesellschaft.[99]

Der alte deutsche Kaufmann, der ruhig abwartete, bis der Kunde zu ihm kam, geriet laut Sombart ins Hintertreffen gegenüber denjenigen, die Käufern mit ihren Waren nachliefen oder sie gewaltsam in ihre Läden zogen und damit einen skrupellosen, unlauteren Wettbewerb führten, der geradezu von einem Konkurrenz*kampf* geprägt war. Das beeinflusste die *„träumenden, bescheidenen Deutschen"* nachhaltig, so auch ein zeitgenössischer Rezensent des Sombart-Buches.[100] Für Sombart ist die Ablösung von der vormodernen Welt gleichbedeutend mit dem Einzug von Gewinnstreben und das Ergebnis eines ökonomischen Rationalismus, der als Geschäftspraxis den deutschen, traditionell handelnden Kaufleuten mehr oder weniger aufgezwungen

---

[98] Sombart, Werner, Die Juden und das Wirtschaftsleben, Leipzig 1911; allgemein zu Sombart als Vertreter der konservativen Revolution: Sieferle, Revolution, S. 74–105.
[99] Ebd.
[100] Brieger, Lothar, Das kaufende Publikum. Gedanken von Lothar Brieger, in: Seidels Reklame, 1913, Februar-Ausgabe, S. 43.

worden sei.[101] Die Urheber dafür seien einerseits jüdische Geschäftsleute, andererseits die großen amerikanischen Firmen.[102] Die Juden, wie Sombart undifferenziert schreibt, hätten einen maßgeblichen Anteil an der Kommerzialisierung des Wirtschaftslebens; sie seien diejenigen gewesen, die die Grundauffassungen im Wirtschaftsleben verändert hätten.[103] Aus der handwerksmäßigen, ständisch gegliederten Gesellschaft, die – so impliziert Sombart – ein menschliches Antlitz gehabt habe, sei eine Formation entstanden, in der wirtschaftliche Interessen über alle etablierten Werte gestellt wurden. Das Ergebnis sei, dass der Mensch als Gütererzeuger oder als Verbraucher mit seinen Interessen das Verhalten der Einzelnen wie auch der Gesamtheit steuere und das schrankenlose, unbegrenzte Streben nach Gewinn in den Mittelpunkt rücke. Galt das als unstatthaft und unchristlich, wohnte dem Jüdischen angeblich eine dominante „*kriegerische*" Energie inne, die das Handeln am Markt schließlich bestimmte.[104]

Die Ausdehnung der Handelsbeziehungen und damit die Erweiterung des Absatzgebietes sei eine Frage der Machtentfaltung und letztlich ein Krieg zwischen jüdischer und traditioneller christlicher Mentalität. Wettbewerb, das zentrale Merkmal des Kapitalismus, sei eine höchst kriegerische Angelegenheit, die sich u. a. auch in der Geschäftsreklame ausdrücke, die für Nicht-Juden eine „*schmutzige Praktik*" darstelle.[105] Reklame sei das dazugehörige System der Kundengewinnung. Dieses System griff all das an, was Sombart als „*festgefügte*", aber verlorene Welt ansah.[106] Gegen die christliche Wirtschaftsordnung und Gesinnung „*rannten die Juden Sturm*" und verstießen gegen sie „*auf Schritt und Tritt*".[107] Eindeutig schreibt Sombart den Juden die Urheberschaft für Werbung und grundsätzlich auch für den Kapitalismus und das Spiel der freien Konkurrenz zu.[108] Die Juden, so Sombart, seien die „*Väter des Freihandels*"; Reklame, Konkurrenz, Freihandel

---

[101] Lamberty, Reklame, S. 438–443.
[102] Ebd., S. 439.
[103] Sombart, Juden, S. 61.
[104] Ebd., S. 141ff.
[105] Ebd., S. 143–147.
[106] Ebd., S. 151.
[107] Ebd.
[108] Ebd., 164f.

bedingten sich in der Logik des jüdischen Wirtschaftens, dem „modernen Geist", gegenseitig.¹⁰⁹

Sombart kennzeichnet damit zwei der wichtigsten und fragwürdigsten Konfliktlinien im Elitendiskurs über die Werbung, die – was das Jüdische anging – bis 1945 aktuell blieben bzw. im Falle des Einflusses der USA bis heute vorhanden sind. Beide Aspekte ziehen sich wie ein roter Faden durch die Geschichte der deutschen Werbung im 19. und 20. Jahrhundert und können als populäre, aufmerksamkeitsstarke Thesen innerhalb der Debatten über die Kultur des Kapitalismus herangezogen werden, die bis in den Nationalsozialismus ausstrahlen. Grundsätzliche Klischees vom Juden als Kulturzerstörer, dem die national-idealistische Gesinnung fehlte, spiegeln sich darin wider. Nach 1933 erfuhren diese Voreingenommenheiten eine Radikalisierung in der Praxis der Ausgrenzungspolitik des Nationalsozialismus.¹¹⁰

3.

Im Vergleich zu Sombarts Thesen erscheinen die Überlegungen von Max Weber zum „Geist des Kapitalismus" und seiner Entstehung wenig publikumstauglich.¹¹¹ Webers Analyse der protestantischen Ethik und ihrer Säkularisierung, die ein wichtiges Fundament der kapitalistischen Kultur darstellt, kann als Gegenentwurf zu Sombarts antisemitischem Erklärungsansatz des Kapitalismus und der Werbung gelesen werden, wenngleich Werbung bei Weber nirgendwo explizit auftaucht. Webers Studie ist vor allem der deutlichste Hinweis darauf, dass alle Differenzierungsversuche und Konstruktionen einer „deutschen Kultur" des Wirtschaftens, die in einem vermeintlichen Gegensatz zum modernen Kapitalismus standen, einer seriösen wissenschaftlichen Betrachtung nicht standhalten konnten.

In Webers Ausführungen ist der Übergang von der Behaglichkeit und Idylle der Vormoderne zu einer rationalisierten Form des Wirtschaftens mit ausgeprägtem Erwerbstrieb und Konkurrenzkampf von der Übertragung

---

¹⁰⁹ Ebd., S. 179f.
¹¹⁰ Vgl. die auffallende Parallelität der Argumentation über die Rolle der Juden in der Wirtschaft in: Hitler, Adolf, Mein Kampf, Zwei Bände in einem Band, München 1924, S. 326–334.
¹¹¹ Weber, Max, Die protestantische Ethik und der Geist des Kapitalismus. Vollständige Ausgabe, hg. und eingeleitet von Dirk Kaesler, München 2004 (Erstveröffentlichung 1904).

protestantischer Glaubenssätze in den Alltag bedingt.[112] Es waren keine Juden, keine kulturell fremden Einflüsse, auch keine aus dem vormodernen Normenkorsett ausbrechenden skrupellosen Spekulanten oder Abenteurernaturen, sondern

> „nüchtern und stetig, scharf und völlig der Sache hingegebene Männer mit streng bürgerlichen Anschauungen und Grundsätzen",

die implizit protestantische Glaubenssätze in das Wirtschaftsleben transferierten und in der Nützlichkeit ihres Berufs und im Erfolg eine säkularisierte Form des Gottesdienstes schufen.[113] Profit und Reichtum werden somit im psychologischen Effekt von den Hemmungen der traditionalistischen Ethik entlastet. Die Umwandlung innerweltlicher protestantischer Askese ins diesseitige Leben sprengte die Fesseln des Gewinnstrebens, indem sie es nach Weber nicht nur legalisierte, sondern unmittelbar als gottgewollt ansah.[114] Die Implikationen des Protestantismus formten die bürgerliche, ökonomisch rationale Lebensführung und bedingten den modernen Wirtschaftsmenschen.[115]

Die religiös geprägten Lebensideale schufen, so Weber, den „Geist des Kapitalismus" und wurden in Form eines spezifisch bürgerlichen Berufsethos und der Definition von Berufen im Sinne der Berufung operationalisiert bzw. institutionalisiert.[116] Damit sei der ursprünglich religiöse Impetus dieser Entwicklung verdeckt worden. In der modernen Welt brauche der *„siegreiche Kapitalismus"* das religiöse Fundament nicht mehr, das System habe sich verselbstständigt und vom Ursprung abgelöst.[117]

Die Beobachtungen von Tönnies, Sombart und Weber skizzieren ideengeschichtliche Grundlinien der Diskussion über die Entwicklung moderner Gesellschaften, die auch im Hinblick auf die moderne Werbung von Bedeutung sind. Mehr noch: Die gesellschaftlichen Debatten über die Werbung erscheinen allesamt als Stellvertreterdebatten über Kapitalismus, Marktwirtschaft, die Konkurrenzhaftigkeit der Zeit und die gesellschaftliche

---

[112] Ebd., S. 88f.
[113] Ebd., S. 90, 187f.
[114] Zit. n.: ebd., S. 193.
[115] Ebd., S. 195.
[116] Ebd., S. 197.
[117] Ebd.; S. 201.

Positionierung von Individuen. Über das Phänomen Werbung wurden die abstrakten gesellschaftlichen Tendenzen der Marktvergesellschaftung und der kapitalistischen Kultur konkretisiert und wahrnehmbar. Die Mechanismen des Marktes sowie die Beziehungen zwischen Unternehmen und Konsumenten konnten im übertragenen Sinne von jedem in Augenschein genommen werden. Werbung stellte innerhalb der intellektuellen Diskurse über Stil contra Mode, über Ware, Kultur, Entfremdung und deren visuelle Repräsentation eine Art Konzentrat dessen dar, was seit der Jahrhundertwende leidenschaftlich kommentiert wurde. Die Analyse der kapitalistischen Kultur war ein zentrales Thema des bildungsbürgerlichen Denkens jener Zeit und Ausdruck der Auseinandersetzung mit den Konsequenzen der rapiden, in Deutschland besonders verdichtet wahrgenommenen Modernisierung. Eine dieser Konsequenzen war das offensichtliche Zutagetreten der – wie Schwartz es formuliert – Invasion der industriell gefertigten Ware in die bürgerliche Kultur, die eine neue Definition der Beziehung zwischen Kunst und Wirtschaft, zwischen bürgerlichen Idealen und kapitalistischen Marktmechanismen notwendig machte.[118]

Zu einem Teil bewerteten die bildungsbürgerlichen Eliten die kapitalistische Kultur negativ; sie war – wie insbesondere das Beispiel Sombarts zeigt – eine Bedrohung des Gewohnten, zumal der hohen Kultur sowie der etablierten sozialen Verknüpfungen; allerdings schwebte dieser Elitendiskurs weit oberhalb der ökonomischen Realität, in der Deutschland längst zu einer weltweit führenden Industrienation geworden war und mit technisch-industriellen Innovationen von sich reden gemacht hatte. Anders als bei den modernisierungsfreundlichen Werkbundvertretern fehlte es den Protagonisten der Kulturkritik jedoch an Identifikationsmöglichkeiten, weshalb das neue Wirtschaftssystem nur zögerlich als Ausdruck der Nation akzeptiert werden konnte, vor allem, wenn es als Ausprägung der Invasion des *„jüdischen Geistes"* rekonstruiert wurde.[119] Aus dieser Herleitung und der Betonung des Rationalismus in der modernen Welt ergibt sich die Logik der populären Darstellung von der „Entseelung" der Deutschen, die als zentrales

---

[118] Schwartz, Werkbund, S. 25 u. 32.
[119] Sombart, Juden, S. 151.

Argument der Kulturkritik gesehen werden kann. Die „Entseelung" oder Entfremdung suggerierte das Vorhandensein einer heilen Welt, die Ausgangspunkt einer Entwicklung war, die von dem Eigentlichen, Ursprünglichen, Identitätsstiftenden einer Kultur zu einem Zustand führte, der nicht organisch gewachsen und dazugehörig erschien. Er war fremd, folglich auch nicht deutsch. Die Kultur des Kapitalismus hatte damit, wie bereits von den Heimatschützern im Prinzip formuliert, ein Authentizitätsproblem.

Die Werbung symbolisierte als ein Beispiel neben vielen anderen die Entfremdung von einer identitätsstiftenden „deutschen Kultur", wobei dieses Bild die von Weber geleistete Herleitung des kapitalistischen Geistes und damit des Konkurrenzwirtschaftens ignorierte. Werbung war das präsente visuelle Zeichen einer kulturellen kapitalistischen Entartung und symbolisierte die Ökonomisierung par excellence. Vor allem aber ließ Werbung als kulturelles Zeichen sich so einfach decodieren, dass sowohl sie als auch das Wirtschaftssystem, dem sie entsprang, mit schlichten Worten und Ausführungen zu kritisieren war, ohne dabei in einen intellektuellen Diskurs einsteigen zu müssen. Gaben die Größen der jungen Soziologie die übergeordneten Stichworte, so bleibt festzuhalten, dass der im Folgenden noch zu beschreibende Werbediskurs allerdings letztlich unterhalb der Ebene gelehrter Sezierungen verlief, auch wenn beide Ebenen nicht einfach parallel zueinander standen, sondern deutliche Querverbindungen existierten. Der deutsche Kulturdiskurs gab sich, um es zuzuspitzen, bei der Werbung außergewöhnlich volksnah.[120] Grundsätzliche Sichtweisen, spezifisches Vokabular und damit implizierte Vorurteile tauchen – alltagstauglich gewendet – in späteren Diskussionen der Werber und ihrer nicht immer intellektuellen Kritiker wieder auf.

Markt, Wettbewerb und Konkurrenz als Voraussetzungen für die Werbung

Die Herstellung eines einheitlichen Wirtschaftsraumes, mithin die Konstituierung einer deutschen Volkswirtschaft, fand seit 1815 (Wiener Kongress) in mehreren Stufen statt und bildete eine der Grundvoraussetzungen für das entstehende Bedürfnis nach Werbung. Erst

---

[120] Beispielhaft: Anon., Plakate in Dörfern, in: Seidels Reklame, 1. Jg., 1913, 5. Heft, S. 151.

die Konstituierung einer Volkswirtschaft forcierte nachhaltig den Austausch von Waren und trug zur Expansion der Märkte bei, deren Dynamik noch am Ende des Alten Reichs mit etwa 1.800 Binnenzollschranken gebremst worden war. Deutsche Ökonomen wie Georg von Below oder Wilhelm Roscher sahen gerade in der damit verursachten Einschränkung der Binnennachfrage eine der wichtigsten Ursachen für die Rückständigkeit des zu traditionell organisierten deutschen Wirtschaftssystems, dessen Leistungsfähigkeit weit hinter dem britischen oder französischen zurückblieb.[121] Das preußische Zollgesetz von 1818 brach erstmals die Strukturen des wachstumsbehindernden Wirtschaftssystems auf und leitete die zukünftige Entwicklung ein: Binnenzölle wurden abgeschafft und der preußische Staat etablierte ein Außenzollsystem.[122] Die Gründung des deutschen Zollvereins 1834 sowie die Vereinheitlichung der deutschen Münzsysteme, die mit der Einführung der Mark 1871 und der Gründung der Reichsbank 1876 ihren Abschluss fand, markierten neben der Reichsgründung als politische Zäsur einen weiteren wichtigen Schritt zur Schaffung eines einheitlichen deutschen Wirtschafts- und Währungsgebietes. In den ersten beiden Dritteln des 19. Jahrhunderts kam es zudem zur Ablösung der obrigkeitlich-genossenschaftlichen Gewerbeverfassung durch eine Gewerbeordnung, die nicht mehr auf dem Prinzip der Solidarität, sondern auf dem Prinzip der Konkurrenz und der Leistung beruhte, womit eine der wichtigsten Voraussetzungen für die Werbung als Produkt modernen Marktwirtschaftens geschaffen wurde.[123]

1806/07 im größten Teil Preußens eingeführt, war die Gewerbefreiheit ein zentraler Bestandteil der preußischen Reformmaßnahmen. Jeder hatte damit die Berechtigung, ein Gewerbe auszuüben und Art, Umfang sowie Technik

---

[121] Zu Roscher und von Below: Ellerbrock, Karl-Peter, An der Schwelle zur Konsumgesellschaft: Traditionelle Nahrungswirtschaft und die Anfänge der industriellen Nahrungsmittelproduktion in Preußen im ausgehenden 18. und 19. Jahrhundert, in: Prinz, Michael (Hg.), Der lange Weg in den Überfluss. Anfänge und Entwicklung der Konsumgesellschaft seit der Vormoderne, Paderborn 2003, S. 273; zur Vorbildfunktion Großbritanniens und Frankreichs: Prinz, Michael, Aufbruch in den Überfluss? Die englische ‚Konsumrevolution' des 18. Jahrhunderts im Lichte der neueren Forschung, in: ders., Weg, S. 191–218; sowie: Purdy, Daniel, Modejournale und die Entstehung des bürgerlichen Konsums im 18. Jahrhundert, in: Prinz, Weg, S. 219–230.
[122] Erker, Paul, Dampflok, Daimler, Dax. Die deutsche Wirtschaft im 19. und 20. Jahrhundert, 2. überarb. Aufl., Stuttgart 2002, S. 37.
[123] Siehe allgemein zu dieser Entwicklung: Walter, Rolf, Wirtschaftsgeschichte: Vom Merkantilismus bis zur Gegenwart, 3. überarb. u. aktualisierte Aufl., Köln 2000, S. 72–75; Haupt, Heinz-Gerhard (Hg.), Das Ende der Zünfte. Ein europäischer Vergleich, Göttingen 2002.

des ausgeübten Gewerbes selbst zu bestimmen. Dies war gleichbedeutend mit der Auflösung der Zünfte und erleichterte die Gründung von Existenzen, die sich fortan ihren Markt eigenständig erschließen konnten, aber auch mussten. Generell eingeführt wurde die Gewerbefreiheit in Preußen erst mit der Allgemeinen Preussischen Gewerbeordnung vom 17. Januar 1845. 1869 kam es zu einer einheitlichen, an die preußische Gewerbeordnung angelehnten Regelung für das Gebiet des Norddeutschen Bundes, der sich 1872 die süddeutschen Länder anschlossen. Zur Vereinheitlichung des Wirtschaftsraums trug ebenfalls der Ausbau des Verkehrswesens und insbesondere der Eisenbahn bei.[124] Damit sowie mit der Massenproduktion und der daraus folgenden Expansion der Märkte fielen Herstellung und Konsum örtlich und zeitlich auseinander.[125] Werbung spielte in diesem Kontext eine herausragende Rolle, weil Produzenten von Gütern und Waren nicht mehr nur für den kleinen heimatlichen Markt arbeiteten, in dem Zielgruppen über direkte „face-to-face"-Kommunikation (Verkaufsgespräche und Beratung) erreicht werden konnten. Vielmehr agierten die Produzenten und Händler von Konsumgütern auf zunehmend anonymer, weil geografisch größer werdenden Märkten. Tauschbeziehungen entwickelten sich in ausgeweiteten Radien sowie dezentral, orts- und zeitunabhängig. Die Ausdehnung des Markts verlief von der lokalen zur regionalen, dann nationalen und ansatzweise schon zu Beginn des 20. Jahrhunderts zur globalen Institution.[126]

Werbung bedeutete jedoch nicht nur eine notwendige Konsequenz aus der Marktexpansion und der wachsenden Konkurrenzhaftigkeit, sondern trat selbst als ein gestaltendes Strukturelement hervor, wie es einer der frühen Nationalökonomen, Karl Knies, ausdrückte.[127] Sie war zugleich Ergebnis als auch treibende Kraft im Prozess der Marktexpansion und definierte mit der

---

[124] Zum Eisenbahnbau und dessen Produktivitätseffekt: Wehler, Hans–Ulrich, Deutsche Gesellschaftsgeschichte 1815–1845/49, Zweiter Band: Von der Reformära bis zur industriellen und politischen Deutschen Doppelrevolution 1815–1845/49, 3. Aufl., München 1996, S. 119–124.
[125] Dubber, Doris, Die Bedeutung des Markenartikels im Prozeß der industriellen Entwicklung, Berlin 1969 (= Schriftenreihe zur Industrie– und Entwicklungspolitik), S. 26–28.
[126] Schug, Alexander, Missionare der globalen Konsumkultur. Corporate Identity und Absatzstrategien amerikanischer Unternehmen in Deutschland im frühen 20. Jahrhundert, in: Hardtwig, Wolfgang (Hg.), Politische Kulturgeschichte der Zwischenkriegszeit 1918–1939, Göttingen 2005 (= Geschichte und Gesellschaft, Sonderheft 21), S. 307–342.
[127] Knies, Karl, Der Telegraph als Verkehrsmittel. Mit Erörterungen über den Nachrichtenverkehr überhaupt, Faks.-Nachdruck d. Orig.-Ausgabe Tübingen 1857, München 1996 (= ex libris kommunikation, Bd. 6), S. 49.

gezielten Verbreitung von Annoncen ein Absatzgebiet als überregionalen Markt.[128] Die wachsende Konkurrenz auf überregionalen Märkten ließ die Frage der Vermarktung stärker in den Vordergrund treten, weil Märkte nicht mehr als feststehende, abgegrenzte Räume verstanden wurden, sondern der von zollpolitischen Schranken befreite und über eine gute Infrastruktur verfügende Markt sich zu dem entwickelte, was ein Unternehmer mit einer entsprechenden Absatzpolitik zu erschaffen imstande war. Das sich modernisierende Produktionssystem benötigte demzufolge ein entsprechendes Massendistributions- und Absatzsystem.[129] Oder anders ausgedrückt: Wenn der Historiker von der Industrialisierung spricht, darf er die entsprechende Infrastruktur zur Verteilung der industriell hergestellten Güter nicht außer Acht lassen – ebenso wenig wie deren kulturelle Implikationen. Güterabsatz und Konsum waren der Motor marktwirtschaftlich verfasster Gesellschaften. Die Industriegesellschaft konstituierte sich immer auch als Konsumgesellschaft, die „Konsumverstärker" (König), zu denen die Werbung gehörte, angetrieb.[130]

Dass allerdings der Konkurrenz- und Absatzgedanke in Deutschland nur sehr langsam und auf Umwegen soziale Akzeptanz erlangte, hatte verschiedene Gründe. Auf der Suche nach den mentalen Wurzeln wird man an der lange nachwirkenden Zunftgesinnung nicht vorbeikommen. Diese beeinflusste selbst exponierte Vertreter des Wirtschaftsbürgertums und Akteure der Industrialisierung. Im Gefolge der Einführung der Gewerbefreiheit und den daraus entstehenden Konsequenzen stritten Vertreter angeblicher vormoderner Behaglichkeit und der Zunftordnung einerseits sowie Befürworter des Kapitalismus andererseits um Einfluss bei der Definition des sozialen Wandels. Vormoderne Wirtschaftsethik und Kapitalismus prallten aufeinander. Ein grundsätzlicher Konflikt dieser Konstellation bestand darin, dass entgegen der Philosophie des freien Marktes und dessen Rationalisierung die ethisch-moralischen Vorstellungen weiter Teile der

---

[128] Ebd., S. 53–59.
[129] Mataja, Victor, Die Reklame. Eine Untersuchung über Ankündigungswesen und Werbetätigkeit im Geschäftsleben, Leipzig 1910, S. 70.
[130] Spiekermann, Uwe, Basis der Konsumgesellschaft. Entstehung und Entwicklung des modernen Kleinhandels in Deutschland 1850–1914, München 1999, S. 11.

deutschen Gesellschaft die aggressive Abgrenzung gegenüber anderen nicht zuließen.[131]

Der Gedanke der Konkurrenz und die damit einhergehende Notwendigkeit, sich und seine Waren feilzubieten, löste konkrete Ängste aus oder führte zu einer mehr oder weniger elaborierten Kulturkritik, deren Kern immer eine Kritik am Kapitalismus war. So schrieb der angehende Apotheker Ernst Schering, Gründer der später so benannten Berliner Schering AG, im Revolutionsjahr 1848 sorgenvoll an seinen Bruder:

> „Auch wir Apotheker haben, dem Gerüchte nach, eine Veränderung unserer Verhältnisse zu befürchten, es soll nämlich die Gewerbefreiheit auch auf die Pharmacie ausgedehnt werden; ein erbärmliches Los steht dann dem Apotheker bevor!"[132]

Schering stand mit seiner Meinung nicht alleine. Zu sehr scheint noch die Erwartung präsent gewesen zu sein, dass Wettbewerb, auch der Wettbewerb mittels Werbung, wie in der Vormoderne durch Beschränkungen verhindert werden müsse. Diese deutsche Gemeinschaftssehnsucht speiste sich aus der alten zünftigen Mentalität.[133] Es gebührte sich nicht, seine Fähigkeiten über die eines anderen Handwerkermeisters zu stellen – und das schon gar nicht öffentlich und in marktschreierischer Manier durch Werbung.[134] Der Stil des Wirtschaftens innerhalb des Zunftsystems kann als kollegial, wenn nicht sogar als träge und innovationsfeindlich beschrieben werden. Die Angehörigen der Zünfte agierten miteinander, nicht gegeneinander, und wo es zu Konflikten kam, suchten sie diese durch Vergleiche zu schlichten.

---

[131] Grundsätzlich: Ennen, Reinald, Zünfte und Wettbewerb. Möglichkeiten und Grenzen zünftlerischer Wettbewerbsbeschränkungen im städtischen Handel und Gewerbe des Spätmittelalters, Köln 1971; zum Ende der Zünfte und dem „Überhang" vormoderner Einstellungen im europäischen Vergleich: Haupt, Heinz-Gerhard (Hg.), Das Ende der Zünfte. Ein europäischer Vergleich, Göttingen 2002; zur Aktualität der ständischen Ordnung als Utopie im Nationalsozialismus: Nolte, Paul, Ständische Ordnung im Mitteleuropa der Zwischenkriegszeit. Zur Ideengeschichte einer sozialen Utopie, in: Hardtwig, Wolfgang (Hg.), Utopie und politische Herrschaft im Europa der Zwischenkriegszeit, München 2003, S. 233–255.
[132] Zit. n.: Schering AG (Hg.), Ernst Schering. Reisen 1876–1878. Tagebücher, Berlin 2001, S. 72.
[133] Nolte, Ordnung, S. 233–255.
[134] Württembergisches Landesmuseum Stuttgart (Hg.), Zünfte in Württemberg. Regeln und Zeichen altwürttembergischer Zünfte vom 16. bis zum 19. Jahrhundert, Stuttgart 2000, S. 80.

Wettbewerb war in der zünftigen Welt gleichbedeutend mit einem gegenseitigen „Zugrunderichten".[135]

In vielen Zunftordnungen unterlag traditionell fast jede aktive Werbung dem Verbot. Strikt untersagt war das „Abwendigmachen", „Abspannen" oder „Abjagen" von Kunden. Grobe Belästigungen oder Beschimpfungen der Mitanbieter waren ebenso unerwünscht wie das Heranziehen der Käufer an ihren Kleidern oder das Loben der eigenen Waren. Auch für Warenauslagen gab es Vorschriften, wie bei den Lübecker Kistenmachern, denen es nicht gestattet war, mehr als drei von ihnen hergestellte Gegenstände gleichzeitig vor ihren Geschäften zu zeigen. Den Hamburger Krämern wurde 1375 bei Strafe verboten, zu viele Waren im Fenster auszulegen, während auf der Straße gar nichts präsentiert werden durfte. Den Frankfurter Barbieren war es im 15. Jahrhundert untersagt, ihre handwerklichen Symbolzeichen auszuhängen, um Kundschaft auf sich hinzuweisen.[136]

Der zünftige Ehrenkodex behielt trotz der Auflösung der Zünfte und der Einführung der Gewerbefreiheit im 19. Jahrhundert eine starke Ausstrahlungskraft.[137] Die lange konservierte und tradierte Mentalität des kooperativen Wirtschaftens zeigte seine Auswirkungen bis in das 20. Jahrhundert hinein und prägte – im Gegensatz zu den USA, die über keine Zunfttradition verfügt – das tendenziell negative Verhältnis der Deutschen zur Werbung als Ausdruck eines starken Wettbewerbsdenkens.[138]

Wie wichtig selbst führenden Vertretern der deutschen Industrie des 19. Jahrhunderts das Miteinander noch war, spiegelt sich in einem Zitat des Nürnberger Unternehmers Lothar Faber (Hersteller von Bleistiften) von 1869 wider, in dem dieser sich für seinen außerordentlichen Erfolg rechtfertigte:

> „Wieder habe ich es meinen Grundsätzen zu danken, daß meine Fabrik der Concurrenz keinen Schaden, sondern nur Nutzen bringen konnte, weil sie auf durchaus sittlicher Grundlage beruhen, und nicht darauf, die Concurrenz zu ruiniren oder todt zu machen. Ich lasse der

---

[135] Saal, C. Th. B., Wanderbuch für junge Handwerker oder populäre Belehrungen, Weimar 1842, Reprint der Originalausgabe, Leipzig 1985, S. 25.
[136] Alle Beispiele aus: Ennen, Zünfte, S. 66–70; siehe auch: Mataja, Reklame, S. 456.
[137] Nolte, Ordnung, S. 238.
[138] Als zeitgenössische Interpretation vgl.: Tönnies, Zweck und Mittel, S. 263.

ganzen Concurrenz Raum."[139] Werner von Siemens erklärte 1876: „Wer das Beste liefert, bleibt schließlich oben, und ich ziehe immer die Reklame durch Leistung der durch Worte vor".[140]

Dass im Gegensatz dazu der in Fragen der Absatzpolitik wesentlich fortschrittlichere Emil Rathenau (AEG) mit Publikumsausstellungen und anderen werbenden Maßnahmen den Markt für seine Produkte künstlich zu kultivieren versuchte und damit auch noch erfolgreich war, bezeichnete von Siemens 1878 als „*Skandal*".[141] Der bereits zitierte Apotheker und Unternehmer Ernst Schering schrieb im gleichen Jahr in sein Tagebuch, dass Reklame letztlich doch „*wenig versprechend*" sei.[142] Als der Firmengründer der heutigen Beiersdorf AG (Nivea), der Apotheker Paul C. Beiersdorf, 1890 über den Verkauf seines Unternehmens an Oskar Troplowitz verhandelte und nach den Ausgaben für Werbung gefragt wurde, sagte er:

> „Ein Reklamekonto habe ich nicht und kenne ich nicht. Ob meine Präparate und wann überflügelt werden, daran habe ich noch nicht gedacht".[143]

Wie sehr Reminiszenzen zünftiger Ehrbarkeit im 20. Jahrhundert überlebten, verdeutlicht abschließend ein Zitat von Ludwig Roselius, Bremer Kaufmann, neureicher Kunstmäzen und pragmatisches Werkbundmitglied, der wegen des internationalen Verkaufserfolgs seines 1907 eingeführten koffeinfreien Kaffee Hags als der „*größte Organisator und Propagandafachmann Europas*"[144] gehandelt wurde und sich 1932 rückblickend auf die Zeit vor dem Ersten Weltkrieg äußerte:

> „Die Qualität allein genügt aber noch nicht, man muß sie auch kennen. Propaganda muß sein! Ein marktfähiger Artikel, zuverlässige Ware, zuverlässige Reklame, das muß zum Erfolg führen! Allerdings, die Reklame muß psychologisch richtig sein! Es hat mich Überwindung gekostet, Reklame zu machen. Ein Bremer

---

[139] Zit. n.: Nitzke-Dürr, Juliane, Lothar Freiherr von Faber, Berlin 1999, S. 71.
[140] Zit. n.: Blaich, Fritz, Absatzstrategien deutscher Unternehmer im 19. und in der ersten Hälfte des 20. Jahrhunderts, in: Pohl, Absatzstrategien, S. 13.
[141] Ebd.
[142] Zit. n.: Schering AG (Hg.), Ernst Schering, S. 39.
[143] Zit. n.: Hansen, Claudia, Das Bild der Frau in Produktreklame und Kunst. Kulturdokumente des Beiersdorf-Firmenarchivs, Tostedt 1998 (= Beiträge zur Wirtschaftskommunikation, Bd. 15), S. 10.
[144] Stamm, Kaffee, S. 144.

Großkaufmann und Reklame! Das war damals geradezu geschmacklos! [...] Ich habe viel ausstehen müssen, aber ich glaube bewiesen zu haben, daß ich dem Ruf meiner Vaterstadt keinen so schlechten Dienst leistete."[145]

Richard Kropeit, ein früher Werbeexperte, erklärte derartige Rechtfertigungen von Unternehmern der Jahrhundertwende damit, dass allein dem Wort „Reklame" in breiten Schichten der Bevölkerung „eine Art haut gout" anhaftete, der die Bedeutung von „etwas Unreellem, ja Schwindelhaftem, jedenfalls nichts Feinem und Vornehmem hatte".[146] Die „guten Häuser" zu jener Zeit betrieben keine Werbung, ganz im Gegensatz zu den „Schwindelfirmen", die die Werbung „fast als die einzigen aus der Geschäftswelt ihren allerdings unlauteren Zwecken dienstbar machten".[147]

Die Idee des kooperativen Wirtschaftens als Idealzustand im Gegensatz zur kapitalistischen Konkurrenzwirtschaft erfuhr nicht zuletzt in der Zeit des Nationalsozialismus eine erstaunliche Wiederbelebung. Das Miteinander und nicht das Einzelkämpfertum beflügelten die Fantasie von einer besseren Zukunft als „„Volksgemeinschaft"".[148] In der NS-Werbung machte sich das durch die ideologische, aber praktisch nicht umsetzbare Forderung nach der so genannten Gemeinschaftswerbung bemerkbar, die den Individualismus im Wirtschaftsleben mildern sollte. Nicht mehr jeder einzelne Unternehmer sollte für seine jeweiligen Produkte werben, sondern wenn, dann hatten alle gemeinsam für volkswirtschaftlich sinnvolle Warengattungen zu werben – eine Vorstellung, die der Idee der Volksprodukte wie Volksempfänger, Volkswagen, Volkstraktoren etc. entsprach, hinter denen Einzelfirmen mit ihrem Namen und ihren Marken zurücktraten.[149]

---

[145] Eckardt, Hugo, Mein Werk. Dr. h.c. Ludwig Roselius. Hag, in: Reclams Universum, 48. Jg., Heft 40, 1932, S. 1472.
[146] Kropeit, Richard, Die Reklame-Schule. Leitfaden zum Selbstunterricht im kaufmännischen Reklame-, Inseraten-, Plakat-, Agitations-, Ausstellungs- und Offertenwesen; fünfzig Lektionen, Bd. 1, Berlin 1908, S. 27.
[147] Ebd.
[148] Nolte, Ordnung, S. 250–254.
[149] Schindelbeck, Dirk, Werbung für alle? Geschichte der Gemeinschaftswerbung von der Weimarer Republik bis zur Bundesrepublik Deutschland, in: Wischermann, Unternehmenskommunikation, S. 63–97.

Die Logik der Marktdifferenzierung – oder: Der Aufbau deutscher Markenartikel

Ein – wenn nicht sogar *das* zentrale – Konzept, mit dem die Entstehung der modernen Werbung unmittelbar zusammenhing, war der Markenartikel.[150] Die Ausbildung des Markenwesens im letzten Drittel des 19. Jahrhunderts fällt in die Zeit der Gründungen von Unternehmen aus dem Konsumgüterbereich, die einer spezifischen Marktsituation gegenüberstanden. Die Kreation von Marken ergab sich aus den Problemen des modernen Wirtschaftssystems, da die Massenproduktion nach gängiger Meinung zu Qualitätsverlusten und Wettbewerbsnachteilen geführt hatte, die z. B. der Werkbund durch sein Qualitätspostulat und den Ästhetikdiskurs zu beheben versuchte.

Gustav Schmoller kommentierte bereits 1870 das grundsätzliche Problem, um das es hier geht:

> „Der rechte Spekulant geht aus von dem Grundsatz: Mundus vult decipi, ergo deciatur. Die glänzende Außenseite der Produkte ist ihm die Hauptsache, viel weniger die Haltbarkeit, die Solidität ...".[151]

Ein Handwerker der Vormoderne, der schlechte Waren erzeugte, wäre darauf vermutlich unmittelbar von seiner Kundschaft angesprochen worden, während die Produktion in den Fabriken auf anonyme Käufermassen in expandierenden Märkten ausgerichtet war. Hinzu kam, dass beim Übergang von einer personenorientierten Kundenproduktion zur profitorientierten Marktproduktion und der daraus folgenden Diversifizierung des Angebots die Endverbraucher ihre Warenkenntnis verloren, da sie nicht mehr in den Produktionsprozess einbezogen waren. In der Distanz zwischen Produzent und Konsument sahen viele Werkbund-Akteure ein Grundübel der Industriegesellschaft.[152] In Werkbundkreisen wie auch allgemein in der Kulturkritik der Jahrhundertwende wurde dieses Phänomen meist mit dem Begriff der „Entfremdung" oder „„Entseelung"" belegt, deren sozialpsychologische Auswirkungen beispielsweise Georg Simmel in seiner

---

[150] Mataja, Reklame, S. 416; zur Rolle der Marke in der Konsumgeschichte siehe auch: König, Wolfgang, Geschichte der Konsumgesellschaft, Stuttgart 2000, S. 93.
[151] Zit. n.: Dubber, Bedeutung, S. 26f.
[152] Muthesius, Hermann, Wirtschaftsformen im Kunstgewerbe, Volkswirtschaftliche Zeitfragen, Berlin 1908, S. 11, Zit. n.: Schwartz, Werkbund, S. 85.

„Philosophie des Geldes" als weiteres Beispiel der gewachsenen Objektivität des wirtschaftlichen Kosmos und der überpersönlichen Selbstständigkeit im Verhältnis zum konsumierenden Subjekt beschrieb. In der Vormoderne standen Hersteller und Konsument in engem Kontakt. Die Kundenarbeit, wie es Simmel nannte, stellte ein persönliches Verhältnis zur Ware her, da diese eigens für einen Kunden in dessen Auftrag hergestellt wurde. In der Moderne verschwand diese individuelle Färbung des Produkts im Gefolge von Arbeitsteilung, Spezialisierung sowie Massenherstellung für anonyme Märkte.[153]

Die Marke baute die notwendige Brücke zwischen den Marktteilnehmern und führte gleichermaßen zu einer Rationalisierung sowie Reduzierung der interpersonalen Kommunikation. Die Marke stand im Idealfall als komplexes Zeichen für alle Informationen, die zuvor zwischen Hersteller oder Händler und Kunden in unvermittelten individuellen Verkaufsgesprächen ausgetauscht worden waren.[154] Sie erfüllte eine für die anonyme Konsumgesellschaft wichtige Informations- und Vertrauensfunktion. Die Vorstellung von der Ökonomisierung, der Entfremdung und Fragmentierung in der Industriegesellschaft, die sich in der Anonymität sowohl des arbeitsteiligen Produktionsprozesses als auch des Verhältnisses zwischen Hersteller, Handel und Konsument zeigte, spiegelte eine einseitig und weitgehend pessimistisch geprägte Sichtweise wider. Die zwangsläufige Reaktion darauf musste jedoch nicht ausschließlich in der Betonung des Schönen liegen. Es erscheint sogar fraglich, ob damit der Entfremdung tatsächlich eine neue „Beseelung" der Industriekultur entgegengesetzt werden konnte. Mit der Marke ergaben sich hingegen durchaus pragmatische Alternativen zur Entfremdung im Konsumbereich.

Das Problem der anonymen Märkte erkannten Unternehmer wie August Oetker oder Fritz Henkel, die die industrielle Massenproduktion mit einem hohen Qualitätsbewusstsein zu verbinden suchten, dies deutlich nach außen kommunizierten (z. B. über Werbung) und darüber die Händler- und Kundenbeziehungen im Sinne eines engen Vertrauensverhältnisses neu gestalten wollten.[155] In diesem Kontext war die Marke das zentrale Konzept.

---
[153] Simmel, Georg, Philosophie des Geldes, Köln 2001 (= Reprint der Ausgabe von 1920), S. 516f.
[154] Mataja, Reklame, S. 417.
[155] Zur Vertrauensfunktion der Marke siehe: Hellmann, Soziologie, S. 48.

Am Anfang, d. h. Ende des 19. Jahrhunderts, wurde die Definition des Markenartikels weit gefasst. Alle markierten Waren wurden diesem Begriff zugeordnet und als Gegensatz zu den losen, unverpackten, namenlosen, anonymen Produkten verstanden.[156] Seit der Weimarer Republik kristallisierte sich eine klarere Definition der Marke heraus. Die Hersteller markierten – daher die Bezeichnung – ihre Produkte durch einen Markennamen und ein Markenzeichen und versprachen damit bestimmte Wertedimensionen wie gleichbleibende Qualität, gleichbleibende Abfüllmengen und einen festen, gleichbleibenden Preis. Der Markenartikel war darüber hinaus verpackt und unterschied sich damit von den meisten Waren des alltäglichen Lebens, die lose nach Gewicht verkauft wurden, was dem Markenartikel im Gegensatz zu der Mehrzahl anderer Produkte schon bei der Präsentation eine besondere Aufmerksamkeit verlieh.[157]

Spätestens in den 1920er Jahren kam eine entscheidende immaterielle und schließlich für die Definition einer Marke elementare Wertedimension dazu, indem die Marke über die Wirtschaftswerbung Lebensstile und Bedeutungsinhalte eines Produkts außerhalb seines materiellen Wertes zu vermitteln begann. Diese „Sinnbeilegung" bildet, so argumentiert auch Haas, in der weiteren Entwicklung ein wesentliches Element in der Waren- und Konsumkultur.[158] Werbung und Markenartikel gehören damit originär zusammen.[159] Sie prägten maßgeblich die „deutschen Oberflächenstrukturen" bzw. die nationale visual history. Deutlicher als je zuvor schuf die Werbung eine eigene Ordnung des Sozialen, die der Realität entgegenstand, diese spiegelte und wiederum auf sie einwirkte.

Mit der Inszenierung von Marken, die über das ausschließliche Markieren eines Produktes hinausging, begann der Aufbau einer Werbewelt, die sich komplex gestaltete und sich deutlich von der Art und Weise des Bekanntmachens des 19. Jahrhunderts abhob. Den Marken durch Werbung Sinn beizumessen, lag aus Sicht der Unternehmen in der Notwendigkeit begründet, sich vom Wettbewerb abzugrenzen und Identifikationsmuster für

---

[156] Siehe: Conrad, Werbung, S. 32.
[157] Greiert, Carl, 50 Jahre Verband deutscher Schokolade-Fabrikanten. 1876–1926. Festschrift zum 50jährigen Bestehen des Verbandes deutscher Schokolade-Fabrikanten e.V., Dresden 1926, S. 76ff.
[158] Haas, Stefan, Sinndiskurse in der Konsumkultur. Die Geschichte der Wirtschaftswerbung von der ständischen bis zur postmodernen Gesellschaft, in: Prinz, Weg, S. 296.
[159] Vgl. Mataja, Reklame, S. 416; Conrad, Werbung, S. 33.

den Verbraucher zu schaffen. Die zuvor aufgezählten Merkmale der Marke, wie gleichbleibende Qualität, Abfüllmengen, Verpackung etc., reichten nicht mehr aus, um sich im Wettbewerb zu unterscheiden. Die Unternehmen benötigten zusätzliche Wertedimensionen für ihre Marken, um Kaufanreize und spezifische Bedürfnisse zu wecken, da es auf den sich ausweitenden Märkten bei etlichen Warengattungen eine Vielzahl von Produkten gab, die sich qualitativ ähnelten. So konkurrierte Maggi mit Knorr oder Persil mit einer Reihe anderer Waschmittel, von denen einige zu Beginn des 20. Jahrhunderts unter dem Namen „Persiehl", „Persol", „Brasil", „Möril" oder „Losil" verkauft wurden.[160]

Was heute als Ziel der Markenpolitik postuliert wird, „uniqueness", also der Aufbau von Einzigartigkeit und Alleinstellungsmerkmalen, wurde durch Konkurrenz und Nachahmungen erheblich in Frage gestellt. Kurzlebigkeit und Ersetzbarkeit eines Produktes lagen auf der Hand, wenn nicht eine feste Beziehung zum Verbraucher aufgebaut werden und der Käufer den Markenartikel nicht eindeutig als solchen identifizieren konnte. Das warf ein Kommunikationsproblem auf, weshalb nach Auffassung des (oft so bezeichneten) Vaters der Markentechnik, Hans Domizlaff, die Marke einem *„Schalltrichter und Stilträger der Persönlichkeit des Unternehmers"* gleichen sollte, um durch die Personifizierung die Anonymität des Markts zu überwinden.[161]

Die Persönlichkeit und die Zuschreibung von Identifikationsmerkmalen spielten bei Marken und ihrer erweiterten Inszenierung in der Werbung eine große Rolle. Im Kaiserreich versuchten Unternehmer mit ihrem eigenen Namen für die Qualität ihrer Produkte zu bürgen. Einer der ersten, der dieser Maxime folgte, war Lothar Faber. 1869 hatte er damit begonnen, sein Sortiment an Blei-, Farb- und Patentstiften nicht mehr anonym oder unter englischen Fantasienamen auf den Markt zu bringen, sondern unter dem bis heute gültigen Namen „A.W. Faber".[162] Fritz Henkel nannte das erste in

---

[160] Henkel KgaA (Hg.), 90 Jahre Persil. Die Geschichte einer Marke, Düsseldorf 1997 (= Schriften des Werksarchivs 27), S. 36 u. 39; ausführlicher über die markenrechtlichen Probleme von Persil: Bornhofen, Ekkehard/Hämmerlein, Petra, 90 Jahre Persil. Rechtsprobleme einer großen Marke, Düsseldorf 1997, S. 9–35.
[161] Domizlaff, Gewinnung des öffentlichen Vertrauens, Hamburg 1939, S. 28.
[162] Nitzke–Dürr, Lothar Freiherr von Faber, S. 30.

seiner Waschmittelfabrik hergestellte Waschmittel „Henkel's Bleich-Soda".[163] Die Firma Dr. Oetker in Bielefeld verfuhr nach dem gleichen Prinzip. Die Marke erhielt auf diese Weise ein „Gesicht" und der Verbraucher einen existenten – wenn auch nur markentechnisch inszenierten – Ansprechpartner.

Etwa um die Jahrhundertwende fand ein Paradigmenwechsel bei der Personifizierung und „„Beseelung"" durch Markencharaktere statt.[164] Neben der Personifizierung einer Marke mit der Verbindung zum Namen des Unternehmers kam es – basierend auf dem allgemeinen Sprachgefühl – zunehmend zu Neuschöpfungen von Markennamen, die positive Assoziationen und Sympathie wecken sollten und auf vorhandene Referenzsysteme zurückgriffen. Eines der auffälligsten Merkmale ist, dass deutsche Markenbezeichnungen fremdsprachige ersetzten. Die Wirtschaft verdeutschte die Markenkultur. So benannte beispielsweise Hermann Bahlsen seine Gebäckwaren 1893 nur noch mit halbem Anglizismus nach Gottfried Wilhelm Leibniz „Leibniz-Cakes".[165]

> „Immer stärker", so ein Autor 1927, „ist eben die Notwendigkeit erkannt worden, die toten Dinge zu beleben, ihre Wirkung durch Personifikation zu erhöhen, und dies geschieht am erfolgreichsten durch die unübertreffliche Groteske".[166]

Auch Hans Domizlaff betonte, dass man gut daran tue, *„Marken als beseelte Wesen"* anzusehen.[167] In der Praxis sah die „Beseelung" der Warenwelt zum Beispiel bei Henkel in Düsseldorf so aus, dass das Unternehmen 1922 für die Vermarktung von Persil erstmals eine Werbefigur, die weiße Dame, schuf und 1924 als Bildmarke registrierte. Die von dem Künstler Kurt Heiligenstaedt geschaffene Figur war bei Henkel bis in die 1960er Jahre in der Werbung präsent.[168]

---

[163] Henkel, Jahre, S. 22.
[164] Siehe auch: Hellmann, Soziologie, S. 82.
[165] Abb. 1; Arnu, Bahlsen, S. 25.
[166] Hayne, P., Endlich bessere Anzeigen im Kampf um den Kunden von morgen. 300 unübertroffene Beispiele erfolgreicher Anzeigenpraxis harmonisch ausgewertet zu neuen Erkenntnissen für besseres Verkaufen, Stuttgart (Reprint Hörzu–Anzeigenleitung 1981), S. 250.
[167] Domizlaff, Vertrauen, S. 108; ähnlich argumentierte: Vogt, Victor, Absatzprobleme. Das Handbuch der Verkaufsleitung für Erzeuger, Groß- und Einzelhändler, 1. Bd., Stuttgart 1929, S. 213.
[168] Henkel, Jahre, S. 46.

Der kultur- und wirtschaftshistorische Rahmen des Werbediskurses

Andere bekannte Beispiele für die „Verlebendigung" von Marken sind der Sarotti-Mohr der 1852 in Berlin gegründeten Firma Sarotti. Etwa seit 1880 betrieb Sarotti Werbung für seine Schokoladenprodukte und machte so die Wortmarke „Sarotti" publik. 1918 kam der Sarotti-Mohr als registrierte Bildmarke und damit als Erweiterung der werblichen Inszenierungsmöglichkeiten dazu.[169] Nicht anders verhielt es sich mit dem Erdal-Froschkönig der Firma Werner & Mertz AG aus Mainz. Der Handwerksbetrieb produzierte seit 1900 unter der Wortmarke „Erdal" Schuhcreme.[170] 1903 präsentierte das Unternehmen – ergänzend zur Wortmarke – auch eine Bildmarke, den Froschkönig aus Grimms Märchen. Der leuchtend grüne Frosch sollte die Produkteigenschaften der Schuhcreme, wasserabweisend und glanzgebend, widerspiegeln und der eindeutigeren, anschaulicheren Wahrnehmung durch den Verbraucher dienen.[171]

Stand das Produkt in der Anfangszeit der Werbung noch für sich allein im Rampenlicht der Konsumwelt-Bühne, so gestaltete sich nach der Jahrhundertwende und insbesondere nach dem Ersten Weltkrieg die Inszenierung mithilfe einer wachsenden Zahl von Requisiten wie Werbefiguren immer raffinierter und komplexer, gleichzeitig emotionaler, aber auch manipulativer. Im Idealfall boten Marken die Möglichkeit einer Diversifizierung der Werbestrategien und stifteten gleichermaßen ein massenmedial hergestelltes Vertrauen zwischen den Marktteilnehmern.[172]

Spätestens in der Weimarer Republik setzte sich die Erkenntnis durch, dass eine Marke in allen werbenden Medien konsistent dargestellt werden müsse.

---

[169] Bäumler, Susanne, Der Mohr hat seine Schuldigkeit noch lange nicht getan, in: Bäumler, Susanne (Hg.), Die Kunst zu werben. Das Jahrhundert der Reklame, Köln 1996, S. 166–172.

[170] Der Name Erdal hatte verschiedene Bedeutungen. Zum einen kam man auf den Namen, weil die Firma Werner & Mertz seit 1897 ihren Sitz in der Erthalstraße in Mainz hatte. Mainzerisch ausgesprochen ergab dieser Straßenname „Ärdaal" und wiederum ins Schriftdeutsche rückübersetzt „Erdal". Erdal als Markenname für Schuhcreme ergab aus weiteren Gründen Sinn: In der Erdal-Schuhcreme befanden sich so genannte Erdwachse. Mit Schuhen läuft man auf der Erde. Und Erdal sollte die ideale Lösung für das damalige Problem der Schuhpflege sein. Aus Erthal, Erdwachse, Erde und ideal wurde schließlich Erdal. Diese Erklärung findet sich bei: Werner & Mertz (Hg.), 1901–2001. 100 Jahre Erdal. Die ganze Welt der Schuhpflege. 100 Jahre Markenqualität im Zeichen des Frosches, Mainz 2001, S. 17.

[171] Ebd., S. 105; Abb. 2.

[172] Hellmann, Soziologie, S. 20. Hellmanns Ausführungen beziehen sich zwar auf Definitionsversuche von Marken aus den 1960er Jahren. Diese sind aber m. E. auch auf die frühe Markengeschichte übertragbar.

Das hieß, dass z. B. Bild- und Wortmarken in gleichen Farbgebungen, Schriftarten oder Anordnungen zueinander zu erscheinen hatten. Nur wenn die visuelle Struktur der Markenpräsentation konsistent blieb, konnte das Markenprodukt auch kontinuierlich Vertrauen aufbauen und zu einer Marke im Kopf des Verbrauchers werden. Als Pionier dieser Denkweise gilt Peter Behrens, der 1907 von der AEG den Auftrag erhielt, ihrer Werbung ein neues und einheitliches Gesicht mit einer inhaltlich eindeutigen Aussage zu geben.[173]

Das Vorbild der AEG und die Diskussionen über die kommunikativen Grundmerkmale einer Marke, Konsistenz und Kontinuität, machten sich in der Praxis erst seit den 1920er Jahren auf breiter Ebene bemerkbar, waren jedoch auch dann lange noch nicht selbstverständlich.[174]

Immerhin waren die Grundlagen der Markenkommunikation bereits vorhanden, noch bevor diese sich Mitte des 20. Jahrhunderts voll entfaltete. Werbung, Markenbildung, Ästhetik und deren Einfluss auf die Nation waren damit nicht einfach abhängige Variablen ökonomischer

---

[173] Buddensieg, Industriekultur.
[174] Wie zäh die Durchsetzung des Gedankens der konsistenten und kontinuierlichen Werbung war, zeigen die meisten Entwicklungen deutscher Marken, so beispielsweise die von Nivea, auf. Das 1911 auf den Markt gebrachte Hautpflegeprodukt Nivea-Creme wurde im bürgerlichen Jugendstil inszeniert, ließ jedoch keine klare Linie im Markenbild erkennen. Erst 1925 kam es zu einer Vereinheitlichung oder – wie es zuvor schon die zeitgenössische Sprache ausdrückte – zur „Uniformierung". Seitdem gibt es die blau-weiße Nivea-Dose mit dem schnörkellosen Schriftzug „Nivea Creme", die – wenn auch mit kleinen Änderungen – bis heute verwendet wird. Siehe zur grafischen Darstellung der Entwicklung des Markenbildes von Nivea: Beiersdorf-Archiv, Informationsblatt Beiersdorf AG, W6/1771/11D-06/96. Auch Unternehmen wie Benz und die Daimler-Motoren-Werke, bzw. nach der Fusion beider Hersteller 1926 die Mercedes-Benz AG, ließen bis 1945 keine klare Linie in der Werbung erkennen, wenngleich die Botschaften der Mercedes-Benz-Werbung immerhin konstant das Bild einer Qualitätsmarke für eine gehobene Kundschaft tradierte oder die sportlichen Errungenschaften in den Vordergrund stellte, siehe: Historisches Archiv DaimlerChrysler, Werbung MB 1930-1945, MB 10605 oder 1995 M 172. Als Problem bei Mercedes-Benz wie auch bei anderen Unternehmen erwies sich der Verzicht, Werbung als langfristige Strategie im Sinne eines konsistenten und kontinuierlichen Markenaufbaus einzusetzen. Dieser Praxis entsprechend engagierte Mercedes-Benz unterschiedliche Grafiker, die ohne klare Vorgaben für die Wiedererkennung des Produkts wirken konnten. Allein in dem hier untersuchten Zeitraum arbeiteten für den Autobauer mindestens 15 Werbegrafiker, von denen jeder seine individuelle Handschrift hinterließ. Siehe dazu ausführlicher: Mercedes-Benz AG (Hg.), The Star of Her Dreams. Posters and Advertisements from Mercedes-Benz, Stuttgart 1995. Die Anzahl der von Mercedes-Benz beschäftigten Werbegrafiker ergibt sich aus der Durchsicht der signierten Werbematerialien im DaimlerChrysler-Konzernarchiv. Beauftragt wurden u. a.: das Atelier Cucuel/Offelsmeyer, das Atelier Hans Neumann, Peag, Walter Wurzner, W.F.S., Julius Ussy Engelhard, B.W., Ludwig Hohlwein, Ferdinand Herwig, Kutscher/Nauheim, Maiwald, Willinger, Hemberger, Bittrot.

Wohlstandsentwicklungen und bildungsbürgerlicher Diskurse. Werbung und Markenbildung wohnte eine eigene Dynamik inne. Die konsistente und kontinuierliche Präsentation von Marken mittels Werbung kann als Grundlage dienen, um die Konsumenten der zunächst noch weitgehend national organisierten Märkte zu einer Art Gemeinschaft zusammenzubringen.

Das Aufkommen des Markenwesens war allerdings von zahlreichen Konflikten begleitet, die sich aus der Konkurrenzsituation und der relativen Regellosigkeit des Wettbewerbs ergaben. Die Einmaligkeit eines Produktes als Wettbewerbsvorteil konnte nur erreicht werden, wenn Wettbewerber nicht Gleichartiges produzierten, nachahmten oder in irreführender Werbung übereinstimmende Produktversprechen abgaben. Gerade Nachahmerprodukte konterkarierten in nicht unerheblichem Maße die Anstrengungen der jungen Markenindustrie. Die deutschen Länder bzw. das Deutsche Reich waren im 19. Jahrhundert ein bevorzugtes Gebiet für Markenpiraterie. Es gehörte zu den üblichen Geschäftspraktiken, geistiges Eigentum, Vermarktungsstrategien, Markennamen und -logos oder Verpackungen zu kopieren, was die nationale Etablierung und die Verankerung von Marken beim Endkunden in Frage stellte. In dieser Hinsicht zeigten die Unternehmen ein nur gering ausgeprägtes Unrechtsverständnis, das erst noch wachsen und sich festigen musste. Der Schutz geistigen Eigentums in Form von Markennamen und -zeichen bedurfte eines Umdenkens bei Bürokraten und Politikern. Diese hatten offenbar die Dynamik und die steigende Konkurrenzhaftigkeit der Märkte noch nicht erkannt, als sie 1859 argumentierten, dass ein Markenschutz unnötig wäre, weil es doch eine sichtliche „*Unbill sei, sich des Namens oder der Firma eines Anderen ohne dessen Zustimmung zu bedienen*" und das „*natürliche Rechtsbewusstsein*" Konflikte von vornherein ausschließen würde.[175]

Eine ordnungspolitische Intervention erfolgte mit dem am 30. November 1874 vom Reichstag verabschiedeten „Gesetz über den Markenschutz" – ein Gesetz, das auf Betreiben der ersten Markenartikelhersteller wie der Firma A.W. Faber und von Industrieverbänden wie dem Zentralverein der

---

[175] Zit. n.: Wadle, Elmar, Vom Meistermarkenbuch zur Warenzeichenrolle. Historische Notizen zum Registerwesen, in: Deutsches Patentamt (Hg.), DPA. 100 Jahre Marken–Amt. Festschrift, München 1994, S. 362.

Deutschen Wollwarenfabrikanten und dem Verein Deutscher Ingenieure zustande kam, nachdem bislang nur der Name eines Unternehmens gegen Missbrauch vom Paragraphen 287 des Reichsstrafgesetzbuches geschützt war.[176] 1894 dehnte der Gesetzgeber den Markenschutz auch auf Warennamen mit dem „Gesetz zum Schutz der Warenbezeichnungen" aus.

Die juristische Absicherung von Marken führte zu einem Aufschwung des Markenwesens. Im ersten Jahr (1894) verzeichnete das zentrale Markenregister 1.496 Eintragungen, die seit der Jahrhundertwende kontinuierlich auf die Zahl von ungefähr 10.000 im Jahr anstiegen, wobei es Einbrüche während des Ersten Weltkriegs mit nur durchschnittlich 7.000 Eintragungen gab. Ab 1920 erhöhte sich die jährlich erfasste Summe bis 1933 wieder auf ungefähr 17.000, um danach abermals unter die Marke von 10.000 zu sinken.[177] Die Anzahl der national geschützten Marken, die Einzug in die deutsche Konsumwelt hielten, vergrößerte sich somit kontinuierlich seit der Kaiserzeit. Gab es 1918 auf dem deutschen Markt annähernd 230.000 eingetragene Marken, so wuchs deren Zahl in der Zeit von 1918 bis 1933 um nahezu 100 Prozent auf fast 455.000 – eine Dynamik, die sich allerdings während der NS-Zeit verlangsamte, sodass der Markenbestand im „Dritten Reich" lediglich eine Steigerung von 20 Prozent auf etwa 567.000 erfuhr.[178] Vor allem während des Zweiten Weltkriegs kam es zu einer Stagnation, da nach 1942 das Reichspatentamt nur noch dann Anmeldungen von Warenzeichen entgegennahm, wenn anhand unabdingbarer wirtschaftlicher Erfordernisse die Dringlichkeit einer baldigen Eintragung nachgewiesen werden konnte; nach dem 5. Januar 1945 wurden Warenzeichenanmeldungen grundsätzlich zurückgewiesen.[179]

Die genannten Zahlen verdeutlichen, dass die Markenkultur in den Jahren der Weimarer Republik expandierte. Ein Großteil der Marken betraf zwar hauptsächlich Produkte des chemisch-pharmazeutischen Bereichs und war den Endverbrauchern wohl kaum bekannt. Schätzungsweise nur ein Fünftel aller Anmeldungen bezog sich auf so genannte Konsumgüter, die wegen

---

[176] Nitzke-Dürr, Lothar Freiherr von Faber, S. 38; Wadle, Meistermarkenbuch, S. 375; Bongard, Willi, Fetische des Konsums. Portraits klassischer Markenartikel, Hamburg 1964, S. 122.
[177] Goebel, Frank Peter, Geschäftslage des Patentamts als Marken-Amt 1894 bis 1993 – Bestandaufnahme, Zwischenbilanz, in: Deutsches Patentamt, DPA, S. 116.
[178] Zahlen aus einer Aufstellung des Deutschen Patentamts, aus: Goebel, Geschäftslage, S. 116.
[179] Markenverband (Hg.), Fünfzig Jahre Markenverband, 1903–1953, Mainz 1953, S. 46.

ihrer Präsenz in Geschäften, durch Publikumswerbung oder aufgrund ihrer Nutzung im Haushalt Teil der deutschen Konsumkultur waren.[180]

Der zuvor verwendete Begriff der Markenexpansion muss folglich in Relation zum Gesamtmarkt gesetzt werden. Die Marke war zwar ein nicht unbedeutendes Phänomen, ihren tatsächlichen und durchgreifenden Aufschwung erfuhr sie allerdings erst nach 1945.[181] Die quantitative Präsenz der Markenartikel im deutschen Alltag war vor 1945 daher gering, ihre symbolische Wirkung sollte jedoch nicht unterschätzt werden.

Mit der beschriebenen Entwicklung war die Voraussetzung dafür gegeben, dass Markenartikel zu nationalen Symbolen aufsteigen konnten. Die konsistente, kontinuierliche, reichsweite und unterscheidbare Werbung von Markenartiklern sorgte für die Verankerung von Markenbildern, Verpackungen oder Werbeslogans bei den Endverbrauchern. Nivea-Creme, um ein Beispiel zu nennen, konnte sich durch den strategischen Markenaufbau und die Abgrenzung zu Konkurrenzprodukten zu einem Kulturgut entwickeln, das als identitätsstiftender Bestandteil der „deutschen Kultur" wahrgenommen wurde und im Alltag mit nationalen Märchen verwoben wurde – beispielsweise, wenn eine Lehrerin aus Halle 1938 an die Beiersdorf AG schrieb, dass ihre sechsjährigen Schülerinnen die Erzählung vom schönen Schneewittchen und der hässlichen Königin mit dem Gebrauch bzw. Nicht-Gebrauch von Nivea-Creme in Verbindung brachten.[182]

Der Zusammenhang von Markenwerbung, Produktkultur und Nation spricht auch aus einem Brief an die Beiersdorf AG, den eine Dresdnerin im Januar 1990 schrieb. Darin erzählt sie die banale Begebenheit, dass sie nach der Annäherung beider deutscher Staaten endlich wieder Nivea-Creme kaufen könne, wie sie es in den 1930er Jahren schon getan hatte.[183] Die nationale Einheit wird in diesem Fall über die Konsummöglichkeit lange entbehrter Marken empfunden.

---

[180] Schätzungen des Autors auf Basis einer stichprobenartigen Durchsicht der Markenanmeldungen im Untersuchungszeitraum im Deutschen Patent- und Markenamt, Berlin.
[181] Conrad, Werbung, S. 12.
[182] Ilse Beyer an die Reklameabteilung der Beiersdorf AG, Hamburg, 26.4.1938, aus: Beiersdorf-Archiv, o. Signatur.
[183] Ursula Weber an die Beiersdorf AG, Hamburg, 24.1.1990, aus: Beiersdorf-Archiv, o. Signatur.

Heimatschutz und die Konservierung traditioneller Bilder der Nation

Am Anfang der Diskussion über das legitime Bild der Nation stehen Vorstellungen „deutscher Landschaften", wie sie Ernst Rudorff, der Begründer der Heimatschutzbewegung, in seiner zentralen Publikation „Heimatschutz" zeigte.[184] Es sind in den 1890er Jahren aufgenommene Fotografien einer Hügellandschaft, von Stromschnellen, Flusslandschaften oder von ländlichen Gassen mit Giebel- und Fachwerkhäusern, die in ihrer Symbolik eines vereint: das Bild einer naturbelassenen, ruhigen Heimat voller Idylle, in der selbst Städte noch dörflichen Charakter zeigen und die Hetze der Metropolen sowie die Geschäftstüchtigkeit der Großstädter in weite Ferne gerückt sind. Die Bilder suggerieren Urwüchsigkeit, vor allem auch eine meist menschenleere Ruhe, die Grundvoraussetzung einer „deutschen Ideallandschaft" zu sein scheint, damit aber bereits einen utopischen Kern in sich trägt, den Rudorff zu verteidigen begann.[185]

Die Utopie seiner Ideallandschaften war bedroht vom Ökonomismus; eines der sinnfälligsten Zeichen dafür war die Werbung. Sie war – weil sie ständig expandierte, die deutschen Landschaften und Städte dekorierte und kolonisierte – im Elitendiskurs des Kaiserreichs insgesamt in der kulturellen Defensive. Marktschreierisch und bunt, galt Werbung als Zumutung und Teil einer geistlosen Zivilisation, die *„die Errungenschaften der vergangenen Zeit beseitigte, ohne Gleichwertiges hervorzubringen"*.[186] Zunehmend wurde die Werbung als Grund landschaftlicher Zerstörungen und physiognomischer Veränderungen der Städte gebrandmarkt. Denkmalpfleger echauffierten sich darüber, dass das *„Reclame-Unwesen"* überhand nehme und dass das Bild alter Städte von diesen *„neuzeitlichen Auswüchsen"* kaum noch freigehalten werden könne:

---

[184] Rudorff, Heimatschutz, S. 31; zu Rudorff: Knaut, Rudorff, S. 20–49.
[185] Abb. 3.
[186] Zit.n.: Spiekermann, Uwe, Elitenkampf um die Werbung. Staat, Heimatschutz und Reklameindustrie im frühen 20. Jahrhundert, in: Borscheid, Bilderwelt, S. 126.

„Dem Anzeigeschwindel [sic!] ist nachgerade nichts mehr heilig; selbst die schönsten Baudenkmäler müssen heran, und ginge es nur, man schlösse selbst die Kirchthürme nicht aus."[187]

Die Werbung war mit ihrer Präsenz und den oft kritisierten wilden Plakatierungen ein tatsächliches ästhetisches Problem im öffentlichen Raum, zugleich jedoch auch die geeignete Projektionsfläche, um das Unbehagen am modernen Alltag zum Ausdruck zu bringen. Diese wirkungsmächtige Kritik kam vor allem aus den konservativ eingestellten bildungsbürgerlichen Milieus, die in der Werbung ein primitives Mittel der Bedürfniserweckung sahen, das sie selber kaum benötigten und das sie höchstens widerwillig als Medium des modernen Geschäftsverkehrs akzeptierten. Insbesondere die sich um die Jahrhundertwende formierende Heimatschutzbewegung bildete mit dem 1904 gegründeten Bund Heimatschutz ein Forum im Kampf gegen einen vermeintlichen *„Kulturfall"*, der sich in der Werbung äußerte.[188] Kritiker wie Ernst Rudorff wollten für sie ein vollständiges gesetzliches Verbot durchsetzen.[189]

Alle prominenten Vertreter der Bewegung, angefangen von Ernst Rudorff über Werner Lindner bis Paul Schultze-Naumburg, erregten sich über dieses Symptom einer vermeintlich kranken Gesellschaft; die Feindschaft gegenüber der Werbung stellte eines der identitätsstiftenden und die Bewegung mobilisierenden Paradigmen dar, obgleich die Heimatschutzbewegung Binnendifferenzierungen aufwies und es neben der radikalen Bekämpfung der *„wirtschaftlichen Erschließung"* der *„Nationalphysiognomie"* auch liberalere, versöhnliche Stimmen gab.[190] Die Heimatschutzbewegung kann folglich nicht nur als reaktionäre, antimodernistische Krisenbewegung verstanden werden. Sie verfügte durchaus über einen reformerischen Kern, der es in der Weimarer Republik sogar ermöglichte, dass einige Heimatschützer und Werber gemeinsam die Gestaltung „deutscher Oberflächen" in die Hand nahmen.[191] Selbst Rudorff

---

[187] Anon., Das Reclame-Unwesen an alten bedeutsamen Bauwerken, in: Die Denkmalpflege 3. Jg., 1901, Heft 2, S. 16.
[188] Zit. n.: Ringer, Fritz K., Die Gelehrten. Der Niedergang der deutschen Mandarine 1890–1933, Stuttgart 1983, S. 230; grundsätzlich zur Heimatschutzbewegung und Werbung: Spiekermann, Elitenkampf, S. 128; Lamberty, Reklame, S. 456–490.
[189] Rudorff, Heimatschutz, S. 31; Knaut, Rudorff, S. 20–49.
[190] Rudorff, Heimatschutz, S. 13, 49; vgl. auch: Lamberty, Reklame, S. 456–477.
[191] Siehe Kapitel 3.

konnte der Werbung an manchen Stellen noch etwas abgewinnen, wenn sie auf die Architektur und Landschaft abgestimmt war.[192]

Insgesamt wiesen die publizistischen Verlautbarungen jedoch in eine andere Richtung. Konfrontation und Polemik dienten der Selbstvergewisserung der Bewegung und zur Polarisierung. Kaum eine Ausgabe der wichtigsten publizistischen Plattform „Heimatschutz" kam im Kaiserreich ohne kritische Berichte über die Zerstörung der althergebrachten visuellen Ordnung durch Werbung aus.[193] Ebenso gehörte es zu den institutionalisierten, wenngleich zunehmend konventionellen, schließlich erstarrenden Gewohnheiten auf den „Deutschen Tagen für Denkmalpflege und Heimatschutz", gegen die Werbebranche zu wettern und eine traditionsverpflichtete Geschmacksbildung innerhalb der Bevölkerung einzufordern.[194] Wie später auch der Werkbund verstanden sich die Vertreter der Heimatschutzbewegung als Erzieher der Massen, deren Anliegen im Vergleich zum Werkbund jedoch in eine diametral andere Richtung wies. Ihrem Denken und Handeln lag eine spezifische Interpretation „deutscher Kultur" zugrunde, mit der ein vermeintlich legitimes Erscheinungsbild „deutscher Landschaften" und Städte einherging. Mensch und Natur sollten wieder versöhnt, die alte organische Verbundenheit wiederhergestellt werden, damit die „*Nationalphysiognomie*" nicht der modernen Zivilisation anheim fiel.[195] Für Rudorff waren die alten Landschaften, die noch nicht tiefgreifend nach wirtschaftlichen Interessen kultiviert waren, „Denkmäler", „*die Zierde unseres Landes*" sowie „*der Stolz unseres Volkes*".[196] Als Widerpart einer imaginierten Ursprünglichkeit wurde die Werbung wahrgenommen, die sich in Deutschland „*eingenistet*" hatte und eine zunehmende Verfälschung „deutscher Oberflächen" bewirkte, was wiederum eine Barriere darstellte, um Verständnis für Geschichte sowie Heimat- und Vaterlandsliebe zu entwickeln.[197] Die gerodeten, ehrwürdigen „*deutschen Wälder*" sah Rudorff

---

[192] Rudorff, Heimatschutz, S. 106.
[193] Siehe: Heimatschutz, 1908, Heft 1–3, Heft 4–6/1910, Heft 1/1911, Hefte 2–4/1913, Hefte 2–3.
[194] Oberkrome, Willi, Deutsche Heimat. Nationale Konzeption und regionale Praxis von Naturschutz, Landschaftsgestaltung und Kulturpolitik in Westfalen-Lippe und Thüringen (1900–1960), Paderborn 2004, S. 62f.
[195] Rudorff, Heimatschutz, S. 13; Knaut, Rudorff, S. 26.
[196] Rudorff, Heimatschutz, S. 24.
[197] Ebd., S. 106, 33.

sogar in Form ungelesener illustrierter Reklamekataloge wieder vor sich.[198] Er hatte in seiner zentralen Schrift „Heimatschutz" von 1897 bereits die Diskurslinien und weiteren Schlussfolgerungen aus dieser Szenerie der nationalen Entfremdung gezogen. Von wo aus sich die *„Unsitte"* der Werbung *„eingenistet"* hatte, war anscheinend eindeutig zu definieren. Die *„Reinheit"* der *„deutschen Heimat"* wurde durch Amerikaner und Engländer genommen.[199] Die Dynamik der lebensweltlichen Veränderungen war in dieser Deutung nicht binnenkulturellen, deutschen Impulsen zu verdanken, sondern hing zunächst ursächlich mit einer Angloamerikanisierung zusammen. Die von Rudorff bemühten Metaphern stellten *„deutsche Poesie"*, *„naives Wohlgefühl"* und *„germanische Empfindungsweisen"* der *„wirtschaftlichen Erschließung"* und einem *„heimatfremden Internationalismus"* entgegen.[200]

> „Die Welt wird nicht nur hässlicher, künstlicher, amerikanisierter mit jedem Tag, sondern mit unserem Drängen und Jagen nach den Trugbildern vermeintlichen Glücks", so Rudorff zusammenfassend, „unterwühlen wir zugleich unablässig, immer weiter und weiter den Boden, der uns trägt."[201]

So sehr die Bewegung auch Publizität für ihre Belange erzeugen konnte, durchgreifende Veränderungen der beklagten Situation konnte sie nicht erzwingen. Die Konservierung der „deutschen Oberflächen" und Sehräume war ein wesentlich komplizierteres Projekt als sich die meisten Akteure der Heimatschutzbewegung vorstellen konnten. Ein breites Vorgehen gegen die Werbung wurde allein schon dadurch behindert, dass gesetzliche Regelungen in den Kompetenzbereich der deutschen Einzelstaaten fielen; bauliche Vorschriften konnten nur von örtlichen Behörden erlassen werden.[202] Kam das den lokal orientierten Initiativen der Heimatschutzvereine entgegen, weil sie einen direkten Kontakt zu örtlichen Entscheidungsträgern aufbauen konnten, so komplizierte diese Konstellation eine breite, reichsweite Protestbewegung gegen die angenommenen kulturellen Herausforderungen. Die regional unterschiedliche Werbeintensität ließ zudem das Problem des

---

[198] Ebd., S. 37.
[199] Ebd., S. 31.
[200] Ebd., S. 15, 35, 49, 53, 77.
[201] Ebd., S. 69.
[202] Zit. n.: Spiekermann, Elitenkampf, S. 129.

„*Reklameunfugs*" nicht überall als dringlich erscheinen.[203] Trotzdem waren sowohl die Heimatschutzbewegung als auch die ersten gesetzlichen Maßnahmen gegen die Werbung eine Herausforderung für die Akteure der jungen Werbebranche. 1902 konnte das erste Denkmalpflegegesetz im Großherzogtum Hessen erwirkt werden, das ein Verbot von Außenwerbung zuließ. Noch im gleichen Jahr wurde in Preußen ein „Verunstaltungsgesetz" verabschiedet.[204] Weitere Gesetzgebungen folgten. Auch gab es bereits vor dem Ersten Weltkrieg Pläne für ein „Reichsreklamegesetz", das eine einheitliche Regelung für die Gestaltung der Oberflächen „deutscher Kultur" herbeiführen sollte, jedoch weder im Kaiserreich noch später zustande kam.[205]

Gemeinsam war den Bestimmungen und Gesetzesplänen, dass sie „*Verunstaltung*" von Landschaft und Städten als Kriterium potentieller Werbeverbote vorsahen. Daneben waren der Werbung durch Gewerbeordnungen, Pressegesetze oder Straßenpolizeiverordnungen Grenzen aufgezeigt.[206] Die Auseinandersetzung mit dem Phänomen Werbung kreiste damit vor allem um die Erscheinungsform der Werbung als Außenreklame (Giebelreklame, Plakatwände, Litfaßsäulen, Anschläge, Streckenreklame). Allein die Tatsache einer Gesetzgebung zur Werbung lud dieses Phänomen politisch auf. Der Staat fühlte sich zur Intervention herausgefordert und erklärte die Wahrung der Physiognomie der Umwelt zu seiner Aufgabe. Werbung wurde damit zum ernstzunehmenden Gegenstand hoheitlicher Gewaltanwendung und staatlicher Ästhetikvorgaben, was als ein wichtiger Indikator für ihren umstrittenen Stellenwert angesehen werden kann.

Zwar war die gesetzliche Entwicklung ein Teilerfolg der Heimatschutzbewegung, da fast überall im Reich die Eingriffsrechte der städtischen Verwaltungen gegen die Werbung eine Erweiterung erfuhren und Maßnahmen gegen „verunstaltende" Werbung seit Beginn des 20. Jahrhunderts zum Verwaltungsalltag gehörten. Dennoch wurden die

---

[203] Ebd.
[204] Ebd., S. 134.
[205] Anon., Kein Reichsreklamegesetz, in: Seidels Reklame, 1913, 5, S. 151; Oberkrome, Heimat, S. 170–182.
[206] Anon., Grobe Verunstaltung der Straßen durch Plakatanschlag, in: Seidels Reklame, 1919, 2, S. 37.

"Verunstaltungsgesetze" nicht so streng ausgelegt, als dass sie der Werbebranche die geschäftliche Basis entzogen hätten. Nicht einmal die Besteuerung von Anzeigen in Form einer Sondergewerbesteuer, wie sie das Umsatzsteuergesetz vom 24. Dezember 1919 festgesetzt hatte, oder die Einführung örtlicher Reklamesteuern für Anschläge im öffentlichen Raum konnten die Entwicklung aufhalten.[207] Erst recht konservierten die Gesetze nicht das Bild "natürlicher deutscher Landschaften" und organisch gewachsener Städte, die vor Modernismen geschützt werden mussten. Der ästhetische Wandel der "deutschen Oberflächenstruktur" schritt beständig voran. Dies geschah nicht nur, weil Werber und ihre Kunden die einschränkenden Ortsstatuten und Verunstaltungsgesetze regelmäßig umgingen oder Verschärfungen geltender Regelungen zu Fall brachten.[208] Trotz der defensiven Stellung der Werbung und ideologischer Überblendungen tatsächlicher Entwicklungen im Alltag konnte sich die Werbefreiheit mit Unterstützung liberaler Kräfte, geschickter Interessenpolitik der Branche und wegen der insgesamt pragmatischen, realpolitischen und wirtschaftsfreundlichen Gesinnung deutscher Mandatsträger im Laufe der Jahre durchsetzen.[209]

Tatsächlich erzielte die Heimatschutzbewegung nur außerhalb der Städte in den landschaftlich hervorragenden Gegenden von Sachsen, Preußen oder den bayerischen Alpen Erfolge; einige Städte schützten ihre historischen Stadtkerne vor der *"Werbeflut"*, ansonsten zeigte das Engagement der Heimatschützer kein einheitliches Ergebnis, was den Schluss nahe legt, dass es bei der Auseinandersetzung zwischen Heimatschutz und Werbewirtschaft weniger um ein Entweder-Oder als um die Festlegung von Demarkationslinien und ästhetischen Standards ging.[210]

Der Frontalangriff der Heimatschützer auf die Werbung während des Kaiserreiches zeitigte jedenfalls keine radikalen Ergebnisse. Zwar schafften es die Heimatschützer, gesetzliche Regelungen zu initiieren, sogar die moralische Oberhand in der Diskussion über die Gestaltung "deutscher

---

[207] Anon., Oertliche Reklamesteuern, in: Mitteilungen des Verbandes der Fabrikanten von Markenartikeln e.V. und des Reklameschutzverbandes e.V., 1921, 10/12, S. 37; Anon., Das Ende der Anzeigensteuer, in: ebd.
[208] Oberkrome, Heimat, S. 116.
[209] Spiekermann, Elitenkampf, S. 135.
[210] Ebd.

Oberflächen" zu behalten, was insbesondere für das Kaiserreich und die Zeit des Nationalsozialismus zutrifft. Allerdings hatten diese Erfolge wohl nur symbolischen Charakter. Öffentliche Meinungsführerschaft und Wirtschaftspraxis müssen folglich getrennt betrachtet werden. Heimatschutz wurde als wichtiger Aspekt deutscher Kulturpflege angesehen, was selbst die Werbebranche rhetorisch verarbeitete, wenn sie offenbarte, dass sie den patriotischen Anliegen des Heimatschutzes nicht im Wege stehen wollte.[211] Doch hinter diesen Lippenbekenntnissen steckte die Gewissheit, Teil einer stärkeren Entwicklung zu sein, die neben der Werbebranche auch von anderen Verbänden, beispielsweise dem Deutschen Industrie- und Handelstag oder dem mächtigen Bund der Industriellen, gestützt wurde, weshalb die nationalistisch verankerte Heimatschutzbewegung insgesamt als agrarromantische Übergangserscheinung angesehen werden kann. Immerhin stärkte sie jedoch die Sensibilisierung für die Umwelt in Zeiten dynamischen Wandels.

Der Heimatschutz mit seiner regionalistischen Volkstumsideologie war eine Reaktion auf die entfesselte Moderne, die Industrie- und primär auch die entstehende Konsumgesellschaft.[212] „Deutsche Oberflächen" waren damit ein ideologisches Konstrukt, das auf Vorstellungen landschaftlicher und städtebaulicher Idealtypen beruhte.

Insbesondere Rudorff brachte seine Bewegung in einen explizit nationalen Zusammenhang:

> „In dem innigen und tiefen Gefühl für die Natur liegen recht eigentlich die Wurzeln des germanischen Wesens. Was unsere Urväter in Wodans heilige Eichenhaine bannte, was in den Sagen des Mittelalters, in den Gestalten der Melusine des Dornröschens lebt, was in den Liedern Walthers von der Vogelheide anklingt, um dann in neuer ungeahnter Fülle in Goethes oder Eichendorffs Lyrik, endlich in der eigenartigsten Offenbarung des deutschen Genius, in unserer herrlichen Musik wieder hervorzubrechen: immer ist es derselbe Grundton, derselbe tiefe Zug der Seele zu den wundervollen und

---

[211] Oberkrome, Heimat, S. 71.
[212] Ebd., S. 9.

unergründlichen Geheimnissen der Natur, der aus diesen Äußerungen des Volksgemüths spricht".[213] Wenn es tatsächlich eine „deutsche" landschaftliche Ursprünglichkeit und eine kulturelle Authentizität gab, die von der Konsumgesellschaft und Industrialisierung in Frage gestellt wurde, dann lag die Schlussfolgerung nahe, dass Werbung als Ausdruck dessen von „nicht-deutschem" Charakter war. Diese Interpretation der Vergangenheit trug im Fall der Heimatschutzbewegung, trotz aller notwendigen Differenzierung zwischen den einzelnen Flügeln und regionalen Unterschieden, traditionalistische, völkische, in den ersten Jahrzehnten des 20. Jahrhunderts teilweise rassistische Züge. Dass die moralischen Grundlagen der Nation angegriffen wurden, hatte – wie man glaubte – schließlich mit der Invasion fremder Einflüsse zu tun, die mit dem imaginierten gemeinschaftsstiftenden, auf die Ursprünglichkeit der Umwelt verpflichteten und daraus schöpfenden Deutschtum nichts mehr zu tun hatten.[214] Im Angesicht des sozialen Wandels, der Auflösung alter Idealbilder sowie unter Berücksichtigung der politischen Implikationen der Heimatschutzbewegung, kann das Ziel der Heimatschutzbewegung als eine defensive Renationalisierung „deutscher Oberflächen" bezeichnet werden. Die Renationalisierung „deutscher Oberflächen" nach kulturkonservativen Maßstäben war ein umfassendes gestalterisches Vorhaben, doch zeigen aktuelle Studien über den Heimatschutz, dass die Wirkungsmächtigkeit der Bewegung immer wieder an ihre Grenzen stieß.[215] Der von der Heimatschutzbewegung vertretene kulturpessimistisch, später zunehmend völkisch-rassistisch gefärbte Standpunkt schuf einen Nationalismus, der von Modernismen weitgehend befreit war und es immerhin schaffte, die Werbebranche unter einen permanenten moralischen Rechtfertigungsdruck zu setzen, selbst wenn sie aufgrund ihrer Markterfolge gewiss sein konnte, dass Werbung ein an Bedeutung gewinnender Faktor war. Allerdings war es im späten Kaiserreich noch unmöglich, den Markt und seine Erfordernisse sowie das wirtschaftliche Wachstum der Branche, kurz: Quantität, Aufmerksamkeit

---

[213] Zit. n.: ebd., S. 26.
[214] Oberkrome, Heimat, S. 62.
[215] Ebd., S. 141–147.

und monetäre Gewinne, als Legitimationsbasis in den Kulturdiskurs einzubringen und Werbung als „deutsch" zu deklarieren.

Die Ansicht, dass Werbung Teil „deutscher Kultur" sein und parallel zu den vermeintlich „deutschen Landschaften" existieren könnte, lässt sich in den heimatschützerischen Debatten des 19. und frühen 20. Jahrhunderts kaum finden. Die Werber waren erstens argumentativ noch nicht so versiert, um ihr eigenes Handeln als Ausdruck einer deutschen Moderne zu präsentieren; zweitens war der in den konservativ bildungsbürgerlichen Kreisen vorhandene und den Meinungsmarkt beeinflussende Kulturpessimismus und die negative Interpretation des sozialen Wandels im Kaiserreich zu dominant. Erst durch den Werkbund und schließlich die von der Branche betriebene Rationalisierungseuphorie in der Weimarer Republik konnte ein positives Bild „deutscher Kultur" im Einklang mit den Symptomen der Ökonomisierung entstehen. Ausgerechnet Goebbels war es, der diesen Emanzipationsprozess anerkannte und Grundsätzliches zum akzeptablen Inventar einer nationalisierten Umwelt verlautbaren ließ. Trotz vieler Parallelen der NS-Ideologie zum Heimatschutzgedanken, die sich in der martialischen Blut-und-Boden-Rhetorik äußerten, war offenbar bis in die 1930er Jahre ein erstaunlicher Zweckrationalismus bei der Bewertung der Werbung im Zusammenhang mit Landschaftsgestaltung entstanden. 1933 ließ Goebbels jedenfalls die Naturschutzstellen im Reich wissen, dass die Entfernung von Werbung unrechtmäßig sei und Werbung darüber hinaus nicht entbehrt werden könne. Insbesondere Werbung für Motorräder und Automobile schändeten nicht die „deutschen Oberflächen", sondern stünden im Einklang mit der vom Führer geforderten Motorisierung, weshalb Werbung sogar als Dienst an der neuen Volksordnung zu sehen sei.[216]

Dieser Integrationsprozess der Werbung in das Verständnis von Nation und legitimer Kultur, die im weiteren Verlauf der Untersuchung nachvollzogen und analysiert werden muss, kann streckenweise als Niederlage der Heimatschutzbewegung und ihres Kampfes gegen die Werbung als vermeintlich undeutsche oder sogar deutschfeindliche *Sintflut* verstanden werden.[217] Als Sachverwalterin „deutscher Originalkultur", die jeglichen Modernismus ausschloss, konnte die konservative Heimatschutzbewegung

---

[216] Zit. n.: Ebd., S. 171.
[217] Zit. n.: Ebd., S. 170.

nicht mehr glaubwürdig in Erscheinung treten. Integrierbar zeigten sich dagegen liberalere Positionen, die versuchten, die Heimatschutzromantik mit ökonomischem Realismus zu verbinden. Im späten Kaiserreich kann etwa Paul Schultze-Naumburg als Vertreter dieser Position gelten, der zwar gegen die Werbung eintrat, allerdings Heimatschutz nicht im scharfen Kontrast zur modernen wirtschaftlichen Entwicklung sah. Hier zeichnet sich bereits eine Annäherung an Positionen des Werkbundes ab, dessen Gründungsmitglied Schultze-Naumburg war.[218]

Der Deutsche Werkbund als Katalysator „deutscher Oberflächengestaltung"

An dieser Stelle ist die Rolle des 1907 gegründeten Deutschen Werkbunds als die zentrale Plattform für Gestaltungsfragen und als definitionsmächtige Vereinigung für die „Vergeistigung" der Industriegesellschaft durch Design genauer zu beleuchten. Der Deutsche Werkbund sprach sich im Gegensatz zur Heimatschutzbewegung nicht rigoros gegen die Werbung aus.[219] Während Heimatschützer mehrheitlich eine Ausgrenzungsstrategie wählten, die auf gesetzliche Regelungen bis hin zum Verbot abzielte, war der Werkbund eine der wenigen Elitenvereinigungen im Kaiserreich, die die Werbung als reformierbar und integrationsfähig bezeichneten. Der modernisierungsfreundliche Werkbund unterschied sich von der Heimatschutzbewegung in der Definition der Ästhetik des Deutschen und ihrer Medien. Die relevanten Medien „deutscher Kultur" waren für den Werkbund im Gegensatz zur Heimatschutzbewegung nicht der „deutsche Wald" und die als charakteristisch imaginierten Landschaften, sondern Industrieprodukte, Architektur wie auch Formen der Werbung.[220] Als innovativ offenbarte sich das Wirken des Werkbundes vor allem deshalb, weil er eine weitgehend positive Position gegenüber der Kultur des Kapitalismus, der Industrie- und Konsumkultur bezog und darin einen Bereich sah, der nicht zwangsläufig zur Entfremdung von einer „deutschen Kultur" führen

---

[218] Ausführlicher: Lamberty, Reklame, S. 458.
[219] Allgemein zum Werkbund: Campbell, Joan, Der Deutsche Werkbund 1907–1934, München 1989.
[220] Zur Debatte über Werbung innerhalb des Werkbunds siehe: Schwartz, Frederic J., Der Werkbund. Ware und Zeichen 1900–1914, hg. vom Museum der Dinge Werkbundarchiv Berlin und dem Karl Ernst Osthaus–Museum, Hagen, Amsterdam 1999, S. 256f., 263, 276.

musste. Der Werkbund verband deutsche Identität, Kapitalismus sowie Industriekultur auf versöhnliche Weise miteinander. Das Bild des „Deutschen" war in diesem Fall ein modernisierungsfreundliches, wenn auch nach wie vor elitär geprägtes.

Führende Vertreter des Werkbundes erklärten, wie sehr sie mit ihren heilbringenden Ideen eine harmonische Vereinigung von Kunst und Industrie bewirken würden. Sie unternahmen den idealistischen Versuch, den Industrialisierungsprozess sowie die Kultur des Kapitalismus zu lenken.[221] Allerdings war dem Werkbund offensichtlich kaum bewusst, wie sehr er selbst als Werkzeug anderer Kräfte genutzt wurde, in welchem Maße er einem damals zweifelhaften Wirtschaftszweig wie der Werbung Glanz verleihen konnte und dass er diesen Wirtschaftszweig durch eine gegenseitige Annäherung aus der gesellschaftlichen Schusslinie manövrierte. Ernst Jäckh streifte diesen Aspekt im 6. Jahresbericht des Werkbundes von 1913/14, in dem er verkündete, dass die *„Machterweiterung"* des Werkbundes vorangeschritten sei.[222] Nicht mehr gegen Gleichgültigkeit habe der Bund sich durchzusetzen, vielmehr müsse er sich gegen die Ausnutzung seiner Autorität und die Entwicklung seines Namens zum Modewort und zur Warenmarke wehren.[223] Die Werbebranche nutzte das positive Image der Werkbündler und deren Anliegen, um selber eine Aufwertung zu erfahren. Letztlich handelte es sich dabei um eine zweckgebundene und oberflächliche Aneignung zentraler Werkbundthesen, die lediglich opportun erschienen und schließlich unterhöhlt wurden. Zu gegebener Zeit, in den 1920er Jahren, ließ die Branche diese Thesen wieder fallen und inkorporierte ein neues, erfolgreicheres und wirkungsmächtigeres Referenzsystem.[224]

Der Versuch des Werkbundes, Werbung als ästhetischen Gestaltungsbereich zu nutzen, hatte seinen Ausgangspunkt in der grundsätzlichen Ideologie, die industrielle Lebenswelt, damit die „deutsche Oberflächenstruktur", in eine neue Form zu bringen. Prägend für die Diskussionen um eine Ausweitung ästhetischer Bereiche, die auch die Werbung und ihre Bildproduktion umfassen sollte, war der unausgereifte Massenproduktionsprozess Ende des

---

[221] Ebd., S. 31–118.
[222] Jäckh, Ernst, 6. Jahresbericht des Deutschen Werkbundes 1913/14, in: Der Verkehr. Jahrbuch des Deutschen Werkbundes, 3, 1914, S. 87.
[223] Ebd.
[224] Vgl. Kapitel 3.

19. Jahrhunderts, durch den minderwertige Waren auf den Markt kamen. Deren Charakter wurde hinter vermeintlich handwerklichem, historisierendem und meist überladen wirkendem Dekor verborgen.[225] Kritiker machten das historisierende Gestaltungsvokabular, die schlechte Qualität der Produkte sowie deren unprofessionelle Präsentation nicht nur für die mangelnde deutsche Konkurrenzfähigkeit auf dem Weltmarkt verantwortlich, sondern auch für die miserablen Lebensbedingungen der Arbeiterschaft.[226] „Industrieplunder" oder „Scheinware" nannte einer der führenden Vertreter der Reformgestaltung, Friedrich Naumann, die Ergebnisse der Massenfertigung.[227] Die Schlussfolgerung daraus war eine Totalisierung der Gestaltung als Sozialtechnik, die sowohl die Ästhetik der Industriekultur als auch die Sphäre des Alltäglichen umfassen sollte. Das hieß auch, den Gestaltungsbereich der Werbung in den Kontext der gesellschaftlich-ästhetischen Reformvorstellungen fest einzubinden. Damit ging der Anspruch einher, einen neuen Kunstbegriff zu prägen.[228] Dieser Gedanke war ein Angriff auf die sakrosankte Stellung des Bildes als Kunstwerk, denn dahinter stand nichts anderes als die Forderung, Bilder in den Alltag hineinzutragen – und zwar in volkspädagogischer Absicht. Das Konstrukt der „deutschen Kultur", aber auch die Standards der Konsumkultur erfuhren dadurch eine Transformation. Das übergeordnete Ziel war die „Hebung des Qualitätsgewissens" und die „Durchgeistigung" der vermeintlich „entseelten" industrialisierten Lebenswelt.[229]

Der Wunsch Naumanns, dass mit dem Programm des Werkbundes die „Kunst der Feierlichkeiten und Künstlichkeiten" verlassen werde und ein neuer Begriff von Kunst geprägt werden könne, war innovativ, wenngleich

---

[225] Zum Historismus als Begriff und historisches Phänomen siehe: Fillitz, Hermann (Hg.), Der Traum vom Glück. Die Kunst des Historismus in Europa, Wien 1996.
[226] Naumann, Friedrich, Deutsche Gewerbekunst. Eine Arbeit über die Organisation des deutschen Werkbundes, Berlin 1908.
[227] Naumann, Friedrich, Werkbund und Handel, in: Deutscher Werkbund (Hg.), Die Kunst in Industrie und Handel, Jena 1913 (= Jahrbuch des Deutschen Werkbundes 1913), S. 9.
[228] Naumann, Gewerbekunst, S. 6.
[229] Campbell, Werkbund, S. 15f., Hoeber, Fritz, Über die Werkbundarbeit und Volksbildung. Eine Kritik und ein Programm, in: Das Werk. Mitteilungen des Deutschen Werkbundes, April 1920, S. 3.; siehe zur Operationalisierung der sich daraus ergebenden Ästhetik: Nerdinger, Winfried, Bauhaus–Architekten im Dritten Reich, in: ders. (Hg.), Bauhaus–Moderne im Nationalsozialismus. Zwischen Anbiederung und Verfolgung, München 1993, S. 153–178; Schneider, Beat, Design – Eine Einführung. Entwurf im sozialen, kulturellen und wirtschaftlichen Kontext, Basel 2005, S. 83–91.

vorschnell.[230] Vor allem aber war er nicht im Sinne einer wirklichen Demokratisierung von Kunst und Gestaltung gemeint. Denn auch die Vertreter des Werkbundes bewegten sich eindeutig in ihren bürgerlichen Milieugrenzen. Oft wirken ihre Ideen wie Ermahnungen einer Geschmackselite, die sich ein ihren ästhetischen Empfindungen angemessenes lebensweltliches Interieur erschaffen wollte, sich als Maßstab empfand und ihre künstlerischen und allgemein ästhetischen Präferenzen selbstverständlich als erzieherisches Programm für die Massen umdeutete. Die Werkbündler verfolgten ihre Ziele mit einer autoritären Grundeinstellung von oben.[231] *Sie fühlten sich als Gewissen der schaffenden Menschheit*", so rückblickend Wilhelm Lotz.[232]

Der Werkbund verstand sich als Diktatur der Form, die legitim war, solange die Herrschaft in den Händen der Künstler und Architekten lag.[233] 1908 konnte ein Werkbundmitglied, Joseph August Lux, noch selbstgewiss formulieren:

> „Die Masse kann nur erträglich gemacht werden, wenn ihr schlechte Produkte vorenthalten und ausschließlich Gutes gereicht wird. Sie darf nicht befragt werden, denn sie hat kein Urteil".[234]

Diese Einstellung gegenüber dem Markt als kulturell von oben herab dirigierbares Feld war ebenso wie die Einschätzung der Konsumenten als willenlose, zu erziehende Objekte innerhalb der Werkbundkreise weit verbreitet. Zugleich lag darin ein Grund, weshalb der Werkbund nicht wirklich aus seinen sozialen Grenzen ausbrach, obwohl sein Wirken erheblichen Einfluss hatte und er mit der Werbung ein verbreitetes Medium zu nutzen versuchte.

Werbung oder Verpackungen gewährleisteten immerhin die Distribution der Werkbundidee bis in jeden deutschen Haushalt und enthoben das Werbebild zum ersten Mal des Gegensatzes zum Kunstwerk. Von den ersten Werkbundpublikationen angefangen bis hin zu den vielgerühmten

---

[230] Naumann, Gewerbekunst, S. 6.
[231] Lux, J.A., Das neue Kunstgewerbe, Leipzig 1908, S. 249, Zit. n.: Schwartz, Werkbund, S. 196.
[232] Lotz, Wilhelm, Werkbundarbeit. Rückblick auf die Entwicklung des Deutschen Werkbundes, Berlin 1928, S. 4.
[233] Schwartz, Werkbund, S. 259.
[234] Lux, J. A., Das neue Kunstgewerbe, Leipzig 1908, S. 249, Zit. n.: Schwartz, Werkbund, S. 196.

Werkbundmusterausstellungen wurde Werbung von einem Teil der Werkbundmitglieder (hauptsächlich der Gruppe um Karl Ernst Osthaus) im Kontext der Gestaltungsinnovationen verstanden.[235] 1912 war die erste Interessenvertretung der Werbebranche, der wenige Jahre zuvor gegründete „Verband Deutscher Reklamefachleute", sogar selbst Mitglied des Werkbundes geworden.[236] Damit standen der Werbung Wege offen, aus dem ansonsten verbreiteten negativen Werbediskurs auszubrechen und eine Ausweitung des hochkulturell geprägten Bildbegriffes herbeizuführen. Werbung konnte nach Meinung einiger Werkbündler Kunst sein und drang damit in eine ihr bislang verschlossene Domäne ein. Im Februar 1922 hatte der Werkbund unter Vorsitz von Peter Behrens sogar einen eigenen Ausschuss für das Werbewesen gegründet, dem Werbekünstler als auch Werbeberater angehörten.[237] Wieder war es Naumann, der notierte:

> „Aber das Bedürfnis war wachgerufen, eine Formensprache zu schaffen, die neu aus der Zeit heraus entstehen und alle Gegenstände durchdringen sollte, und Künstler von Rang verschmähten es nicht, sich mit der Formgebung der Dinge des täglichen Gebrauchs ebenso zu beschäftigen wie mit der Architektur. Diese Ideen tauchten in verschiedenen Köpfen gleichzeitig auf, vornehmlich sind zu nennen der Belgier van de Velde und die Münchner Gruppe mit Hermann Obrist, Bruno Paul, Bernhard Pankok und Richard Riemerschmid."[238]

Die Positionen der genannten Künstler gegenüber der Werbung waren jedoch ambivalent, wie das Beispiel von Henry van de Velde zeigt.[239] Insbesondere mit seinen grafischen Arbeiten bahnte er der Werbung den Weg zur bildungsbürgerlichen Akzeptanz. Am bekanntesten ist sein Entwurf

---

[235] Hiermit soll Schwartz widersprochen werden, der schreibt, dass das Unbehagen an der Werbung im Werkbund weit verbreitet gewesen sei, auch wenn es sich nur in milder Form geäußert habe und zuweilen ganz unausgesprochen geblieben sei, siehe: Schwartz, Werkbund, S. 140f.
[236] Die Mitgliedschaft zog sich bis in die 1920er Jahre: Deutscher Werkbund (Hg.), Mitgliederverzeichnis nach dem Stande Ende April 1928, Berlin 1928, S. 5.
[237] BArch R 32/180, Bl. 11ff.
[238] Naumann, Gewerbekunst, S. 2.
[239] Der Architekt Henry van de Velde (1863–1957), 1902 nach Weimar berufen, wo er Jahre später die Kunstgewerbeschule gründete und diese bis 1914 leitete, galt mit seiner Forderung nach Funktions- und Materialgerechtigkeit sowie der Verbindung von Kunst und Handwerk als einer der führenden Vertreter der Reformbewegung. Als Überblick siehe: Sembach, Klaus-Jürgen/Schulte, Birgit (Hg.), Henry van de Velde. Ein europäischer Künstler seiner Zeit, Köln 1992.

für die konzentrierte Eiweißnahrung Tropon. Mit den typisch geschwungenen Jugendstillinien auf gelbem Hintergrund werden die Umrisse von Eierschalen und daraus fließendem Eigelb deutlich. Die Visualität steht im Vordergrund. Werbliche Texte sind nicht zu finden; die Textinformationen beschränken sich auf die Produktnennung und einen erklärenden Satz. Diese schon 1898 entstandene Arbeit van de Veldes wurde als ein erster bedeutender Industrieauftrag für ein Alltagsprodukt und als Initialzündung für die ästhetisierte Warenpräsentation gefeiert.[240]

Van de Velde schuf, wie mit ihm einige andere Künstler, einen neuen Typus von Werbung, der ein Beweis dafür war, dass Werbung schön und künstlerisch sein konnte, was weitgehende Folgen für die Wahrnehmung „deutscher Oberflächenstrukturen" hatte. Gleichzeitig zog der Anspruch der Einheit von Kunst und Industrie bei van de Velde jedoch einen grundsätzlichen Konflikt nach sich, den er – anders als beispielsweise Karl Ernst Osthaus – nicht aufzulösen vermochte. Zwar vertrat van de Velde die Einheit von Kunst und Industrie, doch kämpfte er ebenso noch für die absolute Schaffensfreiheit des Künstlers, der *„seiner innersten Essenz nach glühender Individualist"* und *„freier spontaner Schöpfer"* sei; im Widerspruch dazu strebte er aber auch zum industriellen Serienprodukt.[241] Van de Velde war mit dieser Position noch ein klarer Verfechter einer freien bildenden Kunst, obgleich er mit seinen kunsthandwerklichen und werbegrafischen Arbeiten ebenso den Weg vom freien Künstler zum angestellten oder freiberuflichen Auftragsgrafiker im Dienste der Industrie ansatzweise aufzeigte. Auf die Anforderungen der Industrie ließ er sich allerdings trotz anderslautender Rhetorik nicht vollkommen ein, was Anlass des vielbesprochenen „Werkbund-Streits" von 1914 war.[242] Der Streit zeigt, dass die Integration der Werbung in den hochkulturellen Werkbunddiskurs nicht

---

[240] Abb. 4; Aynsley, Jeremy, Grafik-Design in Deutschland. 1890–1945, Mainz 2000, S. 30; Engel, Frauke, Verpackung und Kunst am Beispiel Bahlsen, in: Westfälisches Museumsamt (Hg.), Supermarkt und Emmaladen. Aus der Geschichte der Warenverpackung, Münster 1993, S. 27. Van de Velde war nicht der einzige und erste, der sich um die künstlerische Gestaltung der Werbung verdient machte. Andere Pioniere der Werbekunst waren z. B.: Otto Fischer (1870–1947), Ludwig Sütterlin (1865–1917), Thomas Theodor Heinen (1867–1948) oder Ivo Puhonny (1876–1940).
[241] Zit. n.: Eckstein, Hans, Idee und Geschichte des Deutschen Werkbundes 1907-1957, in: Deutscher Werkbund, Landesgruppe Hessen (Hg.), 50 Jahre Werkbund, Berlin 1958, S. 13.
[242] Funk, Anna-Christa, Karl Ernst Osthaus gegen Hermann Muthesius. Der Werkbundstreit 1914 im Spiegel der im Karl Ernst Osthaus Archiv erhaltenen Briefe, Hagen 1978.

einfach linear und konfliktfrei verlief. Die verschiedenen Lager innerhalb des Werkbundes verdienen deshalb eine genauere Betrachtung.

Maßgeblich für das Verhältnis zwischen „deutscher Kultur" und Werbung ist die Rolle des führenden Werkbund-Mitglieds und Kunstmäzens Karl Ernst Osthaus aus Hagen, der durch sein Erbe in die Lage versetzt worden war, Werkbundideen nach Kräften zu fördern.[243] Seinen Gegenpart hatte er in Hermann Muthesius, der sich zwar am deutlichsten für die Typisierung aussprach, während Osthaus an der Seite von van de Velde künstlerische Positionen vertrat. Allerdings ergeben sich im Hinblick auf die Werbung erhebliche Modifikationen beider Standpunkte. Muthesius kann dabei weniger als der pragmatische Typisierungsvertreter und Anwalt eines industriefreundlichen Gestaltungskurses gelten, genauso wie Osthaus kein ästhetischer Fundamentalist war, der die Kunst vor den Fängen einer kulturellen Hegemonie der Wirtschaft retten und damit weiterhin getrennte Sphären von Kultur und Ökonomie erhalten wollte. Ging es um Werbung, vertauschten sich die Rollen. Muthesius zeigte sich im Werkbund als hartnäckigster Gegner der Werbung und zählte sie zu den „*aufdringlichsten Eindrücken*" der Zeit.[244] Er glaubte, dass Werbung von der Kultur nicht assimiliert werden könne. Seiner Meinung nach musste bei ihr der Weg zur Kultur außerhalb und in Opposition zum kommerziellen Feld gesucht werden.[245]

Demgegenüber verfolgte Osthaus eine „Umarmungsstrategie" und propagierte die Nützlichkeit der Werbung als Demonstrationsobjekt sowie als Distributionsmittel der Werkbundideen von einer modern durchgestalteten Nation. Sein Engagement fand 1913 sogar lobende Erwähnung in der Werbebranche.[246]

Der Fortschritt, von dem die Rede war, wird sich auf das 1909 von Osthaus gegründete Deutsche Museum für Kunst in Handel und Gewerbe bezogen haben. Das Museum stellte sich als ein Museum neuen Typs dar, das nicht über ein festes Ausstellungshaus verfügte, sondern als Wandermuseum

---

[243] Zusammenfassend zu Osthaus: Stamm, Rainer, Karl Ernst Osthaus. Auf dem Weg in die Moderne, in: ders. (Hg.), Karl Ernst Osthaus. Reden und Schriften. Folkwang, Werkbund, Arbeitsrat, Köln 2002, S. 11–16.
[244] Muthesius, Handarbeit und Massenerzeugnis, S. 22; zit. n.: Schwartz, S. 144.
[245] Muthesius, Handarbeit und Massenerzeugnis, S. 22; zit. n.: Schwartz, S. 144.
[246] Anon., Rezension des JDW 2, 1913, in: Seidels Reklame, 1913, 12, S. 438.

installiert wurde. Die Sammlungsbestände des Museums waren ebenso ungewöhnlich wie die Konzeption: Es trug Briefbögen, Rechnungen, Kataloge, Verpackungen, Signets, Anzeigen und Plakate zusammen.[247] Diese von Osthaus so bezeichnete *„angewandte Kunst"* sollte mit dem Geist der bildenden Kunst aufgeladen werden und den Alltag bereichern, damit Schönheit die Welt regiere.[248]

Angesichts einer solchen Position könnte Osthaus zwar tatsächlich *„ästhetischer Fundamentalismus"* unterstellt werden,[249] doch ist die Rolle des Hagener Kunstmäzens gleichfalls darin zu sehen, dass er sich als einer der ersten bedeutenden Protagonisten der deutschen Kulturszene auf die Ästhetik des Unbedeutenden einließ und diese mit seiner Gründung eines Wandermuseums protegierte. Als einer der wenigen Werkbündler ging Osthaus die Ästhetisierung des Alltags pragmatisch und mit einem unternehmerischen Geist an, der vielen anderen fehlte – und sich vielleicht nur noch bei dem in den 1930er Jahren aktiven Werkbundmitglied Ludwig Roselius wiederholte, der als Werbexperte galt und Inhaber der Kaffee-Handels-Aktiengesellschaft (Kaffee Hag) in Bremen war.[250] Osthaus erkannte das geldwerte Potential einer künstlerischen Werbung und erörterte diese vor allem nicht ausschließlich über einen vermeintlich selbstverständlichen Ästhetizismus. Schon allein aus diesem Grund ist Osthaus für unseren Kontext so wichtig: Er überwand hinsichtlich der Werbung die gängige Kulturkritik der Eliten, griff das Potential der Werbung als Trägermaterial für Werkbundideen auf und baute die Verbindung zwischen Kunstgewerbereform und Alltag auf, die der Werbung den notwendigen Schub zur Akzeptanz gab.

Dieser Ansatz lässt sich an einigen Beispielen aufzeigen: Dem Deutschen Museum für Kunst in Handel und Gewerbe wurde eine „Auskunftsstelle für

---

[247] Osthaus, Karl Ernst, Das Deutsche Museum für Kunst in Handel und Gewerbe (Begründet vom Deutschen Werkbunde und vom Museum Folkwang), in: Kaiser Wilhelm Museum Krefeld/Karl Ernst Osthaus–Museum der Stadt Hagen (Hg.), Deutsches Museum für Kunst in Handel und Gewerbe 1909–1919, Gent 1997, S. 312.
[248] Fehr, Michael, „...Daß nicht die Blechkonservenbüchse die Klaue des Löwen sei...". Zur Einführung, in: Kaiser Wilhelm Museum Krefeld/Karl Ernst Osthaus–Museum der Stadt Hagen, Museum, S. 309.
[249] Ebd.
[250] Archiv Boettcherstraße, Bremen, Kasten Deutscher Werkbund; Oldenbüttel, Lars, Ludwig Roselius. Kaufmann und Visionär, in: Kraft Foods Deutschland (Hg.), 100 Jahre Kaffee Hag. Die Geschichte einer Marke, Bremen 2006, S. 8–31.

Kaufleute und Industrielle" angeschlossen, die fast wie eine externe Werbeberatung für Unternehmen wirkte.[251] Osthaus stand darüber hinaus in engem Kontakt sowohl zu führenden Grafikern als auch zu Werbern wie Ernst Growald, mit dem er die Gründung einer Hochschule für Reklame plante.[252]

Das Ziel dieser Aktivitäten sollte die Etablierung einer Werbekunst sein – ein Begriff, der bereits bekannt war und die Vorstellung einer kulturell akzeptablen Werbung offerierte. Das Phänomen der Werbekunst erwies sich als die genaue Umsetzung der Werkbunddebatten über das Erscheinungsbild der Werbung. Ihr kapitalistisches, marktschreierisches Angesicht wurde in Form der Werbekunst im übertragenen Sinne reingewaschen. Jene, die Werbekunst betrieben, nannten sich fortan Werbekünstler – eine wohlklingende Bezeichnung, auch wenn der erste Teil des Wortes den Gehalt des zweiten stets in Frage stellte.[253] Es kann Osthaus zugerechnet werden, dass er maßgeblich den Gedanken einer künstlerischen Werbung nach vorne gebracht hat, ohne darin einen Ersatz oder eine Konkurrenz für die Kunst zu sehen, was für die weitere Diskussion entscheidend war. Die Werbekunst entwickelte sich vielmehr aus der bildenden Kunst heraus und stand somit für eine Ausdifferenzierung und Expansion des Künstlerischen.[254] Um diese Ideen im öffentlichen Diskurs zu verankern, förderte Osthaus z. B. auch die ab 1911 erscheinende, auf mehrere Bände angelegte Reihe „Monographien deutscher Reklamekünstler".[255] Flankiert waren diese von Osthaus häufig privat finanzierten Projekte von der Sammlungstätigkeit weiterer Museen, die seinen Aktivitäten teilweise sogar vorausgingen.

---

[251] KEO–Archiv, A 788, Bl. 3.
[252] KEO–Archiv, A 606, Bl. 14–17.
[253] Siehe: Kap. 2.5.
[254] KEO–Archiv, A 1088, Bl. 7.
[255] Der erste Band dieser Reihe erschien 1910. Insgesamt war die Reihe auf rund 30 Titel angelegt. Von den geplanten Monografien konnten bis zum Jahre 1914 allerdings nur sieben Bände realisiert werden: Deutsches Museum für Kunst in Handel und Gewerbe (Hg.), F. H. Ehmcke & Clara Ehmcke, Hagen 1910 (= Monographien Deutscher Reklamekünstler, Heft 1 u. 2); ders. (Hg.), Julius Klinger, Hagen 1912 (= Monographien Deutscher Reklamekünstler, Heft 3); ders. (Hg.), Lucian Bernhard, Hagen 1913 (= Monographien Deutscher Reklamekünstler, Heft 4); ders. (Hg.), Peter Behrens, Hagen 1913 (= Monographien Deutscher Reklamekünstler, Heft 5); ders. (Hg.), Julius Gipkens, Hagen 1912 (= Monographien Deutscher Reklamekünstler, Heft 6); ders. (Hg.), Emil Preetorius, Hagen 1914 (= Monographien Deutscher Reklamekünstler, Heft 7); als Überblick zu den Monografien: Pottek, Martina, Geschmackserziehung durch Vorbild: Die Monografien deutscher Reklamekünstler des Deutschen Museums für Kunst in Handel und Gewerbe, in: Kaiser Wilhelm Museum Krefeld/Karl Ernst Osthaus–Museum der Stadt Hagen, Museum, S. 352–357.

Dem Kunstdiskurs in der industriellen Welt und dessen Institutionalisierung durch den Werkbund war es zu verdanken, dass Werbung zumindest in Form des Plakats zum Ausstellungsobjekt von Museen – allen voran den neuen Kunstgewerbemuseen – wurde. Justus Brinckmann, Leiter des Hamburger Kunstgewerbemuseums, veranstaltete bereits Jahre vor der Gründung des Werkbundes, 1896, als Erster eine Plakatausstellung in einem edlen Rahmen, der Anerkennung verhieß.[256] Gleichzeitig verkündete der Kunsthistoriker Julius Meier-Graefe: *„Das Plakat ist zur Mode gekommen; die Künstler, Kunstliebhaber und Museen, die sammeln".*[257] Gustav Pazaurek, Leiter des Württembergischen Landesgewerbemuseums in Stuttgart, erklärte, dass das Plakat schließlich eine *„der interessantesten und charakteristischsten Äußerungen unserer Zeit"* sei.[258] Ende des 19. Jahrhunderts kamen die ersten Publikationen zur Plakatkunst heraus.[259]

Die Zusammenführung von Kunstgewerbereform und künstlerischer Werbung wurde seitens der Werbebranche dankbar rezipiert: Zu den Vereinigungen, die konzeptionell ihre Vorbilder im Werkbund oder den zahlreichen Reformvereinen fanden, ihre Ziele jedoch speziell in der *„Hebung der Reklame"* sahen, gehörte die 1914 entstandene *„Freie Vereinigung für Reklame, Kunst und Wissenschaft".*[260] Diese von einem der frühen Werbewissenschaftler, Paul Ruben, gegründete Vereinigung wollte Personen außerhalb der Werbung wie Juristen, Volkswirte, Industrielle, Kaufleute und Künstler zusammenbringen, um – wie es in dem Gründungsaufruf hieß – *„die Auswüchse der Reklame und der Verschandelung der herrlichen Natur zu bekämpfen, die Reklame selbst aber [zu] stabilisieren."*[261] Ein ähnliches Ziel hatte der 1919 gegründete *„Werberat – Vereinigung für Werbelehre und Werbepraxis"* in Berlin.[262] Interessant ist, dass die Vereine der Werbebranche neben der Kunst auch den Heimatschutzgedanken berücksichtigen wollten.

---

[256] Riedel, Hubert, Auf den Punkt gebracht. Lucian Bernhards Reklamekunst, in: Institut für Auslandsbeziehungen e.V. (Hg.), Bernhard. Werbung und Design im Aufbruch des 20. Jahrhunderts, Stuttgart 1999, S. 10f.
[257] Zit. n.: Aynsley, Grafik-Design, S. 32.
[258] Zit. n.: Anon., Die Technik des Plakatsammelns, in: Seidels Reklame, 1913, Juliheft, S. 205.
[259] Sponsel, Jean Louis, Das moderne Plakat, Dresden 1897.
[260] Ruben, Paul, Zeitgenossen über die Reklame, Berlin 1914, S. IV.
[261] Ebd.
[262] Seidels Reklame, 1919, 9, 1. Anzeigenseite im Heft u. S. 219.

Die Diskussionen um die in der Kunstwelt positiv aufgenommenen Pionierarbeiten van de Veldes sowie die Aktivitäten der genannten Personen und Institutionen wirkten sich in der Weise aus, dass die deutsche Grafik in der ersten Hälfte des 20. Jahrhunderts immerhin in den USA, Großbritannien und Frankreich anerkennend wahrgenommen wurde, wozu nicht zuletzt die von Osthaus 1911 in den USA gezeigte Wanderausstellung „German Applied Arts", die zu einem großen Teil aus Werbematerial bestand, beigetragen hatte.[263]

Erfolge konnte die Werkbundidee auch feiern, weil sich einige Unternehmen, wenngleich bei weitem nicht die meisten, Gestaltung als totales Konzept der Ästhetisierung bei ihrer Präsentation zu eigen machten. Zu den ersten Unternehmen, die einer modernen Prägung Bedeutung beimaßen, zählte die AEG, für die Peter Behrens nicht nur Fabrikhallen, sondern das gesamte Erscheinungsbild gestaltete.[264] Kunst und Industrialisierung gehörten auch für die Kaffee-Handels-Aktiengesellschaft (Kaffee Hag) in Bremen oder die Firma Bahlsen in Hannover zusammen.[265]

Insgesamt trug der Werkbund – trotz seiner Milieuverhaftung – zu einer Verschiebung bisheriger Demarkationslinien zwischen Alltag, Konsum und hoher Kunst bei. Der Werbung wurde gegen Ende des Kaiserreichs schließlich der Weg zu einer gewissen Akzeptanz gebahnt.

Weitreichende Folgen zeitigte die Verbindung von Design und Nation, die der Werkbund in dieser Form erstmalig propagiert hatte.[266] Durch ein gutes Design versprach er deutschen Unternehmen Erfolg auf den Weltmärkten. Diese Position markiert den Beginn des Designs als Marketingfaktor, der maßgeblich von nationalen, wenn nicht sogar nationalistischen Ideen im

---

[263] Stein, Laurie A., „Der neue Zweck verlangte eine neue Form" – Das Deutsche Museum für Kunst in Handel und Gewerbe im Kontext seiner Zeit, in: Kaiser Wilhelm Museum Krefeld/Karl Ernst Osthaus–Museum der Stadt Hagen, Museum, S. 24.
[264] Buddensieg, Tilmann, Industriekultur. Peter Behrens und die AEG 1907–1914, Mailand 1978.
[265] Arnu, Titus, Hermann Bahlsen, Berlin 1999, S. 37–42; Engel, Verpackung, S. 27; Stamm, Rainer, Kaffee Hag und die Kunst. Zwischen Werbung und Mäzenatentum, in: Kraft Foods Deutschland, Jahre, S. 140–173.
[266] Hardtwig, Wolfgang, Kunst, liberaler Nationalismus und Weltpolitik. Der Deutsche Werkbund 1907–1914, in: ders., Nationalismus und Bürgerkultur in Deutschland 1500–1914, Göttingen 1994, S. 246–273; einseitig politisierend im Gefolge von Haugs Warenästhetik–Kritik: Friemert, Chup, Der Deutsche Werkbund als Agentur der Warenästhetik in der Aufstiegsphase des deutschen Imperialismus, in: Haug, Wolfgang Fritz (Hg.), Warenästhetik. Beiträge zur Diskussion, Weiterentwicklung und Vermittlung ihrer Kritik, Frankfurt/M. 1975, S. 177–230, hier: S. 205–211.

Sinne einer angestrebten Marktexpansion als konsumkulturelle Beherrschung geprägt war. Der Begriff „Werkbundnationalismus" (Hardtwig) verdichtet den hier untersuchten Zusammenhang und verweist darauf, dass die Konsumkultur Ausdruck der Nation und nationaler Interessen sein konnte.[267] Damit wird deutlich, dass die vom Werkbund geprägte Haltung gegenüber Design und Konsum von einem kulturellen und politischen Idealismus getragen war und die Konsumkultur unter dem Legitimationsdruck stand, einen Beitrag zur Nationenbildung zu leisten.

Werbung war in diesem Kontext eine neue Form nationalen Ausdrucks, die in der Lage war, einen „deutschen Stil" zu repräsentieren.[268] Dieser Stil war durch Klarheit und Einfachheit, Rationalität und das Bekenntnis zur industriellen Produktion geprägt. Auch wenn diese vermeintlich „deutsche Designideologie" in Wirklichkeit parallelen internationalen Entwicklungen entsprach, sollte die deutsche Nation gemäß dieses Ansatzes als eine fortgeschrittene Industrienation erscheinen. Das Gesicht dieser Nation sollte ein modernes und technikorientiertes sein; die Reform der Gestaltenwelt war damit auch eine Reform zur modernisierungsfreundlichen Nation, deren Stellung auf dem Weltmarkt über den Verkauf deutscher Waren entschieden wurde.[269] Überlegenes Design zog verbesserte Weltmarktchancen nach sich und wirkte, so die gängige Meinung der Werkbundvertreter, mithin zurück auf die Nation. Mit den Designreformen sollte die internationale Führung in der Stilbildung errungen werden, um schließlich eine deutsche kulturelle Weltherrschaft zu etablieren.[270] Werbung festigte – sofern sie den Gestaltungsrichtlinien des Werkbundes entsprach – das Bild der überlegenen, modernen deutschen Industrienation. Je verbreiteter der Werkbundstil bis in die Werbung hinein war, desto geschlossener erschien die Nation an ihrer Oberfläche. Werbung konnte folglich durch die Anpassung an den Werkbunddiskurs nicht nur Kunst, sondern im übertragenen Sinne auch Repräsentationsmerkmal der Nation sein und in ihren Dienst gestellt werden.

---

[267] Hardtwig, Kunst, S. 246–273.
[268] Ebd., S. 252.
[269] Ebd., S. 256.
[270] Ebd., S. 257.

Der kulturelle Repräsentationsanspruch der Werbefachleute

Von „Reklamefritzen" zu modernen Sozialtechnologen

In der Literatur ist die Frage nach den Selbst- und Fremdbildern deutscher Werber als Konstrukteure „deutscher Kultur" bisher unzureichend beantwortet worden.[271] Werbung erscheint dort oftmals als anonymes Ganzes, als ein abstraktes, sich selbst erzeugendes System, das einer zweckrationalen Zielsetzung folgt. Eine Analyse dieses Systems und seiner kulturprägenden Einflüsse erscheint jedoch ohne den Rückbezug auf die jeweiligen historischen Akteure unvollständig. Die Konstruktionsleistungen Einzelner, insbesondere auch ihr Beitrag zur Ausprägung der deutschen Konsumkultur, sollen deshalb im Mittelpunkt der folgenden Darlegungen stehen. Dabei geht es zunächst um die Beschreibung der kollektiven Identität und der aktiven Identitätspolitik deutscher Werber.[272] Dieser Ansatz unterstreicht die Annahme, dass weder Wirtschaft noch Kultur feststehenden Werten untergeordnet, sondern von Individuen geschaffene Handlungsfelder sind. Wie und mit welchen Ideen die Werber ihr Handlungsfeld ausgefüllt haben, ist Thema dieses Kapitels.

Kollektive Identität[273] entsteht, wenn einzelne Personen die für sie wichtigen Orientierungen ihrer personalen Identitäten auf dasselbe Kollektiv ausrichten. Grundvoraussetzung ist die gemeinsame Erfahrung im selben Berufsfeld und die Teilnahme an berufsinternen Diskursen. Die Arbeit in der Werbung wird als homogenisierender Aspekt personaler Identitäten angesehen, was nicht ausschließt, dass weitere Neben-Identitäten existiert haben können. Identitätsbildung bedarf der Widerspiegelung eigenen Handelns in den Reaktionen von Anderen und der Auseinandersetzung mit

---

[271] Ansätze dazu finden sich bei: Haas, Stefan, Psychologen, Künstler, Ökonomen. Das Selbstverständnis der Werbetreibenden zwischen Fin de siècle und Nachkriegszeit, in: Borscheid, Bilderwelt, S. 64–77; Lamberty, Reklame, S. 307–320.
[272] Zum Konzept der Identitätspolitik: Franck, Kapitalismus, S. 157–166.
[273] Zur Aktualität dieses Begriffes siehe: Assmann, Aleida/Friese, Heidrun (Hg.), Identitäten, Erinnerung, Geschichte, Identität 3, Frankfurt/Main 1998, S. 11–23; Giddens, Anthony, Modernity and Self–Identity. Self and Society in the Late Modern Age, Cambridge 1991.

diesen Reaktionen.²⁷⁴ Solche Reaktionen von außen können von der eigenen Wahrnehmung abweichen und hängen eng mit den jeweiligen sozialen Rollenerwartungen zusammen. Identitätsbildende Faktoren, die die Fremdzuschreibung und das Selbstbild bestimmen, sind die klassischen Segregationsmerkmale wie Milieu, Bildung, Einkommen, Geschlecht, Alter, Sprache oder gemeinsam geteilte und nach außen vertretene Ideen und Missionen. Der Umgang mit den identitätsbildenden Faktoren und ihrer Verarbeitung in den Fremd- und Selbstbildern wird nach Goffman als Identitätspolitik bezeichnet.²⁷⁵ Mit dem Begriff der Identitätspolitik ist der Gedanke verbunden, dass Identität sich auf ein strategisch angelegtes Handeln bezieht, was sich besonders gut im Falle hauptberuflicher Imagekonstrukteure zeigen lässt. Identitätsbildung ist demnach ein mehr oder weniger bewusster und aktiver Prozess. Identität lässt sich dadurch – abhängig von materiellen und kulturellen Ressourcen – beständig modifizieren und ist weder statisch noch determiniert.

Die Diskrepanz zwischen Außen- und Selbstwahrnehmung kann zu einer steten Gefahr für eine Gruppe werden, wenn die Definitionsmacht der von außen Wahrnehmenden stärker ist als die eigene. Abweichungen von normativen Rollenerwartungen führen bis zur gesellschaftlichen Stigmatisierung durch die „Normalen", folglich die Definitionsmächtigsten innerhalb einer Gesellschaft, deren Diskriminierung mit wohlwollendem, unterordnendem Verhalten erwidert wird – oder mit dem Versuch, die soziale Wirklichkeit zu ändern. Das Ziel der Identitätspolitik bleibt es immer, Akzeptanz und Beachtung zu schaffen.²⁷⁶

Diese weit gefasste Definition, die sich stark an der Theorie des symbolischen Interaktionismus orientiert, erlaubt insofern einen Transfer auf den Untersuchungsgegenstand, als hier nachgezeichnet werden soll, welch problematische gesellschaftliche Rolle die deutschen Werber spielten, wie sie diese bewältigten oder welche Mittel und Strategien sie anwandten, um eine

---

[274] Als Zusammenfassung: Wagner, Peter, Fest–Stellungen. Beobachtungen zur sozialwissenschaftlichen Diskussion über Identität, in: Assmann, Identitäten, S. 44–72, hier: S. 45; Haußer, Karl, Identität, in: Endruweit, Wörterbuch, S. 280; Korte, Einführung in Hauptbegriffe der Soziologie, 3. verb. Aufl., Opladen 1995, S. 40ff.
[275] Goffman, Erving, Stigma. Über Techniken der Bewältigung beschädigter Identität, Frankfurt/M. 1975, S. 153ff.
[276] Ebd., S. 18.

Akzeptanz der eigenen Identität zu erreichen, die Grundlage für größere gesellschaftliche Gestaltungsspielräume wurde.[277] Ausgangspunkt der Diskussion ist die defensive Stellung der Werber im Kaiserreich, die eine aktive Identitätspolitik notwendig machte.

Die Werber etablierten sich seit Begin des 20. Jahrhunderts als Sinn- und Bedeutungskonstrukteure und traten in Konkurrenz zu traditionellen Repräsentanten „deutscher Kultur" wie Klerikern, Philosophen, Lehrer oder Künstler, deren Berufsstände sich vor allem in den 1920er Jahren in einem teils krisenhaften Zustand befanden.[278] Die Gestaltung und Bedeutung von Gütern und Dienstleistungen, oder allgemeiner ausgedrückt: die Definition der Konsumkultur, kam unter das professionelle Regime von Designern, Werbefachleuten, Marktforschern, Werbe- und Marktpsychologen. Die Vertreter dieser neuen Berufsgruppen stammten in der Mehrheit aus aufstiegsorientierten Milieus des mittleren und Kleinbürgertums, unterschieden sich jedoch in einigen grundlegenden Punkten. Die Werber bildeten eine Gruppierung, die eine positive und unvoreingenommene Vorstellung von der Kultur des Kapitalismus hatte, die von ihr nicht von vornehrein als Implantat wahrgenommen wurde. Ihre Idee von Wirtschaft, Kultur und Nation war pragmatisch nach vorne gerichtet und optimistisch. Die Moderne konnte, insbesondere in der Phase der relativen Stabilisierung in den 1920er Jahren, von den Werbern ohne abwehrenden Kulturpessimismus akzeptiert werden. Die Werber können geradezu als Gegenspieler zu konservativen Kulturkritikern wahrgenommen werden.

Im Gefolge der Ausbildung arbeitsteiliger Strukturen in den Unternehmen, des steigenden Bedarfs der Industrie und des Handels an Werbung sowie durch die Professionalisierung und Verwissenschaftlichung wuchs die Werbung zu einem eigenständigen Berufsfeld heran, das einen neuen Typus von Werber kreierte, der sich als Manager verschiedener Tätigkeiten verstand. Er trat als Angestellter eines Unternehmens auf oder arbeitete als selbstständiger externer Berater. Seine Aufgabe war es, die Werbung für ein Unternehmen zu planen, umzusetzen und zu verbreiten. Helfend zur Seite

---

[277] Als Quellen, die Aufschluss über die Identitätspolitik der Werber geben, dienen die einschlägigen Branchenpublikationen, Pamphlete, Ego-Dokumente wie schriftliche Selbstdarstellungen und Selbstbildnisse oder Stellenanzeigen mit Profilanforderungen.
[278] Jarausch, Konrad H., The Crisis of German Professions 1918–33, in: Journal of Contemorary History, 20, 3, 1985, S. 379–398.

standen ihm dabei Künstler und Schriftsteller, die sich später Gebrauchsgrafiker oder Werbetexter/Gebrauchstexter nannten. 1936 bezifferte der Werberat die Zahl der hauptberuflich in der Werbung Tätigen auf über 50.000 Personen. Der Großteil davon entfiel auf Werber in Unternehmen und externe Werbeberater (ca. 18.000). Mehr als 6.000 arbeiteten als Grafiker. Da das Werbevolumen in der Weimarer Republik von etwa 1924 bis 1939 (mit Einbrüchen während der Weltwirtschaftskrise) relativ gleich blieb, lassen sich diese Angaben auf den gesamten Untersuchungszeitraum übertragen.[279]

Die Entwicklung der kollektiven Identität der Werber soll in mehreren Phasen und anhand der Definition verschiedener Typen beschrieben werden:

- die „Reklamefritzen" des 19. Jahrhunderts und die „Reklamegenies" der Jahrhundertwende,
- die Sozialtechnologen und Modernisierungsvermittler, die Wirtschaftskommunikation als soziale und kulturelle Ordnungsfunktion verstanden (1918-1933),
- die „Frontkämpfer" des Alltags, die in Koalition mit staatlichen Stellen an einer Standardisierung deutscher Oberflächenstrukturen arbeiteten (1933-1945).

1.)

Die Außenwahrnehmung der Werber im 19. Jahrhundert war weitgehend eine negative. Es existierte kein klares Bild von Werbung und ihrer Funktion. Werbung galt als marktschreierisch und widersprach dem Konsens des kooperativen Wirtschaftens und der imaginierten „deutschen Tradition". Die Werber galten als Aufsteiger, deren Arbeit und Biografien die vielfältigen, gleichsam dynamischen Veränderungen am Markt widerspiegelten, was sich an einer Beispielbiografie zeigen lässt.

---

[279] Wirtschaftswerbung, 1936, 21/22, S. 112f.

Als einer der „Urväter" dieses ersten Werbertypus kann Ernst Growald angesehen werden, der nach erfolglosem Besuch des Gymnasiums als 15-Jähriger in einer Buchhandlung und Buchdruckerei in Beuthen/Schlesien eine Lehre durchlief und danach in Breslau und Berlin verschiedene kaufmännische Stellungen bekleidete. Anfang der 1890er Jahre arbeitete er in einer Papierfabrik in Breslau, die er nach dreijähriger Tätigkeit verließ, um sich anschließend – ebenfalls in Breslau – als meist erfolgloser Werbeberater zu verdingen. 1895 ergriff er die Flucht vor dem Gerichtsvollzieher und siedelte nach Berlin über. Growald arbeitete sodann in Berlin als Reisender der Firma Weylandt & Bauschwitz, die Artistenplakate und Theaterzettel druckte. Kurze Zeit darauf trat Growald als Reisender in den Dienst der Berliner Druckerei Hollerbaum & Schmidt, wo er an der Etablierung des künstlerischen Werbeplakats mitwirkte. Er akquirierte Aufträge zum Plakatdruck und vermittelte Künstler zur Erstellung individueller Außenplakate. Anschließend versuchte sich Growald in Berlin wieder als freier Reklameberater.[280] Edmund Edel[281] lieferte eine satirische Beschreibung von Growald:

> „Aus jeder Tasche seines nicht ganz neuen Saccos guckte ein ‚Simplizissimus' oder eine ‚Jugend' heraus. Mit diesen beiden Wahrzeichen modernster Kunst ging er auf die Geschäftswelt los. Herr Ernst Growald besaß den Idealismus eines Reformators. Das Geldverdienen war ihm damals nicht Selbstzweck. Er hatte die Nase für das Kommende und dieses Riechorgan, das die Natur ihm in ausgiebigem Maße zur Verfügung gestellt, witterte ‚Morgenluft'."[282]

Dieses Beispiel eines frühen Werbers lässt eine typische berufsbiografische Unstetigkeit erkennen. Die Werbepioniere der Kaiserzeit hatten zwar eine Marktlücke erkannt und mochten zeitweise ein attraktives Einkommen erzielt haben. Von der Außenwelt jedoch wurden sie oftmals wahrgenommen und abgewertet als *„herumziehende Scharlatane"*, *„Reklamenepper"* oder *„Reklamefritzen"* – ein Personenkreis, der sich in der Defensive befand, der von Heimatschützern attackiert, dessen volks- und betriebswirtschaftlicher Nutzen in Frage gestellt wurde, dessen Dienstleistung selbst bei

---
[280] Redlich, Fritz, Reklame. Begriff – Geschichte – Theorie, Stuttgart 1935, S. 109–112.
[281] Edmund Edel, 1863–1934, arbeitete als Werbekünstler, Schriftsteller und Filmregisseur.
[282] Zit. n.: Riedel, Punkt, S. 11.

Unternehmern noch nicht selbstverständlich auf Wertschätzung stieß und der folglich fortwährend nach Legitimation suchte, aber durch sein mitunter unseriöses Auftreten nur wenig Vertrauen erweckte, was selbst eine Branchenzeitschrift 1902 kritisierte:

> „Auf keinem Gebiete macht sich die Gross-Sprecherei und die Aufdringlichkeit so bemerkbar, wie auf dem der Reklame. Der Schwindel steht auch hier in vollster Blüthe."[283]

Johannes Weidenmüller[284] sah es deshalb als dringlichste Aufgabe an, den *„Kampf gegen den Feind im eigenen Lager"* aufzunehmen, schließlich sei die Werbung ein *„Tummelplatz"* von Leuten, *„deren Überwachung und Ausschaltung niemand dringender wünschen kann als der standesbewußte Werbefachmann selbst"*.[285] Ebenso neu wie die Rede von einem Standesbewusstsein waren nach der Jahrhundertwende auch die Überlegungen, was ein Werber tatsächlich können müsse: *„Der Werber muß eine Fülle persönlicher Eigenschaften aufweisen, die in vollkommener Ausbildung sich nur selten in einer Person vereinigen"*, schrieb Rudolf Seyffert, Vertreter der jungen Werbewissenschaft.[286] Morgenluft zu wittern war dabei kaum ausreichend. Neben der selbstverständlich eingeforderten Geschäftstüchtigkeit galten Organisationstalent, Anpassungs- und schnelle Entschlussfähigkeit, Einfühlungsvermögen, Originalität, künstlerisches Empfinden, literarische Gewandtheit und *„Konjunkturblick"* als die hervorragendsten Eigenschaften eines kaufmännischen Werbers.[287] So sollte er in der Lage sein, mit der Kundschaft zu denken und zu fühlen, sowie unabhängig und frei genug, um seine eigene Arbeit richtig beurteilen zu können. Ausgetretene Wege hatte er zu verlassen, denn der wertvollste Teil seiner Leistungen lag in ihrer Neuartigkeit. Auf rechtzeitiges Erkennen von Gelegenheiten, bewusstes Verwerten jedes auch noch so unscheinbaren Erfolges bis zur restlosen Ausschöpfung wurde ebenso wenig verzichtet wie auf *„gewisse künstlerische Eigenschaften"*, die den Werber bei der Wahl seiner

---

[283] Zit. n.: Lamberty, Reklame, S. 262; Tiedtke, Helene, Kurpfuscher der Reklame, Berlin 1920.
[284] Schindelbeck, Dirk, Pionier der Werbewissenschaft. Die Werbewerkstatt des Johannes Weidenmüller, in: Damals, 4, 2003, S. 62–65.
[285] Weidenmüller, Hans, Polizei-Aufsicht oder Selbstzucht, in: Mitteilungen des VDR, 1914, 4, S. 130.
[286] Seyffert, Rudolf, Allgemeine Werbelehre, Stuttgart 1929, S. 407.
[287] Ebd.

Mittel zu leiten hatten. Die ungeteilte, durchgängig stilsichere Beherrschung der deutschen Sprache und eine flüssige Ausdrucksweise waren weitere Kriterien, die sich insbesondere mit dem Anspruch verknüpften, schwierige Gedankengänge in eine knappe, leicht verständliche, prägnante Form bringen zu können. Schließlich sollte eine profunde kaufmännische Ausbildung das berufliche Profil des Werbers möglichst abrunden.[288] Die Werber im Kaiserreich waren jedoch weit davon entfernt, diesem Anforderungskatalog zu entsprechen. Vielmehr hochstapelte der Werber, wenn er darauf verwies, bereits allerlei Berufsprofile auf einmal in sich vereinen zu können. Von allem hatte er etwas zu bieten, in nichts war er professionell – so die nicht enden wollende Kritik, die Anlass für neue Professionalisierungsimpulse gab.[289]

Weidenmüller erklärte 1922, dass die Tage endgültig vorbei seien, in denen man noch an das Reklamegenie und den gesunden Menschenverstand als ausreichende Ausrüstung für die kundenwerblichen Berufe glauben könne; es sei Pflicht aller Werbetätigen und Standesvertretungen, für fachliche Bildungseinrichtungen zu sorgen.[290] Die Forderung verwies auf ein immer dringlicheres Problem, standesintern wie auch im Hinblick auf die Wahrung von Marktchancen, denn – wie ein anderer Autor betonte:

„Wir haben weder Schulen noch sonstige Bildungsstätten, an denen Reklame gelehrt wird, und die meist recht theoretischen Vorlesungen an Hochschulen wie die Kurse verschiedener Art stellen doch nur einen recht dürftigen Notbehelf dar. [...] Die unbedingte Forderung muß infolgedessen lauten: Schafft eine gute, von anerkannten Fachleuten geleitete Schule für Reklame."[291]

Bis zur Gründung professioneller Ausbildungsstätten blieb das „training on the job" der einzige Weg zu einem noch unstrukturierten Berufsfeld. Es fällt allerdings schwer, bei den verschiedenen beratenden und kaufmännischen Tätigkeiten in der Werbung überhaupt von Berufen zu sprechen, zumindest dann, wenn mit diesem Begriff nicht die subjektiv empfundene Berufung, sondern eine die Existenzgrundlage sichernde, auf Gelderwerb gerichtete

---

[288] Ebd.
[289] Lamberty, Reklame, S. 260–263.
[290] Weidenmüller, Johannes, Zur Werbung, in: Die Reklame, 1922, 10, S. 312.
[291] Resch, Johannes Wolfgang, Der Reklamefachmann, in: Die Reklame, 1922, 1, S. 15.

Tätigkeit gemeint ist, der auf Dauer nachgegangen wird und zu deren Erfüllung über Bildungsinstitutionen vermittelte Qualifikationen nötig sind.[292] Dieser Definition entsprechend konnte wohl kaum ein Werber für sich beanspruchen, einen ordentlichen Beruf auszuüben. Ein Problem war, dass die Werber anfingen, sich Reklame- oder Werbe-*Fachmann* zu nennen und sich damit den Anschein des Expertentums gaben. Mehr als eine Selbstdeklarierung war das allerdings nicht und erst recht keine geschützte Berufsbezeichnung wie die des Arztes oder Architekten. Jeder, der wollte, durfte sich Werbefachmann nennen, und von denen gab es offensichtlich zu viele.[293]

Entsprechend groß blieben die Sorgen der Werber um die persönliche soziale Platzierung, ihren Einfluss und die Richtung ihrer Identitätspolitik. Wegen der inflationären Verwendung des Begriffs „Reklamefachmann" gestaltete es sich schwierig, mit dieser Berufsbezeichnung aufzutreten, weil sich dahinter nach wie vor eine zu heterogene Gruppe von Akteuren mit den unterschiedlichsten Berufsbiografien verbarg, die jener von Ernst Growald ähnelten.[294]

Es blieb Aufgabe der Werber, ihre soziale Stellung aufzuwerten und den Sinn und Nutzen ihrer Arbeit zu erklären. Eine der beliebtesten Strategien war es in der Weimarer Republik, sich an dem virulenten Rationalisierungsdiskurs zu orientieren, der in der Werbung der Nachkriegszeit ein begeistertes Echo fand. Symptomatisch für den Aufbruch in eine neue Identitätsphase ist ein Zitat eines deutschen Werbefachmannes von 1924, der seine Mitstreiter dazu aufrief, aktiv die neuen Entwicklungen in der Wirtschaft mitzugestalten:

> „Wir stehen mit Hoffen oder mit Furcht [...] vor einer neuen Wirtschaftsepoche. Ich meine, die Reklame sollte wenigstens mit der Nase die Avantgarde der künftigen Wirtschaftsentfaltung sein, d.h. sie soll vor allem anderen die Grundlagen, Aussichten und Aufgaben der neuen Wirtschaft kennen und vorbereiten."[295]

---

[292] Blaschke, Dieter et al., Berufssoziologie, in: Endruweit, Wörterbuch S. 65–71.
[293] Wallfisch-Roulin, Paul, Der Nachwuchs im Reklamefach, in: Die Reklame, 7, 1925, S. 349.
[294] Die Reklame, 1922, 18, S. 395; Abb. 5.
[295] Eltzschig, Georg, Wirtschaft und Reklame, in: Die Reklame, 1924, 1, S. 5.

Bemerkenswert ist das Selbstverständnis als „Avantgarde". Die in dem Zitat anklingende Rationalisierungseuphorie hatte in den 1920er Jahren entscheidenden Einfluss auf die soziale und wirtschaftliche Mobilisierung der deutschen Werber und wirkte sich nicht unwesentlich auch auf das persönliche Selbstverständnis, den Lebensstil sowie auf die Definition und Bedeutung ihres bislang offenen Berufsfeldes aus.

2.)

Spätestens in der Stabilisierungsphase der Weimarer Republik kann von einer aktiven Identitätspolitik der Werber gesprochen werden, bei der Rationalisierung als Hauptpunkt einer positiv gedeuteten kollektiven Identität hervortrat. Mit der Dynamisierung des Wirtschaftswachstums in der Weimarer Stabilisierungsphase sahen die Werber ihre Marktchancen gekommen. Nicht unbedingt die Ästhetik dessen, was die Werber produzierten, galt als Maßstab ihrer positiven Selbstwahrnehmung, sondern der ökonomisch beweisbare Erfolg im Berufsleben, der sich in der Überzeugungsarbeit am Konsumenten zeigte. Je schneller standardisierte Produkte massenhaft produziert wurden, desto notwendiger war es, den Verbraucher, vor allem aber die Verbraucherin als intuitives, beeinflussbares Wesen und als Schlüsselperson des Konsums über Produktneuheiten und deren Eigenschaften mit großem Sendungsbewusstsein aufzuklären.[296] Denn die in den Labors von Erfindern und Unternehmern entwickelten Produkte wie Fertigsuppen, Soßenbinder, Backpulver oder neuartige Geräte wie Waschmaschinen, Kühlschränke und Radios genauso wie Produkte für die Körperhygiene (Mundwasser, Deos, Enthaarungscremes etc.) bedurften einer kommunikativen Übersetzungsarbeit, um Aufmerksamkeit, Interesse und schließlich einen Kaufwunsch zu generieren. Der neue moderne, technisch aufgerüstete und hygienisch einwandfreie Konsummensch wurde zum Leitbild deutscher Werber in der Weimarer Republik.[297] Zudem war der en masse konsumierende Deutsche sowohl ein Produkt des rationalisierten

---

[296] Ebd., Zech, Paul, Sinn und Zweckbestimmung der Reklame, in: Die Reklame, 1922, 2, S. 177; Praktikus, Reklame-Umschau, in: Die Reklame, 1, 1924, S. 43; Lavin, Maud, Clean New World. Culture, Politics, and Graphic Design, Cambridge/Mass. 2001, S. 50.
[297] Siehe Werbemotive in: Henkel, Jahre, S. 45; Bosch AG (Hg.), Unsere beste Reklame war stets unsere Ware. Werbung bei Bosch von den Anfängen bis 1960, Stuttgart 1998 (=Bosch-Archiv Schriftenreihe, Bd. 2), S. 47-134; Beiersdorf AG (Hg.), Nivea. Entwicklung einer Weltmarke, Hamburg 2001, S. 34-47.

Denkens als auch – angesichts der neuen Produktionspraxis der Unternehmen – eine volkswirtschaftliche Notwendigkeit. Allerdings blieb er in weiten Teilen eine in Reinform nirgendwo existierende Illusion, die jedoch als Projektionsfläche auf die Selbsteinschätzung deutscher Werbefachleute zurückwirkte. Insbesondere mit der Übernahme amerikanischer Forschungsergebnisse zur Werbepsychologie sowie der Professionalisierung ihres Berufs, beispielsweise durch die Einrichtung werbewissenschaftlicher Seminare an Universitäten, schufen sich die Werber allmählich den Status von selbstbewussten Sozialtechnologen, die im Sinne damals vertretener eindimensionaler Kommunikationsmodelle – vom Sender zum Empfänger – vor allem die vermeintlich lenkbare Konsumentin als leichte Beute des Werbefach-Mannes betrachteten. In Fachzeitschriften suggerierten die Werber nun einen übertriebenen Einfluss in ihrer Rolle als Männer und geheime Verführer, der allerdings eher virtuell blieb, als dass er durch systematische Erfolgskontrollen unter Beweis gestellt werden konnte. Doch zumindest innerhalb der Branche erschien die Erschaffung des neuen Konsum-Menschen möglich.[298]

Den Anschein von Macht und Einfluss erlangten die deutschen Werbefachmänner nicht nur wegen des auf die weiblichen Konsummassen projizierten Werbeerfolgs. Generell war ihr Bild von sich selbst das von jungen, mobilen, optimistischen und einkommensstarken Protagonisten der Modernisierung, die ein gehetztes Großstadtleben führten, sich im Tempo der 1920er Jahre bewegten und ihren Aufstieg mitunter großspurig nach außen demonstrierten. Tatsächlich verfügten zumindest die Werber in leitenden Positionen über außergewöhnlich hohe Einkommen.[299] Selbst mit abgebrochenem Studium und nach gescheiterten Versuchen, in verschiedenen anderen Bereichen Fuß zu fassen (diesbezüglich hatte sich bei den Werbern nichts geändert), bezog z. B. Hanns W. Brose mit 28 Jahren als ungelernter Werbetexter der Horch-Werke ein höheres Gehalt als der

---

[298] Anon., Über Reklamepsychologie, in: Zeitschrift des Verbandes Deutscher Annoncen-Expeditionen, 1925, 2, S. 6–9; Brettner, Hans, Die Reichsreklamemesse 1925, in: Die Reklame, 1925, 1, S. 52. Symptomatisch im Sinne der Selbsteinschätzung als „geheime Verführer" ist eine Eigenwerbung der Agentur Dorland, in der auf einer fotorealistisch dargestellten Hand mit Schriftzug zu lesen ist: „Von mächtiger Hand geführt wird Ihre Werbung, wenn Sie sich der weltumspannenden Dorland-Propaganda bedienen", in: Die Reklame, 2, 1929, S. II; zum Begriff der geheimen Verführer: Packard, Vance, Die geheimen Verführer, Düsseldorf 1966.
[299] Seyffert, Werbelehre, S. 408.

Finanzdirektor oder andere leitende Angestellte, was zu Spannungen im Unternehmen führte.[300]

Trotz hoher Einkommen, der Professionalisierung des Berufsfelds und einer ausgeprägten Identitätspolitik, die das Fremdbild der Scharlatanerie zu überwinden helfen sollte: Bürgerliche Normalbiografien bildeten weiterhin die Ausnahmen. Für die Branche blieben häufige Arbeitsplatzwechsel typisch. So konnte Carl Hundhausen auf elf verschiedene Stellen während seiner Berufstätigkeit in mehreren deutschen Städten und den USA zurückblicken.[301] Auch Projektarbeiten von nur wenigen Wochen zeugen kaum von Dauerhaftigkeit und bürgerlichen Arbeits- und Lebensverhältnissen. Hans W. Brose z. B. kündigte seine Stelle bei den Horch-Werken aus Langeweile nach nur sechs Wochen und wechselte zu den Lingner-Werken nach Dresden.[302] Bezeichnend war jedoch die subjektiv-positive Deutung dieser wechselhaften Biografien.

Aus der Zeit der Weimarer Republik gibt es zahlreiche Quellen, die das Erlebnis von beruflicher und existenzieller Unsicherheit als eine negative Erfahrung darstellen.[303] Die Demokratie war für viele, so zum Beispiel für den „neuen Mittelstand", gleichbedeutend mit sozialem Niedergang, was Statusängste und -frustrationen nach sich zog.[304] Woran auf Kontinuität gerichtete Menschen verzweifelten, dem begegneten die Werber mit einem demonstrativen Optimismus:

> „Wer früge sich nicht ab und zu, wie es eigentlich zu erklären sei, daß nicht längst das Chaos die Menschen verschlungen habe, das sie seit Jahren bedroht! Ja, wie kommt es, daß wir alles das ertragen konnten

---

[300] Brose, Hanns W., Die Entdeckung des Verbrauchers. Ein Leben für die Werbung, Düsseldorf 1958, S. 38f.; Abb. 6.
[301] Heinelt, Peer, PR-Päpste. Die kontinuierlichen Karrieren von Carl Hundhausen, Albert Oeckl und Franz Ronneburger, Berlin 2003, S. 22–86. Exemplarisch für die häufigen Arbeitsplatzwechsel, zeitlich aber etwas früher anzusiedeln, ist die Berufsbiografie des Werbefachmanns Max Poculla, in: Lamberty, Reklame, S. 238.
[302] Brose, Entdeckung, S. 38f.
[303] Jarausch, Crisis, S. 379f., Kocka, Jürgen, Die Angestellten in der deutschen Geschichte 1850–1980, Göttingen 1981, S. 142–170; Schulz, Günther, Die Angestellten seit dem 19. Jahrhundert, München 2000 (= Encyclopädie Deutscher Geschichte, Bd. 54), S. 30–36.
[304] Peukert, Detlev J.K., Die Weimarer Republik. Krisenjahre der Klassischen Moderne, Frankfurt/M. 1987, S. 132–149; Kracauer, Siegfried, Die Angestellten. Aus dem neuesten Deutschland. Frankfurt/M. 1971 (Erstveröffentlichung 1929), siehe v. a.: S. 81–90; dieses Bild ergibt sich auch aus zahlreichen literarischen Quellen, siehe z. B. die Publikationen Franz Hessels, Irmgard Keuns oder Erich Kästners.

und können, was zu bestehen uns auferlegt ist, ohne daß aus den letzten Fugen ging, was man Welt nennt? Wer werblich denkt, braucht der Beantwortung dieser Frage nicht aus dem Wege zu gehen: Des Erdenbewohners bestes Erbteil bleibt der Glaube, daß er nicht untergehen kann, wenn nicht Natur sein Lebenslicht löscht!"[305]

Die Krisenerfahrung des „neuen Mittelstands" in der Weimarer Republik lässt sich bei den Werbefachleuten weder in Texten noch in Bildern finden. Symptomatisch ist ein Titelblatt der Fachzeitschrift „Die Reklame" von 1919, auf dem ein kraftprotzender Mann mit geschwellter Brust die Faust emporhebt. Auf seinem Bizeps ist das Logo des Verbandes Deutscher Reklamefachleute eintätowiert. Im Hintergrund erscheinen Fabrikschlote und Kräne. Der unter diese Szenerie gesetzte Text ruft dazu auf, sich aufzuraffen, Stärke zu zeigen und die Ketten zu sprengen. Das Bild suggeriert, dass der Werber aus eigener Kraft größte Krisen überwinden könne.[306]

In Anbetracht solcher Positionen sind die Viten der Sozialtechnologen kaum noch als Ausdruck von Herumtreiberei und Scheitern sowie als Rückzug in eine berufliche Nische zu werten. Vielmehr galten häufige Arbeitsplatzwechsel als ein Zeichen dafür, dass Chancen auf berufliche Weiterentwicklungen jederzeit genutzt wurden. Die Werber erlitten keine gebrochenen Biografien, sondern gestalteten aus eigener Kraft kontinuierliche Lebensverläufe des ständigen Wechsels.

Diese unsteten, aber gleichwohl optimistischen Lebemänner, unter die sich vereinzelt auch Lebefrauen mischten, fanden selbst in der Literatur der 1920er Jahre einen signifikanten Niederschlag.[307] In Romanen der Weimarer Republik kamen Werber erstaunlich oft vor und übernahmen darin eine Funktion, deren Erörterung im vorliegenden Kontext helfen kann, die ausgesprochen positive Selbstdeutung der Werber im realen Leben zu erklären, wenngleich die literarische Konstruktion grundsätzlich von der historischen Ebene zu unterscheiden ist.

---

[305] Sutter, Otto Ernst, Es muß – es wird besser werden im neuen Jahr!, in: Die Reklame, 1933, 1, S. 1.
[306] Titelblatt „Die Reklame", 1919, Nr. 116; Abb. 7.
[307] Müting, Gisela, Die Literatur bemächtigt sich der Reklame. Untersuchungen zur Verarbeitung von Werbung und werbendem Sprechen in literarischen Texten der Weimarer Zeit, Frankfurt/M. 2004, S. 14f.

Die Werber in der Literatur erscheinen als klischeehafte, jedoch anschauliche und zur Dramatisierung sowie Polarisierung geeignete Personifizierung der Goldenen Zwanziger Jahre. Sie dienten den Literaten als Figuren, die es – trotz der Krisenhaftigkeit der Zeit – verstehen, ein ausgelassenes, mondänes Leben zu führen und damit einen selbstbewussten Umgang mit sozialem Wandel und Krisen verkörpern. Autoren zeigten mit den literarischen Werbern Lebensstrategien auf, die von ungebrochenem Optimismus und von schützender Oberflächlichkeit zeugen, die jedoch gleichzeitig für eine abgründige Kultur stehen, welche den Schein über das Sein erhebt und von sozialer Rücksichtslosigkeit geprägt ist. Die Werber bilden in den literarischen Werken gleichsam einen Gegenpol zu den zeitgenössisch beschriebenen Lebensweisen der Arbeiter und Angestellten, also jener proletarischen und kleinbürgerlichen Gruppen, die um ihre Existenz und ihren sozialen Status kämpften, darin allerdings bei weitem nicht so erfolgreich waren wie die Werber.[308]

Ein Beispiel ist Olga, eine Figur aus Irmgard Keuns Roman „Gilgi – eine von uns" von 1931.[309] Sie ist die gegensätzliche Freundin der Romanheldin Gilgi, die sich im Köln der 1920er Jahre durchschlägt und ihr kleinbürgerliches, sparsames Leben als Kampf ansieht. Um so mehr bewundert sie ihre Freundin Olga, die u. a. in der Werbung tätig ist, und der *„ein gut gelaunter lieber Gott [...] einen Sektkorken an die Seele gebunden"* hat.[310] Was auch kommen mag, Olga gehe nicht unter, so Gilgi:

> „Sie hat die unbekümmertsten Augen [...]. Sie hat die faulen, räkelnden Bewegungen einer kleinen Haremsfrau und den Verstand eines jüdischen Essayisten. Sie ist an nichts und niemanden gebunden, ist das unabhängigste Wesen, das Gilgi sich denken kann. [...] Wenn sie Geld braucht, arbeitet sie, wenn sie Geld hat, reist sie. Oft allein, manchmal nicht allein."[311]

---

[308] Zur Beschreibung der Angestelltenkultur siehe die Literatur in Fußnote 309.
[309] Keun, Irmgard, Gilgi – eine von uns, München 2002 (Erstveröffentlichung 1931).
[310] Ebd., S. 23.
[311] Ebd.

Einen Werbefachmann als Hauptfigur wählte auch Erich Kästner für seinen Roman „Fabian. Die Geschichte eines Moralisten".[312] Fabian ist nicht der prototypische Werber, sondern fast seine Antithese, die dennoch viele Eigenschaften der realen Werber und der Welt, in der diese lebten, bestätigt. Er ist der Moralist in der unmoralisch gewordenen Weimarer Gesellschaft, in der er sprichwörtlich untergeht und mit ihm die Ideale der Weimarer Republik. Am Ende ertrinkt Fabian. Kästner platzierte seinen Helden mitten ins Zentrum einer verlogenen Scheinwelt – in die Werbeabteilung einer Tabakfabrik, in der er *„gute Propaganda für schlechte Zigaretten"* macht und sich ansonsten über die Ungerechtigkeit der Welt empört.[313] Fabian ist dazu legitimiert, weil er als Außenseiter und sensibler Beobachter, der zufällig in die Rolle des Werbers schlüpfen musste, direkt von der Front gesellschaftlicher Desintegration, vom Egoismus, der Verlogenheit und der narzisstischen Selbstbetrachtung seiner Mitmenschen berichtet. Kästners Buch kann als gesellschaftliche Kritik gelten, mit der er das ökonomistische Überlebensdenken seiner Zeit anprangerte.

Die Introvertiertheit Fabians widerspricht dem Bild, das die nichtliterarischen Quellen zeichnen. Fabian wird von der Gesellschaft ausgeschlossen und ist mit seiner Biografie der Widerpart zu den realen Lebemännern und -frauen der Werbung. Völlig anders als er wirken die realen Werber, die trotz aller Widersprüche fast trotzig selbstbewusst waren. Die Aneignung ständig neuer Trends in Gestaltung und Methodik der Werbung ebenso wie die Auseinandersetzung mit immer neuen Produkten, die die Werber, weil sie diese vermarkteten, eher zu Gesicht bekamen als die Konsumenten, gehörte zu ihren Aufgaben, prägte aber auch eine Wahrnehmung des Sozialen, bei dem „das Neue", „das Moderne" und „Modische" zu positiven Werten an sich wurden. Das Selbstbewusstsein, so scheint es, speiste sich maßgeblich aus der Selbstwahrnehmung als Apologeten des Neuen, die ihren erklärten Avantgardismus mit sozialem Fortschritt gleichsetzten.[314]

---

[312] Kästner, Erich, Fabian. Die Geschichte eines Moralisten, München 1982 (Erstveröffentlichung 1931).
[313] Kästner, Fabian, S. 42.
[314] Eltzschig, Georg, Wirtschaft und Reklame, in: Die Reklame, 1924, 1, S. 5; Fischer, Hugo, Werbearbeit – Kulturarbeit, in: Die deutsche Werbung, 1935, 4, S. 787.

Insgesamt liefert die Perzeption der Moderne in der Werbebranche eine interessante Gegeninterpretation zu zeitgenössischen Gesellschaftsbildern von der „Vermassung" und „„Entseelung"" der Deutschen durch Rationalisierung und vermeintlich hemmungslosen Konsum.[315] Oftmals wurde die Moderne mit dem Verlust kultureller Werte verbunden, womit traditionelle Führungsschichten argumentativ auch ihre Angst über die – durch Werbung angeleitete – habituelle Distanzverringerung zwischen Oberschichten und sozialen Unterschichten tarnten.[316] Doch von den sozialen Verschiebungen profitierten die Werber, die selbst Produkt dieses Wandels waren. Die Vielfalt der neuen Produktwelt und ihre Versprechungen machte eine differenzierte Ansprache an ein heterogenes Publikum notwendig, was sowohl zur quantitativen als auch zur qualitativen Ausweitung des Werbevolumens nach dem Ersten Weltkrieg führte und der Branche ein wachsendes Einkommen sicherte. Die „Vermassung der Gesellschaft" bedeutete für die Werber, dass Konsumentenkreise und die Anzahl der Rezipienten von Werbung sich vergrößerten. Große Käufermassen sicherten einen hohen Werbeaufwand.

Den sozialen Veränderungen in Form der sich ausbildenden frühen Konsumgesellschaft begegneten die deutschen Werber positiv. Ihre Konsumideologie konnte mühelos soziale Gegensätze integrieren und Subjekte, deren Herkunft und Status unterschiedlich waren, auf den gemeinsamen, sozial integrierenden Nenner des „Konsumenten" bringen. Seismografisch rezipierten die Werber spätestens seit Beginn der 1920er Jahre – in Form der von den USA übernommenen und von den amerikanischen Advertising Agencies in Deutschland eingeführten Werbeträger- oder Zielgruppenforschung – die Vorstellung der aus ihren traditionellen Bindungen herausgerissenen Konsumenten, die in ihrer Funktion als lenkbare Käufer mit sozialen Ängsten, Sehnsüchten und Statusfantasien wahrgenommen wurden.[317] Erstaunlicherweise korrespondierte die Identitätspolitik der Werber nicht mit politischen Präferenzen. Während die Forschung zum „neuen Mittelstand" und der Angestelltenkultur gezeigt hat, dass die Zwischenkriegszeit eine Phase der

---
[315] Peukert, Republik, S. 178–190.
[316] Maase, Schund, S. 9–28, 290–342.
[317] Siehe: Kap. 3.3.

wirtschaftlichen Not, von Arbeitslosigkeit, finanzieller Unsicherheit und gesellschaftlichem Abstieg war (Proletarisierung), lassen sich diese Befunde auf die Werber kaum übertragen.[318] Die soziopolitische und ideologische Gesamtsituation ließ den „neuen Mitelstand" für radikale Tendenzen anfällig werden. Einen vergleichbaren mentalen Schwenk zeigen die Werber nicht auf. Ihre Orientierungspunkte waren nicht parteipolitischer, sondern konsumistischer Natur, wodurch die Situation tendenziell positiver gedeutet werden konnte als in statusähnlichen Vergleichsgruppen.[319]

So bedrohlich und von Umbrüchen begleitet die Zeit für den Einzelnen und seinen sozialen Standort war, die Werber gaben Hinweise, wie man trotz allem Akzeptanz schuf, sich also sozialisierte und über Konsum sich und der Objektwelt neuen Sinn gab. Die selbsternannten Sozialtechnologen wirkten damit als Helfer beim Bestehen des „Lebenskampf"es, einer Bezeichnung für das moderne Leben, die als Ausgangspunkt werblicher Argumentationen populär war und folglich den Konsum als Waffe pries, der das Überleben und die soziale Integration sicherte. Diesem Bild folgend konnte das moderne Leben ohne die Hilfe der Werber nicht mehr gemeistert werden.[320]

Dieser Aspekt ist von zentraler Bedeutung. Eine soziale Gruppe, die für sich in Anspruch nahm, zur Avantgarde der neuen, rationalisierten Wirtschaft zu gehören, jung, modern und großstädtisch sowie Führer durch den Alltag der „Massen" zu sein, eignete sich in besonderem Maße nicht nur als Speerspitze der Modernisierung, sondern als Vermittler eines Gesellschaftsbildes, in dem tendenziell das Alte und die Tradition weniger Wertschätzung erfuhren als die Erneuerung. Die deutschen Werbefachleute sahen sich in ihrer Rolle als Sozialtechnologen somit nicht nur als Anführer, sondern als missionarische Propagandisten der Modernisierung.[321] Dies galt primär für die materielle Modernisierung, doch weniger oder fast gar nicht für die soziale. Die Rollenaufteilung in den Bilderwelten der Werbung z. B. blieb weitgehend traditionell und reproduzierte gängige Klischees.[322] Die

---

[318] Schulz, Angestellten, S. 30.
[319] Ebd., S. 30–36; Kocka, Angestellten, S. 158–170.
[320] Siehe ausführlicher: Kap. 5.4.
[321] Schug, Alexander, Wegbereiter der modernen Absatzwerbung in Deutschland: Advertising Agencies und die Amerikanisierung der deutschen Werbebranche in der Zwischenkriegszeit, in: WerkstattGeschichte, 34, 2003, S. 29–52, hier: S. 30–34.
[322] Siehe Kapitel 5.4.

Stellung der Werber als Modernisierungsvermittler führte zu einem Höhepunkt ihrer identitätspolitisch geleiteten Professionalisierungsbemühungen und war die Voraussetzung, um sich über die Apokalyptiker im Kulturdiskurs hinwegzusetzen.

Propagandisten und Frontkämpfer im Alltag – deutsche Werber nach 1933

Dem Bild der Avantgardisten und Sozialtechnologen entsprachen die Werber auch im Nationalsozialismus, was einerseits Kontinuität, andererseits einen Bruch bedeutete. Die bisherige klare Hinwendung zur Moderne, die Identifikation mit der urbanen Welt der Weimarer Zeit und die Selbstdefinition als Modernisierungsvermittler kann nicht als politische Festlegung verstanden werden, welche die Identifikation mit nationalsozialistischen Positionen per se ausschloss. Die Werber waren eine neu entstandene Berufsgruppe zwischen Bildungs- und Wirtschaftsbürgertum sowie neuem Mittelstand. Aufgrund dieser Positionierung waren gewachsene Standpunkte, die mit Koordinaten wie links oder rechts, modernisierungsfreundlich oder konservativ beschrieben werden können, kaum zu erwarten.[323]

Nach 1933 erhoben die Werbefachleute den Anspruch, die Idee des Nationalsoialismus als Erste umzusetzen und über die Werbung in erzieherischer Absicht zu verbreiten. So machte die Schriftleitung der Fachzeitschrift „Die Reklame" deutlich:

> „[...] wenn wir als Werber die Vorhut, die Sturmkolonne dieser Wirtschaft sind, dann müssen wir als Erste die neue Wegrichtung erkennen! Wir müssen begreifen, daß das Endziel aller Arbeit und somit auch die Werbung für die Früchte dieser Arbeit allein darin besteht, jedem deutschen Volksgenossen seinen verdienten Anteil an den geistigen und materiellen Gütern dieses Daseins zu sichern."[324]

An anderer Stelle hieß es: „Gerade im Deutschen Reklame-Verband,

---

[323] Vgl.: Wehler, Hans-Ulrich, Deutsche Gesellschaftsgeschichte, Vierter Band: Vom Beginn des Ersten Weltkriegs bis zur Gründung der beiden deutschen Staaten 1914–1949, 2. durchges. Aufl. München 2003, S. 69–111, 284–347.
[324] Anon., Vom Ethos des deutschen Werbers, in: Die Reklame, 1933, 13, S. 411.

der eine Gemeinschaft Schaffender sein soll, mußte die vom Volk getragene Bewegung früher als in vielen anderen Wirtschaftsverbänden zum Durchbruch kommen, weil die Werbung dazu berufen ist, in der vordersten Front im Kampf um die Erneuerung eines Volkes zu stehen."[325]

Angesichts des Sturm-und-Drang-Pathos der Nationalsozialisten verwundert dieses Bekenntnis der Werbefachleute nicht. Viele Gruppen versuchten ihre Legitimität zu konstruieren, indem sie sich vorbehaltlos für die neuen Machthaber einsetzten, um keinen Zweifel an ihrer Integrität aufkommen zu lassen und sich gleichzeitig der eigenen Position und gesellschaftlichen Teilnahme zu versichern bzw. sich gegen Ausgrenzung zu schützen. In der Werbebranche hatte dieses Denk- und Verhaltensschema Tradition. Hans Domizlaff bekannte offen, dass der Werber Opportunist sein und auf die Möglichkeiten aufbauen müsse, die *„das jeweilige Weltbild seiner Aufgabe bietet"*.[326] So schrieb die Fachpresse, dass die Werber ihr *„deutsches Herz nicht erst vor Wochen"* entdeckt hätten oder ihre *„Gesinnung ganz bestimmt nicht erneuern mußten"*.[327] Zahlreiche Autoren und Verbandsfunktionäre bemühten sich in der Fachpresse nicht als Mitläufer, sondern als bedingungslose Vertreter des Nationalsozialismus aufzutreten. Zugleich schrieben sie angebliche Auswüchse ihres Berufsfelds fremden, vor allem jüdischen und amerikanischen Einflüssen zu.[328]

Dass sich die deutschen Werbefachleute erneut als Avantgardisten der Gesellschaft, diesmal unter dem Etikett der *„Sturmkolonne"*, verstanden und dem berufstypischen Kult des ständig Neuen auch in politischer Hinsicht anhingen, gehörte zu einer standpunktlosen Identitätspolitik, die deutlich auf sozialen Aufstieg und Machterhaltung ausgerichtet war – und das zum Preis der permanenten politischen Anpassung. Jedenfalls zeigten die deutschen Werbefachleute gegenüber dem Nationalsozialismus kaum Distanz.

Diese Anpassung ist insofern erstaunlich, als die Wirtschaftsideologie der Nationalsozialisten die Werber zunächst unter Druck setzte. Insbesondere die Vision der „„Volksgemeinschaft"" unter Ausschaltung des

---

[325] Schreiber, M.C., Der Neubau der deutschen Werbung, in: Die Reklame, 1933, 8, S. 236.
[326] Domizlaff, Hans, Propagandamittel der Staatsidee, Altona–Othmarschen 1932, S. 104.
[327] Hachenburg, Walter, Aber jetzt!, in: Die Reklame, 1933, 9, S. 267.
[328] Anon., Getane Arbeit – Neue Ziele, in: Die deutsche Werbung, 1934, 1, S. 1.

Konkurrenzprinzips griff den Lebensnerv der Branche an. In der Praxis kam die NS-Ideologie jedoch hier kaum zum Tragen, da Werbung bis 1939 auf vergleichbarem Niveau wie in der Weimarer Republik durchgeführt wurde, wobei Einschränkungen in der Privatwirtschaft durch die blühende Propaganda der Nationalsozialisten kompensiert wurden. Es kam – wie später noch gezeigt wird – zu engen Kooperationen mit staatlichen Stellen. Diese Kooperationen hatten die Professionalisierung der staatlichen Verbrauchslenkung zum Zweck. Sie sorgten umgekehrt für eine weitere Aufwertung der Werber, die sich fortan nicht nur als *„Sturmkolonne"* der Wirtschaft, sondern ebenfalls als *„Frontkämpfer"* im Alltag mit offiziellem Auftrag verstehen konnten. Sie nahmen sogar (wie beispielsweise Heinrich Hunke, der spätere Präsident des Werberates der deutschen Wirtschaft) Ministerialposten ein und hielten sich für die staatliche Lenkung unentbehrlich, weil Konsum als zentrales Steuerungselement zum Machterhalt verstanden wurde.[329] Die Werber glaubten, dass der Staat – insbesondere nach 1939 – nur existieren konnte, wenn die Bevölkerung versorgt, ihr Konsum gesteuert und damit Ressourcen für die Kriegsproduktion und Verpflegung der Soldaten freigesetzt werden konnten. All das war für die Branche eine Frage der richtigen Marktkommunikation. Deutsche Werber waren in der NS-Zeit, zu einem kleinen Teil zumindest, in den staatlichen Zentren der Macht angelangt. Deutlich sichtbar wird dieser Aufstieg nach 1933 an der Einbindung von Werbern in die Kriegsführung und die Propagandaarbeit für Goebbels.[330]

---

[329] Berghoff, Hartmut, Methoden der Verbrauchslenkung im Nationalsozialismus. Konsumpolitische Normensetzung zwischen totalitärem Anspruch und widerspenstiger Praxis, in: Gosewinkel, Dieter (Hg.), Wirtschaftskontrolle und Recht in der nationalsozialistischen Diktatur, Frankfurt/M. 2005, S. 281–316; zu den Einschätzungen als Sturmkolonne und Frontkämpfer: Kapitel 2.4.2.
[330] Siehe Kapitel 4.4. und 4.5.

Die Kreativen in der Werbung als Konstrukteure deutscher Bildkultur

Vom Werbekünstler zum Gebrauchsgrafiker

Die Identität der Kreativen als Imagekonstrukteure lässt sich zwischen den Polen Kunst und Marktanspruch verankern.[331] Ausgangspunkt der identitätspolitischen Debatten der Kreativen war das normbeherrschende Konzept des Künstlers als Leitfigur und unverzichtbarer Akteur des kulturellen Lebens. Gemessen am ideologisch stark aufgeladenen Begriff des Künstlers in der bürgerlichen Gesellschaft galten die Kreativen nur als Gescheiterte, denen keine besondere Beachtung zuteil wurde.[332] Dieses Fremdbild färbte auf die Selbstwahrnehmung ab, was eine aktive Identitätspolitik in drei Phasen nach sich zog:

- Annäherung an das Künstlerbild im Kaiserreich,
- Abgrenzung zum Künstlerbegriff,
- Aufbau eines Selbstbilds als legitime Produzenten deutscher Bildkultur.

1.) Als Versager galten die Kreativen in der Werbung zunächst deshalb, weil sie dem hohen Anspruch an die Künstlerrolle nicht gerecht wurden und das Künstler-Konzept durch ihre Auftragsarbeit für die Privatwirtschaft in Frage stellten. Im Kaiserreich rekrutierten sie sich zwar aus prestigeversprechenden Kunst- und Kunstgewerbeschulen.[333] Jedoch konnte nur eine Minderheit der Absolventen ihre Kunst als Lebensgrundlage nutzen und mit festen Abnehmerkreisen rechnen. Mehrheitlich blieben ihre Werke, zumal wenn sie aus eigenem künstlerischem Antrieb entstanden waren, vermittlungsbedürftig. Eine attraktive Option, die individuellen künstlerischen Fähigkeiten ökonomisch zu nutzen, war die Arbeit in der

---

[331] Schug, Alexander, Werbung im Spannungsfeld von Kunst, Kritik und Marktanspruch, in: Meißner, Jörg (Hg.), Strategien der Werbekunst von 1850–1933, Berlin 2004 (= Ausstellungskatalog des Dt. Historischen Museums), S. 112–121.
[332] Ausführlich zur Rolle des Künstlers: Ruppert, Wolfgang, Der moderne Künstler. Zur Sozial- und Kulturgeschichte der kreativen Individualität in der kulturellen Moderne im 19. und frühen 20. Jahrhundert, Frankfurt/M. 1998; zur Rolle der Kunst im Bürgertum: Nipperdey, Thomas, Wie das Bürgertum die Moderne fand, Stuttgart 1998, S. 22.
[333] Ruppert, Künstler, S. 515–575.

Werbung, die im Kaiserreich allerdings zu einem Identitätsproblem führte und sich in der Frage manifestierte, ob ein Werber noch als künstlerisch Tätiger gelten konnte. Die Erfindung des Werbekünstlers war eine erste Antwort auf diese Frage, die letztlich jedoch nicht mehr als ein Kompromissvorschlag war. Der Werbekünstler stellte ein Übergangsphänomen der Jahrhundertwende dar und agierte zwischen den Feldern von Kunst und Konsum.[334] Er glich einem Zwitterwesen, noch halb Künstler, aber auch schon halb auf dem Weg zum Auftragsgrafiker von massenhaft produzierten Akzidenzen. Die Kompromissstellung der Werbekünstler war und blieb im Hinblick auf die gesellschaftliche Positionierung problematisch. Für einen Künstler galt die Tätigkeit in der Werbung als anrüchig, ja rufschädigend, wenn auch ökonomisch vernünftig und von Vertretern der künstlerischen Reformbewegungen befürwortet. Mehr aus Geldnot denn aus Begeisterung arbeiteten Künstler in der Werbung, was ihnen leicht zum Vorwurf gemacht werden konnte, weil sich darin das grundsätzliche Problem der Ökonomisierung des Schöngeistigen abzeichnete. Nicht jeder Beobachter dieser Profanisierung des künstlerischen Feldes vermochte der Idee etwas abzugewinnen, beide Bereiche – Kunst und Konsum – zu einer harmonischen Kultur zu verschmelzen. Als „Hinrichtung der Sinne" bezeichnete ein Autor der von Karl Kraus herausgegebenen „Fackel" 1907 die Hinwendung vieler junger Künstler zur Werbung in einem vielsagenden Text, der eine ausführliche Zitation rechtfertigt:

> „Ich bin aber sehr dazu geneigt, die künstlerischen Plakate für weit verderblicher und unheilvoller zu halten als die unkünstlerischen. Denn die bildenden Künste, die in besseren Zeiten höfisch oder kirchlich waren, d. h. dem Schönheitsbedürfnis vornehmer und geschmackvoller oder auch nur schwärmerischer und weltentrückter Menschen dienten, diese Künste werden jetzt allgemach industriell, d. h. sie werden vom Reklamebedürfnis der Fabrikanten usurpiert. [...] Darüber aber helfen alle demokratischen Phrasen der Welt nicht hinweg, daß eine Kunst, die Macht, Ruhm und aristokratische Tradition oder vorbildliche Lebensführung, Heiligkeit und religiöse Symbolik verherrlicht, wesensverschieden ist von einer Kunst, die Humbugin und Schwindelöl verkaufen hilft. Die Usurpation der

---

[334] Zur künstlerischen Werbung: Schug, Werbung, S. 112–121.

> Kunst durch die Industrie kann kein anderes Resultat zeitigen, als die schließliche absolute Vorherrschaft des Schreienden und Auffälligen über das Schlichte und Anmutige, des Flüchtigen und Aktuellen über das Reife und zeitlos Schöne".[335]

Angriffe wie diesen, der eine Kritik an der expansiven Ästhetik der Konsumgesellschaft war, beantworteten viele der Werbekünstler mit einer nahezu verschämten Selbstdarstellung. Diese Selbstdarstellung manifestierte sich in autobiografischen Texten der Kreativen, die in ihrem Ton dem Verständnis von Kunst als unangreifbare autonome Einheit unterlagen. Das Bedürfnis nach Sicherung des Sozialprestiges des Künstlers war zu stark, als dass die Versuche zur Öffnung des Künstlerbegriffes unter Integration der Kreativen erfolgreich sein konnten.[336]

Die Frage nach freier Individualität oder Zweckbezogenheit sowie die Idealisierung von Genie und Subjektivität, wie sie den Künstler auszeichnete, bewirkte eine dauernde Unsicherheit bei der Selbstverortung. Stellvertretend für viele andere schrieb der 1879 geborene Berliner Werbekünstler Robert L. Leonard 1920:

> „Vier Jahre in München in verschiedenen Ateliers studiert. Dann 4 Jahre in Paris mit Abstechern nach London, Brügge, etc. Infolgedessen bin ich eigentlich ‚freier Künstler'. Leider aber aus unbegreiflichem Mangel an einem Mäzen von der Gebrauchsgraphik (ein schönes Wort) in Fesseln geschlagen worden. Die schwindelhaften Papierpreise werden die Reklame hoffentlich bald ganz sterben lassen, aber dann – ."[337]

Auch andere träumten von dem bohemehaften Leben eines Künstlers, der sich auf Reisen nach Paris inspirieren ließ, an renommierten Kunstakademien lernte – und doch als Werbekünstler arbeitete. Diesen Konflikt zwischen Kunst und Werbung spitzte Viktor Arnaud in einem ironischen Selbstportrait zu, auf dem zwei gezeichnete Frauenfiguren, Fräulein Kitsch und die hochnäsige Frau Kunst, dem (Werbe-)Künstler auf

---

[335] Hauer, Karl, Die Hinrichtung der Sinne, in: Die Fackel, 1907, Nr. 239/240, S. 22.
[336] Ruppert, Künstler, S. 266, 500–513; eine Sammlung von Selbstzeugnissen bietet: Verein der Plakatfreunde e. V. (Hg.), Unsere Reklamekünstler. Selbstbekenntnisse und Selbstbildnisse, Berlin 1920.
[337] Verein der Plakatfreunde, Unsere Reklamekünstler, S. 38.

dem Kopf „herumspringen". Frau Kunst wähnt sich in der Gunst Arnauds und sagt: „*Mich liebt er*". Worauf das als Prostituierte in hochhackigen Pumps abgebildete Fräulein Kitsch in Sprechblasen erwidert: „*Und mich braucht er*".[338]

Wie sehr die öffentliche Missachtung der Werbekünstler diese am eigenen Selbstwert zweifeln ließ, zeigt sich am Fallbeispiel Ludwig Hohlweins, der Zeit seines Lebens an einer Karriere arbeitete und einer der prominentesten Werbekünstler des Kaiserreiches wurde. Er schaffte es, die Werbekunst zu einem eigenen Genre auszubauen, dem immerhin bereits eine gewisse Anerkennung zuteil wurde. Er war stolz, dass seine Frau ihm sein

> „[...] Haus so gestaltet [habe], daß nur beste Gesellschaft bei uns verkehrt und gerne das wenige, was wir bieten können, bei uns genießt [...]."[339]

Hohlwein war besessen davon, Karriere zu machen, und setzte dafür all seine Kraft ein.[340] 1917 schrieb er an den Vater:

> „Ich sage mir: es gibt 2 Sorten Menschen: solche, die man braucht und solche, die man verachtet. Allerhöchstens noch eine Dritte Sorte: solche die man braucht und die man verachtet".[341]

Angefacht war dieses Denken von der ständigen Jagd nach Aufträgen und der Sorge, seinen Status aufrechterhalten und die Familie mit zwei Kindern versorgen zu müssen. Besonders nach dem Krieg waren seine Statusverlustängste stark ausgeprägt. Selbst als das Geld knapp wurde, wollte er weder seine Kinder von der Privatschule nehmen noch seiner Frau anstelle von Angestellten die Hausarbeit zumuten.[342]

Jedoch erst prominente Künstler wie Henry van de Velde, Richard Riemerschmid oder Peter Behrens und als Institution der Deutsche Werkbund konnten den Status des Werbekünstlers nachhaltig verbessern. Sie banden Alltagsgestaltung und Kunst in eine neue Kulturtheorie ein, die

---

[338] Ebd., S. 3; Abb. 8.
[339] Zit. n.: Duvigneau, Volker et al. (Hg.), Ludwig Hohlwein 1874–1949. Kunstgewerbe und Reklamekunst, Begleitband zur Ausstellung im Münchner Stadtmuseum, München 1996, S. 18.
[340] Zit. n.: Ebd., S. 19.
[341] Ebd.
[342] Ebd., S. 20.

sie in Bezug zur Industrialisierung, Modernisierung und erstmals zur Nation stellten.³⁴³ Der Werkbund hatte entscheidenden Einfluss auf die kollektive Identität der Werber und Werbekünstler und half ihnen, sich mit Selbstbewusstsein als treibende Kräfte der Um- und Neugestaltung der industriellen Lebenswelt zu positionieren. Damit waren die Kreativen keine gescheiterten Künstler mehr, sondern mitten im Geschehen der Zeit und Teil einer optimistischen „inner group", die sich habituell zwar bis in die 1920er Jahre nicht immer von der Leitfigur des Künstlers lösen konnte, jedoch über ein signifikant verbessertes Image verfügte. Hans Weidenmüller, ein Werkbund-Mitglied, konnte kurz vor dem Ersten Weltkrieg feststellen:

> „Der Zudrang an jungem Nachwuchs für die aufschießende Reklamekunst wächst von Jahr zu Jahr, die kunstgewerbliche Fachpresse räumte den Reklamekünstlern breiten Raum ein, weitverzweigte Vereine von Plakat- und Reklamemarkensammlern entstanden und zahlreiche Ausstellungen für Reklamekunst zeigten zusammenfassend, mit welchen glücklichen und reichen Erfolgen der neuzeitlich kunstgewerbliche Geist an der Formgebung der einzelnen Werbsachen gearbeitet hat".³⁴⁴

Dennoch sah Weidenmüller in den bisherigen Leistungen nicht mehr als einen unsystematischen Aktivismus. Einzelne herausragende Arbeiten in der Werbekunst seien nur eine Täuschung über den wirklichen Zustand der Werbung als Ganzes.³⁴⁵ Probleme erkannte er darin, dass sich

> „[...] unsere Reklamekünstler fast nur mit dem einzelnen Werbstück außerhalb seines kundenwerblichen Zusammenhanges befassen, ihnen scheint – und gewiß mit Recht! – das einzelne Plakat, das einzelne Reklameklischee an sich der sorgsamsten Durchbildung wert".³⁴⁶

---

³⁴³ Ruppert, Künstler, S. 537.
³⁴⁴ Weidenmüller, Hans, Die Durchgeistigung der geschäftlichen Werbearbeit, in: Deutscher Werkbund (Hg.), Die Kunst in Industrie und Handel, Jena 1913 (= Jahrbuch des Deutschen Werkbundes 1913), S. 70.
³⁴⁵ Ebd., S. 71.
³⁴⁶ Ebd.

Genau das führe aber immer wieder zur Uneinheitlichkeit der Werbung. Erfolgreich werben konnten Unternehmer, so Weidenmüller, mit den Werbekünstlern nicht:

> „Der Werbeleiter kann sich nun keineswegs damit begnügen, daß ihm verschiedene Kunstgewerbler die verschiedenen Werbsachen, die er braucht, einzeln in vollendete künstlerische Form bringen, denn bei aller Vollendung der Einzelleistung würde dann niemals mit Sicherheit jener einheitliche Gesamteindruck von der Werbearbeit eines Hauses erzielt werden, dessen Gewinnung die eigentliche Aufgabe aller Geschäftsempfehlung ist."[347]

Dass die Werbegestaltung den Zielen der Kundenwerbung untergeordnet werden müsse, sei den Reklamekünstlern schließlich noch wenig geläufig.[348]

2.) Die Kritik Weidenmüllers steht für einen Paradigmenwechsel bei der Gestaltung der Werbung und ist bereits ein Abgesang auf die Werbekunst:

> „Dem Kenner und Liebhaber unserer Reklamekunst mag diese Behauptung zuerst ganz grundlos und ganz unbeweisbar klingen", so Weidenmüller, „steht nicht Messels Wertheim-Bau? Prangen die Anschlagsäulen von Berlin und München nicht voll farbenfroher Kunst?".[349]

Bei alldem handele es sich letztlich jedoch nur um Einzelphänomene, und auch die Durchgeistung des deutschen Werbewesens sei kaum mehr als eine Forderung an die Zukunft.[350] Dass demgegenüber die Formlosigkeit, also das Fehlen einer ästhetischen Konzeptionalisierung, sowie der triviale Massengeschmack auf lange Sicht über die Reformbewegungen siegten und den Traum von der geschmackvollen industriellen Lebenswelt als bloßes Unterfangen entlarvten, bestätigte der Grafikprofessor Fritz H. Ehmcke, der 1927 rückblickend meinte, dass die Blüte der Werbekunst im Rahmen der Werkbundinitiativen nur von kurzer Dauer gewesen sei:

---

[347] Ebd.
[348] Ebd.
[349] Ebd., S. 72.
[350] Ebd.

„Vorbei ist jene schöne Zeit, da die Wände der Berliner Untergrundbahn eine Fülle guter Plakate zur Schau stellten und sozusagen eine Art öffentlicher Ausstellung im Untergrund bildeten."[351]

Entscheidend für den Weg der Werbekunst und die Fortentwicklung der Werbegestaltung war, was in den im Wettbewerb stehenden Unternehmen als verkaufsfördernd erachtet wurde. Typisch handelten die Hoffmann's Stärkefabriken in Bad Salzufflen. Das Unternehmen charakterisierte in „Richtlinien für eine etwaige Hoffmann's Stärke-Reklame" von 1930 seine Absatzmaßnahmen vor dem Ersten Weltkrieg als *„vielseitig und verhältnismäßig teuer"*.[352] Vor 1914 wurden nie Zeitungsannoncen geschaltet oder Werbegeschenke produziert. In großem Umfang setzte das Unternehmen hingegen Plakate ein. Nach dem Ersten Weltkrieg und der strategischen Ausrichtung auf den Massenmarkt ging die künstlerische Plakatwerbung drastisch zurück, sodass in den Richtlinien vermerkt wurde, es seien schon seit Jahren keine Plakate mehr eingesetzt worden. Von den Bestrebungen der Vorkriegszeit, Werbung künstlerisch zu gestalten, blieb nur das Mäzenatentum des Geschäftsführers für den Maler August Ewerbeck, der seit den 1930er Jahren die Titel einer Märchenbuchserie gestaltete, die als Werbebeigabe verteilt wurde.[353]

Auch bei anderen Unternehmen war der Blick auf den Massenmarkt in Verbindung mit der aufkommenden Ablehnung der Werbekunst verbunden. Damit wird deutlich, dass die harmonische Wirtschaftskultur und die Verbindung von Kunst und Alltag nur so lange funktionierte, wie mit diesem Alltag vor allem die Lebensrealität der gehobenen, kunstsinnigen Konsumenten gemeint war. Im Kaiserreich bildete diese Konsumentengruppe die entscheidende Zielgruppe bei Vermarktungsfragen, der die Werbung mit einer anspruchsvollen Inszenierung entgegengekommen war. Die künstlerische Werbegestaltung hatte sich im Hinblick auf dieses Publikum als verkaufsfördernd erwiesen. Infolge des Anstiegs disponibler Einkommen im Mittelstand verschob sich jedoch der

---

[351] Zit. n.: Aynsley, Grafik-Design, S. 214.
[352] Staatl. Archive des Landes Nordrhein-Westfalen (Hg.), Unsummen für Reklame. Historische Werbung aus Ostwestfalen und Lippe, Detmold 1998, S. 12f.
[353] Alle Angaben nach: Ebd.

Fokus bei der Produktvermarktung, womit die Veränderung der Werbegestaltung und ein erneuerter Anspruch an die Kreativen einhergingen.[354]

Was von Angehörigen bürgerlicher Milieus, die ihre ästhetischen Interessen im Werkbund, in den Kunstgewerbeschulen und Kunstakademien vertreten sahen, bedauert wurde, war aus anderer Perspektive der Aufbruch zu einer massenkompatiblen Gestaltungstradition, die der industriell geprägten Konsumgesellschaft entsprach. Daraus resultierte ein weiterer identitätspolitischer Impuls für die Kreativen. Im Gegensatz zu künstlerischen Vorgehensweisen verlangten auftraggebende Unternehmen fortan grafische Arbeiten, die sich wirtschaftlichen und zunehmend werbepsychologischen Prinzipien unterordneten.[355] Ausgehend von der Bedeutung der hohen Kunst im bürgerlichen Zeitalter unterlag dieser Bereich einer Profanierung. Die Wirtschaft, die ihre kulturelle Autorität ausweiten konnte, forderte mehr als das schön gestaltete Werbeplakat und setzte auf werbewirksame Anzeigen in reichweitenstarken Massenmedien.

Der Wandel der Gebrauchsgrafik führte auch zu einer Vervielfältigung der Arbeitsbereiche. Nicht mehr nur das seit Henri Toulouse-Lautrec oder – bezogen auf Deutschland – seit Ludwig Hohlwein gesellschaftsfähige Plakat, sondern kleinste Akzidenzen wie Anzeigen, Markenzeichen, Handzettel, Preisschilder, Etiketten, Broschüren oder Werbemarken erweiterten das akzeptierte und notwendig gewordene Arbeitsspektrum von Gebrauchsgrafikern, die nun nicht mehr Kunst imitieren mussten.[356] Gleichzeitig bedeutete dies das Ende des Werbekünstlers, dessen letzte Vertreter noch im Bauhaus zu finden waren, so Herbert Bayer, der ab 1928 bei der Werbeagentur Dorland in Berlin arbeitete und als profiliertester Gebrauchsgrafiker seiner Zeit bezeichnet worden ist.[357] Dass Bayer diese

---

[354] Schug, Hochkultur; zum wachsenden Einkommen des Mittelstands im Kaiserreich: Wehler, Hans-Ulrich, Deutsche Gesellschaftsgeschichte, Dritter Band: Von der „Deutschen Doppelrevolution" bis zum Beginn des Ersten Weltkrieges 1849–1914, München 1995, S. 700–712.
[355] Dieses veränderte agenda setting lässt sich in der einschlägigen Fachpresse gut nachvollziehen, siehe: Die Reklame oder Seidels Reklame.
[356] Zu Toulouse-Lautrec siehe: Néret, G., H. de Toulouse-Lautrec 1864–1901, herausgegeben von I. F. Walther. Aus dem Französischen, Köln 1993; Arnold, M., H. de Toulouse-Lautrec, Reinbek 1995; zu den bekannten deutschen Werbekünstlern: Aynsley, Grafik-Design, S. 76–85.
[357] Bauhaus-Archiv Berlin (Hg.), Herbert Bayer. Das künstlerische Werk 1918–1938. Katalog und Ausstellung im Bauhaus-Archiv Berlin, Museum für Gestaltung, Berlin 1982, S. 18–79; Chanzit, Gwen F., Herbert Bayer. Collection and Archive at the Denver Art Museum, Denver 1988, S. 11–15.

Bedeutung zugeschrieben wurde, hängt allerdings fast ausschließlich mit der in seiner Zeit anachronistischen Orientierung am Künstlerideal zusammen, die ihm zumindest die Aufmerksamkeit der mehrheitlich hochkulturell gesinnten

(Kunst-)Historiker eingebracht hat. Tatsächlich war Bayer ein ungewöhnlicher Einzelfall, dessen Prominenz mit dem Rückzug anderer Kreativer aus einer künstlerisch ambitionierten Werbegestaltung erklärt werden kann.

Exkurs: Herbert Bayer als verspäteter Werbekünstler

Herbert Bayer, 1900 in Österreich geboren, genoss eine typische Bauhauskarriere. Nachdem er in der Wandmalerei unter Schlemmer und Kandinsky ausgebildet worden war, hatte er die Gebrauchsgrafik als idealtypisches Feld der Einheit von Kunst und Technik entdeckt, die er als notwendigen Kulturausdruck der Zeit und Wirtschaftsfaktor beschrieb. 1925 war er zum Meister der neu eingerichteten Werkstatt für Typografie und Werbung ernannt worden und machte sich als Vertreter der „elementaren Typographie" verdient.[358] In seiner Bauhaus-Zeit entwickelte Bayer zwei Schriften (Universal-Type und Bayer-Type). Passend zum Funktionalismus des Bauhauses war es ihm gelungen, die Diskussionen um die Rationalisierung der Werbung in sein Lehrprogramm zu integrieren. Mit seiner klar strukturierten, elementar-typografischen Arbeit, schnell erfassbaren Grundelementen (Rechteck, Quadrat, Punkte, Balken etc.) und dem charakteristischen „Typofoto", einer Kombination schriftlicher und fotografischer Elemente, etablierte er eine neue Sprache in der Werbung.[359]

---

[358] Elementare Typografie bedeutete u. a.: Kleinschreibung, Normung der Textanordnung, serifenlose Schriften.
[359] Droste, Magdalena, Bauhaus 1919–1933, Köln 1998, S. 180; Bayer, Herbert, Ansprache zur Verleihung des Kulturpreises der Stadt Köln, 1969, S. 3 (= unveröffentlichtes Manuskript, Nachlass Herbert Bayer, Bauhaus-Archiv Berlin, o. Signatur); Bayer, Herbert, typografie und werbsachengestaltung, in: Bauhaus, 2, 1928, S. 10; Bayer, Herbert, Werbefoto, o. A. 1927 (= unveröffentlichtes Manuskript, Nachlass Herbert Bayer, Bauhaus–Archiv Berlin, o. Signatur); Schröder, A., Ausstellung Moderner Reklame im Zwickauer Museum, in: Die Reklame, 1927, 4, S. 388; Watzal, Sebastian, Die zunehmende Verbreitung des Bauhausstils und unsere Stellung hierzu, in: Die Reklame, 1927, 6, S. 750–751; Haanen, Karl, Bauhausreklame, in: Die Reklame, 1929, 1, S. 11.

Trotz dieses Erfolgs verließ Bayer das Bauhaus. Er wollte in die Praxis, weg von der Lehre, für die er sich zu jung fühlte.[360] Infolgedessen suchte er nach neuen Erfahrungen und Herausforderungen. Ein Freund Bayers, der ehemalige Direktor des Kunstmuseums Hannover, Alexander Dorner, interpretierte den Schritt von der programmatisch eingegrenzten, aber sicheren Position eines Hochschullehrers in die Werbewirtschaft als Versuch, öffentliche Kommunikationsmittel mit dem Kraftpotential der modernen Kunst zu verschmelzen, um auf diese Weise das praktische Leben zu aktivieren – ein Versuch, der nach Ansicht Dorners zuvor in Dessau gescheitert war, weil die Einbindung in das Bauhaus bedeutet hatte, den Kontakt zur Wirklichkeit des Alltags zu verlieren.[361]

Nach Bayers Eintritt bei Dorland als Kreativ-Direktor 1928 und als selbstständiger Leiter des „dorland-studios" konnte er seine zuvor eingeübte Gestaltungssprache bei einer Vielzahl von Aufträgen einsetzen und weiterentwickeln. Blocksatz, die Kombination von fotografischen und typografischen Elementen, Balken sowie übereinander geblendete, abdeckende Bildbereiche und scharfe Farbkontraste, schließlich immer stärker surrealistische Elemente kennzeichneten die von ihm gestalteten Werbesachen.[362]

Bayer arbeitete zielstrebig an seinem Ruf als avantgardistischer Gebrauchsgrafiker und hob sich so in den 1920er Jahren über die Alltagsrealität der meisten Kreativen hinweg. Seine Arbeiten wurden nicht nur in verschiedenen Kunstzeitschriften besprochen, sondern auch im Ausland durch zahlreiche Auszeichnungen gewürdigt. Dorland wurde mit ihm zum Inbegriff moderner Werbegestaltung.[363] Herbert Bayer kann – trotz anders lautender Selbstbezeichnung – als einer der letzten Werbekünstler gelten. Er war seiner Zeit gestalterisch voraus, jedoch in vielerlei anderer Hinsicht altmodisch: so, wenn es um seine auffallend hohe Selbstauffassung als Künstler ging, obwohl im Zuge der Rationalisierung der Werbung in den 1920er Jahren die Beziehung von Kunst und Werbung beträchtlich an

---

[360] Brief an Walter Gropius vom 12.1.1928, Nachlass Herbert Bayer, Bauhaus-Archiv Berlin, Bauhaus-Archiv Berlin, o. Signatur.
[361] Dorner, Alexander, The Way beyond Art. The Work of Herbert Bayer, New York 1949, S. 82.
[362] Bauhaus-Archiv Berlin, Bayer, S. 84–92; Abb. 9–11.
[363] Zusammenfassend dazu: Schug, Alexander, Moments of Consistency. Eine Geschichte der Werbung, hg. von Stefan Hansen, Bielefeld 2004, S. 40–45.

Bedeutung verloren hatte. Zum Vergleich: Ludwig Hohlwein, einen der maßgeblichen Vertreter des Künstlerplakats im Kaiserreich, bezeichneten amerikanische Beobachter in den 1920er Jahren wegen seines deutlich ausgeprägten künstlerischen Charakters öffentlich als „*reklametechnischen Versager*".[364] Denn unabhängig davon, ob Hohlwein für Mercedes-Benz, für Pelikan oder nach 1933 für NS-Organisationen arbeitete, blieb sein Stil unverkennbar. Die nach der Logik der Absatzlehre notwendigen wettbewerbsdifferenzierenden Inszenierungen der Produkte wurden von der Handschrift Hohlweins überlagert. Aber gerade in der rationalisierten Wirtschaft von Weimar galt es, ein Produkt als einzigartig darzustellen, es – wie einen Menschen – mit einem unverwechselbaren Gesicht auszustatten.[365]

Bayer, der eine Generation jünger war als Hohlwein, hatte sich nach diesen Maßstäben mit ähnlichen Problemen auseinanderzusetzen. Er etablierte eine (zu) dominante Ausdrucksform, die bei allen Aufträgen Anwendung fand und unterschiedliche Produkte wie Alkoholika, hochwertige Bekleidung, technische Geräte oder Arzneimittel ähnlich, wenn nicht sogar identisch in Szene setzte. Einem typischen Künstlergestus entsprach es auch, dass Bayer fast alle seine Arbeiten signierte. Ebenso setzte er unter Arbeiten seiner Atelierangestellten (dazu gehörte u. a. der Bauhäusler Kurt Kranz), dem alten Meisterwerkstattgedanken folgend, sein Kürzel, sofern sie seinen hohen Niveauvorstellungen entsprachen.[366] Zu dieser Zeit war der moderne Gebrauchsgrafiker als Persönlichkeit aber längst im Begriff zu verschwinden, weil er seine Werke gerade nicht mehr signierte und eine von manchen beklagte „*Anonymität im Kunstgewerbe*" Einzug hielt.[367]

Zusammenfassend sei darauf verwiesen, dass es nach dem Ersten Weltkrieg vor allem Vertreter des Bauhauses wie Herbert Bayer, László Moholy-Nagy oder Kurt Kranz waren, die – entgegen des Trends – ihr Selbstverständnis als Künstler aufrechterhielten und für die ihre Arbeit in der Werbung offensichtlich nur eine künstlerisch-experimentelle Übergangsphase darstellte, bevor sie sich rein künstlerischen Arbeiten widmeten. Aus ihrer

---

[364] Zit. n.: Aynsley, Grafik-Design, S. 134.
[365] Siehe: Kapitel 2.3.2.
[366] Interview Ingrid Kranz, 28.3.2000.
[367] Das Verschwinden des Grafik-Designers in der Werbung lässt sich sehr deutlich anhand der Werbemittelsammlungen in verschiedenen Unternehmensarchiven nachvollziehen. Siehe auch: Hellwag, Fritz, Anonymität im Kunstgewerbe, in: Das Werk, Nov./Dez. 1920, S. 5–8.

Sicht blieb Werbung nur der Versuch, an einem Gesamtkunstwerk zu arbeiten, das in den Alltag ausgreifen sollte.[368] Sie vertraten einen Typus von Künstlerpersönlichkeit, der in der Werbung jedoch überholt und in den 1920er Jahren eine Ausnahmeerscheinung war, wenngleich andererseits die Bauhausgrafiker noch einige kunsthistorisch bedeutende Aspekte in die Werbegestaltung einführten.

Rationalisierung und Werbeentwurf: Die Kreativen als anonyme Konstrukteure deutscher Bildkultur

Einigen aus der Menge herausragenden späten Werbekünstlern standen in den 1920er Jahren etwa 6.000 meist nicht-signierende Gebrauchsgrafiker gegenüber, die den Anschluss zur Kunst verloren hatten und sich nicht wie die Bauhäusler mit einem ideologischen Überbau profilierten, sondern den Notwendigkeiten der freien Wirtschaft unterordneten.[369] Sie folgten dem Leitgedanken der modernen Werbung nach dem Ersten Weltkrieg, der besagte, dass Werbung nicht mehr schön zu sein habe, sondern verkaufen müsse – eine Entwicklung, die Hans Weidenmüller auf den Punkt brachte:

> „Nicht die Eigenart des einzelnen Reklamekünstlers soll zur Freude der Kunstkenner und Reklamesachen-Sammler herausgebildet werden, sondern es gilt immer nur, die Eigenart eines Unternehmens und seiner Ware in überzeugenden, gedächtnisstarken Formen darzustellen; die sachliche Aufgabe herrscht, der Kunstgewerbler dient! Damit verschwindet zugleich der einzelne Reklamekünstler in der Gesamtzahl der Werbehelfer, die zur einheitlichen, lückenlosen Durchführung einer solchen Gesamtausrüstung nötig sind."[370]

Ähnlich argumentierte Julius Klinger, der selbst noch als Werbekünstler gelten kann, jedoch schon eine deutliche Distanz zur Kunst aufgebaut hatte. Bereits 1912 schrieb er über sein Selbstverständnis als Kreativer:

---

[368] Zu den eigentlichen künstlerischen Ambitionen von Kurt Kranz und Herbert Bayer: Hofmann, Werner (Hg.), Kurt Kranz. Das unendliche Bild, Hamburg 1990; Chanzit, Gwen Finkel, Herbert Bayer and Modernist Design in America, Ann Arbor 1987.
[369] Zur Zahl der Grafiker: Wirtschaftswerbung, 1936, 21/22, S. 112f.
[370] Weidenmüller, Durchgeistigung, S. 73.

„Wir versuchen auch nicht Kunst ins Volk zu tragen, weil wir wissen, daß dies eine öde Phrase ist. [...] Wir halten uns nicht für ‚gottbegnadete' Künstler, sondern wir wollen mitarbeiten an den Aufgaben, die das Leben an uns stellt, und es liegt in unserer Zeit, daß die anständige Ausgestaltung von Waren- und Speisehäusern für unser tägliches Leben ebenso wichtig geworden ist, wie einst der Prunk für Gottes- und Rathäuser. Wir bekennen uns ohne viel Faxen zu dem naiven und, wie ich glaube, recht gesunden Materialismus der Gegenwart, und wir suchen unsere Arbeit zum höchsten Marktpreis zu verkaufen [...]. Schließlich und endlich wissen wir, daß wir nicht Ewigkeitswerte, sondern nur anspruchslose Arbeiten schaffen, die naturgemäß der Mode des Tages unterworfen sind."[371]

Daraus lässt sich in der Weimarer Republik eine deutliche Veränderung bei der sozialen Positionierung der Kreativen ableiten. Parallel zum Bild der Werber als Sozialtechnologen und Modernisierungsvermittler wuchsen die Kreativen in die Rolle fortschrittlicher Gebrauchsgrafiker, so die gängige Berufsbezeichnung seit den 1920er Jahren, hinein. Sie ließen sich nicht mehr ausschließlich von ihrem individuellen Farb- und Formenempfinden leiten, sondern griffen auf wissenschaftliches Know-how zurück, das darauf angelegt war, die Massen zu steuern. Die Reklamepsychologie und die so genannte experimentelle Ästhetik lieferten dazu die wichtigsten Impulse.[372]

Allerdings muss betont werden, dass die verwissenschaftlichte Werbekreation zu einem Teil sicherlich Rhetorik blieb, die nicht strikt in die Praxis übersetzt wurde.[373] Trotzdem steht sie für eine grundsätzliche Tendenz. So wurden die Wirkungen von Farben, Formen und Schriftgrößen experimentell untersucht, Harmonie und Disharmonie im Bild definiert oder die Gefühlswirkungen von Bildanordnungen gemessen.[374] Das Leitbild des freien Künstlers musste angesichts dieser neuen Herangehensweise zwangsläufig verblassen. Im Rahmen der Professionalisierung der Werbung

---

[371] Deutsches Museum für Kunst in Handel und Gewerbe, Monographien/Julius Klinger, o. S.
[372] Schon früh äußerte sich dazu: Külpe, O., Der gegenwärtige Stand der experimentellen Ästhetik. Bericht über den 2. Kongreß für experimentelle Psychologie, Leipzig 1906; Müller-Freienfels, Richard, Psychologie der Kunst, Bd. I: Allgemeine Grundlegung und Psychologie des Kunstgenusses, Leipzig 1920, S. 1–50.
[373] Schug, Wegbereiter, S. 29–52.
[374] König, Theodor, Reklame-Psychologie. Ihr gegenwärtiger Stand – ihre praktische Bedeutung, München 1924.

konnten die Kreativen auf dieses alte Leitbild jedoch durchaus verzichten und mit der Werbepsychologie argumentieren, dass *„dem künstlerischen Einfluß und seinen ästhetischen Gefühlswirkungen"* keine dominierende Stellung bei der Gestaltung und Auswahl der Werbemittel einzuräumen sei.[375] Ferner äußerte ein Werbepsychologe 1924:

> „Die erste und wichtigste Frage ist und bleibt, daß ein Reklamemittel wirkt, und der aktuelle Kampfruf ‚Kitsch oder Kunst' kann uns nicht beschäftigen [...]. Der an großen Kunstwerken aller Zeiten geschulte Blick der vornehmen Welt wird für die sinnfällig-harmlose Art süßlicher Werbemittel nur ein Lächeln übrig haben, während einfache Leute über den rührend und recht bunt dargestellten Inhalt in helle Freude geraten."[376]

Die Schlussfolgerung war, dass die *„Kunst in der Reklame nicht Selbstzweck, sondern Mittel zum Zweck sein"*, nicht mehr ausschlaggebend, nicht einmal dem Kaufmann in der Werbung gleichberechtigt sein sollte. Kunst war der Werbung untertan.[377] Damit ging auch die professionelle Legitimation der Kreativen einher.

Erfüllungsgehilfen der Nationalsozialisten

Die Erfassung der Gebrauchsgrafiker in verschiedenen Berufsorganisationen nach 1933 institutionalisierte die Bemühungen, aus den ehemaligen Dilettanten und Werbekünstlern anerkannte Berufsgrafiker werden zu lassen. Der Berufsgrafiker war keine schillernde Persönlichkeit mehr, sondern entbehrte jetzt der Exzentrizität des Künstlers. Allerdings wurde er gebraucht, und dafür entlohnte ihn die Industrie im Idealfall mit der relativen Sicherheit eines Angestelltenverhältnisses oder der Einkömmlichkeit einer selbstständigen Existenz. Im „Dritten Reich" schließlich erfuhren die Grafiker ähnlich wie die Werber eine Aufwertung. In dem Maße wie Verbrauchslenkung, Aufklärungskampagnen und politische Propaganda Teil der Herrschaftsausübung der Nationalsozialisten wurden, erhielten die Grafiker eine stabilere Legitimationsbasis. Die Steuerung der

---
[375] Ebd., S. 171.
[376] Ebd., S. 172.
[377] Ebd., S. 173.

Menschen durch visuelle Informationen in Koalition mit staatlichen Instanzen hob die Werbegestalter in einen Funktionszusammenhang, der die alte Referenz des Künstlers endgültig überwand.[378]

Die Ausweitung der Werbezone

Moderne Werbung, die imstande war, rationale Konsumstrukturen zu schaffen, bedurfte einer gut ausgebauten Infrastruktur. Die Leistungsstärke des deutschen Werbemarktes resultierte aus der Angebotsbreite der Werbeliteratur, dem Vorhandensein von Ausbildungsmöglichkeiten und Werbeverbänden, und der quantitativen Verbreitung von Werbeflächen im öffentlichen Raum. Diese Infrastruktur weist einige Spezifika auf, welche die von Werbung beeinflussten „deutschen Oberflächenstrukturen" prägten.

Infrastrukturelle Voraussetzungen für die Werbung sind Möglichkeiten, Werbung zu produzieren (inhaltlich und grafisch), Werbung zu verbreiten (wofür Werbeträger Voraussetzung sind) sowie Werbung als Beruf zu erlernen und zu reflektieren. Diese Aspekte werden in fünf Punkten abgehandelt:

3) Institutionen der Werbeproduktion und -herstellung
4) Produktion von Fachwissen durch Publikationen
5) Gründung von Fachverbänden zur Durchsetzung von Interessenpolitik
6) Orte der Verwissenschaftlichung und Ausbildung
7) Steigerung der visuellen Präsenz im öffentlichen Raum

Institutionen der Werbeproduktion und –verbreitung

Wenn ein Unternehmer im 19. Jahrhundert Werbung betreiben wollte, typischerweise in Form einer Zeitungsannonce, dann wendete er sich entweder direkt an den örtlichen Zeitungsverlag oder er nahm die Dienste so genannter Annoncen-Expeditionen in Anspruch, die im Auftrag ihres Kunden Anzeigenraum kauften und dafür eine Provision erhielten. Der Markt für Anzeigen in periodischen Druckmedien entwickelte sich infolge

---

[378] Zu dieser Entwicklung: Kapitel 4.

Der kultur- und wirtschaftshistorische Rahmen des Werbediskurses

der Pressefreiheit seit 1848 sowie der Aufhebung des Intelligenzzwangs in Preußen 1850 dynamisch.[379] Die Annoncenexpeditionen profitierten davon und nahmen ihrerseits eine nicht zu unterschätzende Katalysatorfunktion in diesem Prozess ein.[380] Das erste deutsche Unternehmen dieser Art, die Insertions-Agentur des Buchhändlers Ferdinand Haasenstein, war 1855 in Altona entstanden. Ende der 1850er Jahre expandierte das Unternehmen, hatte 1870 immerhin 13 und 1892 bereits 49 Zweigstellen im ganzen Reich. Die Expedition war maßgeblich daran beteiligt, die Idee der Werbung zu verbreiten und eine Infrastruktur für eine einheitlich organisierte und überregionale Anzeigenschaltung und damit eine nationale Präsenz zu ermöglichen.[381]

Das Geschäftsmodell erwies sich als erfolgreich und rief Nachahmer auf den Plan. Der jüdische Buchhändler Rudolf Mosse war einer von ihnen; er wurde schließlich zum wichtigsten und erfolgreichsten Vertreter der Anzeigenvermittlung bis zu Beginn des 20. Jahrhunderts. Jedoch war der Erfolg von Mosse wiederum innerhalb des national-konservativen Elitendiskurses ein Anknüpfungspunkt für die leitende Frage nach der kulturellen Kompatibilität von Werbung.[382]

Zur erfolgreichsten Expedition in der ersten Hälfte des 20. Jahrhunderts entwickelte sich neben Mosse die „Ala", die Auslands-Anzeigen GmbH, ebenfalls mit Sitz in Berlin. Mit der Gründung der Ala 1914 trat Alfred Hugenberg erstmalig auf dem Zeitungsmarkt in Erscheinung. Die Ala war eine Gründung der „Auslandsgesellschaft mbH", die zu einem führenden Verein der westdeutschen Schwerindustrie gehörte und national-konservative Interessen verfolgte. Die Auslandsgesellschaft, mit Hugenberg als

---

[379] Anzeigen durften von diesem Zeitpunkt an in allen Zeitungen – und nicht nur in den priviligierten Intelligenzblättern – erscheinen: Wilke, Jürgen/Noelle–Neumann, Elisabeth, Pressegeschichte, in: Noelle–Neumann, Elisabeth/Schulz, Winfried/Wilke, Jürgen (Hg.), Fischer Lexikon Publizistik Massenkommunikation, Frankfurt/M. 1994, S. 424–436; Pantenburg, Josef, Die Entwicklung des Anzeigenwesens der Berliner Presse nach der Aufhebung des Intelligenzzwanges bis zu den Generalanzeigern, Berlin 1938, siehe v. a.: S. 38–73.
[380] Reinhardt, Dirk, Zur Historizität der Phänomene „Kommunikationsgesellschaft" und „Dienstleistungsgesellschaft". Die Geschichte der Werbeagentur und ihrer Vorläufer in Deutschland, in: ZUG, 41, 1996, S. 29.
[381] Zit. n. Reinhardt, Historizität, S. 30.
[382] Hamburger, Richard, Zeitungsverlag und Annoncen–Expedition Rudolf Mosse, Berlin, Berlin 1928.

Geschäftsführer, war als politisches Instrument gedacht.[383] Zunächst sollte die Ala Anzeigen deutscher Unternehmen in der ausländischen Presse platzieren und darauf achten, dass diese nur in deutschfreundlichen Medien erschienen. Nach Beginn des Krieges brach der Auslandsmarkt zusammen und die Ala orientierte sich auf den Binnenmarkt, was zur Umbenennung in „Allgemeine Anzeigen GmbH" führte. Die Ala war genossenschaftlich organisiert; die Teilhaber setzten ihren Gewinn hauptsächlich für die weitere Expansion ein: Hugenberg kaufte sich u. a. bei Hassenstein & Vogler ein und erstarkte so zum Erzrivalen von Mosse im deutschen Anzeigengeschäft.[384]

Die Ala wie auch Mosse ermöglichten die tatsächlich reichsweite Distribution von Werbung. Sie vermittelten an mehrere zehntausend Medien in Deutschland und Europa Anzeigen und waren beide ebenso Pioniere in der Spezialreklame, der so genannten „Spekla". Dazu gehörten die Werbung auf außergewöhnlichen Flächen, wie beispielsweise auf Flugzeugen, und das Angebot einer ebenfalls reichsweiten Distribution von Werbemotiven im Bereich der Bogenanschlag-, Licht-, Post-, Verkehrs-, Prospekt- und Filmwerbung.[385]

Auf diesem Gebiet spezialisierten sich in Weimar weitere Anbieter und trugen zur Ausdifferenzierung des Markts bei. Es entstanden Vermittlungsfirmen u. a. für Diawerbung in den Filmtheatern (seit 1897), deren Anzahl bis 1925 auf sechs anstieg; systematisch wurde die Streckenreklame an Verkehrswegen und Eisenbahnlinien ausgebaut, wofür es ab 1904 in Nürnberg eine erste „Agentur für Streckenreklame" gab.[386] Vor dem Ersten Weltkrieg gründete sich eine Vermittlungsfirma für Verkehrswerbung in und an Straßenbahnen, Omnibussen und Eisenbahnwaggons, später ebenso für Postwerbung (1924), Flugzeugwerbung

---

[383] Zu Hugenberg und der Ala allgemein: Bernard, Ludwig, Der Hugenberg-Konzern. Psychologie und Technik einer Großorganisation der Presse, Berlin 1928; Holzbach, Heidrun, Das „System Hugenberg". Die Organisation bürgerlicher Sammlungspolitik vor dem Aufstieg der NSDAP, Stuttgart 1981.
[384] Arbeitsgemeinschaft Deutscher Werbungsmittler (Hg.), 1855–1955. Der Mittler in der Werbung, Frankfurt/Main 1955, S. 33–40.
[385] Reinhardt, Reklame, S. 100–128.
[386] Spiekermann, Elitenkampf, S. 132.

(1920er) Jahre) sowie Filmwerbung, für die 1929 bereits 86 Vermittlungsunternehmen ihre Dienste anboten.[387]

Auch die von Ernst Litfaß seit 1855 popularisierte Möglichkeit, geschäftliche Mitteilungen an genehmigten Säulen im öffentlichen Raum in Berlin zu publizieren, erfuhr in den 1920er Jahren eine Ausweitung auf das gesamte Reich.[388] Was bisher die großen Annoncenexpeditionen vermarkteten, die reichsweite Verbreitung von Anzeigen, wurde im Plakatbereich erst 1922 mit Gründung der Städte-Reklame GmbH in Frankfurt/Main als Gemeinschaftsunternehmen von deutschen Städten und Gemeinden möglich. Gab es zuvor von den einzelnen Städten lizenzierte Plakatanschlagexpeditionen, so ließ sich über die Deutsche Städte-Reklame GmbH das Plakat als Werbemedium im gesamten Reich nutzen, ohne dass ein Werbetreibender mit hunderten einzelnen Expeditionen Verträge dafür schließen musste.[389] Die Städte-Reklame GmbH war gleichsam der Beweis, dass die deutschen Städte anfingen, ihre Oberflächen professionell zu vermarkten und sich der Werbung als Einnahmequelle zu bedienen.

Im Zuge des überregionalen Wirtschaftens, der Expansion der Medien sowie der Schaffung von Werbemöglichkeiten im öffentlichen Raum bedurfte es weiterer, neuartiger Dienstleistungen. Die Unternehmen brauchten im Dickicht dieser Werbemöglichkeiten Wegweiser, die ihnen sagten, welche Zeitungen für Anzeigen in Frage kamen oder an welchen Orten in den Städten das Ankleben von Plakaten günstig erschien. Werbung an speziellen Punkten „deutscher Oberflächen" zu platzieren wuchs folglich zu einer strategischen Aufgabe heran, die für ein großes Absatzgebiet, zunehmend im gesamten Reich, geplant werden musste. Neue Wortschöpfungen wie „Werbefeldzug" oder „Werbekampagne" spiegelten diesen strategischen Aspekt wider; zugleich unterstrichen sie die Aggressivität, mit der die Expansion der Werbung im öffentlichen Raum vonstatten ging.[390]

Die Annoncenexpeditionen nahmen im Hinblick auf die Werbeberatung ebenfalls eine Vorreiterstellung ein. Zudem boten sie bereits kreative Leistungen an, indem sie Werbemotive und -texte gestalteten. Damit wurden

---
[387] Reinhardt, Reklame, S. 341; Reinhardt, Historizität, S. 33.
[388] Reichwein, Litfaßsäule.
[389] Walter, Albert, Die Reklame der Städte, Berlin 1916; Reinhardt, Historizität, S. 32f.
[390] Zur Werbung als strategische, auch kriegerische Aufgabe siehe: Hayne, Anzeigen, S. 17–66.

im Kaiserreich die standardmäßigen Linienumrahmungen als Gestaltungselement oder die vorgefertigten Bildstöcke der Druckereien, die universal für alle denkbaren Produkte Verwendung fanden, durch eine individualisierte Werbegestaltung ersetzt.[391]

1895 gilt als der Beginn der professionellen Werbeberatung in Deutschland. In dem Jahr machte sich Ernst Growald mit einem Reklamebüro in Berlin selbstständig und wurde in der Folge für viele andere zum Vorbild.[392] Eine Weiterentwicklung dieser ersten Werbebüros waren die Werbeagenturen, ein Begriff, der sich in den 1920er Jahren in Deutschland einbürgerte.[393] Die Agenturen waren auf die Gestaltung „deutscher Oberflächen" spezialisierte Unternehmen, die unter dem Druck des Markts zu professionellen Dienstleistern heranwuchsen. Der Vorteil der Agenturen bestand darin, dass sie Werbung aus einer Hand durchführten. Dazu gehörte die Beratung bei der Frage, wie, wo und wann ein Produkt beworben werden sollte, die Gestaltung der Werbung sowie ihre Distribution, wozu die Agenturen wiederum auf die alteingesessenen Expeditionen als Subunternehmen zurückgriffen. Das Konzept der Werbeagentur war zweifellos wegweisend, wenngleich selbst die großen Agenturen der Weimarer Zeit, wie beispielsweise die Berliner Agentur Dorland, kaum mehr als ein Dutzend Mitarbeiter beschäftigten.[394]

Produktion von Fachwissen

Entsprechend der Entwicklungen am Werbemarkt, vor allem infolge der Ausdifferenzierung der Dienstleistungen, häuften und verdichteten sich die Meinungen darüber, wie erfolgreiche Werbung organisiert werden müsse und auszusehen habe. Die Anzahl an Fachpublikationen stieg immens an.

---

[391] Ein Zeichen für die Ausweitung der beraterischen Tätigkeiten der Expeditionen sind die Zeitungskataloge, die von diesen herausgebracht wurden. In den Katalogen waren die verschiedenen Werbeträger aufgelistet, die ein Unternehmen für seine Werbung buchen konnte, siehe z. B.: Annoncen-Expedition Daube (Hg.), Zeitungs-Katalog, Berlin 1913; Annoncen-Expedition Rudolf Mosse (Hg.), Zeitungskatalog Rudolf Mosse, Annoncen-Expedition. Verzeichnis der Zeitungen und Zeitschriften, für welche die Annoncen-Expedition Rudolf Mosse Inserate entgegennimmt, Berlin 1895–1933.
[392] Zu Ernst Growald siehe das Kap. 2.5.
[393] Schug, Moments, S. 40.
[394] Ders., Vom newspaper space salesman zur integrierten Kommunikationsagentur. Die 120-jährige Entwicklungsgeschichte der Werbeagentur Dorland, in: Zeitschrift für Unternehmensgeschichte, 2004, 49. Jg., Heft 1, S. 12.

1908 veröffentlichte Rudolph Kropeit seine „Reklame-Schule", die eine Art Selbsthilfekurs für die noch *„ziemlich ratlosen"* Kaufmänner war, denen Ausbildungs- oder Fortbildungsstätten sowie Lehrbücher zur Werbung völlig fehlten – und mit Kropeit, einem selbstständigen „Reklame-Anwalt", erstmals jemanden hatten, der davon sprach, dass das Planen und Gestalten von Werbung von jedem gelernt werden könne und nichts mit einem angeborenen Genius zu tun habe.[395] Victor Mataja verfasste 1910 das nationalökonomische Standardwerk zur Werbung.[396] 1912 behandelte der Deutsch-Amerikaner Hugo Münsterberg in „Psychologie und Wirtschaftsleben" die Fragen der Werbewirkung als Bestandteil der Psychotechnik, nachdem schon 1902 und 1903 der Amerikaner Walter Dill Scott erste Veröffentlichungen zur Werbepsychologie herausgegeben hatte, deren Übersetzungen auch in Deutschland als Beginn der Werbepsychologie gelten.[397] 1914 erschien Seyfferts „Reklame des Kaufmanns", eine systematische Darstellung der Werbetechniken unter betriebswirtschaftlichen Gesichtspunkten.[398] 1916 folgte Hans Weidenmüllers „Kurzer Grundriß der Werbelehre", in der eine eigenwillige Terminologie vorgeschlagen wurde, die sich in der Branche dennoch teilweise durchsetzen konnte.[399] Ab 1918 kamen immer mehr Bücher auf den Markt, die sich mit einzelnen Teilaspekten der Werbung auseinandersetzten. In einer Bibliografie über das Werbewesen von 1929 waren bereits mehr als 600 deutschsprachige Titel erfasst, die einen eindrucksvollen Beweis für die Ausdifferenzierung des Werbewissens lieferten.[400]

Das gleiche Bild ergibt sich bei den Fachperiodika. Seit 1900 bis zum Beginn der Weimarer Republik waren rund 20 Fachzeitschriften entstanden, von denen sich insbesondere „Die Reklame", „Seidels Reklame", „Der Werbungs-

---

[395] Kropeit, Reklame–Schule, S. 3–8.
[396] Mataja, Reklame.
[397] Münsterberg, Hugo, Psychologie und Wirtschaftsleben. Ein Beitrag zur angewandten Experimental–Psychologie, Leipzig 1912; Scott, Walter Dill, The Theory of Advertising, Bosten 1903; ders., The Psychology of Advertising, Boston 1908; ders., The Psychology of Advertising in Theory and Practice, Boston 1908.
[398] Seyffert, Rudolf, Die Reklame des Kaufmanns, Leipzig 1914.
[399] Weidenmüller, Johannes, Kurzer Grundriß der Werbelehre. Für den Selbstunterricht und für Fachschulen, Hannover 1916.
[400] Reichsverband Deutsche Reklamemesse e.V. (Hg.), Bücherkatalog der Bücherei des Werbewesens auf der Reklameschau 1929, Berlin 1929.

Mittler" und für den kreativen Bereich „Die Gebrauchsgraphik" einen Namen machten.[401]

Gründung von Fachverbänden zur Durchsetzung von Interessenpolitik

In den ersten drei Jahrzehnten des 20. Jahrhunderts wurden zahlreiche Vereinigungen ins Leben gerufen. Dazu gehörte der 1898 gegründete Deutsche Inserenten-Verband, der seine Mitglieder aufforderte, nur in inländischen Medien zu annoncieren.[402] 1903, anderen Berichten zufolge 1906 oder 1908, initiierten sechs Werber in einer Bierstube Unter den Linden in Berlin die Vereinigung von Reklamefachleuten, aus der 1908 der Verein Deutscher Reklame-Fachleute (VDR), 1921 der Verband Deutscher Reklamefachleute, 1929 dann der Deutsche Reklame-Verband (DRV) hervorging.[403] Das vom VDR/DRV benutzte Logo zeigte einen bezopften Flötenspieler, in dem einige den Rattenfänger von Hameln und damit eine unweigerliche Selbstentblößung des Werbeverbands und seiner Interessen sahen.[404] Der VDR/DRV entwickelte sich unter den Vorsitzenden, dem Berliner Papiergroßhändler Leo Bäcker, dem Werbeleiter und Direktor der Ala, Dr. Max Andler, dem Direktor der Frankfurter Messe, Otto Ernst Sutter, und schließlich dem Direktor der Deutschen Reichs-Postreklame GmbH, Max Riesebrodt, zum Spitzenverband der Branche. Mit seiner Zeitschrift „Mitteilungen des Vereins Deutscher Reklamefachleute" bestimmte der VDR/DRV maßgeblich die brancheninternen Debatten.[405] Im April 1914 änderte sich der Titel der Zeitschrift in „Die Reklame".[406] Seit Dezember 1924 gab der Verband zusätzlich die „Eil-Nachrichten" unter der Schriftleitung von Walter Dolge heraus. Das Blatt unterrichtete seine Leser monatlich zweimal und bei besonderen Anlässen wöchentlich über alle eiligen Angelegenheiten und diente zudem der Stellenvermittlung.[407]

---

[401] Mataja, Reklame, S. 212f., Fußnote 50.
[402] Ebd., S. 223.
[403] Rose, Der VDR 1908 bis 1925, in: Die Reklame, 1925, 16, S. 830–833; Schmiedchen, Johannes, Kurzer Beitrag zur Geschichte der deutschen Wirtschaftswerbung, ihrer Männer, ihrer Organisationen, ihrer Presse, Tübingen 1956, S. 30.
[404] Ebd.
[405] Ebd.
[406] Rose, Der VDR 1908 bis 1925, in: Die Reklame, 1925, 16, S. 832.
[407] Ebd.

Im Kaiserreich entstanden, wuchs der Verband in der Republik infolge von Gründungen von Landes- und Ortsgruppen. Die erste Ortsgruppe formierte sich 1913 in Dresden mit rund 50 Mitgliedern. Weitere folgten in Leipzig und Hannover; 1925 gab es bereits 16 Ortsgruppen.[408] Im VDR/DRV waren Werbefachleute, Unternehmen, Werbemittelhersteller, Verleger, Grafiker, Druckereien, Expediteure, Berater und Agenturen vereinigt.[409] 1913 hatte der Verband circa 1.000 Mitglieder; in seiner Glanzzeit, der Stabilisierungsphase von Weimar, belief sich die Mitgliederzahl auf rund 4.000.[410]

Kurz nach dem Krieg war ebenfalls der Schutzverband für die Reklame-Industrie mit Sitz in Berlin (Reklameschutzverband) entstanden, der von 1919 bis 1933 ein Mitteilungsblatt herausgab.[411] 1919 wurde die Werbewissenschaftliche Gesellschaft ins Leben gerufen.[412] 1928 stellte der Vorsitzende des VDR/DRV, Max Riesebrodt, schließlich besorgt fest, dass es mittlerweile fast 30 Werbeverbände gäbe. Es existierte ein Verband für jeden Zweig des Werbewesens: für die Werbemittelindustrie und die Firmenschilderfabrikanten ebenso wie für Schaufensterreklame oder die Dekorateure der Feinkost-, Lebensmittel- und Genussmittelbranche.[413] 1930 organisierten sich die wenigen in der Männerdomäne Werbung arbeitenden Frauen im „Verband der Werbetätigen Frauen Deutschlands e.V.".[414]

---

[408] Ebd.
[409] Riesebrodt, Max, Die organisatorische Zukunft des deutschen Werbewesens, in: Die Reklame, 1928, 5, S. 161.
[410] Schmiedchen, Beitrag, S. 31.
[411] Mitteilungen des Verbandes der Fabrikanten von Markenartikeln, Markenschutzverband e.V. u. des Schutzverbandes der Groß–Inserenten u. Interessenten für Außenreklame, Reklameschutzverband e. V.; ab 1924: Mitteilungen des Reklameschutzverbandes e.V., Schutzverband der Groß–Inserenten und Interessenten für Außenreklame; ab 1931: Vertrauliche Mitteilungen des Reklame–Schutzverbandes e.V., Schutzverband der Groß–Inserenten und Interessenten für Außenreklame.
[412] Seyffert, Werbelehre, S. 34.
[413] Riesebrodt, Max, Die organisatorische Zukunft des deutschen Werbewesens, in: Die Reklame, 1928, 5, S. 162.
[414] Frenzel, Verband der werbetätigen Frauen Deutschlands e.V., in: Gebrauchsgraphik, 1930, 1, S. 71.

Orte der Verwissenschaftlichung und Ausbildung

Werbung gehörte in der Weimarer Republik zum Themenkreis wissenschaftlicher Betrachtungen, hatte allerdings in diesem Feld mit erheblichen Legitimationsproblemen zu kämpfen.[415]

Diese Beschreibung war für das Kaiserreich weitgehend zutreffend, allerdings deuteten sich in den 1910er Jahren grundlegende Änderungen an. Schon 1911 hielt Heinrich Nicklisch die ersten Vorlesungen über die Reklame des Detailhandels an der Mannheimer Handelshochschule. Er richtete kurze Zeit später, 1914, die erste deutsche Forschungsstätte am Betriebswissenschaftlichen Institut der Handelshochschule Mannheim ein, deren Leiter Rudolf Seyffert war. Dieser befürwortete bereits 1912 ein eigenständiges Lehrfach an deutschen Handelshochschulen. Das Kölner Reklame-Seminar, im Dezember 1915 an der Kölner Handelshochschule installiert, war schließlich das erste seiner Art an einer deutschen Hochschule.[416] Johannes Weidenmüller setzte sich 1916 in einer Broschüre sogar für eine selbstständige Werbehochschule mit sechssemestrigem Lehrplan, hauptamtlichen Dozenten, Bibliothek, Laboratorium und Abschlussexamina ein. Der Reklamepraktiker sollte nach zwei Semestern seinen Abschluss erwerben können, die Lehrbefähigung für Werbelehre konnte nach sechs Semestern Studium erworben werden.[417] Auch innerhalb der Werkbundkreise versuchte Karl Ernst Osthaus Qualität in der Werbung durch eine qualifizierte Ausbildung zu erreichen. Wie erwähnt, gab es in den 1910er Jahren Überlegungen von Osthaus, eine „Hochschule für Reklame und Geschäftspropaganda" zu errichten.[418] Die Idee staatlicher Werbeschulen wurde jedoch bis in die Zeit des Nationalsozialismus nicht realisiert. Vielmehr kam es zu einer Integration des Werbeunterrichts in die Lehre der bestehenden Handelshochschulen und Universitäten. 1928 boten alle deutschen Handelshochschulen, vier von zehn Technischen Hochschulen

---

[415] Zit. n.: Hundhausen, Carl, Wesen und Ethos der Wirtschaftswerbung, in: Wirtschaftswerbung, 1943, 2/3, S. 59.
[416] Jung, Arthur, Das Kölner Reklame-Seminar, in: Mitteilungen des Vereins Deutscher Reklamefachleute, 1918, 1–2, S. 6; Meißeler, W., Die Werbewissenschaft an der Kölner Universität, in: Die Reklame, 1922, 153, S. 449f.; Seyffert, Rudolf, Das Werbewissenschaftliche Institut der Universität Köln, in: Die Reklame, 1924, April, S. 181.
[417] Seyffert, Rudolf, Neuere Arbeiten über Reklame und Reklameunterricht, in: Zeitschrift für Handelswissenschaft und Handelspraxis, 1916/1917, S. 203–205; ders., Werbelehre, S. 36.
[418] KEO-Archiv, A 788, Bl. 51.

und fünf von 23 Universitäten die Werbelehre zwar nicht als eigenständiges Fach, aber in regelmäßigen Vorlesungen und Seminaren an.[419]

Die Etablierung der Werbung im wissenschaftlichen Feld ergab sich aus der mittlerweile positiven Bewertung ihrer Funktion. Hatte sie vielen Nationalökonomen als volkswirtschaftliche Verschwendung gegolten, so hielt Mataja im späten Kaiserreich fest, dass Werbung bewiesen habe, zum volkswirtschaftlichen Wachstum beizutragen und auch *„privatwirtschaftlich"* eine Anlage sei, die sich in der Bekanntheit einer Marke, der Begründung von „*Kundschaftsverhältnissen*" und im Ansehen der Firma äußere.[420] Kropeit erinnerte sich, dass die *„Reklame auch in Deutschland Heimatrecht und Existenzberechtigung"* erhielt, nachdem die *„Männer der Wissenschaft"* den volkswirtschaftlichen Nutzen nachweisen konnten – und es auch dem *„besseren deutschen Publikum"* gelungen war, kulturelle Barrieren abzubauen.[421]

Unabhängig von den staatlichen Ausbildungsstätten hatten sich private Lehrinstitute der Vermittlung von Werbewissen verschrieben. In Abendkursen auf Volkshochschulniveau lernten zahlreiche Interessierte, was gute Werbung nach zeitgenössischem Verständnis ausmachte. Die bekannteste private Lehranstalt war die Berliner Reimann-Schule. 1902 von Albert Reimann gegründet, unterrichtete die Schule 1927 mehr als 1.000 Schüler aus dem In- und Ausland.[422] Hauptsächlich in Abendkursen und Vorträgen widmeten sich die Lehrer der Gestaltung verschiedener Werkbereiche. In enger Kooperation mit der Wirtschaft entstanden an der Reimann-Schule Ausbildungsgänge, wie etwa der für Schaufensterdekorateure, was der Schule den Status einer privaten Berufsfachschule verlieh. Schon vor dem Ersten Weltkrieg hatte Reimann eine Klasse für Gebrauchsgrafik eingerichtet.[423] Seinen Sinn für Modeberufe zeigte er, als er in den 1920er Jahren eine Trickfilmwerkstatt oder ein „Reklame-Praktikum"

---

[419] Seyffert, Werbelehre, S. 37.
[420] Mataja, Reklame, S. 77.
[421] Kropeit, Reklame-Schule, Bd. 1, S. 28.
[422] Reimann, Albert, Die Reimann-Schule in Berlin, Berlin 1966, S. 22.
[423] Ebd., S. 35.

einrichtete, das im Gegensatz zur akademischen Lehre berufspraktisch ausgerichtet war.[424]

Steigerung der visuellen Präsenz im öffentlichen Raum

Insgesamt waren die Ansätze zur Verschulung und Theoretisierung der Werbung ein Zeichen der Professionalisierung. Diese wiederum ermöglichte eine umfassendere Anwendung von Werbung, was deren visuelle Präsenz nachhaltig stärkte und sich anhand des Plakatanschlags beispielhaft aufzeigen lässt. Es gab eine drastische Zunahme der offiziellen Plakatanschlagflächen seit der Jahrhundertwende in Deutschland: 1899 existierten 2.350 Anschlagstellen, 1904 waren es 3.109, 1922 mehr als 6.700 und 1924 nahezu 7.900.[425] 1929 berichtet Seyffert von bereits fast 20.000 solcher Werbeträger, von denen sich der größte Teil, nämlich mehr als 10.000, in den großen Städten mit mehr als 200.000 Einwohnern befand.[426] In kleineren Dörfern dagegen gab es für Plakatwerbung, wenn überhaupt, oftmals nicht mehr als ein bis zwei offizielle Flächen.[427] Für 1938 erwähnt Heuer eine Anzahl von 60.000, die – wie aus Unterlagen des Reichsausschusses für volkswirtschaftliche Aufklärung hervorgeht – bis Anfang der 1940er Jahre auf rund 75.000 Anschlagstellen angestiegen sei, was für die anhaltende Expansion der Werbung im Nationalsozialismus spräche.[428] Diese Zahlen beziehen sich allerdings nur auf die behördlich genehmigten Plätze. Was die Konsumenten durch die so genannte „wilde Plakatiererei" noch zu Gesicht bekamen, ist kaum vermerkt, war der Deutschen Städte-Reklame GmbH, den Monopolgesellschaften für Plakatanschlag bei Bahn und Post sowie den lizenzierten Privatgesellschaften in den Städten wie der Berliner Reklame GmbH (Berek) jedoch immer ein Dorn im Auge.[429]

---

[424] Ebd., S. 74.
[425] Seyffert, Werbelehre, S. 567.
[426] Ebd., S. 396.
[427] Genaues statistisches Material liegt erst seit der NS-Zeit vor, wobei davon auszugehen ist, dass es während der Weimarer Republik keine grundsätzlichen Abweichungen gab. Siehe: Wirtschaftswerbung, 1934, 22, S. 153.
[428] Arbeitsgemeinschaft Deutscher Werbungsmittler, Mittler, S. 59; für die zweite Angabe siehe: BArch 5002/17, Bl. 54.
[429] Zur Diskussion über „wilden Plakatanschlag" siehe Kap. 4.3.3.

Die Tendenzen, die sich im Fall der Plakatanschlagstellen aufzeigen lassen, sind für fast alle Werbemedien nachzuweisen – mit Ausnahme der Anzeigenwerbung in den Printmedien, die seit der Weimarer Republik stagnierte und bereits vor dem Ersten Weltkrieg ihren quantitativen Höhepunkt erreicht hatte. Zeitungswissenschaftliche Studien belegen, wie drastisch der Anstieg der Werbung in den deutschen Printmedien seit Mitte des 19. Jahrhunderts gewesen war. Das höchste Anzeigenaufkommen gab es vor dem Ersten Weltkrieg, und bis zum Ende der NS-Zeit konnte es sich nicht wieder auf einem ähnlich hohen Niveau einpendeln. Dieses Faktum relativiert allerdings nur im Detail den grundlegenden Trend, Werbung hauptsächlich in neu entstandenen Medien, wie z. B. Kino und Radio, expansiv zu betreiben – in Medien, die zum Teil auch nur durch Werbeaufträge wirtschaftlich bestehen konnten.[430]

Zusammenfassend lässt sich festhalten, dass die Werbung und ihre Vertreter vom 19. Jahrhundert bis zu den 1920er Jahren eine bemerkenswerte Karriere vorzuweisen hatten. Die Werbung konnte ein neues emotional besetztes Repräsentationssystem aufbauen, weil sie:

8) der Werkbund Werbung zum Trägermedium von Vorstellungen der Nation aufgewertet hatte,

9) Markt, Wettbewerb und Konkurrenzwirtschaft nicht mehr annähernd die negativen Implikationen wie im 19. Jahrhundert hervorriefen,

10) Werbung nicht mehr nur Ankündigung war, sondern die in den ersten beiden Jahrzehnten des 20. Jahrhunderts kreierten Marken von nationaler Bedeutung die Lebenswelt besetzten, die Werbewelten animierten, und damit der vermeintlichen „Entseelung" der Moderne eine neue Art von „Beseelung" entgegensetzten, die über Bilder und Konsum empfangen wurde,

11) Werber und Kreative ein neues Verständnis ihrer Tätigkeiten erlangt hatten,

12) die Infrastruktur der Werbebranche, ihre Verbreitung, Professionalisierung durch Verbände und Ausbildungsstätten enorm gewachsen war.

---

[430] Hundhausen, Wesen und Ethos, S. 59.

Diese Entwicklungen wirkten sich nachhaltig positiv sowohl auf die kulturellen Gestaltungsmöglichkeiten und die Wirkungsmacht der Werber als auch auf die Wahrnehmung und Integration der Werber in Kultur und Politik in der Weimarer Republik und im Nationalsozialismus aus.

3 Werbung als Signum der Moderne in der Weimarer Republik

„Durch die Welt rauscht der Flügelschlag einer neuen Zeit. Alte Wirtschaftsformen erschüttert urgewaltig eine Kulturrevolution und lässt übererbte Gesetze, ehrwürdige Traditionen und uralte Bräuche im Morgenwind einer neuen Menschheitsepoche zerstieben. [...] Alle Neuerungen der letzten Jahrzehnte haben es bewiesen, daß wir unumgänglich und unbedingt im Fahrwasser amerikanischer Vorbilder steuern. [...] Eine ‚deutsche Mentalität' aber, wie sie immer zitiert wird, gibt es nicht, es sei denn, Deutschland würde alle fremden Geistes- und Kulturgüter aus innerem Drange ablehnen."[431]

Die Ausgangssituation

Gegen Ende des Ersten Weltkrieges und zu Beginn der Republik war es eine Zeit lang nicht klar, welche Wirtschafts- und Gesellschaftsideologie in Deutschland herrschen würde. Unterschiedliche Konzepte konkurrierten miteinander und wurden bürgerkriegsähnlich, teils blutig auf der Straße ausgetragen. Es stand außer Frage, dass es nach dem Legitimationsverlust des Kaiserreiches etwas Neues geben musste. Die entstehende Demokratie war vielleicht alternativlos, aber sie blieb umstritten. Dabei war nach dem Krieg gerade die gesellschaftliche Integration der Deutschen ein vordringliches Problem, das es zu lösen galt. Im Augenblick der Niederlage und nationalen Demütigung sehnten sich die Deutschen nach Gemeinschaft und Zusammenhalt, sahen sie sich doch einer übermächtigen Front von Feinden ausgesetzt, deren Sieg im Krieg nur unwillig anerkannt bzw. nach Meinungen Rechter und Konservativer erst durch die fehlende Solidarität im eigenen Lande ermöglicht worden war. Es entstand eine zwiespältige, unversöhnliche Mischung aus Gemeinschaftssehnsucht und gleichzeitiger

---

[431] Hayne, Anzeigen, S. 5 u. S. 529.

radikaler Abgrenzung, die im Resultat zu einer gescheiterten Revolution und einem demokratischen Basiskompromiss geführt hatten.[432]

Deutschland als Demokratie blieb politisch wie auch wirtschaftlich und moralisch geschwächt. Die Demokratie stand für ein System, das keine dauernde Bindung erzeugte und von einem grundlegenden Legitimationsdefizit gekennzeichnet war. Letztlich entwickelten sich daraus auch kulturelle Identifikationsprobleme, die unmittelbar mit der Suche nach einer „deutschen Kultur" und mit der Annäherung an als auch Abgrenzung von der „amerikanischen Kultur" zu tun hatten.[433] Die USA war schließlich zur neuen Weltmacht aufgestiegen und prägte nicht nur die globale Politik, sondern ebenso den Welthandel und -konsum. So sah es beispielsweise der amerikanische Manager der 1927 in Berlin eröffneten Filiale der Werbeagentur J. Walter Thompson, Ken Hinks, der nach dem Ersten Weltkrieg die Zeit für die USA gekommen sah, die wirtschaftliche Führung in Europa zu übernehmen.[434] Diese Art der Amerikanisierung Deutschlands wurde als akutes Phänomen wahrgenommen, das mit der verfassungsrechtlichen Anpassung an den Westen einherging. Unter dem „Diktat" der westeuropäischen Großmächte und der USA zu stehen, war ein Gefühl, das weite Kreise für antiwestliche Vorstellungen aufnahmebereit machte. Antiwestlich zu sein bedeutete, die parlamentarische Demokratie und den gesellschaftlichen Pluralismus, aber auch die vermeintlich zügellose Marktwirtschaft und das sozialdarwinistische Spiel der freien Kräfte kritisch zu sehen, weshalb der Westen schließlich als „der kapitalistische Westen" abgelehnt werden konnte. Die Republik wurde damit in einem Atemzug als westliches Modell in Frage gestellt. Der deutsche Korporativismus, bereits seit den 1880er Jahren als soziopolitische Ordnungskonfiguration im

---

[432] Wehler, Gesellschaftsgeschichte, 4. Bd., S. 198–230, 268–271, 348–434; Peukert, Republik, S. 111–116; Zur Nachkriegszeit und der Beziehung zwischen innenpolitischer Stimmung sowie Außenpolitik: Krüger, Peter, Versailles. Deutsche Außenpolitik zwischen Revisionismus und Friedenssicherung, München 1993, S. 45–118.

[433] Vgl. zum internationalen Kontext: Overy, Richard J., The Inter-War Crisis, 1919–1939, Harlow 1994, S. 24–38.

[434] „[After World War I] the whole world would be financed by Wall St., and there would be world-wide super-giants in the economic sense. There would be General Motors, for example, which would supply the major portion of automobiles throughout the world; an international General Foods or Standard Brands would dominate the specialty food market throughout the world; a couple of American tire companies would supply the world with tire, and so on.", aus: Conversation with Ken Hinks, 1.8.1964, J. Walter Thompson, Sidney R. Bernstein Company History Files, Biographical Files Series, Box 9, Folder ‚The Foreign Story', MS., SCL, Duke.

Entstehen, war eine bewusste Abgrenzung gegenüber jenem Bild, das von anderen westlichen Gesellschaften und ihren Wirtschaftsordnungen vorherrschte. An die Stelle des marktorientierten Kräftespiels und freier Konkurrenz trat der Kompromiss der korporativistischen Machtausübung, auch wenn diese an den geringen Verteilungsspielräumen und der Realität der Klassenkonflikte scheiterte.[435]

Charakteristisch für die unmittelbare Nachkriegszeit war die erneute, vorübergehende Ablehnung der Werbung – ein den großen politischen Entwicklungen zwar weit nachgeordneter Aspekt, der aber das Allgemeine im Konkreten aufzeigt. Für einige Jahre schränkten Verbote aus der Kriegszeit die Werbung ein, so jenes für die Leuchtwerbung, das aus Gründen der Energieeinsparung noch einige Jahre in Kraft blieben.[436] Selbst prominente Politiker wie Walther Rathenau äußerten sich in dieser Zeit kritisch zur Werbung, weil sie eine volkswirtschaftliche Vergeudung sei.[437] Mit dieser Auffassung stand er kurz nach dem Krieg nicht alleine da. Konkurrenz anzuheizen und Werbung zu betreiben bedeutete, einer konkurrenzbasierten Marktphilosophie zu folgen, die in den ersten Jahren der Republik nicht opportun zu sein schien. Die wirtschaftlichen wie auch kulturellen Bedingungen für die Werbung erwiesen sich demnach erneut als schwierig. Zudem war der Werbemarkt aufgrund der wirtschaftlichen Situation zusammengebrochen. Erst die Stimmung der so genannten „Goldenen Zwanziger Jahre" konnte ab 1924 bis zur Weltwirtschaftskrise 1929 einen brüchigen Konsens stiften, von dem westliche Ideen, die Republik, der Kapitalismus und am Ende auch die Werbung profitierten. Allerdings war Werbung, in diesen Zusammenhang gestellt, im Elitendiskurs erneut dem Verdacht ausgesetzt, eben kein „deutsches Phänomen" zu sein. Die Amerikanisierung der Werbung oder vielmehr ihr amerikanischer Kern stiegen in vorher nicht gekannter Vehemenz zu einem neuen Diskussionsgegenstand auf. Dass die Werbung allerdings nicht grundsätzlich auf den skizzierten westlichen Wertehorizont angewiesen war, zeigt sich mit einigen Fragezeichen an der erfolgreichen Entwicklung der Werbebranche im Nationalsozialismus.

---

[435] Wehler, Gesellschaftsgeschichte, 4. Bd., S. 268–271; Peukert, Republik, S. 114.
[436] Reinhardt, Reklame, S. 319.
[437] Rathenau, Walther, Die neue Wirtschaft, Berlin 1918, S. 73f.

Anders als im Nationalsozialismus wurde in der Weimarer Republik Werbung nicht durch eine zentrale staatliche Instanz gelenkt. Während nach 1933 staatliche Akteure die Schaffung einer „deutschen Werbung" in Verlautbarungen, Gesetzestexten oder Verordnungen forderten, erweist sich die Weimarer Republik als forschungstechnisches Problem. Der „Geist der Weimarer Werbung" – um auf ein Schlagwort des Nationalsozialismus zurückzugreifen – kann nicht in vergleichbarer Fülle aus den staatlichen Quellen bis 1933 herausgelesen werden. Ein Beobachter wie der Amerikaner Pet Haynes, ein vielgelesener Fachautor, bezweifelte außerdem sogar, dass den modernen Entwicklungen überhaupt eine „deutsche Mentalität" innewohnen konnte.[438] Wo lassen sich also die Schnittpunkte zwischen nationalem Denken, Vorstellungen „deutscher Kultur" und mentalen Ansätzen in der Werbung finden? Vier Punkte sollen untersucht werden:

- Kulturpolitik und Werbung (hauptsächlich basierend auf den Akten des Reichskunstwarts),
- Großstadt und Werbung,
- Werbung im Radio als hoheitliches Kulturmedium,
- Amerikanisierung der Werbebranche.

Edwin Redslob, Reichskunstwart, beschäftigte sich über Jahre mit Werbung als kulturelles Phänomen. Seine Positionen bilden die Grundlage der offiziellen Werbepolitik in der Weimarer Republik.[439]

Großstadt und Werbung stehen in einer untrennbaren Symbiose. Die Entwicklung der Werbung war an die Urbanisierung gebunden wie umgekehrt Werbung die Großstadt erst visuell markierte. Die Großstadt ist zugleich als der Ort anzusehen, an dem sich die Bedeutung der Moderne am deutlichsten niederschlug. Was daran deutsch sein konnte bzw. welches Kulturbild die Werber mit Hilfe der Großstadt als Zeichen konstruierten, soll näher untersucht werden.

---

[438] Hayne, Anzeigen, S. 529.
[439] Zu Redslob: Raabe, Paul (Hg.), Von Weimar nach Europa. Erlebtes und Durchdachtes – Edwin Redslob, Jena 1998.

Ähnlich liegt das Fallbeispiel der Radiowerbung, die keine registrierbaren Nationalgefühle beschwor. Aber sie zeigt doch implizit, wie dieses als Kulturgut geltende Medium durch die Abwägung national-kultureller Aspekte und wirtschaftlicher Überlegungen zu einem Werbeträger wurde. Sinnfällig war das deshalb, weil damit der Staat als Initiator des Rundfunks erstmals offiziell das Eindringen von Werbung in hoheitlich definierte Bereiche „deutscher Kultur" herbeiführte.

Die Frage der Amerikanisierung der Werbung bzw. ihres amerikanischen Kerns stellt den Hauptfokus dieses Kapitels dar. Hier lässt sich besonders deutlich zeigen, wie nationale Eigenleistungen durch eine selektive Aneignung amerikanischer Werbemethoden zustande kamen.

Der Geist der Weimarer Werbung und die Werbepolitik der 1920er Jahre

Im Gegensatz zu konservativen, aber auch linken, auf jeden Fall kulturkritischen Positionen, zeigte sich in der Weimarer Republik, dass die Werbung sich verselbstständigte und dass ihre Gestaltung als eine Ästhetik begriffen werden konnte, die die Großstadt in positiver Weise konturierte und zumindest in den Augen der Werber keinen Gegensatz zur „deutschen Identität" darstellte. Die Weimarer Republik bot dafür in der Stabilisierungsphase ein relativ weit gestecktes Handlungsfeld. Relativ weit gesteckt war es nur deshalb, weil auch die 1920er Jahre nicht frei von Schmutz- und Schunddebatten blieben.[440] Die Erosion des Bildungsbürgertums, das im Kaiserreich als einflussreiche, meinungsbildende Schicht die Debatten über die Werbung bestimmt hatte, wirkte sich nicht in dem Maße aus, dass nun alte Widerstände völlig überwunden worden waren.[441] Die alten Demarkationslinien, die die Konsumkultur in die Grenzen gewiesen hatte, waren nicht einfach verschwunden, was die relative Kontinuität kultureller Entwicklungen unterstreicht. Von zügellosem Kapitalismus und Liberalismus, grenzenlosen Vergnügungen und regelloser Invasion der Alltagswelten durch Werbung oder Amerikanisierung kann

---

[440] Zusammenfassend zur Schmutz-und-Schund-Debatte: Maase, Vergnügen, S. 173–178.
[441] Zur Rolle des Bildungsbürgertums nach dem Ersten Weltkrieg: Wehler, Gesellschaftsgeschichte, 4. Bd., S. 224, 294–299.

deshalb kaum die Rede sein, um einem gängigen Mythos des Nationalsozialismus gleich zu widersprechen. Vielmehr, und hier zeigt sich eine Übertragung des für die Weimarer Demokratie charakteristischen korporativistischen Denkens, wurde die Expansion der Werbung nicht mehr von vornehrein bekämpft oder musste von einem aufgeschlosseneren Teil der Meinungseliten mit Argumenten der Ästhetik gerechtfertigt werden. Die Werbung expandierte und ihre Vertreter hatten ein neues Selbstbewusstsein gewonnen – daran kann kein Zweifel bestehen. Allerdings straft der reale Expansionsprozess alle Mythen von der rücksichtslosen Zerstörung „deutscher Oberflächen" durch Werbung. Das Bild der deutschen Nation als Litfaßsäule, wie es ein Zeitungsartikel entwarf, kann deshalb nur in starken Grenzen Geltung haben.[442] Das Aushandeln von Interessen rückte in den Mittelpunkt und zeichnete auch den Geist innerhalb der Werbebranche aus, die ihr Handeln an einen gesellschaftlichen Konsens rückkoppelte. So gab es Schulterschlüsse mit Heimatschützern, genauso wie Branchenvertreter beispielsweise die Interessen der Erzdiözese Köln bei der Reinhaltung des Domplatzes berücksichtigten. Diese spezifische Konstellation brach sich zwar an den überzogen selbstbewussten Selbstbildern und maßregelte indirekt die Identitätspolitik der Werber, jedoch beschreibt sie die Realität der Machtverhältnisse.

Die maßgebliche Person, bei der die Diskussion nun zusammenlief, war der Reichskunstwart Edwin Redslob.[443] Redslob suchte und hielt über Jahre den Kontakt zu allen wichtigen Akteuren der Werbedebatte. Er korrespondierte und verhandelte mit der Heimatschutzbewegung ebenso wie mit dem Werkbund, mit dem Verein der Plakatfreunde, Werbern sowie Stadtverwaltungen und anderen Ministerien, in deren Verantwortungsbereich Fragen der Werbung fielen.[444] Redslob war eine der zentralen Anlaufstellen, um die Interessen der jeweiligen Akteure zu koordinieren. Grundsätzlich lässt sich festhalten, dass Redslob sowohl den Gedanken der Heimatschutzbewegung und des Werkbundes offen gegenüberstand als auch auf pragmatische Weise die Anliegen der Wirtschaft berücksichtigte. Programmatisch verkündete er die Einheit von Kunst und

---

[442] Osborn, Max, Deutschland als Litfaßsäule, o. A., in: BArch R32/163, Bl. 7.
[443] Zu den Unterlagen von Redslobs Behörde: BArch R32.
[444] BArch R32/57/163/164/172/180/377.

Wirtschaft und betonte in seinen Reden, dass Werbung kein Feind der Kunst sei, sondern ihre Förderin. Werbung sei ein Kind der Zeit, das sich noch entwickeln müsse, woran Architekten und Künstler mitzuwirken hätten, um gemeinsam mit den Vertretern der Unternehmen bei „*der wirtschaftlichen Gesundung unseres Vaterlandes*" mitzuhelfen.[445] Der übergeordnete Referenzrahmen blieb weiterhin die Nation, das Konzept, dem Redslob folgte, war die (allerdings überholte) Werbekunst, die er zumindest an hervorragenden öffentlichen Räumen forderte. Er war jedoch pragmatisch genug zu sehen, dass „*Straßenkunst*" nur in den Museen stattfand und die Vorstellung der Galerie der Straße naiv war, wie es Redslobs Korrespondenzpartner Hans Sachs vom Verein der Plakatfreunde beschrieb.[446] Indirekt gab Redslob dem Hamburger Zigarettenfabrikanten Reemtsma Recht, der 1921 meinte, dass die Zeiten vorbei seien, in denen sich offizielle Stellen ein Geschmacksdiktat erlauben dürften.[447] Reemtsma sah in Redslob einen Verbündeten, weil das Markenzeichen seines Unternehmens, ein stilisiertes Wikingerschiff, bei der Post und der Eisenbahnverwaltung in Verruf geraten war, nicht künstlerisch zu sein. Redslob rechtfertige den künstlerischen Wert der Marke:

> „Ich beobachte aus Gründen meiner Mitarbeit an der Postreklame und der Bahnhofsreklame seit vielen Monaten den Stand der Reklametätigkeit. Der volkswirtschaftlich so wichtigen Hinwendung entspricht hierbei die Notwendigkeit, diesen Markenartikel durch Warenzeichen zu kennzeichnen, die sich leicht einprägen. Hierfür bietet das Reemtsmawarenzeichen eines der besten Beispiele, die mir bisher bekannt geworden sind."[448]

Redslob wurde, wie im Fall Reemtsma, permanent zur Beurteilung der Qualität von Werbung herangezogen, selbst wenn es darum ging, ob Eintrittskarten des Berliner Staatstheaters auf der Rückseite Werbung tragen dürfen.[449] Nach wie vor wurde der künstlerische Wert fragwürdig, wenn Werbung zu bunt auftrat oder Werbeschilder in der Landschaft oder an historischen Gebäuden aufgestellt wurden. Die Expansion solcher Werbung

---

[445] BArch R32/163, Bl. 118.
[446] BArch R32/57, Bl. 17.
[447] Ebd., Bl. 141ff.
[448] Ebd., Bl. 145.
[449] BArch R32/180, Bl. 42.

war stets die Grundlage zu weitergehenden Verständigungen der beteiligten Parteien. Dieser Aushandlungsprozess, in dem Redslob in vielen Fällen Moderator war, begann immer wieder mit den gleichen übertriebenen Drohkulissen. Aufgeschreckt von aktuellen Entwicklungen in der Weimarer Republik schrieb die Presse von Hunderttausenden von Flächenfeldern, die in letzter Zeit an Bahnhöfen, Gebäuden, Wassertürmen, Brücken, Übergängen, auf der Straße und in den Zügen für die Werbung freigegeben worden waren.[450] Bedrohlich und wie ein „Dolchstoß von hinten" erschien die wachsende Bereitschaft staatlicher Stellen (Bus- und Straßenbahnbetriebe, Post, Eisenbahn), aus dem Konsens über eine würdige „deutsche Oberflächengestaltung" auszuscheren. Der Bund Heimatschutz bat Redslob mehrfach einzugreifen, damit die hoheitlichen Zonen „deutscher Oberflächen" erhalten bleiben konnten.[451] *„Behördliches Reklameunwesen"* nannte 1922 die Tägliche Rundschau diese Entwicklung; für die Kölnische Zeitung machte die Kompromissbereitschaft der öffentlichen Hand bei der Vermarktung von Werbeflächen die Werbung zur *„Göttin"*.[452] Die kulturellen Hierarchien wurden damit auf den Kopf gestellt, wie auch der Komponist Stefan Wolpe in seiner Oper Zeus und Elida von 1928 festhielt. Am Schauplatz Potsdamer Platz, dem Ursprungsort vieler Großstadtmythen, steigt Zeus vom Himmel herab. Umherirrend auf der Suche nach der entflohenen Europa meint Zeus die Gesuchte auf einem Werbeplakat der Kosmetikmarke Elida wiederzuerkennen. Zeus verfällt erst dem schönen Bild, dann dem falschen Schein und ruft ein Chaos am Potsdamer Platz hervor. Wolpes Zeus, der Syphilis für die Sylphiden hält, verliebt sich nicht nur in Elida, auch Odol und Chlorodont sind ihm schon wie „Heimatklang". Die groteske Vermischung von antiken Mythen und den Trivialmythen der Werbung sind Thema der Oper. Die alte Welt findet sich nicht mehr in der modernen zurecht. Zeus, der seiner Gewohnheit entsprechend mit Elida verkehren möchte, ruft Polizei und Staatsanwalt auf den Plan und wird als verwirrter alter Mann verhaftet.[453]

---

[450] BArch R32/163, Bl. 7.
[451] BArch R32/163, Bl. 12; Barch R32/164, Bl. 28; BArch R32/172, Bl. 102.
[452] Barch R32/180, Bl. 17, 19.
[453] Konzerthaus Berlin (Hg.), Stefan Wolpe. Berlin – Jerusalem – New York, Berlin 2002, S. 13–21.

Die Deutsche Allgemeine Zeitung vermutete Anfang der 1920er Jahre, dass bald auch die Straßenschilder vermarktet würden.[454] Und nachdem in Frankfurt/Main 1920 bereits die Postwagen für Reklame freigegeben worden waren, äußerte selbst Reichskunstwart Redslob sein Befremden darüber, dass eine englische Firma auf deutschen Postwagen werben durfte – und setzte überspitzt hinzu, ob demnächst auch die deutschen Kriegsschiffe mit englischer Werbung beklebt würden.[455] Den Simplicissimus veranlasste diese Diskussion zu ironischen Reaktionen. Die Satirezeitschrift unterstellte eine grenzenlose Expansion der Werbung, die auch vor der Eroberung von Polizeibeamten als Werbeträger nicht Halt machen würde.[456] In der Karikatur werden zwei Beamte dargestellt, die, mit Werbeaufklebern und Fähnchen ausgestattet, einer lebenden Litfaßsäule ähneln. An diesem Bild werden generelle Aspekte deutlich: Beamte in Uniformen waren hoheitliche Zeichen des öffentlichen Lebens. Sie repräsentierten den Staat, der – so war man es gewohnt – unabhängig von rein privatwirtschaftlichen Interessen agierte und den Zeichen der Konsumgesellschaft keine Plattform bot. Staatliche Insignien standen über denen der Wirtschaft. Die Karikatur stellt dieses Prinzip in übertriebener Weise auf den Kopf; sie degradiert den Staat, der – werblich gedacht – als Marke nicht mehr über ein Alleinstellungsmerkmal verfügte. Im Kaiserreich wäre das wahrscheinlich noch undenkbar gewesen; nach 1918 arrangierte man sich nun mit der Konsumgesellschaft. Die vermarkteten Werbeflächen des Staates waren in der Realität zwar nicht seine Beamten, jedoch Briefkästen, Postwagen oder auch der von der Post beaufsichtigte Hörfunk.[457]

Die hier zusammengestellten Beispiele spiegeln in unterschiedlichen Artikulationsformen eine tiefgreifende kulturelle Transformation oder, wenn man will, Unordnung wider, die im zeitgenössischen Kontext der Regulierung bedurfte.[458]

Zu einem der wichtigsten, von Redslob mit angestoßenen, Steuerungsinstrumente entwickelten sich in der Weimarer Republik die zahlreichen Vermittlungsausschüsse bei Behörden und Ämtern. Sogar eine

---
[454] Ebd., Bl. 6.
[455] BArch R32/164, Bl. 78.
[456] Zu den Anfängen der Postwerbung: Lazarus, Gerhard, Reklame durch die Post, Greifswald 1923.
[457] Barch R32/172, Bl. 102.
[458] Abb. 12.

Werbeagentur rühmte sich gegenüber Redslob, einen Vermittlungsausschuss mit Werkbündlern eingerichtet zu haben und sich der ständigen Aufsicht des Deutschen Werkbundes unterworfen zu haben.[459] Solche Initiativen waren in der Privatwirtschaft allerdings selten.[460] Das Prinzip war immer das gleiche: Vertreter des Heimatschutzes, des Werkbundes, des Vereins der Plakatfreunde, Werber und sonstige Wirtschaftsrepräsentanten sowie Ministerialbeamte bildeten Vermittlungsausschüsse oder Zentrale Beiräte.[461] In manchen Fällen stießen Stadtbauämter oder die Baupolizei dazu.[462] Vor allem die Eisenbahndirektionen und die Postverwaltung adaptierten das Vermittlungsmodell, weil Eisenbahn wie auch Post die Vermarktung ihrer Werbeflächen professionalisierten und am stärksten in die Kritik gekommen waren. Auch in Berlin hatte sich ein solcher Sachverständigenbeirat zum Schutze der Stadt Berlin gegen Verunstaltung gebildet.[463] Vordergründig waren sich die Akteure einig: Es ging darum, so z. B. der Baurat der Eisenbahndirektion Magdeburg, *„trotz des Ernstes der Zeit und unserer Finanzen"* den *„letzten Rest an nationaler Würde"* zu bewahren.[464] Bei Post- und Eisenbahnwerbung entsteht allerdings der Eindruck, dass die Einrichtung der Beiräte ein strategischer Schachzug zur Integration der Werbekritiker war und die Beiräte keine wirklichen Einflussmöglichkeiten hatten, was der prominente Heimatschützer Wilhelm Münker gegenüber Redslob noch 1932 anprangerte: Die Eisenbahn-Reklame-Gesellschaft gehöre zu den *„hartnäckigsten Sündern"* und erkläre frei heraus, dass sie notfalls ihre Interessen im Verwaltungsstreitverfahren durchfechten werde. Trotz zahlreicher Termine und Ortsbesichtigungen seien bislang lediglich dicke Aktenbündel produziert worden.[465] Dagegen trafen sich Berliner Sachverständige seit der Gründung des Beirats 1920 sechs Jahre später bereits zum 33. Mal.[466] Auch der Anfang der 1920er Jahre eingesetzte

---

[459] BArch R32/180, Bl. 81.
[460] Ebd., Bl. 81.
[461] BArch R32/164, Bl. 212.
[462] Barch R32/163, Bl. 38.
[463] BArch R32/172.
[464] BArch R32/163, Bl. 143.
[465] BArch R32/336, Bl. 56.
[466] BArch R32/173, Bl. 93.

Breslauer Sachverständigenrat war aktiv und wöchentlich gutachterlich tätig.[467]

Die Empfehlungen der Beiräte waren nicht immer hilfreich und überließen die meisten Entscheidungen den persönlichen Vorlieben der berufenen Sachverständigen. Der Hauptsachverständigenbeirat für die Postreklame wollte beispielsweise Außenplakate auf drei Farben reduzieren und plädierte ansonsten für eine „*ruhige*" Gestaltung der Werbung.[468] Das Maß des Ruhigen war jedoch Gegenstand weiterer Interpretationen.

Insgesamt bleibt festzuhalten, dass sich überall in Deutschland Kontrollgremien bildeten und damit den kooperatistischen Ansatz der Republik bei der Behandlung von Werbefragen unterstrichen. Der Geist der Weimarer Werbung zeichnete sich durch die Suche nach dem Konsens aus. Dieser Ansatz steht ganz im Gegensatz zu den tiefen Eingriffen in die Werbebranche seitens des Staates nach 1933, wo mit staatlicher Macht versucht wurde, Ordnung in die Struktur „deutscher Oberflächen" zu bekommen.

Zentral bleibt die Frage, inwieweit der Versuch, die Expansion der Werbung zu steuern, tatsächlich gewollt war oder rhetorischen Charakter hatte. Den Bemühungen um einen Ausgleich mit Heimatschützern und Werkbündlern stand die Faszination einer neuen modernen Oberfläche gegenüber. Wenn Kritiker das Bekleben von Postwagen und die Vermarktung anderer öffentlicher Flächen in bekannter Manier beklagten, so gab es auf der Seite der Werber – trotz aller Einsicht in die Belange des Heimatschutzes – auch ein Bewusstsein dafür, dass die Werbezeichen eine neue Welt erschufen, die gegenüber der alten nicht minderwertiger war. Dem Gedanken des Schutzes der Heimat stand der Aufbruch in eine urbane und als aufregend wahrgenommene Zukunft entgegen. Die kulturelle Transformation erschuf für einige Interpreten eine positiv konnotierte neue Ordnung.

---

[467] BArch R32/180, Bl. 88.
[468] BArch R32/165, Bl. 31ff.

„Reklame schafft erst die moderne Welt!"[469]

Werbung als Signum der Großstadt ist in der Forschung bereits ausführlich beleuchtet worden.[470] Gemein ist den meisten Ansätzen der Metropolenforschung, die Großstadt in den Kontext des kulturellen Elitenkampfes zu stellen und auf die bekannten Kronzeugen der Zeit wie Krakauer, Benjamin oder Jünger zu verweisen.[471] Die Großstadt ist dann wahlweise das Schockerlebnis der Moderne, das Labor der Avantgarde oder der Moloch, in dem – so bei Literaten wie Döblin, Keun oder Kästner – der Einzelne unterzugehen drohte. Die Großstadt ist weiterhin Ort der Kriminalität, der Anonymisierung privater Beziehungen, der Unterhaltung, Standort der Warenhäuser, Beispiel konsumistischer Niederungen und Verkehrsknotenpunkt – auf jeden Fall eine Herausforderung, bei der sich auf gedrängtem Terrain die Probleme der Urbanisierung und der Widerspruch zwischen traditionellen und modernen Mentalitäten verdichteten. Die Großstadt ist somit ein komplexes urbanes Zeichensystem, aus dem sich Paradigmen der modernen Welt herauslesen lassen.[472] Dieses komplexe Zeichensystem bietet jedoch nicht nur Ansätze, um die Problemgeschichte der Moderne plakativ aufzuzeigen und das wild wuchernde Leben, den Tanz auf dem Vulkan, eine überdrehte künstlerische Moderne, mithin die gesellschaftliche Desintegration in den Mittelpunkt zu rücken oder als Gegenfolie zur „konservativen Revolution" und dem Aufkommen des Nationalsozialismus zu benutzen. Diese Themen und die damit verbundenen Fragestellungen gehören zwar unbestreitbar zur Charakterisierung und Analyse des großstädtischen Lebens. Die Großstadt bietet jedoch noch eine ganze Reihe anderer Interpretationsmuster, die bisherige Deutungen ergänzen.

Werbung war ein urbanes Phänomen, wie sich allein schon aus den Werbeplänen der Unternehmen herauslesen lässt, die hauptsächlich in den

---

[469] Hofmann, G., Nicht nur die moderne Welt braucht Reklame, sondern die Reklame schafft erst die moderne Welt!, in: Die Reklame, 1922, 145, S. 61f.
[470] Ward, Janet, Weimar Surfaces. Urban visual culture in 1920s Germany, Berkeley 2001, S. 92–141; Wischermann, Clemens/Shore, Elliott (Hg.), Advertising and the European City. Historical Perspectives, Hants 2000.
[471] Ebd., S. 1–78.
[472] Guckel-Seitz, Sabine, Stadtreklame als Text. Die(se) Geschichte mit der Semiotik, in: WerkstattGeschichte, 7, 1994, Heft 1, S. 18–30.

Städten plakatieren ließen oder Anzeigen schalteten.[473] Es soll deshalb hier darum gehen, die eigenständigen Leistungen der Werber beim „Großstadtbau" zu erfassen und deutlich zu machen, wie sehr die von Werbung erleuchtete Großstadt zu einem Identifikationsmerkmal und damit zum Ausdruck von nationalem Stolz werden konnte. Die Lichtwerbung war zum Beispiel ein neues Symbol „deutscher Oberflächen", die in Konkurrenz zu den alten Symbolen, wie etwa dem Kölner Dom, standen. Gerade in der Kontrastierung beider Zeichen kann die Spezifik einer „deutschen Moderne", wie sie die Werber sahen, herausgestellt werden. Damit wird von vorneherein geklärt, dass nicht ausschließlich Neurasthenie und Reizüberflutung, populäre Narrative der konservativen, vom Heimatschutzgedanken getragenen Werbekritik, Ergebnisse der werblichen Präsenz in der Großstadt waren. Auch nicht die Ablenkung vom vermeintlich Eigentlichen, von der Innerlichkeit der Deutschen durch Werbung, die wie Morphium wirken würde, stand im Mittelpunkt.[474]

In den 1920er Jahren fingen die selbstbewusster gewordenen Werber an, sowohl ihre Tätigkeit als auch die von ihnen geprägten Räume als Ausdruck kulturellen Schaffens zu verstehen. Dabei ging es um die Werbung außerhalb des noch im Kaiserreich hegemonialen Kulturverständnisses. Werbung, so hieß es von den neuen Kulturschaffenden, kreiere sogar erst die moderne Welt – und die Moderne konnte nach Auffassung der Werber auch in Deutschland Fuß fassen und war vor allem in der Großstadt zu suchen.[475] Das Ausmaß der urbanen Modernität, welche die Werber vor Augen hatten, drückte sich im Ausmaß von Werbung aus und schuf einen den Werbern eigenen Nationalismus. Vor allem im Erscheinungsbild der großen Stadt zeigte sich die Ästhetik der Moderne an der sinnfälligen optischen Strukturierung mittels Werbung, die ein Zeichen dynamischen Fortschrittsgeistes war. Nirgendwo kam das deutlicher zum Ausdruck als bei der Leuchtwerbung, die in den 1920er Jahren mit neuen Werten aufgeladen und positiv besetzt wurde, auch wenn alte Kritikmuster weiterhin existierten.

---

[473] Archiv Faber-Castell, Stein b. Nürnberg, Protokolle der Werbeetats 1933–1943, Signatur DF 04-0029 – DF 04-0034; WWA Dortmund, Bestände Fa. Schlichte, F 147/1027.
[474] Lamberty, Reklame, S. 464.
[475] Hofmann, G., Nicht nur die moderne Welt braucht Reklame, sondern die Reklame schafft erst die moderne Welt!, in: Die Reklame, 1922, 145, S. 61f.

Licht und Großstadt gehörten bereits seit der Jahrhundertwende zusammen. Die Werbung, ständig auf der Suche nach neuen Möglichkeiten Aufmerksamkeit zu wecken, nutzte die Lichtelektrizität erstmals kurz vor 1900 für ihre Zwecke und schaffte damit einen modifizierten Eindruck von Großstadt.[476] 1896 entstand am Spittelmarkt in Berlin eine erste Leuchtwerbung für die Marke „Malton-Wein", der weitere folgten.[477] Die AEG konstruierte 1907 die ersten so genannten Elektrographen: Metallplatten, die mittels Glühbirnen und einem Schaltsystem jeden beliebigen Buchstaben und ebenso beliebig viele Schriftzüge hintereinander erzeugen konnten. Die größte Elektrographenanlage Europas, installiert auf einem Haus am Potsdamer Platz, vermochte es, in zwei Reihen 36 verschiedene Werbetexte jeweils achtmal pro Stunde hintereinander aufleuchten zu lassen, und erreichte Ausmaße von circa 30 Metern Breite und bis zu fünf Metern Höhe.[478] Mit den später farbig konstruierten Leuchtwerbungen und durch ausgeklügelte Schalttechniken, mehrere Tausend Glühbirnen sowie Ausmaße von mehreren Dutzend Quadratmetern war es möglich, alle nur denkbaren Bilder und Texte in die Nacht hinein zu projizieren.[479]

Die Reaktionen auf die technische Weiterentwicklung und konkrete Anwendung der Leuchtwerbung waren – um es noch einmal zu unterstreichen – ambivalent. Wie gewohnt traten die Heimatschutzverbände auf den Plan, konnten aber die Expansion der Leuchtwerbung kaum aufhalten. Kritiker ließen verlautbaren, dass die *„infernalischen Lichtattentate"* Nervenzerrüttungen und *„Gehirnaffektionen"* hervorriefen und *„wie ein Dolchstich"* ins Auge trafen.[480] Der Heimatschutzbund gelangte in den 1920er Jahren zwar immerhin zu der Einsicht, dass die Werbung ein notwendiges Übel mit auszuhandelnden Grenzen sei, aber gerade mit Blick auf die Lichtwerbung verwies er darauf, dass die Deutschen sich in einem *„Zustande der Notwehr"* befänden und es nach wie vor darum gehen müsse, das Primäre, Ursprüngliche und Natürliche der Struktur des öffentlichen Raumes gegenüber dem Werbewesen zu schützen, da dieses lediglich

---

[476] Reinhardt, Reklame, S. 313.
[477] Ebd., S. 314.
[478] Ebd., S. 316.
[479] Ebd., S. 316f; Abb. 13.
[480] Reinhardt, Reklame, S. 314.

sekundär und von bestimmten Interessengruppen „eingeschmuggelt" worden sei.[481]

Bis Anfang der 1920er Jahre versuchten die städtischen Behörden auf einer Linie mit diesem Interpretationsmuster noch, die Leuchtwerbung durch Verbote einzuschränken. Das geschah bisweilen mit Begründungen wie der, dass sie „*die Pferde scheu mache*" oder das Stadtbild „*verschandele*"; die lokalbehördliche Zensur begründete Untersagungen – allerdings nicht nur für die Leuchtwerbung – unter anderem auch damit, dass keine deutschen, sondern „*fremdländische*" Schriften (Antiqua) verwendet würden.[482] In anderen Fällen waren es zu grelle Farben oder die Ansicht, es handele sich um „*futuristischen Humbug*", die zu Werbeverboten im öffentlichen Raum führten.[483] Insgesamt ließ sich den Kritiken und Verboten entnehmen, dass Licht- und Außenwerbung nicht zum akzeptierten Inventar deutscher Städte und Landschaften gehören sollte.[484]

Werbekritik, Krieg, energiepolitische Gründe und Vermittlungsausschüsse verzögerten eine breite Expansion dieser besonders sinnfälligen Werbeform. Nach Kriegsende wurde das Verbot der Lichtwerbung wegen Energieknappheit für einige Jahre sogar beibehalten, was nostalgische Erinnerungen bei Werbefachleuten hervorrief; sie wünschten sich wieder die „*blendende Helle*" der Großstadt aus der Zeit vor dem Krieg herbei und beschworen „*das Prickelnde, Flutende, Belebende*" der Verkehrsstraßen in den Abendstunden:

> „Wenn die Litfaßsäulen und die Geschäftsschilder verstummt waren [...], flammten Hunderttausende kleiner Glühlämpchen auf und ließen hier perlenden Schaumwein in das Sektglas fließen, dort bläuliche Ringelwolken aus einer duftenden Zigarette aufsteigen."[485]

1921/22 wurde das Verbot der Leuchtwerbung aufgehoben.[486]

---

[481] Zech, Paul, Behördliche Zensur der Verkehrsreklame, in: Die Reklame, 1924, 3, S. 584.
[482] Ebd., S. 580ff.
[483] Ebd.
[484] Ebd.
[485] Klaffka, Franz, Lichtreklame. Erinnerungen und Betrachtungen, in: Die Reklame, 1922, 147, S. 182.
[486] Anon., Leuchtreklame wieder möglich, in: Die Reklame, 1921, 135, S. 159.

„So werden nun bald wieder", berichtete die Fachpresse, „über dem Potsdamer Platz und dem Spittelmarkt, an den Wänden und Dächern der Friedrichstraße und des Kottbusser Ufers die hellen Lichtbuchstaben aufleuchten [...], die jetzt finsteren Berliner Straßen und Plätze werden mit Hilfe der Reklame endlich erhellt sein."[487]

Die Rückkehr der Leuchtwerbung signalisierte – zumindest für die Werbebranche – ein Stück wiedergewonnene Normalität. Autoren der Fachpresse stimmten darin überein, dass Leuchtwerbung *„eines der Hauptanziehungsmittel der Großstadt"* sei und es *„ohne Lichtreklame kein Großstadtleben"* geben könne.[488]

1924 betonte sogar der Berliner Magistrat, dass geschmackvolle Lichtreklamen gefördert werden sollten; 1927 wurden bis dahin geschützte Straßen und Plätze wie Unter den Linden in Berlin oder der Kölner Domplatz für die Lichtwerbung freigegeben. 1928 fand in Berlin ein Lichtfest statt mit dem Ziel, Berlin zur führenden *„Lichtstadt"* Europas zu machen.[489]

Hier erfuhr die Lichtwerbung nun auch Förderung von öffentlicher Seite, was allerdings nicht darüber hinwegtäuschen kann, dass die Ausbreitung der Lichtwerbung relativ blieb. 1926 existierten beispielsweise in Berlin lediglich 25 große Lichtwerbeanlagen an Häuserfassaden, die mehrere Quadratmeter groß waren, aber insgesamt 3.000 Lichtdisplays.[490] In anderen deutschen Großstädten wie Leipzig gab es in den 1920er Jahren kaum eine Handvoll Leuchtwerbeanlagen.[491] Zumeist konzentrierten sich die Anlagen nur an bestimmten Plätzen, in Berlin beispielsweise am Potsdamer Platz. Eine dominante Erscheinung des Großstadtlebens war die Leuchtwerbung also nur an den örtlichen Brennpunkten. Aber dort verbrauchte die Werbung von 1924 bis 1929 doppelt so viel Elektrizität wie in der Vorkriegszeit.[492]

---

[487] Anon., Wieder Lichtreklame in Berlin, in: Seidels Reklame, 1922, 18, S. 187.
[488] Schalcher, Traugott, Die Reklame der Straße, Wien/Leipzig 1927, S. 87.
[489] Ausführliche Beschreibung des „Lichtfests" in: Blau, A.W., Berlin im Licht, Die Reklame, 1928, 21, S. 712–715; Abb. 14.
[490] Die größte Lichtwerbeanlage ihrer Art in Europa war eine mit 6.000 Glühlampen auf 360 Quadratmetern auf einem Haus am Kurfürstendamm errichtete Leuchtwerbung für Scharlachberg Meisterbrand. Sie definierte in ihren Ausmaßen einen neuen Standard. Siehe dazu auch: Reinhardt, Reklame, S. 323f.; Ward, Surfaces, S. 102.
[491] Reinhardt, Reklame, S. 321.
[492] Ward, Surfaces, S. 102.

Immerhin strahlten diese Zentren über sich hinaus und hatten teilweise einen nicht zu unterschätzenden Symbolwert sowie eine beachtliche Sogwirkung. Licht bzw. Lichtarchitektur wurden sogar zu eigenständigen Aufgabenbereichen in der modernen Architektur.[493] Hatte Walter Gropius beim Entwurf eines Fabrikgebäudes für die Werkbundausstellung 1914 erstmals Flächen für Werbung als integrativen Bestandteil der Architektur verstanden, wurde in den 1920er Jahren die illusionäre Wirkung von erleuchteten Gebäuden in der Nacht zu einem modischen Gestaltungselement. Moderne Architektur und Außenwerbung, insbesondere Lichtwerbung, widersprachen sich nicht, sie wurden eins. Architekten wie Hans Scharoun, Bruno Taut oder Erich Mendelsohn wollten die Wirkung der elektrischen Fassadenwerbung beispielsweise für den Hochhauswettbewerb in der Berliner Friedrichstraße 1921/22 (Scharoun) oder für das realisierte Kolumbushaus am Potsdamer Platz (Mendelsohn) nutzen.[494] Hans Pfeffer, Berliner Regierungsbaumeister, beschrieb:

> „Zuerst verwuchs die Lichtwerbekunst immer enger mit den sie tragenden Bauten. Bald aber verzichtete man auf ganze Architekturglieder zugunsten künstlerisch bedeutender Lichtträger. Ganze Häuser entstanden, bereits vollkommen im Gedanken an diese Lichtkunst gestaltet."[495]

Nicht immer war mit Lichtarchitektur auch Leuchtwerbung gemeint, aber sie stellte innerhalb der Diskussionen über diese neue Dimension des Bauens den wichtigsten Part dar. Die versöhnliche Konzeptionalisierung und künstlerische Ästhetisierung der Lichtwerbung war allerdings eher die Ausnahme denn Normalität.[496] Sie setzte aber Impulse, selbst wenn z. B. Mendelsohn seine Begeisterung für die Werbebauten nur ungern öffentlich machte. In einem Brief an Reichskunstwart Redslob bat Mendelsohn, seine Beteiligung an Werbebauten am Potsdamer Platz geheim zu halten; er wolle weiterhin das Pseudonym eines schwedischen Kunstmalers nutzen.[497] Für

---

[493] Kunstmuseum Stuttgart (Hg.), Leuchtende Bauten. Architektur der Nacht, Ostfildern 2006.
[494] Ward, Surfaces, S. 111f.
[495] Zit.n.: Neumann, Dietrich, Leuchtende Bauten – Architekturen der Nacht, in: Kunstmuseum Stuttgart, Bauten, S. 17.
[496] Schimpf, Simone, Die Wunder der Nacht – Die Rezeption der Lichtarchitektur in Malerei und Fotografie, in: Kunstmuseum Stuttgart, Bauten, S. 31.
[497] BArch R32/180, Bl. 87.

den Alltag prägender war die Empfehlung des Reichsverkehrsministeriums von 1921 an alle Eisenbahndirektionen, bei Neu- und Umbauten von Bahnhöfen nach Möglichkeit von vornherein Flächen für Werbung vorzusehen.[498] Hier ging es jedoch weniger um den ästhetischen modernen Gesamteindruck der Gebäude als um bloße Werbeflächenvermarktung.

Dass diese Entwicklung nicht nur Ausdruck von Gewinnstreben und rationalistischen Interessen war, lässt sich anhand vieler Äußerungen aus Schriftsteller- und Künstlerkreisen zeigen. Für sie repräsentierte diese *„phantastische Welt"* die Sinnlichkeit der Moderne. Lichtwerbung konnte als Kraft gegenüber *„der Nüchternheit des zweckhaften Lebens"* gedeutet werden.[499] Max Osborn sprach in diesem Sinne vom *„Nachtmärchen der modernen Großstadt"* und Siegfried Kracauer verfiel einem *„Straßenrausch"*.[500] Selbst Kritiker offenbarten mit ihrem Vokabular wie sehr die moderne Welt zu bezaubern vermochte – und damit Webers Einschätzung von der Entzauberung in der Moderne widersprach.[501]

Lichtwerbung als Leistungsmerkmal im internationalen Wettbewerb der Metropolen

Die Werber verstanden die Anhäufung von Leuchtwerbungen und sonstigen Werbemitteln als Gradmesser der Urbanisierung im Kontext des internationalen Wettbewerbs unter den Metropolen.[502] Nicht das Eindringen von Werbung in hoheitliche Räume wurde also sensibel thematisiert, sondern die internationale Konkurrenz der Städte, die ihre Rangplätze aufgrund des Ausmaßes an Werbung einnahmen. Berlin wurde dementsprechend zum „Paradies der Elektrizität" und löste Paris als Stadt des Lichts ab; die erwähnte Berliner Lichtwoche vollendete das Metropolenimage der deutschen Hauptstadt und stand London oder selbst New York in dieser Hinsicht in nichts nach.[503]

---

[498] BArch R 32/163, Bl. 37.
[499] Neumann, Bauten, in: Kunstmuseum Stuttgart, Bauten, S. 16.
[500] Ebd.
[501] Ebd., S. 17.
[502] Schmidt–Lamberg, Herbert, Verkehrspropagandistische Neuerungen der europäischen Hauptstädte, in: Die Reklame, 1925, 2. Oktoberheft, S. 1152.
[503] Ward, Surfaces, S. 102, 109.

"Vier Tage lang", so hieß es, "wird ganz Berlin, diese mitreißende, blühende Weltstadt, ihren Bewohnern und Gästen eine Vorstellung bieten, die in Farbe und Glanz, Schönheit und Eleganz alle Zentren dieser Welt überbieten."[504]

Lichtwerbung als Ornament der modernen Stadt, wie es Reichskunstwart Erwin Redslob nannte, war ein Leistungsmerkmal geworden; Berlins visuelle Überlegenheit in der Rangfolge der Weltstädte wurde damit zu einer nationalen Überlegenheit umgedeutet und nicht wenige Besucher waren von der lichtelektrischen Stimulation und Hektik der deutschen Hauptstadt tatsächlich geblendet.[505] Entsprechend konnte Werbung als mondänes Zeichen, Attraktion und Sehenswürdigkeit herausgestellt werden.[506] So verwundert es nicht, dass in Berlin sogar Postkarten mit Lichtwerbung verkauft wurden.[507]

Ihren Gegnern hielten die Werber schließlich vor:

"Regungen des Gefühls und weinerliche Lamentationen aus falsch begriffener Pietät für Landschaft und Stadtbild müssen eben ausschalten, wo das harte, kalte und rechnerische Leben letzte Anspannung des Willens zum Wirtschaftserfolg verlangt. Die Postkutsche, die in mailicher Mondnacht durch die Landschaft geisterte, war sicherlich ein Hochbegriff für schöngeistige Seelen eines romantischen Jahrhunderts. [...] Das Zeitalter der Elektrizität [...] verlangt, daß sich alle Geschehnisse der Zeit ihr anpassen und einen ihr adäquaten, ethischen und ästhetischen Kulturausdruck finden."[508]

Der Berliner Stadtplaner Martin Wagner nahm diesen Gedanken auf und wünschte sich für den Berliner Alexanderplatz *„ein herausflutendes Licht bei Nacht [...]"*, das ein gänzlich neues Gesicht des Platzes erzeugen würde, denn *„Farbe, Form und Licht (Reklame) sind die drei Hauptbauelemente für neue Weltstadtplätze."*[509] Das Bild romantischer Oberflächen, wie sie Rudorff

---

[504] Neumann, Bauten, in: Kunstmuseum Stuttgart, Bauten, S. 17.
[505] Ward, Surfaces, S. 116, 120.
[506] Schmidt-Lamberg, Herbert, Verkehrspropagandistische Neuerungen der europäischen Hauptstädte, in: Die Reklame, 1925, 2. Oktoberheft, S. 1154; Meunier, E., Etwas vom Geist der Reklame, in: Die Reklame, 1930, 13/14, S. 404.
[507] Neumann, Bauten, in: Kunstmuseum Stuttgart, Bauten, S. 17.
[508] Zech, Paul, Sinn und Zweckbestimmung der Reklame, in: Die Reklame, 2, 1922, S. 177.
[509] Zit.n.: Neumann, Bauten, in: Kunstmuseum Stuttgart, Bauten, S. 17.

vertreten hatte[510], wurde in diesem Fall ersetzt durch die leitende Vision beeindruckender Urbanität. Die Hauptstadt war selbst zu einem überdimensionierten Werbemedium geworden.[511]

Auch wenn die Entwicklung der urbanen „Oberflächenstruktur" – wie man sich durchaus bewusst war – amerikanischen Einflüssen ausgesetzt war oder die grundsätzliche Form der Urbanisierung als universelle Entwicklung der Moderne gedeutet werden konnte, so enthielt sie doch einen spezifisch deutschen Kern. Auch eine Lichtwerbeanlage konnte „deutsch" sein. Die Nationalisierung der „Oberflächenstruktur" konnte über die Modifikation amerikanischer Vorbilder geschehen. Beispielsweise stellte ein deutscher Werbefachmann fest, dass die riesigen Lichtwerbeanlagen in New York mit Glühbirnen betrieben wurden, während man in Deutschland bereits Neon-Leuchtröhren verwendete.[512] Auch die Tatsache, dass in New York keine Litfaßsäulen aufgestellt waren, zeugte davon, dass es deutsche Spezifika der „Oberflächenstruktur"en gab.[513] Nicht nur das Ausmaß der Stadtwerbung alleine, sondern auch kleine Details luden zur kulturellen Abgrenzung ein.

Die Werber hatten ein neues Medium „deutscher Kultur" erschaffen. Licht, das die Werber in die Großstadt trugen, ist zugleich als Metapher einer ästhetischen Aufklärung zu verstehen. Die Nation, die die Werber für kurze Zeit wollten, war eine aufgeklärte, lichtdurchflutete Nation, die zumindest die ästhetischen Dimensionen der Moderne aufnahm. Inwiefern das Projekt einer politischen Moderne hier eine Rolle spielte, ist hingegen schwer zu sagen. Es kann vermutet werden, dass dieser Aspekt nur eine untergeordnete Rolle spielte. Insofern ist die Hinwendung zur Großstadt und ihre spezifische ikonische Aufladung nicht als Ausdruck einer bestimmten politischen Gesinnung zu sehen. So schnell wie sich die Werber die Republik, Rationalisierung und Urbanisierung als Referenzrahmen schufen, genauso schnell sprangen sie nach 1933 auf den Zug des Nationalsozialismus auf. Festzuhalten bleibt aber, dass es zunächst diesen neuen Referenzrahmen der Werber gab, wodurch der Ansatz der künstlerischen Werbung trotz offizieller Rhetorik und Versuche des Ausgleichs zwischen Heimatschutz,

---

[510] Siehe: Kap. 2.1.
[511] Vgl.: Schütz, Erhard/Siebenhaar, Klaus (Hg.), Berlin wirbt! Metropolenwerbung zwischen Verkehrsreklame und Stadtmarketing. 1920–1995, Berlin 1995, S. 17.
[512] Schmidt, Hermann, Reklame in Amerika, in: Die Reklame, 1925, 6, S. 1360ff.
[513] Ebd.

Werkbund und Werbung weit ins Hintertreffen geriet. Urbanität, Rationalisierung und Aufgeschlossenheit für die technischen Innovationen der Zeit sowie Amerikanisierung waren die praktischen Leitgedanken der Werbung nach dem Ersten Weltkrieg.[514]

Lichtwerbung auf dem Kölner Domplatz als Kräftemessen alter und neuer Nationalsymbole

In bestimmten Kontexten hatte die Ästhetisierung der Außenwerbung bzw. ihre behördenmäßig sogar vorangetriebene Expansion prekäre Folgen und mündete in ein Kräftemessen neuer und alter Oberflächengestalter. Die Freigabe von Lichtwerbung auf dem Kölner Domplatz ist einer der Fälle, wo die Euphorie über die Wirkung des werblich eingesetzten Lichts ein solches Kräftemessen nach sich zog. Lichtwerbung um den Dom herum kreierte jenes eigenartige Bild, das einer Kapitulation gegenüber der Konsumkultur gleichkam und nicht ohne Antwort von Denkmalpflegern und der Erzdiözese bleiben konnte. Die Kombination aus dem Kölner Dom als altes, religiös fundiertes Nationalsymbol zum einen und der Lichtwerbung als Ausdruck der Moderne und ihrer Glaubenslehre vom Konsumismus zum anderen ist beispielhaft dafür, wie sehr die Zeichen der Konsumkultur in die traditionelle hoheitliche Oberflächenstruktur „deutscher Kultur" Einzug hielten.

Sowohl in der lokalen Presse als auch nach Meinung der Kölner Erzdiözese konnte die Vermischung von hoheitlichen Symbolen (Dom) und Zeichen der Konsumkultur (Werbung) kaum als Ausdruck von Fortschritt und einer modernisierten, der Zeit angemessenen „deutschen Oberflächenstruktur" verstanden werden. Gerade an diesem Beispiel lassen sich erneut die typischen Standpunkte des Elitendiskurses über Werbung nachvollziehen. Es zeigt, dass die Branche trotz ihrer Absängen auf vermeintlich überholte Positionen zu Stadtbildern, Landschaft und Kultur nie eine so große Definitionsmacht erhielt, als dass sie sich über die alten Eliten (z. B. Vertreter der Kirche) einfach hinwegsetzen konnte. Allein der Hinweis auf die quantitative Präsenz der Werbung und darauf, dass sie de facto den öffentlichen Raum zu erobern begann, konnte im Elitendiskurs kein Argument für ihre Akzeptanz sein. Gerade in der Auseinandersetzung mit

---

[514] Abb. 15.

der Kirche, einer traditionellen Institution, die sowohl die Bilderwelten der Deutschen als auch Landschaften und Städte mit ihren Sakralbauten bislang geprägt hatte, lässt sich dieser Aspekt zuspitzen.

Sahen die Werber in der Leuchtwerbung einen positiven Aspekt der Urbanisierung, so befürchteten die Kölner Erzdiözese und ihr verbundene Kommentatoren eine unzulässige Konkurrenz zwischen alten und neuen Kultursymbolen. Folglich war Werbung am Kölner Domplatz eine „*offene Wunde*".[515] Der Dom als jahrhundertelang bestehende Autorität und anerkanntes hohes Symbol, das den Menschen von der „*Hetze und Hast der Geschäftswelt erlöst*", wurde durch Verkehr, Hochhäuser und Werbung angegriffen.[516] Zwar konnte Werbung nicht grundsätzlich verboten werden, aber es ging in dieser Debatte erneut um das Ziehen von Demarkationslinien, oder – um die zeitgenössische Ausdrucksweise zu verwenden – um die Erhaltung „*heiliger Bezirke*", um die zumindest eine „*Bannmeile*" gezogen werden müsse und an der sich Verkehr und Erwerbsleben brechen sollten.[517]

Die Verteidigung des Doms als sakrales, aber vor allem auch als nationales Zeichen rief die Erzdiözese, Dombaumeister und weltliche Vertreter wie den Kölner Regierungspräsidenten sowie den Preußischen Minister für Wissenschaft, Kunst und Volksbildung in den 1920er Jahren häufig auf den Plan.[518] Überliefert sind Protokolle von zahlreichen Ortsbesichtigungen, die Ausdruck eines bemerkenswerten Konsenses aller beteiligten Institutionen sind.[519] Der Dom polarisierte und veranlasste die Akteure dazu, sich ihrer kulturellen Position zu vergewissern, so beispielsweise 1929 wegen einer Außenwerbung für die Marke 4711 in der unmittelbaren Domumgebung.[520] Das Anliegen der religiösen und in diesem Fall uneingeschränkt auch der politischen Wortführer blieb, die „deutsche Oberflächenstruktur" weiterhin von den alten Zeichen dominieren zu lassen. Das hieß im konkreten Fall, „deutsche Kultur" durch neogotische Baukunst und Religiosität zu repräsentieren und nicht durch Hochhäuser, Autoverkehr, Elektrizität,

---

[515] AEK, MK, Nr. 560 (Umgestaltung der Domumgebung).
[516] Ebd.
[517] Ebd.
[518] AEK, CR I 6.39 (Umgebung des Hohen Domes 1923–1936).
[519] Ebd.
[520] Ebd.

Werbung sowie Konsum. Durch die Ausschaltung oder Einschränkung von Konkurrenzzeichen konnte das Alleinstellungsmerkmal des Doms, die Stadt Köln visuell zu dominieren, erhalten bleiben.[521] Auch nach 1933, dies sei ergänzt, fanden diese Debatten ununterbrochen statt, in deren Rahmen die Erzdiözese explizite Vorgaben zur Gestaltung von Werbung am Domplatz machte. Dazu gehörten, wie ein später vom Regierungspräsidium als Empfehlung weitergeleitetes Positionspapier von 1934 offenlegt, Forderungen wie jene, dass der Inhalt der Anpreisungen die Würde des Domes nicht verletzen durfte; bildliche Darstellungen und wechselnde Lichtwirkungen (bewegliche Schrift, Laufschrift, Wechselschrift, Blinkschrift u. a.) waren ebenso unzulässig wie Dachwerbezeichen. Zwar war der Erzdiözese und ebenso dem Regierungspräsidium bewusst, dass solche Forderungen juristisch nicht mehr durchzusetzen waren, weil damit Eigentumsrechte der Hausbesitzer in Frage gestellt wurden, jedoch konnte die Kirche noch einen erheblichen moralischen Druck ausüben – und ließ sich auch dann nicht erweichen, wenn Vertreter des Handels ihren katholischen Glauben hochlobten.[522]

Kommerz in einem „Kulturmedium": Hörfunkwerbung und die Frage nach „deutscher Kultur"

Im Gegensatz zu allen anderen Werbemedien hatte die Hörfunkwerbung ihre Existenz dem Staat zu verdanken. Ihre Anfänge gehen auf das Jahr 1920 zurück, als der damalige Reichspostminister Johannes Giesberts (Zentrum) angesichts der anstehenden großen Finanzierungsaufgaben, die sich mit der Einrichtung des Hörfunks absehen ließen, erklärte:

„Die gewaltig steigenden Ausgaben nötigen dazu, neue Einnahmen zu schaffen. Ich habe mich deshalb entschlossen, die Einrichtungen der Reichspostverwaltung in weitgehendem Umfange gegen Bezahlung für geschäftliche Anpreisungen zur Verfügung zu stellen. Die früheren Bedenken hiergegen müssen bei der ungünstigen wirtschaftlichen Lage des Reiches zurückstehen".[523]

---

[521] AEK, MK, Nr. 562 (Lichtreklame in der Domumgebung).
[522] Ebd.
[523] Zit. n. Maatje, Luft, S. 61.

Dieses Zitat kann als geradezu programmatisch angesehen werden und beschreibt einen Präzedenzfall in der Werbegeschichte: Eine staatliche Einrichtung öffnete sich für Werbung und fing an, ihre potentiellen, nun auch auditiven Werbeflächen zu vermarkten, was mit einem dringenden Finanzbedarf zusammenhing. Nach dem 15. November 1923 wurde die Reichspost aus dem allgemeinen Reichshaushalt herausgelöst und nicht mehr aus Steuergeldern mitfinanziert. Der spätere Reichspostminister Stingl hob in einer Verhandlung des Reichstags von 1925 hervor:

> „Die Post befindet sich seit dieser Zeit in der Umstellung zu einem selbständigen, nach kaufmännisch-wirtschaftlichen Grundsätzen zu leitenden Unternehmen".[524]

Genau das aber beschrieb den Konflikt, in dem sich die Post und ihr untergeordnete Einrichtungen befanden: Sowohl der zu gründende Hörfunk als auch die Postwagen, die Gebäude der Post oder selbst die Briefkästen – alles eignete sich als Werbefläche, wovon die Post in der Weimarer Republik ausgiebig Gebrauch machte, waren die Werbeeinnahmen wirtschaftlich doch zu verlockend.

Der Staat unterlag der Versuchung, sich mit Werbung Geld zu verschaffen, obwohl sich die Politiker im Allgemeinen und vor allem in öffentlichen Verlautbarungen nach wie vor keineswegs werbefreundlich gaben. Entsprechend musste das Zugeständnis des Staates an den Markt und die Werbung getarnt werden. Gerade aber die Hörfunkwerbung entpuppte sich als Politikum und Gegenstand anhaltender Debatten, auch wenn sie auf dringendes Anraten Hans Bredows, Vater des deutschen Unterhaltungshörfunks, nur *„in mäßigem Umfange und allervorsichtigster Form"* gesendet werden sollte.[525] Die Forderung nach einer dem Hörfunk angemessenen geschmackvollen Werbung gestattete dennoch viele Interpretationsfreiheiten. Der Staat bemühte sich, hohe Qualitätsstandards zu definieren, schraubte diese jedoch nicht so hoch, dass dieses Medium für die Werbung unattraktiv wurde. In der Rhetorik der staatlichen Stellen hieß es deshalb sehr allgemein und halbherzig, Werbung müsse sich in würdiger

---

[524] Redebeitrag Reichspostminister Stingl, in: Verhandlungen des Reichstags, 3. Wahlperiode 1924, Bd. 385, Stenographische Berichte, 48. Sitzung, 28. April 1925, S. 1407.
[525] Maatje, Luft, S. 62. Zit. n. Reinhardt, Reklame, S. 360.

Form präsentieren und dürfe nicht gegen die guten Sitten verstoßen.[526] Offensichtlich herrschte die Annahme, dass eine ungezügelte Werbung dies zwangsläufig tun würde.

Max Riesbrodt, später zuständig für die Hörfunkwerbung, äußerte sich 1927 zu den normativen Anforderungen:

> „Die Postreklame hat sich von jeher bemüht, nicht eine wilde Reklamemacherei zu betreiben, sondern im Rahmen des nur irgend Möglichen auch die Kultur der Reklame zu pflegen."[527]

Das rhetorische Feigenblatt erschien deshalb notwendig, weil das Verständnis von Hörfunk als kulturelle Einrichtung auch einen erzieherischen Auftrag implizierte. Trotzdem professionalisierte der Staat mittels des Reichspostministeriums seine werblichen Aktivitäten und gründete die Deutsche Reichs-Postreklame GmbH, die mögliche Werbeflächen der Post sowie die Werbezeiten im Hörfunk vermarktete und am 1. März 1924 ihre Geschäfte aufnahm.[528] Sie bescherte damit der alleinigen Gesellschafterin, der Deutschen Reichspost, eine lukrative Einnahmequelle.[529]

Den Einnahmen stand aber vordergründig die Last des staatlichen Sündenfalls entgegen, die politische Repräsentanten unterschiedlicher Couleur in regelmäßigen Abständen nutzten, um Standfestigkeit gegenüber der Konsumkultur unter Beweis zu stellen und die populäre Schlussfolgerung zu ziehen, diese Kultur eindämmen zu müssen. Die Art der Problematik und rhetorischen Auseinandersetzung verdeutlichen die folgenden Beispiele: Als der Berliner Sender, einer von neun regional organisierten Rundfunkgesellschaften, an seinem ersten Sendetag, dem 29. Oktober 1923, darauf hinwies, das Programm werde von einem Klavierspieler am Steinwayflügel begleitet, erfolgte seitens Bredow noch am gleichen Abend die telefonische Zurechtweisung, dass die Nennung von Firmennamen zukünftig zu unterbleiben habe.[530]

---

[526] Maatje, Luft, S. 62.
[527] Zit. n.: Ebd., S. 62.
[528] Ebd., S. 64.
[529] Ebd., S. 195–203.
[530] Reinhardt, Reklame, S. 360.

Auch im Reichstag bot sich die Möglichkeit, Kritik gegen die Werbung vorzubringen, was erstaunlicherweise einen Konsens quer durch alle Parteien erzeugte. So rief der SPD-Abgeordnete Seppel in einer Sitzung des Reichstags von 1925:

> „Aber um eines möchte ich noch bitten, daß nämlich die Reklame aus dem Rundfunk verschwindet. Es ist tatsächlich unerträglich, wenn man sich eine halbe Stunde lang oder noch länger solche Reklamevorträge anhören soll."[531]

Im gleichen Atemzug machte er seinem Argwohn gegenüber der Postreklame im Allgemeinen Luft:

> „Die Reklame in der Reichspostverwaltung selbst muß auf das notwendigste Maß beschränkt und höchstens nur im inneren Betrieb verwandt werden. Unter allen Umständen muß sie von den Postwagen und den Briefkästen verschwinden."[532]

Ähnlich argumentierte der DNV-Abgeordnete Körner:

> „Über das Reklamewesen hat mein Herr Vorredner schon gesprochen. Man ist in allen Kreisen darüber einig, insbesondere das auf den Postwagen zu bemerkende Reklamewesen als Reklameunwesen zu bezeichnen. Der Abbau ist ja hier im Gang. Wir begrüßen das. Wir wünschen, daß hier wieder zu den früheren einfachen und sauberen Verhältnissen der Reichspostlokale und auch der Reichspostgeräte zurückgekehrt wird. Was nun den Rundfunk betrifft, so verkennen wir durchaus nicht die große kulturelle Bedeutung dieser neuen Einrichtung. Aber auch wir sind der Meinung, daß der Rundfunk nicht für Reklamezwecke benutzt werden soll."[533]

Ebenso erklärte der DV-Abgeordnete Morath:

---

[531] Redebeitrag Abg. Seppel (SPD), in: Verhandlungen des Reichstags, 3. Wahlperiode 1924, Bd. 385, Stenographische Berichte, 48. Sitzung, 28. April 1925, S. 1413.
[532] Ebd.
[533] Redebeitrag Abg. Körner, in: Verhandlungen des Reichstags, 3. Wahlperiode 1924, Bd. 385, Stenographische Berichte, 48. Sitzung, 28. April 1925, S. 1419.

„Ausgeschlossen bleiben sollte aber – das wünsche auch ich recht sehr – die Reklame beim Rundfunk."[534]

Die Werbebranche hatte selbstredend ein anderes Verhältnis zu dem neuen Medium, verfügte sie doch mit dem Radio über das erste wirkliche Massenmedium, mit dem sie Millionen von Konsumenten erreichen konnte. So gab es 1924 eine halbe Million gemeldeter Hörfunkteilnehmer in Deutschland, 1927 zwei Millionen und 1932 vier Millionen, was nach zeitgenössischer Einschätzung einer tatsächlichen Hörerzahl von zehn Millionen entsprach. Kein anderes Medium hatte eine vergleichbare Reichweite.[535]

Neben die visuelle Beeinflussung der Oberflächenstrukturen durch Werbung trat damit die akustische. Doch zeigt das Beispiel der Hörfunkwerbung nicht nur die terrestrische, jetzt multimediale Expansion. Die Diskussion deutet auf eine weitere Qualität bei der Bewertung von Werbung. Mit der Akzeptanz von Werbung in dem als Hochkulturmedium definierten Radio hatte der Staat eine Grundsatzentscheidung getroffen und sich mit der zunehmend werblichen Struktur der deutschen, in diesem Fall auch der akustischen Oberflächen arrangiert; Werbung und staatlich sanktionierte Kultur passten in einem gewissen Ausmaß zusammen. Diese beim Hörfunk getroffene Grundsatzentscheidung ist in ihrer Qualität und Auswirkung wahrscheinlich nur noch mit dem Zusammenschluss deutscher Städte zur Deutschen Städte-Reklame GmbH zu vergleichen.

Das Fallbeispiel der Post- und Hörfunkwerbung macht deutlich, wie sehr die Weimarer Republik im Hinblick auf ihr Erscheinungsbild für eine soziale Wirklichkeit stand, die in symbolisch wichtigen Bereichen von einer marktorientierten industriell-kommerziellen Verwertung vereinnahmt wurde. „Deutsche Kultur" war in diesem Fall kein unabhängiges, über ökonomische Überlegungen erhabenes Konstrukt. Umgekehrt zeigt sich, dass Werbung kein aggressives, penetrierendes Phänomen war, das alle

---

[534] Redebeitrag Abg. Morath, in: Verhandlungen des Reichstags, 3. Wahlperiode 1924, Bd. 385, Stenographische Berichte, 48. Sitzung, 28. April 1925, S. 1426.
[535] Knoch, Habbo, Die Aura des Empfangs. Modernität und Medialität im Rundfunkdiskurs der Weimarer Republik, in: Knoch, Habbo/Morat, Daniel (Hg.), Kommunikation als Beobachtung. Medienwandel und Gesellschaftsbilder 1880–1960, München 2003, S. 133–158. Vgl.: Lenk, Carsten, Die Erscheinung des Rundfunks. Einführung und Nutzung eines neuen Mediums 1923–1932, Opladen 1997.

Abwehrmechanismen des Staates und seiner Kulturhüter gegen deren Willen überwunden hatte. Die Werbung war von Vertretern des Staates und unter deren strenger Aufsicht in einem auf Sendezeiten und Formate reduzierten Maße eingeladen worden, Teil des hochkulturellen Erlebnisses des Radiohörens zu werden. Dass diese Einladung nicht aus freien Stücken kam und ökonomischen Zwängen geschuldet war, spielt letztlich keine Rolle.

Ikone des Fortschritts: „Amerika" und die deutsche Werbebranche

Die Frage der Amerikanisierung der Werbung ist in der deutschen Werbegeschichte zentral. Sie zielt auf die Zweifel an einer kulturellen Integrierbarkeit fremder Einflüsse und Befürchtungen über den Verlust einer deutschen Tradition in der Werbung. Die Frage nach dem Einfluss der USA auf die deutsche Werbung rückt einen qualitativen Aspekt der Diskussion über „deutsche Kultur" und Werbung in den Mittelpunkt, der die Debatten der Branche, das Selbstverständnis der Werber als auch das Fremdbild der Werbung maßgeblich beeinflusste.

Die USA, zeitgenössisch „Amerika", verkörperte eine Übersteigerung der Rationalisierungsfantasien der Deutschen, die im Zuge der Nachkriegsentwicklungen intensiv auf der Suche nach Zukunftsmodellen für eine dem Modernisierungsprozess angepasste Gesellschaft waren. Dass die USA einen solchen Status einnahm, hing nicht nur mit der im Krieg demonstrierten militärischen Stärke zusammen, sondern speiste sich aus dem faszinierenden wirtschaftlichen Erfolg des Landes. Die USA avancierten zum Symbol einer modernen, durchrationalisierten Wirtschaft, die durch billige Produktion, hohe Löhne und einen so ermöglichten hohen Konsum ein Beispiel abgab, wie es in der Stabilisierungsphase viele auch für Deutschland erstrebenswert fanden, wenngleich dieses gesellschaftliche Modell insgesamt umstritten blieb, sowohl Nachahmung und kritische Neugier als auch feindliche Abwehr provozierte und die Frage nach der Authentizität einer „deutschen Kultur" besonders virulent werden ließ.[536] So standen der anerkannten Übermacht der amerikanischen Wirtschaft im

---

[536] Nolan, Mary, Visions of Modernity. American Business and the Modernization of Germany, New York 1994, S. 4; Peukert, Republik, S. 180.

negativen Sinne die Stereotypen von der „Massengesellschaft" und dem „Land ohne Kultur" entgegen, das als unkritisch hinterfragtes Vorbild eine „„Entseelung"" der vermeintlich hochkulturell geprägten Deutschen bewirken könne. Der ungezügelte Kapitalismus in den USA, wie ihn Beobachter wahrnahmen, blieb weiterhin nicht konsensfähig.[537]

Amerikanisierung aus der Perspektive der Werbewirtschaft wurde jedoch vollkommen anders konnotiert. Entgegen der ansonsten ambivalenten Diskussionen über den Amerikanismus erstarrte der Hinweis auf die Situation in den USA in den einschlägigen Branchenpublikationen zur rhetorischen Floskel, die dazu diente, die Bedeutung der Werbung im Allgemeinen, die Vorbildlichkeit einzelner Methoden oder die Professionalisierung und Verwissenschaftlichung der amerikanischen Branche hervorzuheben. Das publizistische (Zerr-)Bild der USA war allgegenwärtig, jedoch ebenso entrückt und schwer fassbar. Das Beispiel Amerikas gab ständigen Anlass, sich mit dieser Nation zu identifizieren und sich an ihr und ihren Werbemethoden zu messen, sei es bei der neuen Radio- oder Kinowerbung, sei es bei ausgeklügelten Methoden, etwa mittels Rauchpatronen oder speziell ausgerüsteten Flugzeugen Werbesprüche in den Himmel zu schreiben oder potentielle Kunden durch Werbebriefe direkt anzusprechen.[538] Nahezu jede Ausgabe der wichtigsten deutschen Werbezeitschriften veröffentlichte Nachrichten über die amerikanische Werbung.[539]

Nur selten malten sich deutsche Autoren in der Fachpresse bezüglich des zunächst noch ideellen Einflusses der Amerikaner *„grauenvolle Bilder einer geistigen Unfreiheit aus"* oder warnten eindringlich, dass

> „es sich bei der Frage der Übernahme amerikanischer Reklamemethoden nicht um die Übernahme einiger technischer Kunstgriffe oder um die qualitative und quantitative Steigerung bestimmter Reklamemittel handelt. Viel mehr kommt in Betracht; es

---
[537] Lüdtke, Amerikanisierung, S. 11–13.
[538] Kropff, H., Zur deutschen Reklame, in: Die Reklame, 1931, 5, S. 281–285.
[539] Anon., Amerikanische Riesenzahlen. Riesenzahlen für die Reklame, in: Die Reklame, 1927, 4, S. 264. Allerdings muss darauf hingewiesen werden, dass große deutsche Markenartikler wie Beiersdorf (Nivea) oder Henkel (Persil) auch auf dem deutschen Markt Werbeausgaben in Millionenhöhe hatten. Außerdem: Schmidt, Hermann, Reklame in Amerika, in: Die Reklame, 1925, 6, S. 1360–1362.

handelt sich um nichts weniger als die Frage, ob wir die Eigenheiten unserer Kultur und Zivilisation aufgeben wollen zugunsten einer amerikanischen Zivilisation, welche kein gewachsenes Kulturprodukt darstellt, sondern rein rational und utilitaristisch entstanden ist."[540]

Die Stimmen, die die kulturelle Gefahr eines Identitätsverlusts und den hemmungslos marktschreierischen Charakter des US-Werbewesens hervorhoben, der angeblich mit deutscher Gemütlichkeit und kaufmännischer Redlichkeit nicht zusammenpassen wollte, blieben in der Stabilisierungsphase allerdings in der Minderheit und konnten erst im Nationalsozialismus an Bedeutung gewinnen.[541] Letztendlich überwog die Bewunderung für Amerika. Das Land übte eine magische Anziehungskraft aus, und im Gegensatz zu den außerhalb der Branche grassierenden kulturkritischen Tönen der gebildeten Kreise zeichnete sich eine – wie es Zeitgenossen nannten – deutsche *„Amerika-Psychose"* ab, die beispielsweise in den zahlreichen Informationsreisen deutscher Werbefachleute in die USA zum Ausdruck kam.[542] Um von Amerika zu lernen, pilgerten sie seit Beginn der Stabilisierungsphase in das *„gelobte Land der Reklame"*.[543]

Neben den Amerika-Reisen bedeutete die Internationalisierung der Werbeverbände eine weitere Erfolg versprechende Strategie, um Anschluss an die USA zu bekommen. Wollten die deutschen Werber amerikanischen Maßstäben gerecht werden, so bedurfte es eines Gedankenaustauschs auf einem transatlantischen Meinungsmarkt, auf dem die neuesten Werbemethoden schnell kennenzulernen waren. Diesem Gedanken entsprang der Wille, internationale Verbände zu schaffen und damit Foren des Austausches und – im deutschen Fall – der Selbstvergewisserung und Anerkennung eigener Fortschrittlichkeit.

Als Einschnitt erwies sich das Jahr 1924, als der wichtigste amerikanische Verband, die International Advertising Association, die trotz des Adjektivs „international" eine rein amerikanische Vereinigung war, zum ersten Mal

---

[540] Kliemann, Horst, Gedanken zur amerikanischen Reklame, in: Die Reklame, 1925, 8, S. 359.
[541] Schug, Alexander, Die Geschichte der Berliner Werbeagentur Dorland 1928–1945 (unveröffentlichte Magisterarbeit, Humboldt-Universität zu Berlin 2000), S. 56–74.
[542] Eckau, E. E., Amerika-Psychose in der deutschen Reklame, in: Zeitschrift des Verbandes Deutscher Annoncen-Expeditionen, 1925, 13, S. 1.
[543] Anon., Amerikanisches Allerlei, in: Zeitschrift des Verbandes Deutscher Annoncen-Expeditionen, 1925, 7, S. 7.

ihren Jahreskongress nach England verlegte. In der Presse wurde darauf hingewiesen, wie sehr das englische Werbewesen in der Folge davon profitiert habe.[544] 1928 – unter dem Eindruck der offiziellen Amerikareise des Deutschen Reklame Verbandes – hatten die Deutschen ausgerechnet zusammen mit französischen Verbänden den Kontinentalen Reklame-Verband gegründet, der mittelfristig einen von drei international gleichberechtigten Blocks darstellen sollte. Im Verbund mit den Franzosen wollten die deutschen Werbeverbände zumindest den institutionellen Anschluss an die Amerikaner und auch Briten schaffen.[545] Die Gründung des Kontinentalen Reklame-Verbandes war, so empfanden es Werbefachleute, ein Zwischenschritt auf dem Weg zur weltweiten Anerkennung der deutschen Werbung.[546]

1929 gelang es, den Welt-Reklame-Kongress, ein internationales Forum der Branche, erstmalig nach Europa und nach Berlin zu holen. Der Kongress, der im August 1929 stattfand, verhalf der Werbung zu einem Impuls in der öffentlichen Wahrnehmung in Deutschland. Den Vorsitz des Kongresses übernahm der ehemalige Reichskanzler Luther; als Redner trat Gustav Stresemann auf.[547] Mit dem Kongress glaubten die deutschen Werber, der Absatzorientierung endgültig den richtigen Stellenwert im Wirtschaftsleben zuweisen zu können, auch wenn de facto der typisch deutsche Anspruch, mit Qualität die beste Werbung machen zu können, also weniger marketing- denn produktorientiert zu denken, in Westdeutschland noch bis in die 1960er Jahre dominierte.[548] Ende der 1920er Jahre schien sich aus der Perspektive der Werbebranche jedoch schon ein Paradigmenwechsel zugunsten der Absatzorientierung und dem Wert der Werbung insgesamt anzubahnen. Ausdruck der allgemeinen Euphorie und der von der Rationalisierungsbewegung ausgelösten idealistischen Auffassung von einer durch Werbung ermöglichten Massenproduktion sowie einem scheinbar

---

[544] Die Reklame, 1929, 16, S. 520.
[545] Ebd., S. 523.
[546] Die Reklame, 1928, 10, S. 615.
[547] Anon., Zur Vorgeschichte des Welt–Reklame–Kongresses, in: Die Reklame, 1929, 16, S. 519–521.
[548] Schröter, Harm G., Die Amerikanisierung der Werbung in der Bundesrepublik Deutschland, in: Jahrbuch für Wirtschaftsgeschichte 1, 1997, S. 93–115, hier: 96f.

daran gebundenen Wirtschaftswachstum war die Losung des Kongresses: „*Reklame – der Schlüssel zum Wohlstand in der Welt*".[549]

Werbung war damit ein universell anwendbares Instrument zur Steigerung volkswirtschaftlichen Reichtums; der Stellenwert der deutschen Volkswirtschaft wuchs in dem Maße, in dem der international vergleichbare Wohlstand gesteigert werden konnte. Dieses Ziel vor Augen, das unweigerlich auch mit dem Glauben an die eigene Nation und der Identifikation mit dieser verbunden war, suchten die Werber die Annäherung an ein Vorbild, was jedoch nicht ohne Fallstricke blieb.

Mit der „Fanfare des Monetentums": Die Expansion amerikanischer Advertising Agencies

Je mehr die deutschen Werber nach Anpassungsstrategien suchten und sich in zahllosen Abhandlungen mit dem Charakter der amerikanischen Werbung und deren Organisationsstrukturen auseinandersetzten, desto verzerrter wurde das Bild von den USA und der amerikanischen Werbebranche. So hatten die deutschen Werbefachleute im Laufe der 1920er Jahre im Eifer ihrer Rationalisierungseuphorie als nicht intendierte Konsequenz ihres Handelns einen übermächtigen Mythos geschaffen, dessen Opfer sie wurden, als die ersten amerikanischen Agenturen im Gefolge amerikanischer Unternehmen innerhalb kurzer Zeit erfolgreich auf den deutschen Markt drängten.

1927 warnte ein Autor der „Zeitschrift des Verbandes Deutscher Annoncen-Expeditionen" seine deutschen Mitstreiter vor dieser bislang kaum wahrgenommenen Entwicklung auf dem deutschen Werbemarkt:

> „Die Reklame-Agentur, die bekanntlich ein anglo-amerikanisches Gebilde ist, befindet sich auf dem Einmarsch nach Deutschland [...] Seit Jahren und Monaten von mir und vielen anderen vorausgesagt, wird es jetzt ernst, und es erscheint daher noch einmal mehr als angebracht, den Tatsachen fest ins Antlitz zu sehen, sich nicht über die vielen eigenen Schwächen hinwegzutäuschen, aber auch zu

---

[549] Anon. (Hg.), Reklame, Propaganda, Werbung, ihre Weltorganisation, Berlin 1929 (Kongressband zum Welt–Reklame–Kongress).

retten, was noch möglich erscheint. Wenn die Annoncen-Expeditionen [...] kein Standesbewußtsein aufbringen, dann allerdings werden sie den smarten Fremdlingen rasch Platz machen müssen, die mit genügender Selbstsicherheit und der Fanfare des Monetentums manche deutsche Firma zu verblüffen – oder heißt es verbluffen – versuchen."[550]

Als wolle der zitierte Autor die amerikanischen „Eindringlinge" an den Pranger stellen, nannte er in seinem Aufruf an die deutschen Werbefachleute alle fünf Agenturen, die sich bis dahin in Berlin niedergelassen hatten, samt Adresse und Namen ihrer Kunden, um – so scheint es – „die Gefahr" genau zu lokalisieren.[551]

Bei den fünf Agenturen, die solch großes Aufsehen erregten, handelte es sich um:

1) J. Walter Thompson & Co./Berlin, Unter den Linden 39;
2) Crawford's Reklame-Agentur GmbH/Berlin, Krausenstr. 2;
3) Continentale Reklame-Agentur/Berlin, Martin-Luther-Str. 24;
4) American Promotion Agency/Berlin, Schiffbauerdamm 19.[552]

Diese Agenturen, zu denen mit Crawford's Reklame-Agentur auch eine britische zählte, gehörten zu den bekanntesten und großen der damaligen internationalen Werbebranche, die – wie es heute heißt – „Networks" aufgebaut hatten, um ihren Auftraggebern bei deren internationalen Expansionsplänen zur Seite zu stehen.[553]

---

[550] Anon., Der Einmarsch der Reklame–Agentur, in: Zeitschrift des Verbandes Deutscher Annoncen-Expeditionen, 1927, 14, S. 2.
[551] Ebd.
[552] Ebd.
[553] Arbeitsgemeinschaft Deutscher Werbungsmittler, Mittler, S. 63; J. Walter Thompson, McCann und Erwin Wasey and Company gehörten Ende der 20er Jahre zu den zwölf größten Agenturen in den USA und verfügten ebenso wie Dorland über ein umfangreiches internationales Netzwerk von Niederlassungen und Partneragenturen, siehe: Marchand, Advertising, S. 32f. Bis heute ist der Impuls zur Expansion einer Werbeagentur typischerweise der, dass man den jeweiligen Auftraggebern auf neue Märkte nachfolgt und in der Konsequenz ausländische Filialen aufbaut.

So eröffnete J. Walter Thompson 1927 auf Veranlassung seines Großkunden General Motors das Berliner Büro.[554] Ein Jahr später, 1928, folgten die Agenturen McCann und Dorland.[555] McCann gründete sein deutsches Büro ebenso in Berlin, zog dann jedoch als einzige Agentur nach Frankfurt/Main, um die Standard Oil Company bei der Erschließung des europäischen Markts zu unterstützen.[556] Dieselbe Rolle sollte Dorland für seine amerikanischen Kunden, den Condé Nast Verlag, Elizabeth Arden oder Packard Automobile, spielen.[557] Über die erwähnten Agenturen hinaus benennt Weger noch zwei weitere Werbefirmen: Lord & Thomas sowie die britische Lintas, sodass Ende der 1920er Jahre von insgesamt mindestens neun vorwiegend amerikanischen „Advertising Agencies" auf dem deutschen Markt ausgegangen werden kann.[558]

Die Expansionswelle der Advertising Agencies schuf eine zweite Ebene der Auseinandersetzung mit den USA, die vom allgemeinen Amerikadiskurs zwar nicht abgekoppelt war, aber gleichwohl davon getrennt zu sehen ist, weil die Expansion der Advertising Agencies nach Deutschland die direkte Konfrontation mit dem amerikanischen Mythos auf dem heimischen Markt bedeutete. Das bewirkte zwar keine generelle Revision der beschriebenen Rezeption Amerikas – die USA blieb Vorbild. Umso unangenehmer war es für deutsche Wettbewerber, sich mit den Agencies messen zu müssen. Dabei stand die quantitative Bedeutung der amerikanischen Agenturen im krassen Gegensatz zu ihren qualitativen Einflüssen auf den deutschen Markt. Das, wofür die Agencies vermeintlich oder tatsächlich standen, wurde zu einem Hauptfeld der Berichterstattung in der Fachpresse. Noch bevor sich die deutsche Werbebranche mit der speziellen Organisationsform der Advertising Agency (oder deutsch: der Werbeagentur) und ihren spezifischen Dienstleistungen auseinandersetzte, fing sie entgegen des von ihr aufgebauten Amerika-Mythos an, die Arbeit der Amerikaner als inkompatibel

---

[554] Merron, Jeff, Putting Foreign Consumers on the Map: J. Walter Thompson's Struggle with General Motors' International Advertising Account in the 1920s, in: Business History Review, 1999, 3, S. 465ff.; Merron gibt als Gründungsjahr der Berliner Filiale von JWT allerdings das Jahr 1933 an, was falsch ist; siehe auch: Schug, Wegbereiter, S. 40.
[555] Ausführlich zu Dorland: Schug, Moments, S. 25–56.
[556] www.mccann.de, siehe Menüpunkt: Historie (Stand: 26.10.2005).
[557] Zu Dorland: Schug, Dorland; ders., Moments.
[558] Weger, Erwin R., Die Werbeagentur in Deutschland. Entwicklung, Wesen, Funktion, Organisation, Nürnberg 1966, S. 41; Arbeitsgemeinschaft Deutscher Werbungsmittler (Hg.), Mittler, S. 63.

mit dem deutschen Markt zu denunzieren. Den „*Herren Reklamechefs ausländischer Annoncen-Expeditionen*" wurde die „*Vergewaltigung der deutschen Sprache*" vorgeworfen, was besagen sollte, dass amerikanische Werbetexte in ein fehlerhaftes, sinnloses Deutsch wortwörtlich übersetzt würden und sich außerdem über die Werbesprache amerikanische Begriffe in den Wortschatz der Deutschen einschleichen könnten.[559] Symptomatisch dafür, wenngleich insgesamt eine Ausnahmeerscheinung, waren Anzeigen wie die des amerikanischen Automobilherstellers Buick, der in deutschen Zeitschriften ein neues Modell mit den sinnlosen Werbeslogans bewarb:

> „Der vollkommenste Buick je gebaut"; oder: „Sie werden staunen über die Art, in der die Buick-Konstrukteure den Geist der Möve festgehalten und in starre kalte Formen übertragen haben".[560]

Anzeigen wie diese bedienten die Vorurteile einiger deutscher Werbefachleute. Sie entfachten erneut die in der Branche mit ungebrochener Regelmäßigkeit geführte Diskussion um eine deutsche Werbesprache, was – um der Zeit vorauszugreifen – den von den Nationalsozialisten 1933 installierten übergeordneten Werberat der Deutschen Wirtschaft schließlich dazu veranlasste, Listen von mehreren Hundert nicht mehr von der Werbung zu verwendenden Begriffen zusammenzustellen, um so die „Reinheit" der deutschen Sprache zu bewahren – eine Maßnahme, bei der die Werbesprache als ein die Alltagssprache prägendes Medium akzentuiert wurde, was beispielsweise auch angesichts des Eindringens von Werbeslogans – oder allgemein des werblichen Sprechens – in die Literatur der 1920er Jahre nicht von der Hand zu weisen ist.[561] Whiskey hieß nach 1933 deshalb „*Rauchbrand*"; Kekse (Cakes) sollten zukünftig als „*Knusperchen*"

---

[559] Bloch, W., Hilfe! Man vergewaltigt weiter!, in: Die Reklame, 1929, 1, S. 5.
[560] Erbé, Max Paul, Deutsche Sprache – Dichterische Freiheit und Buick–Wagen, in: Die Reklame, 1926, 2. Oktoberheft, S. 980f.
[561] Müting, Literatur, S. 283–347.

verkauft werden.[562] Die Nationalsozialisten griffen demnach einen populären Kritikpunkt auf, um den seit der Weimarer Zeit eine Diskussion entbrannte.

Nicht nur die unzureichende Kenntnis der deutschen Sprache wurde den Amerikanern vorgeworfen. Ihnen wurde auch unterstellt, nichts von der deutschen, nur schwer verständlichen Seele, nichts von deutscher Wirtschaftsgeographie oder dem nationalen Zeitungs- und Zeitschriftenmarkt zu verstehen.[563]

So sehr Autoren der Fachpresse sich mit Blick auf die Agencies bemühten, kulturelle Gegensätze zwischen dem deutschen und amerikanischen Werbemarkt zu konstruieren, und den Advertising Agencies ein nur kurzes Leben voraussagten, gelang es den Amerikanern dennoch, bekannte deutsche Kunden zu akquirieren, was nach Auffassung eines deutschen Werbers an Landesverrat grenzte.[564]

Es ist allerdings fraglich, ob dem Engagement für eine „reine deutsche Sprache" ausschließlich kulturelle Anliegen zugrunde lagen oder ob sich dahinter nicht eine Strategie zur Verteidigung des eigenen Marktes verbarg, die somit die kulturelle Ausgrenzung lediglich als ein Mittel des wirtschaftlichen Machterhalts sowie der nationalistisch geprägten Marktexpansion nutzte. Dass die kulturelle Auseinandersetzung den Kampf um Marktanteile tarnte, die Nation mithin zur Rechtfertigung von Ausländerfeindlichkeit instrumentalisiert wurde, ist nicht von der Hand zu weisen.[565]

---

[562] So genannte „Verdeutschungslisten" wurden regelmäßig im Mitteilungsblatt des Werberats veröffentlicht. Siehe z. B.: Wirtschaftswerbung, 1938, 12, S. 91f. Dazu auch: Lammers, Britta, Werbung im Nationalsozialismus. Die Kataloge der „Großen Deutschen Kunstausstellung" 1937–1944, Weimar 1999, S. 54. Dass die Diskussion über die „Verdeutschung" der Werbesprache schon während der Weimarer Republik aktuell war, zeigt: Kupferberg, Christian Adt., Verdeutschungsliste, in: Die Reklame, 1919, 111, S. 72. Siehe ebenso den Sonderband zur Werbesprache: Die Reklame, 1931, 11.
[563] Weger, Werbeagentur, S. 43; Anon., Der Einmarsch der Reklame–Agentur, in: Zeitschrift des Verbandes Deutscher Annoncen–Expeditionen, 1927, 14, S. 2.
[564] Marula, Theorie und Praxis, in: Die Reklame, 1927, 3, S. 743.
[565] Abb. 16.

Agenten einer weltweiten Konsumkultur: Die kulturelle Rolle der Advertising Agencies

Wechselt man die Perspektive und untersucht die Selbstwahrnehmung sowie die Ziele der Agencies, so entsteht ein Bild, das die deutschen Befürchtungen in einigen Punkten tatsächlich berechtigt erscheinen lässt. Die Agencies verfolgten neben ihren offensichtlichen wirtschaftlichen Zielen eine Mission, die nicht immer von Diplomatie und Interkulturalität geprägt war. Unterschwellig ist die Intention zu spüren, eine weltweite Konsumkultur zu schaffen, als deren Agenten sich die amerikanischen Werbefachleute verstanden.[566]

Als die New Yorker Agentur J. Walter Thompson ihre ersten Büros in Europa eröffnete und London als Brückenkopf für die neuen Märkte nutzen wollte, hieß es im heimatlichen Newsletter in einem bezeichnenden Vokabular:

> „Saturday January 22, 1927 will mark the sailing of one of the most important advertising groups which has invaded Europe to date. Eight men from the J. Walter Thompson organization are leaving for the London office. From there they will go to seven cities, six in Europe and one in North Africa, to open new J. Walter Thompson offices [...]. Meantime the News Letter expresses for the organization the heartiest good wishes to these men who are carrying Thompson standards of advertising to some of the world's greatest cities."[567]

Kurze Zeit später berichtete ein Artikel im Newsletter der Agentur von der Überfahrt und der Ankunft in Europa, wobei der Verfasser es nicht versäumte zu beschreiben, mit welchem Elan die selbsternannten *„Fremdenlegionäre"* an ihre Aufgabe herangingen:

---

[566] Schug, Missionare, S. 307–342.
[567] J. Walter Thompson Newsletter Collection, Main Series 1925–1927, Box 3, Newsletter 20. January 1927, Rare Book, Manuscript, & Special Collections Library, Duke University, Durham, North Carolina, USA.

„[...] the staff of the London Office having been introduced, the Foreign Legion threw off their coats, closed the windows, tried to find the heating system and set to work [...]".[568]

Für die amerikanischen „*Legionäre*" war die Expansion sowohl Abenteuer als auch Selbstvergewisserung ihrer Vorrangstellung, die zu der Annahme führte, der zivilisatorischen Weiterentwicklung Europas zu dienen. Somit trugen die Mitarbeiter von J. Walter Thompson eine Botschaft nach Europa, die unternehmensintern schon lange vorher artikuliert worden war.[569]

Es entsprach dem Selbstverständnis amerikanischer Agenturen, sich als Fackelträger einer spezifisch amerikanischen und in ihrer grundlegenden Ideologie als konsumistisch zu bezeichnenden Aufklärung zu empfinden, nach der politische Emanzipation, Demokratie sowie Wahlkonsum eine Assoziationskette bildeten und Zeichen von Freiheit waren.[570] Die corporate identity und das corporate design der Werbeagenturen spiegelte diesen Anspruch und liefert damit aussagekräftiges Quellenmaterial. So stand die Arbeit von J. Walter Thompson im Zeichen einer die Flügel ausbreitenden Eule, die in ihren Krallen eine brennende Öllampe hält. Dieses mindestens seit der Jahrhundertwende auf sämtlichen Drucksachen der Agentur (Broschüren, Briefpapier etc.) genutzte Logo versinnbildlichte zum einen mit der Eule Weisheit und Urteilskraft, zum anderen mit der Lampe Licht, Erleuchtung und Klarheit.[571] Neben der offiziellen Version des Logos gab es Variationen, in denen sich die Eule an einer von Nebelschwaden umgebenen Weltkugel festkrallt und diese beherrscht.[572]

---

[568] J. Walter Thompson Newsletter Collection, Main Series 1925–1927, Box 3, Newsletter 3rd March 1927, Rare Book, Manuscript, & Special Collections Library, Duke University, Durham, North Carolina, USA.
[569] Vgl.: Kreshel, Peggy J., The culture of J. Walter Thompson, 1915–1925, in: Public Relations Review, Jg. 16, Heft 3, 1990, S. 80–94.
[570] Schug, Missionare, S. 316.
[571] In: J. Walter Thompson (Hg.), Things to know about trade–marks. A manual of trade–mark–information, New York 1911, o. S. Aus: J. Walter Thompson Publications, Box 6, Folder ‚Things to know about trade–marks 1911', Rare Book, Manuscript, & Special Collections Library, Duke University, Durham, North Carolina, USA.
[572] Siehe: J. Walter Thompson (Hg.), Advertising, New York 1897, S. 9–18; oder: J. Walter Thompson (Hg.), Advertising, New York 1897, S. 4. Beides in: J. Walter Thompson Company Publications, domestic series, Box 2, Rare Book, Manuscript, & Special Collections Library, Duke University, Durham, North Carolina, USA.

Dieses Bild symbolisiert das Bewusstsein der amerikanischen Agenturen in Europa, die es sich zur Aufgabe machten, den Widrigkeiten des ausländischen Marktes zum Trotz an der Vision einer an amerikanischen Maßstäben orientierten globalen Marken- und Konsumkultur zu arbeiten, auf die die deutschen Werber erst im Zweiten Weltkrieg mit dem eigenen Plan eines standardisierten europäischen Konsumentenmarktes eine Antwort gaben.[573] Der entscheidende Punkt in diesem Kontext war die Überzeugung amerikanischer Werber, die in der deutschen Fachpresse geäußerten kulturellen Barrieren überwinden zu können, wenn sie mit entsprechenden Botschaften nur nachhaltig genug auf die nationalen Konsumenten einwirkten. Der Glaube an die Macht der Werbung erscheint hier noch ausgeprägter als bei den deutschen Werbern. F. R. Eldridge, der Vize-Präsident der American Manufacturers Export Association, erklärte 1930 mit drastischen Worten, dass der internationale Konsument mit einem Pferd zu vergleichen sei, das dressiert werden müsse.[574]

Sowohl die von Eldridge geäußerte Vorstellung eines starken Kommunikators, dem ein wehrloser Rezipient gegenüberstand, als auch seine Idee der globalen Übertragung amerikanischer Konsummuster lassen sich aus unterschiedlichen unternehmensinternen Quellen, aber auch aus Unterlagen des Department of Commerce in Washington herausarbeiten.[575] Ferner empfahl sich die Werbeagentur J. Walter Thompson in den USA gegenüber der Exportwirtschaft als idealen Partner und kommunizierte in der Wirtschaftspresse: *„New habits for old ... changing traditions in 75 nations".*[576] Darin äußerte sich die Meinung, die Frühstücksgewohnheiten in der ganzen Welt durch erfolgreiche Werbung verändert zu haben, indem es gelungen sei, *„ready-to-eat cereals"* (Corn Flakes) von Kellogg's zum begehrten Markenprodukt zu machen. Das Hervorbringen und der Erfolg globaler Marken, und damit einhergehend die Verdrängung nationaler

---

[573] Siehe: Kapitel 4.5.
[574] Eldridge, F. R., Advertising and Selling Abroad, New York 1930, S. 66.
[575] Besonders aufschlussreich sind hier beispielsweise Unterlagen des Department of Commerce, Bureau of Foreign Trade, und das von ihm für amerikanische Exportunternehmen in den 1920/30er Jahren herausgegebene Foreign Market Bulletin, C 18.81, Records of the Government Printing Office, Record Group 149, National Archives Building, Washington D.C., USA.
[576] J. Walter Thompson, Anzeige, September 1939, J. Walter Thompson Domestic Advertising Collection, Box 5, Rare Book, Manuscript, & Special Collections Library, Duke University, Durham, North Carolina, USA.

Produktwelten, wurde intern bei J. Walter Thompson in den 1920er Jahren als unumgänglich angesehen.[577]

Bei der übertriebenen Selbstsicherheit lag es nahe, interkulturelle Aspekte beim Aufbau globaler Marken zu vernachlässigen. Zwar stellten sich amerikanische Werber die Frage nach der Anpassung ihrer Arbeit an die lokalen Begebenheiten, beantworteten diese in den 1920er Jahren jedoch mit einem klaren *„No, keep an American flavour"*.[578] Das Amerikanische erwies sich zum einen deshalb als wirksames Verkaufsargument, weil damit vor der Weltwirtschaftskrise positive Assoziationen von Fortschritt und Wohlstand verbunden waren. Hinzu kam, dass die Logik der Fließbandarbeit, Rationalisierung und Standardisierung in der Produktion auf die Werbung übertragen wurde. Das Entwerfen und Gestalten von Anzeigen und Werbetexten erfolgte in Zeiten des Fordismus und Taylorismus zentral in den USA, sodass außerhalb nur noch die Übersetzung vorgenommen werden musste.[579]

Angesichts des heutigen Ausmaßes der Globalisierung und der aktuellen Diskussion der internationalen Werbebranche über „global ads", das global betriebene Marketing supranationaler Unternehmen, müssen diese Entwicklungen als Anfänge der bereits in Teilen standardisierten Konsum- und Markenwelt von heute angesehen werden. Mit Unterbrechung in den 1930/40er Jahren nahm die Globalisierung und Standardisierung der Werbung seit den 1970er Jahren Ausmaße an, wie sie sich die Vertreter von J. Walter Thompson bereits in den 1920er Jahren vorgestellt hatten. Dieser Prozess gestaltete sich allerdings weitaus schwieriger, als es das Bild vom Konsumenten, dem *„Pferd, das frisst, was ihm vorgesetzt wird"*, suggerieren will.[580] Der Hinweis darauf, dass die in den 1920er Jahren begonnenen Debatten erst 50 bis 60 Jahre später anfingen, sich in der Realität widerzuspiegeln, mag bereits verdeutlichen, wie zäh und selektiv der hier

---

[577] Conversation with Ken Hinks, 1.8.1964, J. Walter Thompson, Sidney R. Bernstein Company History Files, Biographical Files Series, Box 9, Folder ‚The Foreign Story', Rare Book, Manuscript, & Special Collections Library, Duke University, Durham, North Carolina, USA.
[578] Siehe: Advertising Abroad, August 1929, S. 14; Advertising Abroad, November 1929, S. 7.
[579] Aufschlussreich ist diesbezüglich das Protokoll einer Sitzung der Manager von J. Walter Thompson aus dem Jahr 1927: J. Walter Thompson Archive, Representatives' Meeting, 11.10.1927, Staff Meeting Minutes, Box 1, Folder 1a, Rare Book, Manuscript, & Special Collections Library, Duke University, Durham, North Carolina, USA.
[580] Eldridge, Advertising, S. 66.

beschriebene Prozess verlief – eine Entwicklung, die nach wie vor von der Stetigkeit nationaler, regionaler oder lokaler Konsummuster begleitet wird.[581] Als Grund für diese Zählebigkeiten können auch die von deutschen Werbern vertretenen kulturellen Eigenheiten ins Feld geführt werden.

Es sei ausdrücklich bemerkt, dass jene Visionen, wie sie in den 1920er Jahren Mitarbeiter der amerikanischen Agencies vertraten, kein ausschließlich amerikanisches Spezifikum darstellten. Sie waren nur die Ersten, die – mit bestimmten Marktbedingungen konfrontiert – Impulse für die Globalisierung bei der Vermarktung von Produkten gaben. Mittlerweile folgen die meisten international operierenden Unternehmen dem Prinzip, sich selbst und ihre Produkte global und einheitlich zu inszenieren, wie es die Beispiele von Ikea oder Hennes & Mauritz belegen.[582] Deutsche Unternehmen stehen dem nicht nach, und es lassen sich bereits Beispiele aus dem Kaiserreich finden, in denen identische, konsumimperialistische Weltbilder auf deutscher Seite zum Vorschein kamen, wie sie die amerikanischen Werbeagenturen bei ihrer Expansion nach Europa gezeichnet hatten.[583]

---

[581] Siegrist, Hannes, Konsumkultur des 20. Jahrhunderts in regionalgeschichtlicher Perspektive. Zwischen Verräumlichung, Vergesellschaftung und Individualisierung, in: Prinz, Weg, S. 491–514.
[582] DeMooij, Marieke K./Keegan, Warren J., Advertising worldwide. Concepts, Theories and Practice of international, multinational and global Advertising, New York 1991; Johansson, Johny K., In your Face. How American Marketing Excess fuels Anti-Americanism, Upper Saddle River 2004; Salzer, Miriam, Identity across Borders. A Study in the "IKEA-World", Linköping 1994.
[583] Als Beispiel sei die Werbebroschüre der Firma Adler-Dübel genannt, auf deren Frontseite ein flügelschwingender Adler in seinen Krallen einen Holzklotz trägt, an dem eine mit einem Dübel und Schraubhaken befestigte Weltkugel baumelt. Die Broschüre stammt ca. aus den 1920er Jahren, Privatarchiv des Autors. Zum Vergleich zum amerikanischen Konsumimperialismus: Schug, Missionare.

4 Werbung als politisches Instrument im Nationalsozialismus

„Werbung ist das Gesicht der Wirtschaft, und das soll ein deutsches Gesicht sein: vornehm und vielgestaltig, schlicht und gescheit."[584]

Die Ausgangssituation

Die politische Zäsur von 1933 war ein radikaler Kontinuitätsbruch mit der Vergangenheit, der sich auch in der Werbebranche bemerkbar machte. Schon kurz nach dem 30. Januar 1933 versuchten die Nationalsozialisten, ihren auf die Gleichschaltung der Gesellschaft abzielenden Machtanspruch mit innerstaatlichem Terror umzusetzen.[585] Die Deutschen sollten – unter Abgrenzung zu kommunistischen und liberalistischen Leitideen – zu einem homogenen Volkskörper geformt werden. An die Stelle der „Zerrissenheit" der deutschen Gesellschaft und der Konkurrenz von Ideologien und Interessengruppen, die ein typisches Zeichen sich modernisierender, ausdifferenzierender sozialer Formationen ist, traten ein einigender Rassismus, ein übersteigerter kriegerischer Nationalismus und die Idee der „‚Volksgemeinschaft'". Die Konsequenz daraus war die brutale Exklusion sozialer Randgruppen, Institutionen und Ideen.[586]

Neben den Brüchen gab es nach der Machtübertragung ebenso Kontinuitätslinien, die dem Bild einer „Revolution" widersprechen. Die „arische", angepasste, zustimmende oder auch nur schweigende Mehrheitsgesellschaft erlebte trotz des insgesamt kriegerischen Charakters des Nationalsozialismus weiterhin eine alltagsweltliche Normalität, die aus heutiger Sicht anrüchig erscheinen mag. Aber es gab diese besänftigende – und man ist versucht anzunehmen: ruhig stellende – Normalität in der Diktatur, wofür gerade die Werbung mit ihrer Ikonografie der

---

[584] Endres, Emil, Die neue Gesinnung in der Werbung, in: Die Reklame, 1933, 12, S. 382.
[585] Zum Kriegerischen des Nationalsozialismus als Paradigma: Herbst, Ludolf, Das nationalsozialistische Deutschland 1933–1945. Die Entfesselung der Gewalt: Rassismus und Krieg, Frankfurt/M. 1996, S. 9–24.
[586] Ausführlich zur „Machtergreifung" der Nationalsozialisten: Michalka, Wolfgang (Hg.), Die nationalsozialistische Machtergreifung, Paderborn 1984, S. 195–243.

ununterbrochenen Fröhlichkeit steht. Werbung vermittelte ebenso wie in Weimar auch im „Dritten Reich" eine Unbeschwertheit und einen „schönen Schein", der nur vordergründig unpolitisch war.[587]

Das relativiert keineswegs den nationalsozialistischen Terror, zeigt aber im Kontext der schönen Werbewelten, dass die Betrachtung der permanenten, organisierten terroristischen Ausschreitungen und damit das Kriegerische als Paradigma des Nationalsozialismus zur Erklärung seiner gesellschaftlichen Durchschlagkraft nicht ausreicht. Anhaltspunkte dafür sind die heitere Werbung und ihre außergewöhnliche Gewichtung seitens der Nationalsozialisten. Hitler selbst hatte sich gewünscht, dass sein Regime von aktiver Begeisterung getragen werde.[588] Es bedurfte dazu eines Apparates, über den positive, impulsgebende Botschaften in die Öffentlichkeit transportiert werden konnten, die nicht nur mit repressiven, sondern auch ästhetischen Mitteln Verbreitung fanden. Der Nationalsozialismus nutzte die Ästhetisierung der sozialen Realität tatsächlich ausgiebig als ein Herrschaftsinstrument und versuchte damit, die Wirklichkeit zu maskieren. Inszenierung und Kulissen, eine beispiellose Dekoration der Macht und der Oberflächenstrukturen des Alltags unter Einbindung massenkonsumistischer Elemente waren die Folge.[589]

Mit diesem Anspruch und seiner Umsetzung wurde Werbung stärker und systematischer von der Politik beeinflusst und vereinnahmt, vor allem aber erstmals explizit und offiziell in den Kontext einer nationalsozialistisch definierten „deutschen Kultur" eingebunden, deren Koordinaten nicht mehr Fortschritt, Urbanität, Rationalisierung und Amerikanisierung sein konnten. Vor 1933 war eine selektive Integration dieser Wertedimensionen in das Konstrukt einer aufgeschlossenen, modernen „deutschen Kultur" vorgenommen worden. Das war im offiziellen Diskurs nach 1933 allerdings nicht mehr möglich. Kulturelle Integration und Internationalität als Spezifikum der deutschen Werbebranche galten als „kulturelle Entartung". Stattdessen wurde „das Deutsche" mit veränderten Vorzeichen akzentuiert,

---

[587] Vgl. Reichel, Peter, Der schöne Schein des Dritten Reichs, Frankfurt/M. 1993, S. 373.
[588] Diller, Ansgar, Rundfunkpolitik im Dritten Reich, München 1980, S. 76.
[589] Dröge, Franz/Müller, Michael, Die Macht der Schönheit. Avantgarde und Faschismus oder die Geburt der Massenkultur, Hamburg 1995; Schneider, Design, S. 84f.

auch wenn die Werbepolitik der Nationalsozialisten oftmals wenig eindeutig war.

Die Werbung spielte neben Presse, Rundfunk und Film eine wichtige Rolle, um das Vertrauen der Deutschen in das NS-Regime zu gewinnen. Sie wurde, wie die anderen Medien auch, als Kommunikationskanal für die NS-Propaganda und die Eroberung, Konsolidierung sowie Sicherung des NS-Herrschaftssystems genutzt und angepasst.[590] Die zentrale Kontrolle darüber übte das 1933 geschaffene Reichsministerium für Volksaufklärung und Propaganda (RMVP) aus. Aufgrund der politischen Bedeutung der Propaganda war dem RMVP im März 1933 die Aufsicht über alle propagandistisch verwendbaren Lenkungsbereiche übertragen worden.[591] Die Instrumentalisierung der Massenkommunikationskanäle brachte im Falle der Werbung zunächst keine Probleme mit sich.[592] Noch bevor die Nationalsozialisten sich der Neuorganisation des Werbewesens annahmen, begeisterte sich die Branche von selbst für den *„Neubau der Deutschen Werbung"*.[593] So ging der Gleichschaltung durch den Staat die Selbstgleichschaltung vorauseilend gehorsamer Vertreter der Werbeverbände voran.[594]

---

[590] Als Überblick: Storek, Henning, Dirigierte Öffentlichkeit. Die Zeitung als Herrschaftsmittel in den Anfangsjahren der nationalsozialistischen Regierung, Opladen 1972.
[591] Dies löste Konflikte mit anderen Ministerien, Ländern und Interessengruppen aus, die ihre Kompetenzen beschnitten sahen. Eine Klärung der Situation brachte die am 30. Juni 1933 erlassene „Verordnung über die Aufgaben des Reichsministeriums für Volksaufklärung und Propaganda", die Goebbels' Zuständigkeit für sämtliche Aufgaben der „geistigen Einwirkung auf die Nation, der Werbung für Staat, Kultur und Wirtschaft" festlegte. Darunter fiel auch die Kontrolle über wichtige Bereiche der Werbung. Mit der Verordnung traten v. a. das Reichswirtschaftsministerium und das Reichsministerium für Ernährung und Landwirtschaft weitreichende Kompetenzen bzgl. der Wirtschaftswerbung, des Ausstellungs-, Messe- und des Werbewesens ab. Aus den Geschäftsbereichen des Reichspostministeriums und des Reichsverkehrsministeriums übernahm das RMVP die Aufsicht über die Verkehrswerbung sowie alle bisher im Postministerium bearbeiteten Rundfunkangelegenheiten, wozu auch die Radiowerbung zählte. Mit dieser Verordnung betonte der Gesetzgeber, dass alleine Goebbels in den erwähnten Bereichen einschließlich der Gesetzgebung federführend sei, siehe: BArch, R2301/2205, Bl. 13, 36f.
[592] Einer der prominenten Vertreter der deutschen Werbung, Hubert Strauf, Gründer der legendären „Die Werbe" in Essen, erinnerte sich 1971, dass viele Werber sich für die Nationalsozialisten begeisterten und bereit waren, „Freiheiten zu opfern, um der Freiheit einer gesunden Ordnung für die verwilderte Branche willen", siehe: Strauf, Hubert, Werbung im Wandel seit 1945 als Standort für den Ausblick, in: Hundhausen, Carl (Hg.), Werbung im Wandel. 1945–1995. Eine Sammlung von werbefachlichen Texten, Essen 1971, S. 4.
[593] Anon., Der Neubau der Deutschen Werbung, in: Die Reklame, 1933, 8, S. 236.
[594] Anon., Die deutsche Nation hat ein Ministerium für Volksaufklärung und Propaganda, in: Die deutsche Werbung, 1933, 10, S. 302.

Die Werber hatten erkannt, dass sie sich wieder einen neuen Referenzrahmen schaffen beziehungsweise sich dem Herrschaftsdiskurs unterordnen mussten, um nicht erneut in die Defensive gedrängt zu werden. Dieser Rahmen war von einer erneuerten Idee von „deutscher Kultur" geprägt. Angesichts der NS-Ideologie, die unter anderem dem Heimatschutz weiten Raum gab, lag die Befürchtung nahe, dass die Werbebranche in ihren Bemühungen um Anerkennung Jahrzehnte zurückgeworfen werden könnte, auch wenn die Gewichtung politischer Interessen im Nationalsozialismus teilweise alles andere als eindeutig war und sich dadurch potentielle Freiräume auftaten. Daraus folgte ein vorbehaltloses Bekenntnis zum Nationalsozialismus, was aber keineswegs besagt, dass sich die Werber dem Nationalsozialismus nur aus zweckrationalen, beruflichen Gründen andienten.

Motivierend wirkte der Machtwechsel vor allem auf die jungen, aufstiegsorientierten Vertreter der Branche, die sich branchenintern über Monate ein groteskes Machtspiel lieferten, das unter dem Vorwand der rechtmäßigen Vertretung nationalsozialistischer Gedanken stattfand – Machtkämpfe, mit denen sich zugleich Auseinandersetzungen um den Vertretungsanspruch „deutscher Kultur" verbanden.

Symptomatisch dafür waren die Ereignisse im größten deutschen Werbeverband, dem DRV. So hatten kurz nach der „Machtergreifung" junge NS-Anhänger innerhalb der Berliner Bezirksgruppe des DRV eine „Nationale Gruppe Berlin" gebildet. Der Beauftragte der „Nationalen Gruppe", Dr. Alfred Knapp, richtete am 28. März 1933 an alle *„zur Mitarbeit an den nationalen Problemen der Zeit"* bereiten Mitglieder der Bezirksgruppe den Appell, sich dem Führer der „Nationalen Gruppe", dem Werbefachmann und SA-Sturmführer Wilhelm Stephan, zur Verfügung zu stellen.[595] Dieser sollte eine reichsweite Gleichschaltung der Werbeverbände vorantreiben und kommissarisch die Geschäfte des DRV auf nationaler Ebene übernehmen. Stellenlose Mitglieder des DRV hatten die Möglichkeit zur ehrenamtlichen Mitarbeit in der Nationalen Gruppe. Die Verteilung von Fachreferaten und Aufgabengebieten war ebenso willkürlich wie der außerhalb jeglicher

---

[595] BArch RK I0560, Bl. 490.

Regularien ablaufende gesamte Vorgang.⁵⁹⁶ So bezog Stephan seine Legitimation einzig daraus, dass er sich schon vor Jahren zum Nationalsozialismus bekannt hatte, was ihn für die politische Führung offensichtlich hinreichend qualifizierte.⁵⁹⁷

Das frühe Bekenntnis zum Nationalsozialismus entfaltete nach 1933 ein erstaunliches Charisma und avancierte zum Bestandteil von Herrschaftsansprüchen. Entsprechend zeigte der Appell seine Wirkung. Nachdem schon der Vorstand der Bezirksgruppe Berlin zurückgetreten war, kam am 1. April der gewählte nationale Vorstand des DRV zusammen, bekannte sich angeblich „*in einmütiger Geschlossenheit zu den Zielen der nationalen Gruppe*" und übertrug alle satzungsgemäßen Rechte „*aus voller Überzeugung*" Wilhelm Stephan, der für die weiteren Monate einer der wichtigen Akteure der Werbung wurde, aber schon im Sommer 1933 genauso schnell, wie er die Führungsrolle beim DRV übernommen hatte, wieder von der Bildfläche verschwand.⁵⁹⁸

Der DRV hatte sich – bevor der Staat eingriff – selbst gleichgeschaltet, was weitgehend konsensfähig war. Dieses Lehrstück von vorauseilendem Gehorsam, Anpassung und Machtspielerei entbehrt nicht einer gewissen Ironie, wenn die Fachpresse in Verklärung der Tatsachen den „*einsichtsvollen Rücktritt*" gewählter Vorstandsmitglieder lobte und konstatierte, damit seien die ersten Schritte einer verbandsweiten Einigung „*in der angenehmsten Weise*" herbeigeführt worden.⁵⁹⁹

Weshalb sich jedoch ausgerechnet der DRV als nationale Vertretung der Werbebranche ausgab, blieb anderen Werbeverbänden unverständlich, deren Mitglieder ebenfalls die Gunst der Stunde nutzen wollten. Der Bund leitender Werbefachleute e.V. aus Berlin und sein erster Vorsitzender

---

⁵⁹⁶ Ebd., Bl. 496 u. 502.
⁵⁹⁷ Ebd., Bl. 490.
⁵⁹⁸ Zur Ablösung des gewählten Vorstands des DRV am 1. April 1933: Ebd., Bl. 538. Bei der Hauptversammlung des DRV im August 1933 erscheint der Name von Stephan schon nicht mehr in den Unterlagen bzw. in der Berichterstattung, siehe: Anon., Hauptversammlung des DRV, in: Die deutsche Werbung, 1933, 12, S. 382; Die Reklame, 1933, 10, S. 304. Unterlagen des Bundesarchivs sprechen dafür, dass Stephan einer Intrige zum Opfer fiel und sein gewalttätiger Führungsstil – z. B. nahm er Prügelstrafen an Konkurrenten vor – seiner Karriere nicht dienlich war, siehe: BArch RK I0560, Bl. 368–372. 1938 erschien Stephans Dissertation: Stephan, Wilhelm, Die Aberkennung der Fähigkeit, Führer eines Betriebes zu sein, und die Bestellung eines anderen Führers nach dem Gesetz zur Ordnung der nationalen Arbeit, Forchheim 1938 (= zugl. Diss. Erlangen 1938).
⁵⁹⁹ Die Reklame, 1933, 10, S. 305.

Johannes Schmiedchen, ein in der Weimarer Republik gemiedener Außenseiter der Branche, der sich mit dem Bund leitender Werbefachleute eine eigene Plattform geschaffen hatte, lieferten sich schließlich einen Machtkampf mit dem DRV und dem kurz zuvor inthronisierten Wilhelm Stephan – ein groteskes „Gefecht" zwar, das jedoch nicht ohne Aussagekraft für die ersten Monate nach der Machtübertragung ist.

Nachdem Schmiedchen von den Veränderungen innerhalb des DRV erfahren hatte, schrieb er an die Ortsgruppen des DRV, dass Knapp und Stephan nicht amtlich legitimiert seien, „*hingegen anscheinend über eine blühende Fantasie verfügen*".[600] Er teilte den Ortsgruppen mit, dass sie Anweisungen von Stephan oder Knapp zu ignorieren hätten.[601] Allerdings hatte Schmiedchen für seine Position ebenso wenig eine amtliche oder parteiliche Rückendeckung. Eigenmächtig ernannte er Beauftragte als seine Statthalter für die Regionen des Deutschen Reichs und drohte den Ortsgruppen des DRV mit Sanktionen bei Zuwiderhandlungen.[602] Einen Höhepunkt erreichte die Auseinandersetzung zwischen den Werbeverbänden, als Schmiedchen, ein Truppführer der SS, gemeinsam mit SS-Kameraden und NSDAP-Parteigenossen am 6. April 1933 einen Putsch organisierte, der ohne Wissen der SS-Führung oder der Parteidienststellen durchgeführt wurde.[603] SS-Uniform tragend, besetzte Schmiedchen mit seinen Begleitern die Geschäftsstelle des DRV in Berlin. Er postierte seine SS-Leute an den Ausgängen und zwang die Mitarbeiter des DRV, unter ihnen Alfred Knapp und Wilhelm Stephan, in einem Besprechungszimmer zusammenzukommen. Auf die Frage, worum es ginge und in wessen Auftrag er käme, antwortete er gemäß eines später erstellten Protokolls:

> „Ich war in München und habe auch hier in Berlin an verschiedenen Stellen verhandelt. Mir ist es geglückt, die einzig in Frage kommende Stelle zu ermitteln, die eine kommissarische Bearbeitung seitens einer Reichsstelle erwirken kann."[604]

---

[600] BArch RK I0560, Bl. 468.
[601] Ebd.
[602] Ebd.
[603] Ebd., Bl. 478.
[604] Ebd., Bl. 472.

Es waren bemerkenswerte Worte, die Schmiedchen aussprach: Er bezeichnete es als „Glück", diejenige NSDAP-Parteistelle oder Behörde ausfindig gemacht zu haben, die tatsächlich berechtigt sei zu bestimmen, wer kommissarisch die gesamte Werbebranche in einen einheitlichen, gleichgeschalteten Verband überführen solle. Er weigerte sich allerdings, diese mit „Glück" gefundene Stelle zu benennen, da er befürchtete, dass sich Stephan ebenfalls an sie wenden könne.[605] Schmiedchen wollte die Vertreter des DRV zwingen, die Satzung des Bundes leitender Werbefachleute zu übernehmen und ihn selbst in die Leitung des DRV zu berufen.[606] Stephan konnte zwischenzeitlich das Büro verlassen und nahm Kontakt mit der SS auf. Einige Zeit später erschien er mit einem SS-Sturmführer im Büro des DRV, der die Besetzung beendete. Schmiedchens Putsch war damit gescheitert.[607]

Die Aktion Schmiedchens könnte schlechthin als Posse abgetan werden. Sie steht jedoch für eine relative Regellosigkeit nach der „Machtergreifung". Es gab weniger stringente Richtlinien als vielmehr eine phasenweise personenabhängige, entgrenzte Handlungspraxis, die einen Mangel an Machtkontrolle offenlegte und das erfolgreiche, zielorientierte Agieren innerhalb dieser Strukturen zu einer Frage des „Glücks" werden ließ. „Glück" oder anders formuliert: Kontingenz als handlungsrelevante Erfahrung zu benennen, drückte jedoch nicht weniger als die fehlende Kompetenzfixierung nach der Machtübertragung aus. Dieser Mangel an Definition von Verantwortlichkeiten schuf in der Werbebranche ein Vakuum, innerhalb dessen Freiräume entstanden, die dem tradierten Bild der Nationalsozialisten als einige „Revolutionsfront", die eine eindeutige, lineare Konsolidierung ihrer Macht erreicht hätten, widersprechen.

Im internen Machtgerangel der Werbebranche konnte sich der DRV schließlich durchsetzen, war er doch mit 4.000 Mitgliedern der stärkste Verband und hatte mit der Zeitschrift „Die Reklame" das Publikationsorgan mit der größten Reichweite.[608] Dagegen war es Schmiedchen lediglich gelungen, ein kurzes Störmanöver zu organisieren. Die *jugendfrische*

---

[605] Ebd.
[606] Ebd.
[607] Ebd., Bl. 476.
[608] Zur Mitgliederzahl des DRV: Ebd., Bl. 486.

Nationale Gruppe"[609] unter Führung von Wilhelm Stephan machte sich daran, *"den Forderungen der Stunde entsprechend"* den Verband neu zu organisieren, um für *"den schweren Kampf, den das deutsche Volk um Arbeit und Brot"* zu führen habe, und *"die wirtschaftliche Wiederaufrichtung Deutschlands"* gerüstet zu sein.[610] Anfang April meldete Stephan an einen hochrangigen Vertreter des Preussischen Kultus-Ministeriums, Staats-Kommissar Hans Hinkel, dass er den Auftrag der Neuordnung der Werbung übernommen habe und ihm deshalb *"Juden und Freimaurer"* sogar schon den Kampf angesagt hätten.[611] Um seinen Führungsanspruch zu unterstreichen, unterstellte er anderen Werbeverbänden, von Juden, Kommunisten und Ausländern durchsetzt zu sein, und wies den Ministeriumsvertreter darauf hin, dass diese Werbeverbände seine Arbeit des nationalen Neuaufbaues *"empfindlich stören"* würden.[612]

In offensichtlicher Fehlbewertung der politischen Hierarchien versprach Stephan, die Leitung des neuen Spitzenverbandes Hinkel dann zu übertragen, wenn es ihm gelungen sei, die Splitterverbände des Werbewesens zu einigen, wofür er 14 Tage veranschlagte. Gleichzeitig teilte er unmissverständlich mit, dass er zum Kommissar für das gesamte Werbewesen ernannt werden wolle.[613] Stephan bot die Leitung des von ihm avisierten Spitzenverbandes einem Mann an, den er nicht einmal kannte. Die einzige Referenz, über die er versuchte, eine Verbindung zu Hinkel aufzubauen und seine Gunst zu erwerben, war ein Handschlag auf einer Versammlung vor der „Machtergreifung", bei der Stephan mit anderen den Saalschutz gestellt hatte: *"Ich werde diesen Augenblick nie vergessen!"*, schmeichelte er und versicherte Hinkel seine *"treue Verehrung"*.[614]

Ende April bot sich Stephan ein letztes Mal die Gelegenheit, sich in Szene zu setzen.[615] Als Auftakt zur Neugestaltung der Werbebranche lud die

---

[609] Anon., Deutsche Werbung für deutsche Arbeit!, in: Die Reklame, 1933, 9, S. 268.
[610] Anon., Der Neubau der Deutschen Werbung, in: Die Reklame, 1933, 8, S. 237.
[611] BArch RK 10560, Bl. 486.
[612] Ebd.
[613] Ebd.
[614] Ebd., Bl. 488.
[615] Im Juli 1933 finden sich noch Artikel über oder von Stephan in „Die Reklame". Für Juli plante Stephan die Auflösung des DRV und die Gründung des „Reichsbundes Deutsche Werbung und Organisation e.V.", der als Dachverband der gesamten Werbebranche dienen sollte, siehe dazu: Die Reklame, 1933, 11, S. 346. Schon einen Monat später wurde deutlich, dass Stephan nur Nebengefechte betrieb. Das RMVP war die maßgebliche Instanz bei der Neuorganisation der

"Nationale Gruppe" am 30. April rund 2.000 Vertreter aus Politik, Wirtschaft, Werbung und – als Repräsentantinnen der Verbraucher – die Vorsitzenden zweier Hausfrauenverbände in den Ufa-Palast am Bahnhof Zoo in Berlin ein, um eine neue Beziehung zwischen Kultur und Werbung auszurufen und den neuen deutschen Gemeinschaftssinn von Staat, Wirtschaft, Werbung und Verbrauchern zu feiern.[616]

Das Zusammenfassen dieser Gruppen und Institutionen zu einer einigen Aktionsgemeinschaft verweist abermals auf die starke Gemeinschaftssehnsucht und das alte Problem einer fragmentierten Gesellschaft. Darauf reagierten von Neuem die Akteure – mit zwar unterschiedlichen Implikationen, jedoch meist ähnlichen Konzepten. Wenn, wie auch schon zur Jahrhundertwende, wieder von einer harmonischen Wirtschaftskultur die Rede war, dann sollte diese unter ausdrücklicher Einbeziehung des Staates errungen werden, der über die Kräfte verfügte, die beispielsweise dem Werkbund als nicht-staatliche Organisation gefehlt hatten. Der NS-Werbediskurs versuchte sich von milieugeleiteten bürgerlichen Vorstellungen einer schönen Welt loszusagen – ein rhetorischer Vorteil gegenüber dem Werkbund, dessen Vertreter kraft ihrer angenommenen kulturellen Legitimation nie Zweifel daran gelassen hatten, die Utopie einer schönen bürgerlichen Alltagskultur zu verwirklichen. Im Nationalsozialismus wurde die Idee der harmonischen Wirtschaft jedoch auf andere Art und Weise repräsentiert. Die erwähnte Veranstaltung im Ufa-Palast stand unter dem Motto *"Deutsche Werbung für deutsche Arbeit"* und sollte im Gegensatz zur „jüdischen Reklame" die enge Verbindung von „deutscher Werbung" und Kultur unter Beweis stellen.[617] Die Klammer dafür bot die nationale, arische Gemeinschaft. Die erfolgreiche Umsetzung versprach der diktatorische Staat.

Branche und es nahm diesen Anspruch wahr. Nur einen Monat, nachdem Stephan die Gründung des Reichsbunds angekündigt hatte, wurden diese Pläne von Entscheidungen des RMVP und des Werberates durchkreuzt, siehe: Die Reklame, 1933, 12, S. 376.
[616] BArch RK I0560, Bl. 482; Anon., Deutsche Werbung für deutsche Arbeit!, in: Die Reklame, 1933, 9, S. 268.
[617] BArch RK I0560, Bl. 480.

Die Teilnehmer der Veranstaltung zelebrierten die Idee einer gemeinschaftlichen Ordnung.[618] Die zerrütteten Verhältnisse der letzten Jahre hatten die Gemeinschaftssehnsucht der Deutschen wieder akut hervortreten lassen. Die erwähnte Veranstaltung gab ein beredtes Zeugnis von dieser Sehnsucht innerhalb der Werbebranche ab, auch wenn sich bald herausstellen sollte, dass diese ideologiegeleitete Neupositionierung der Werbung als Teil einer harmonischen Wirtschaftskultur kaum zur strukturellen, auf Konkurrenz basierenden Einbettung in das Wirtschaftssystem passte. Der Rückbau zu einer Gemeinschaft entpuppte sich in der Anfangsphase als romantisches, integrationsfähiges Leitmotiv eines verunsicherten Volkes, das im gleichen Atemzug eine nie da gewesene Radikalisierung gegenüber denen vollzog, die gemäß der NS-Ideologie nicht zur arischen „"Volksgemeinschaft"" dazugehörten. Die Gemeinschaftssehnsucht machte sich insbesondere auch in der Festlegung eines spezifischen Ethos in der Wirtschaft bemerkbar und zog etliche Veränderungen in der Werbebranche nach sich.[619]

Die Rationalisierungswelle der 1920er und die Weltwirtschaftskrise hatten gezeigt, wie sehr die Wirtschaft, unabhängig von einer vielleicht gut gemeinten und gegensteuernden Politik, die Menschen disziplinierte und ihre Verhältnisse bis ins Private hinein zu verändern vermochte. Die Beschleunigung des Lebens wurde maßgeblich von den wirtschaftlichen und technischen Veränderungen angetrieben.[620] Gerade aber die weltwirtschaftlichen Verflechtungen, deren Bedeutung der „Schwarze Freitag" jedem vor Augen geführt hatte, waren Anlass eines verbreiteten Gefühls des Ausgeliefertseins, dem die Nationalsozialisten mit dem Aufbau ihrer überschaubaren Welt bei gleichzeitiger Abkopplung vom Weltmarkt entgegenwirken wollten.[621]

Auch in der Werbebranche sah man das und passte sich an den neuen Herrschaftsdiskurs an:

---

[618] Hinkel, Hans, Kultur und Werbung, in: Die Reklame, 1933, 10, S. 309.
[619] Zur „"Volksgemeinschaft"" als Sozialutopie: Wehler, Gesellschaftsgeschichte, 4. Bd., S. 684–690.
[620] Borscheid, Peter, Das Tempo–Virus. Eine Kulturgeschichte der Beschleunigung, Frankfurt/M. 2004, S. 115–342.
[621] Petzina, Dieter, Autarkiepolitik im Dritten Reich. Der nationalsozialistische Vierjahresplan, Stuttgart 1968, S. 16.

> „Der gigantische technische Fortschritt der letzten Jahrzehnte", so ein Autor einer Fachzeitschrift, „der, richtig angewandt, zum Segen hätte werden können, wurde zum Fluch, weil der große Moment ein kleines Geschlecht fand, weil der ehrliche Wille zum sozialen Ausgleich fehlte, weil man kein Gemeinwohl kennen wollte. Man jubelte über jede gesteigerte Maschinenleistung, an das schrumpfende Heer der arbeitenden Hände dachte man nicht. Man berauschte sich am Tempo der Zeit, der Maschinen, des Verkehrs, des Verdienens. Es konnte gar nicht schnell genug gehen – in den Abgrund hinein!"[622]

Die deutschen Werber negierten offiziell die Allgemeingültigkeit des reinen Gewinnprinzips und stellten das freie Kräftespiel von Angebot und Nachfrage als Marktregulativ in Frage, weil damit die Interessen der Allgemeinheit zu wenig Berücksichtigung fanden. Folglich sollte das Miteinander gegenüber dem Gegeneinander im Wirtschaftsleben gestärkt werden.[623] Diese formal-angepassten Positionen stehen noch einmal für die erwähnte Gemeinschaftssehnsucht der Deutschen, auch wenn die Werber als Profiteure des Konkurrenzwirtschaftens keine glaubwürdigen Vertreter dieser Sehnsucht waren. Sowohl die Idee der „„Volksgemeinschaft"" als auch die populären Autarkiebestrebungen müssen innerhalb kollektiver Gefühlslandschaften gesehen werden, die handlungsrelevant waren, jedoch kaum als Maßstab einer stringenten Wirtschaftspolitik taugten.

Das utopische Konzept der autarken „„Volksgemeinschaft"" war ein von oben oktroyiertes und geschickt eingesetztes Instrument der Machtausübung, über das Interessenkonflikte und Machtansprüche von jenen gesteuert und sanktioniert werden konnten, die die Definitionshoheit darüber besaßen, was der Gemeinschaft schaden oder nutzen würde.[624]

Autark wurde das „Dritte Reich" nie. Genauso wenig gab es eine „arische Volksgemeinschaft", deren gedachte Prinzipien den Markt bestimmt hätten. Vielmehr, so Herbst oder auch Kershaw, waren eine extreme soziale

---

[622] Anon., Vom Ethos des deutschen Werbers, in: Die Reklame, 1933, 13/14, S. 411.
[623] Schmidt, Alfons, Vom Geiste der kommenden Werbung, in: Die deutsche Werbung, 1933, 10, S. 335.
[624] Zur „„Volksgemeinschaft"" als utopisches Konzept: Mergel, Thomas, Führer, „„Volksgemeinschaft"" und Maschine. Politische Erwartungsstrukturen in der Weimarer Republik und dem Nationalsozialismus 1918–1936, in: Hardtwig, Kulturgeschichte, S. 91–128.

Ungleichheit und die Auflösung von gesellschaftlicher Solidarität für den Nationalsozialismus typisch.[625] Trotzdem erfuhr die „Volksgemeinschaft" als Idee und Ziel viel Zustimmung. Die Werbebranche sah darin kein beschwerliches Vorhaben, sondern eine mit Euphorie zu bewältigende Zukunftsaufgabe.

Trotz aller Begeisterung und der vielfach bekundeten Übereinstimmung der Werber mit dem Nationalsozialismus: Die Substanz des neuen Geistes, den die Werber beschworen, war in den ersten Monaten nur schemenhaft wahrzunehmen und beschränkte sich auf vereinzelte Vorschläge, wie beispielsweise der „*Sauberkeit in der Gestaltung*" wegen gotische Schriften zu verwenden oder keine individualistische Werbung mehr durchzuführen.[626] Aber inwieweit schwer lesbare Frakturschriften zu „*deutscher Sauberkeit*" letztlich beizutragen vermochten oder wie nicht individualistische und die Idee von der harmonischen Wirtschaftskultur umsetzende Werbung auszusehen hatte, konnte nur ungenau operationalisiert werden. Die Stilunsicherheit der Nationalsozialisten führte zu widersprüchlichen Entwicklungen. So ist es eine Ironie der Geschichte, dass zum Beispiel die gotische Schrift 1941 wieder als „Schwabacher Judenletter" diffamiert wurde und ausschließlich Antiqua-Schriften verwendet werden sollten.[627] Vorschläge für eine „deutsche Werbung" blieben deshalb widersprüchlich, unverbindlich und führten anfangs nur punktuell zu tatsächlichen Veränderungen.

Erst mit dem „Gesetz über Wirtschaftswerbung" vom 12. September 1933 machte die nationalsozialistische Regierung schließlich den Funktionszusammenhang, in den sie die Werbung stellen wollte, deutlich.

Die institutionelle Neuordnung des deutschen Werbewesens

Das „Gesetz über Wirtschaftswerbung" vom 12. September 1933 diente sowohl der staatlichen Gleichschaltung als auch der Erfassung und Lenkung der Wirtschaftskommunikation, die allerdings wegen des verhältnismäßig

---

[625] Herbst, Deutschland, S. 165–177 u. 249, ausführlicher: Kershaw, Ian, Popular Opinion and Political Dissent in the Third Reich: Bavaria 1933–1945, Oxford 1983, besonders: S. 373–385.
[626] Hinkel, Hans, Kultur und Werbung, in: Die Reklame, 1933, 10, S. 310.
[627] Fuchs, Heinz/Burkhardt, Francois, Produkt, Form, Geschichte. 150 Jahre deutsches Design, 2. veränd. Aufl., Berlin 1988, S. 53.

hohen Steuerungsanspruchs der Nationalsozialisten grundsätzliche Probleme aufwarf.[628]

Der dem Gesetz vorausgehende zentrale Gedanke war die Feststellung, dass die Wirtschaftswerbung eine nationale Aufgabe wahrnehme. In der Werbung sah der Staat ein potentes Mittel zur Unterstützung der nationalsozialistischen Wirtschaftspolitik, weshalb die Werbepolitik als Teil der NS-Wirtschaftspropaganda galt.[629]

In dem Gesetzentwurf wurden weitere Funktionszuschreibungen vorgenommen, u. a. die, den Stellenwert deutscher Produkte durch gezielte Wirtschaftspropaganda zu erhöhen. Neben der Betonung des Deutschen als Werbeargument sollten auch die *„im Auslandsdeutschtum schlummernden Energien"* gezielt herangezogen werden, um den Export deutscher Waren zu fördern.[630] So hatten die diplomatischen Vertretungen, Handelskammern, die deutschen Auslandsinstitute, der Bund der Auslandsdeutschen und andere außerhalb Deutschlands agierende Verbände daran mitzuwirken, deutsche Waren im Ausland durch direkte Werbemaßnahmen, Einladungen zu Messen, Pressemitteilungen, Druckschriften, Plakate, Filme, Versammlungen, Vorträge etc. bekannt zu machen.[631] Der Referentenentwurf beschäftigte sich bereits mit Detailfragen: Zur Optimierung der Stellung auf den Exportmärkten sah er regelmäßige Befragungen der Exportfirmen vor, um feststellen zu können, ob eine Verschlechterung oder Verbesserung des Ausfuhrgeschäftes zu verzeichnen sei.[632] Die Idee der Marktforschung war innovativ und maßgeblich von den Advertising Agencies in Deutschland eingeführt worden. Sie zeigt aber auch, dass die Nationalsozialisten insgesamt eine pragmatische Einstellung zum Markt hatten. Dieser sollte erforscht und damit steuerbar werden. Umfassend gestaltete sich der Plan, ausgerechnet über das Werbegesetz Einfluss auf die industrielle Produktion im Sinne der Standardisierung zu nehmen. Das Ziel war die Verbilligung von Produkten, die dennoch mit einem sparsamen Konsum einhergehen sollte, was zunächst widersprüchlich erscheint. Konsumistische Leitideen brachen sich an traditionellen Vorstellungen des

---

[628] Zum Gesetzgebungsverfahren: Rücker, Wirtschaftswerbung, S. 85–97.
[629] BArch, R2301/2205, Bl. 13.
[630] Ebd., Bl. 36.
[631] Ebd.
[632] Ebd., Bl. 37.

Konsumverzichts, deren Kombination im Nationalsozialismus für ständige Irritationen in der Werbebranche sorgte.

Als zentrales Gremium der Werbebranche sollte schließlich ein „Werberat der Deutschen Wirtschaft" geschaffen werden.

Der Dissens, den der zitierte Referentenentwurf heraufbeschwor, bestand darin, inwiefern Werbung privatwirtschaftlich oder staatlich zu lenken sei bzw. wie weit die staatliche Reglementierung gehen konnte – jener entscheidende Punkt, der den ersten Referentenentwurf zu Fall brachte.[633]

In der Begründung zur endgültigen Fassung des Gesetzes wurde festgehalten, dass die Wirtschaftswerbung und -propaganda zentral geleitet und überwacht werden solle, im Wesentlichen aber der Privatinitiative überlassen bleiben müsse, um *„die Vielgestaltigkeit des deutschen Wirtschaftslebens nicht verkümmern zu lassen"*, was eine grundsätzliche Aussage zugunsten des Markts war.[634] Am 8. September stellte Goebbels den Gesetzentwurf dem Kabinett vor und ließ ihn aufgrund des „Gesetzes zur Behebung der Not von Volk und Reich" vom 24. März 1933 am 12. September verabschieden.[635] Am 1. November 1933 trat das Gesetz in Kraft.[636]

Der Werberat der Deutschen Wirtschaft

Der Werberat war von 1933 bis 1945 die zentrale Institution der Werbebranche.[637] Über eine Zwangsabgabe von zwei Prozent des Rechnungsbetrages auf alle Aufträge, die als „Fremdwerbung" für Zweite ausgeführt wurden, erfolgte die Finanzierung dieser Dienststelle, die 1933 in Berlin in einem Büro Unter den Linden 37 ihre Arbeit mit 31 Mitarbeitern aufnahm – ein Personalstamm, der bis 1939 auf 188 Personen anwuchs.[638] Der Werberat sah seine Aufgaben auf folgenden Gebieten:

1. Beseitigung der Missstände in der Wirtschaftswerbung und Herstellung des Vertrauens der Öffentlichkeit gegenüber der Werbung;

---

[633] Ebd., Bl. 43–44; BArch, R2301/7052, Bl. 21–111.
[634] BArch, R2301/2205, Bl. 52.
[635] Ebd., Bl. 48.
[636] RGB T.I, S. 625.
[637] Rücker, Wirtschaftswerbung, S. 103–124; 310–329.
[638] Anon., Aus dem Geschäftsbericht des Werberates, in: Wirtschaftswerbung, 1935, 2, S. 9; Rücker, Wirtschaftswerbung, S. 116. Während des Krieges sank die Zahl der Mitarbeiter kontinuierlich.

2. Aufstellung der Richtlinien für die einzelnen Gebiete der Wirtschaftswerbung, um deren wirksame und einheitliche Gestaltung zu gewährleisten;

3. Vermeidung von Doppelarbeit der verschiedenen im Bereich der Wirtschaftswerbung tätigen Stellen;

4. aktive Förderung der Wirtschaftswerbung als solcher und deren planmäßige Ausgestaltung im Interesse der deutschen Gesamtwirtschaft;

5. Aufklärung im Sinne der Wirtschaftspolitik der Reichsregierung.[639]

An den ersten Durchführungsverordnungen zum Werbegesetz ließen sich diese Ziele bereits ablesen. Um eine allgemeine „Hebung der Werbung" zu erreichen, setzte der Werberat in einer seiner ersten Amtshandlungen keinesfalls auf eine künstlerische Durchgeistigung der Werbung, um sie dem Zeitgeist anzupassen, sondern auf eine berufsständische Organisation und die Regulierung des Zugangs: In der zweiten Durchführungsverordnung vom 27. Oktober 1933 bestimmte er, dass jeder in der Werbung Tätige eine von ihm erteilte Genehmigung brauchte, die jederzeit entzogen werden konnte.[640] Zusätzlich wurde eine wirkungsvolle und kurzfristig umsetzbare Zugangsregelung zu diesem Arbeitsfeld durch die Beschränkung der Berufsausübung auf Mitglieder von Fachverbänden eingeführt, was eine berufsständische Geschlossenheit mit sich bringen sollte. Damit gehörte das bislang freie Berufsfeld „Werbung" nunmehr der Vergangenheit an. Die Bindung der Lizenzvergabe an die Verbandsmitgliedschaft diente dabei allerdings nicht nur der Abgrenzung eines exklusiven Arbeitsfelds im Sinne limitierter Zugangswege für Befähigte und der Etablierung von verbindlichen Qualitätsstandards. Dadurch – oder wie später mit der Organisation der Fachausbildung in Werbeschulen – erfuhr auch die Professionalisierung der Branche gerade im Nationalsozialismus einen bedeutenden Schub. Die Kehrseite zeigte sich in der Ausgrenzung von Außenseitern – besonders von jüdischen Werbern und Ausländern, denen schließlich Verbandsmitgliedschaft, Werbelizenz und damit die Berufsausübung in der Regel verwehrt blieben.[641] Eine „Marktbereinigung", um es euphemistisch

---

[639] Anon., Aus dem Geschäftsbericht des Werberates, in: Wirtschaftswerbung, 1935, 2, S. 9.
[640] Deutsche Werbung, 1933, 17, S. 563ff.
[641] Westphal, Werbung, S. 69.

auszudrücken, war die Folge dieser Politik, die davon ausging, dass „deutsche Werbung" nur von Deutschen gemacht werden könne.

Der Werberat hatte nicht nur die Entscheidungsbefugnis, wer Werbung ausüben durfte, sondern insbesondere die Aufgaben, „*Wahrheit in der wirtschaftlichen Werbung*" herbeizuführen, gegen Unzuverlässigkeit und Tarifuntreue bei Abrechnungen und den Auflagenschwindel bei Druckschriften vorzugehen sowie darüber zu bestimmen, in welchen Gebieten und an welchen Stellen Werbung zulässig war.[642] Ironischerweise griffen die Nationalsozialisten mit dem Ruf nach „*Wahrheit in der Werbung*"[643] auf die Anfang der 1920er Jahre populäre Kampagne „Truth in Advertising" aus den USA zurück, die bereits in der Weimarer Republik im Rahmen der Professionalisierungs- und Verwissenschaftlichungsdebatten eine Vorbildfunktion eingenommen hatte. Die Werber glaubten, nur mit wahrhaftiger und ohne falsche Versprechungen betriebener Werbung sei ständische Glaubwürdigkeit zu gewinnen.[644] Die Nationalsozialisten unterstützten somit eine alte Bewegung innerhalb der Werbebranche. „*Wahrheit in der Werbung*" war zudem von den Reformern des Bauhauses an der Werkstatt für Typografie und Reklame zum Thema erhoben und von László Moholy-Nagy oder auch Herbert Bayer wiederholt thematisiert worden. Im Kontext des Bauhauses bezog sich „Wahrheit" allerdings auf die Anwendungsmöglichkeiten der Fotografie in der Werbung, die eine vermeintlich objektive, also „wahre" Darstellung erlaube.[645] Bemerkenswert ist, dass „*Wahrheit in der Werbung*" im Nationalsozialismus ebenso ungenau operationalisiert werden konnte wie andere einprägsame, aber oft inhaltsleere Slogans.[646]

Wenn die Nationalsozialisten „Wahrheit" – obwohl ungenau operationalisiert – als Leitlinie ihres Handelns bemühten, so entsprach das in etwa dem

---

[642] Anon., Offizielle Nachrichten aus dem Werberat der Deutschen Wirtschaft, in: Die Reklame, 17, 1933, S. 563ff.
[643] Bspw.: Anon., Die Aufgaben des Werberats. Wahrheit der Werbung, in: Vossische Zeitung, 31. Oktober 1931; oder als Versuch einer wissenschaftlichen Betrachtung: Wernicke, Karl-Heinz, Die Entwicklung des Prinzips der Wahrheit in der deutschen wirtschaftlichen Werbung, Köln 1937 (zugl. Diss. Universität Köln 1937), S. 10 und 104.
[644] Marchand, Advertising, S. 149.
[645] Bspw.: Bayer, Herbert, Werbefoto, 1927 (= unveröffentl. Manuskript, Nachlass Herbert Bayer, Bauhaus-Archiv Berlin, o. Signatur).
[646] Wernicke, Entwicklung, S. 16.

erklärten Qualitätsbegriff der Werkbündler. Qualität war nach der Jahrhundertwende das zentrale Schlagwort und eine Antwort auf die Schwemme billiger, als „Lügen" bezeichneter Schundwaren, die mit der Vorstellung einer „deutschen Kultur" nicht mehr in Einklang zu bringen waren.[647] Diese Termini – Wahrheit und Qualität als Antwort auf „Lügen" – ließen sich ohne Weiteres auf die Werbung übertragen. In Werkbundkreisen galt als Ergebnis werblicher Qualitätsarbeit das „objektive" Sachplakat, das keine Superlative gebrauchte und mit sparsamen visuellen Mitteln das zu bewerbende Produkt darstellte. Das Sachplakat war in den 1930er Jahren längst wieder aus der Mode gekommen, als die Nationalsozialisten diesen alten Diskurs mit ihrem Schlagwort von der *„Wahrheit in der Werbung"* weiter popularisierten, ohne ein klares ästhetisches Konzept vorzugeben.

An einem dritten Punkt kann deutlich gemacht werden, dass die Neuordnung des Werbewesens nur teilweise auf genuinen Positionen des Nationalsozialismus beruhte. Auch die Rede vom *„Auflagenschwindel"* der Zeitungen, die höhere Auflagen vorgaben, um die Anzeigenpreise in die Höhe zu treiben, war ein seit Jahrzehnten diskutiertes Problem. Unterschiede gab es lediglich hinsichtlich der Schlussfolgerungen: Während im Kaiserreich und noch stärker ausgeprägt in der Republik Missstände auf dem Wege der Verhandlung ausgeräumt oder bei ordentlichen Gerichten zur Anzeige gebracht wurden, gingen die Nationalsozialisten zähen Aushandlungsprozessen aus dem Weg, was jedoch nicht mit einer gesteigerten Effizienz und der Rationalisierung von Entscheidungsprozessen gleichzusetzen ist.[648]

Der Werberat erließ während seines zwölfjährigen Bestehens insgesamt 27 Bekanntmachungen, zahlreiche Bestimmungen und Verordnungen, die allerdings keine Gesetzes- und Verordnungskraft besaßen.[649] Ungeklärt blieb bis 1945 die Frage, welche legitimen Zwangsmittel dem Werberat zur Vollstreckung seiner Entscheidungen tatsächlich zur Verfügung standen. Reichs- wie auch Landesbehörden waren lediglich verpflichtet, dem Werberat Rechts- und Verwaltungshilfe zu leisten. Die Inanspruchnahme der Polizei

---

[647] Schwartz, Werkbund, S. 96.
[648] Siehe bspw.: Anon., Auflagenschwindel, in: Mitteilungen des Verbandes der Fabrikanten von Markenartikeln (Markenschutzverband) e.V. und des Reklameschutzverbandes e.V., 1920, 8/12, S. 5f.
[649] Rücker, Wirtschaftswerbung, S. 138.

zur Durchführung von Zwangsmaßnahmen blieb bis zuletzt fragwürdig. Eine eigene Ordnungsstrafbefugnis des Werberats existierte nicht, Initiativen dazu verliefen im Sande.[650] Als Konsequenz daraus behielten Entscheidungen des Werberats im formal-juristischen Sinne einen unverbindlichen Charakter.

Zur Verdeutlichung des ordnungspolitischen Rahmens der Werbung sollen von den erwähnten 27 Bekanntmachungen die wichtigsten vorgestellt werden. Mit der ersten Bekanntmachung vom 1. November 1933 legte der Werberat seine eigene Satzung fest.[651]

In der 2. Bekanntmachung, ebenfalls vom 1. November 1933, nahm der Werberat eine genaue Bestimmung zentraler Begriffe vor.[652] In dieser 2. Bekanntmachung ging es zudem um die Definition verschiedener Medien der Werbung und die Klärung, was eine Ausstellung, Anzeige, Anschlag- oder Gemeinschaftswerbung sei. Ferner skizzierte der Werberat die Richtlinien, nach denen Wirtschaftswerbung ausgeführt und gestaltet werden sollte. Jeder, so hieß es, sei in der Ausübung und Gestaltung seiner Werbetätigkeit frei, doch müsse in „Gesinnung und Ausdruck" das „Deutsche" erkennbar sein, ebenso dürfe das sittliche Empfinden des deutschen Volkes, insbesondere sein religiöses, vaterländisches und politisches Fühlen und Wollen, nicht verletzt werden.[653] Geschmackvoll und ansprechend hatte deutsche Werbung zu sein, Verunstaltungen von Bauwerken, Ortschaften und Landschaften mussten unterbleiben.[654] Etliche sprachliche Wendungen in dieser 2. Bekanntmachung erinnern auffallend an die Debatten des 19. Jahrhunderts. Wieder wurde der *„ehrbare Kaufmann"* beschworen und proklamiert, dass die Werbung *„nicht in marktschreierischer Weise oder durch Übertreibung verlocken"* dürfe, sondern *„in sachlicher*

---

[650] Ebd., S. 155–174.
[651] 1. Bekanntmachung des Werberates der deutschen Wirtschaft vom 1. November 1933, in: Deutsche Werbung, 1933, 17, S. 565f.
[652] 2. Bekanntmachung des Werberates der deutschen Wirtschaft vom 1. November 1933, in: Wirtschaftswerbung, 1934, 1, S. 566–569. Hier wurden vier verschiedene Gruppen definiert, denen die Wirtschaftswerbung obliegen sollte: Dazu zählten erstens die Werbungstreibenden (Unternehmen, die für sich und ihre Produkte Werbung machten), zweitens und drittens Werbeberater sowie Werber (worunter diejenigen verstanden wurden, die für andere Werbung durchführten) und schließlich Werbungsmittler, die Werbern Werbeaufträge für andere im eigenen Namen und auf eigene Rechnung erteilten.
[653] Ebd.
[654] Ebd., S. 567.

Beweisführung die Vorteile der eigenen Leistung" hervorzuheben seien – ein Ethos, der auch die Herabsetzung des Wettbewerbers ausschließen sollte. Erstmalig findet sich in Gesetzestexten wieder, was Jahrzehnte zuvor Thema der Debatten über die Werbung war, auch wenn sich die politischen Implikationen fundamental unterschieden.

Eine besondere Rolle spielte die 9. Bekanntmachung, in der das politisch brisante Thema der visuell so präsenten Außenwerbung behandelt wurde. Hier kam es zur Festlegung einheitlicher Preis- und Rabattstaffeln sowie zur Normierung der Plakate auf DIN-Formate. Außerdem wurde pro Stadt nur noch ein Anschlaginstitut zugelassen. Das Verbot des Preiswettbewerbs schützte kleinere, leistungsschwache Anbieter.[655]

Einschlägig für die Politik der Nationalsozialisten war schließlich noch die 24. Bekanntmachung vom 7. Juni 1938, mit der die Berufstätigkeit in der Werbung an die Mitgliedschaft in der Nationalsozialistischen Reichsfachschaft Deutscher Werbefachleute (NSRDW) gebunden wurde, was u. a. dem Ausschluss von Juden diente.[656] Alle weiteren Bekanntmachungen des Werberates enthielten meist Modifizierungen bisheriger Regelungen.

Die institutionellen Veränderungen in der Werbebranche wurden als ein großer Fortschritt gewertet, den Meinungsführer mit *„Ordnung"* und der Beseitigung vermeintlicher *„Auswüchse"* assoziierten; die Ordnungspolitik der Nationalsozialisten und die Zusammenfassung der Werbeakteure in Verbänden galten als Zeichen der entstehenden Gemeinschaft deutscher Werber.[657] Der Werbefachmann Carl Hundhausen sah die juristischen und organisatorischen Veränderungen nach 1933 sogar als dermaßen gravierend an, dass ihm in seiner Erinnerung die Epoche davor nur noch wie eine *„versunkene Zeit"* erschien.[658]

Der Präsident des Werberats, Heinrich Hunke, betonte sein großes Verdienst, dass das Werbegeschäft trotz der staatlichen Eingriffe nicht verstaatlicht, der Inhalt der Werbung frei geblieben und allen – wohlgemerkt

---

[655] 9. Bekanntmachung des Werberates der deutschen Wirtschaft vom 1. Juni 1934, in: Wirtschaftswerbung, 1934, II, S. 69–78.
[656] 24. Bekanntmachung des Werberates der deutschen Wirtschaft vom 7. Juni 1938, in: Wirtschaftswerbung, 1938, 6, S. 43f.
[657] Anon., Getane Arbeit – Neue Ziele, in: Die Deutsche Werbung, 1934, 1, S. 1.
[658] Hundhausen, Wesen und Ethos, S. 58.

arischen – Wirtschaftsunternehmen zu gleichen Bedingungen der Zugang zu sämtlichen Werbemitteln gesichert worden sei.[659] Damit ging von 1934 bis 1939 eine spürbare wirtschaftliche Aufwärtsentwicklung der Branche einher. Bei einem Index von 100 für das Jahr 1934 stiegen die Werbeumsätze bis 1939 in allen Bereichen (Anzeigen-, Plakatwerbung, Verkehrsmittelwerbung oder Werbefilm) um circa 20 Prozent, bei Werbefilmen lag der Zuwachs deutlich darüber.[660] Allerdings erreichte die Branche damit gerade einmal die Werbeumsätze von 1929.[661] 1935 waren mehr als 50.000 Personen in der Werbewirtschaft tätig, die im gleichen Jahr einen Gesamtumsatz von über einer Milliarde Reichsmark erzielte. Damit zählte die Werbebranche durchaus zu den bedeutenden Wirtschaftszweigen. Heinrich Hunke veranlasste dies zu dem Hinweis, die Werbung habe den Stellenwert der Automobilindustrie erreicht, womit er allerdings maßlos übertrieb.[662]

Die Werbeumsätze weisen im Vergleich mit dem Zuwachs an Industrieproduktion und Bruttosozialprodukt zwar ein unterdurchschnittliches Wachstum auf, dennoch verdeutlichen Umsatz- und Beschäftigtenzahlen insgesamt, dass die oftmals ideologisch angegriffene Werbung im Nationalsozialismus keineswegs behindert wurde. Nach wie vor blieb sie auf einem mit der Weimarer Zeit vergleichbaren Niveau. Einschränkungen gab es lediglich in einzelnen Bereichen (z. B. Radiowerbung) und nach Beginn des Krieges.[663] Diese grundsätzliche Aussage ist bei der folgenden Diskussion des Stellenwerts der Werbung im Nationalsozialismus zu berücksichtigen.

Der „Geist des neuen Deutschland" in der Werbung

Die Euphorie von 1933 und das Eigenlob von NS-Funktionären könnten glauben machen, dass die „Machtergreifung" tatsächlich eine *„heroische Welle deutschen Aufbauwillens"* ausgelöst hatte, die die gesamte Branche erfasste und im Handumdrehen eine in Ausdruck und Gesinnung „deutsche

---

[659] Hunke, Heinrich, Vom Geist der deutschen Werbung, in: Wirtschaftswerbung, 1943, 9/10, S. 114.
[660] Wirtschaftswerbung, 1939, 9, S. 57.
[661] Rücker, Wirtschaftswerbung, S. 278.
[662] Wirtschaftswerbung, 1936, 21/22, S. 113.
[663] Siehe Kapitel 4.3.2. und 4.5.

Werbung" schuf.⁶⁶⁴ Diese Beurteilung trifft in Teilen sogar zu, berücksichtigt jedoch nicht alle Aspekte. Da, wo es nicht nur um juristische, in Gesetze und Verordnungen gegossene Vorgaben ging, sondern um den so oft beschworenen „neuen Geist" in der Wirtschaftswerbung, lässt sich eine ausgeprägte Konfliktträchtigkeit und Widersprüchlichkeit bei der Codierung einer „deutschen Werbung" identifizieren.

Das Schlagwort der „deutschen Werbung" hatte einen ähnlichen Stellenwert wie um die Jahrhundertwende die „künstlerische Werbung" oder die „rationale Werbung" während der Weimarer Republik. Hinter den drei Begriffen steckte jeweils der Anspruch, den Zeiten angemessene Qualitätsstandards zu definieren. Dabei ging es erstaunlicherweise weniger um eine konkrete, stringent zum Stil ausgebaute Ikonografie (eine Ausnahme bildet die Werbekunst), sondern um die ideellen Voraussetzungen der Werbung. Bei allen drei Begriffen ging es ebenso um spezifische Verständnisse der Nation und der daraus abgeleiteten Gestaltung „deutscher Oberflächen".

Die explizite Definition einer „deutschen Werbung" oder „deutschen Kultur" fiel der Werbebranche schwer. Insgesamt lassen sich keine eindeutigen, operationalisierbaren Beschreibungen dieses Konstrukts in der zeitgenössischen Werbeliteratur finden. Typisch waren vage Äußerungen, dass „deutsche Werbung" eine Frage der inneren Haltung sei, der Gesinnung oder des Verantwortungsgefühls gegenüber der Gemeinschaft. Diese Haltung unterscheide sich vom *„alten Geist"*, dem *„Geist der Geschäftigkeit"*, des *„Bluffs"*, der *„Aufdringlichkeit"*, der *„Verführung"*, des *„hemmungslosen Geschäftemachens"* und des *„rücksichtslosen Wettbewerbs"*, dem *„Geist des Egoismus und der weiten Moral"*.⁶⁶⁵ *„Fassen wir kurz zusammen"*, schrieb ein Autor in der Fachpresse,

> „so ist ‚deutsche Werbung' die von völkischer und sittlicher Verantwortung getragene, deutschem Empfinden entsprungene und angepaßte, auf Treu und Glauben beruhende werbliche

---

⁶⁶⁴ Schreiber, M.C., Der Neubau der deutschen Werbung, in: Die Reklame, 1933, 8, S. 236.
⁶⁶⁵ Wolf, Hans, Deutsche Werbung. Was sie ist, was sie nicht ist und was sie sein soll, in: Die deutsche Werbung, 1934, 1, S. 11.

Ankündigung, die sich von Anreißertum und Bluff ebenso fernhält wie von wahlloser Verwendung der nationalen Symbole."[666]

Selten finden sich präzisere Äußerungen zu diesem Fragenkomplex als jene von Hugo Fischer, einem führenden Mitglied des Werberats, der in einer Rede 1935 verschiedene Auslegungen des Begriffs Kultur diskutierte. Fischers Grundanliegen war es, zu verdeutlichen, dass Werbearbeit Kulturarbeit, Werbung folglich ein integratives Element „deutscher Kultur" sei, die weder abstrakter Begriff von internationalem Klang sein noch sich als elitäres Konstrukt darbieten dürfe. Er grenzte „deutsche Kultur" auf der einen Seite vom Liberalismus und „materialistischen Kollektivismus" ab, auf der anderen Seite vom „klassischen Individualismus".[667] Nach Fischer gab es nur „völkisch gebundene Kulturen". Der Frage nach einer spezifisch „deutschen Kultur" wich er allerdings letztendlich doch aus und berief sich darauf, dass der Deutsche selber gefühlsmäßig entscheiden könne, was deutsch und was nicht deutsch sei.[668]

Die Werber waren kaum in der Lage, auf der Ebene eines Meta-Diskurses zu argumentieren, und wenn, dann gebrauchten sie nur Versatzstücke völkischer Kulturkritik, ohne sie zu einem einheitlichen Bild zusammenzuführen. Viel leichter fiel es ihnen, die Determination des Deutschen auf der Ebene eines symbolhaften Aktionismus vorzunehmen, so beispielsweise in Bezug auf die Werbesprache.

Die Definition der „deutschen Werbung" begann mit der Ausprägung eines neuen Sprachgebrauchs. Offiziell machten die Nationalsozialisten mit dem Gesetz über Wirtschaftswerbung aus der vermeintlich marktschreierischen „jüdischen Reklame" die „deutsche Werbung", eine Sprachregelung, die sich im Oktober 1933 in der Umbenennung der renommierten Zeitschrift „Die Reklame" in „Die deutsche Werbung" bemerkbar machte.[669] Reklame stand für die – mit Scharlatanerie gleichgesetzte – „jüdisch-individualistische" Marktkommunikation. Die Vertreter der Reklame hätten diese zu einem „materialistischen Ausbeutungsobjekt" gemacht, das sie „selbstsüchtig

---
[666] Ebd.
[667] Fischer, Hugo, Werbearbeit – Kulturarbeit. Vortrag, gehalten bei der Morgenveranstaltung der NSRDW in Berlin am 10. März 1935, in: Deutsche Werbung, 1935, 4, S. 785f.
[668] Ebd., S. 786.
[669] Diese Sprachregelung wurde insgesamt allerdings nicht konsequent eingehalten.

ausnützten". Reklame wurde so zum Symbol für den Verfall eines egoistischen Wirtschaftssystems.[670] Demgegenüber wurde „Werbung" als das deutsche Pendant aufgebaut, als Sinnbild für ein *„sauberes"* Ankündigungswesen und einen fairen Wettbewerb, dessen Protagonist der *„ehrliche Werbekaufmann"* war.[671]

Neben der ideologischen Aufladung des Begriffes „Werbung" arbeiteten die Nationalsozialisten mit unterschiedlichen Slogans, um die Überwindung dessen, was die „Reklame" angeblich verkörperte, voranzutreiben. *„Wahrheit in der Werbung"* oder *„Gemeinnutz vor Eigennutz"* signalisierten den Ansatz der Nationalsozialisten, die fortwährend mit Gesetzen und Anordnungen eine *„Hebung der Werbung"* zu erreichen versuchten. Zum einen hing dies mit dem NS-typischen Bürokratismus zusammen, der vermeintlich klare Linien und Zuständigkeiten mit weitgehenden Überwachungsmöglichkeiten schaffen sollte, jedoch letztendlich zur sozialen Unübersichtlichkeit beitrug. Zum anderen wurde der Sauberkeitsdiskurs in der NS-Werbung von den deutschen Werbern selbst angefacht. Denn in einem in vielen Bereichen volkstümlich rückwärtsgewandten Staat sahen sie sich mit bekannten Argumenten aus der Kaiserzeit konfrontiert, die eine Implementierung der Werbung in den geltenden Herrschaftsdiskurs schwierig erscheinen ließ. Unsicherheit herrschte trotz vordergründiger Euphorie vor allem wegen des Stellenwerts der Konkurrenzwirtschaft, weil die Nationalsozialisten mit Blick auf die Kriegsvorbereitungen die Macht der staatlichen Lenkung dazu nutzten, das Kräftespiel des freien Marktes unter Kontrolle zu bringen. Die Frage des freien Wettbewerbs war eine entscheidende im Hinblick auf die Schaffung eines kulturell „deutschen" Wirtschaftslebens, aus dem sich logisch weitere Konsequenzen ergeben sollten. Die in der Frühphase des „Dritten Reiches" propagierte ständestaatliche Ordnung, die in Anlehnung an die Zünfte und Gilden des Mittelalters die Verteilungskonflikte und das Konkurrenzgebaren am Markt durch entsprechende Reglementierungen vermeiden sollte, wurde zwar nicht umgesetzt.[672] Jedoch drohten Maßnahmen wie das „Gesetz zur Vorbereitung des organischen Aufbaues der deutschen Wirtschaft" rigide Preiskontrollen nach sich zu ziehen. Die

---

[670] Anon., Getane Arbeit – Neue Ziele, in: Die Deutsche Werbung, 1934, 1, S. 1; Schmidt, Alfons, Vom Geiste der kommenden Werbung, in: Die deutsche Werbung, 1933, 10, S. 336.
[671] Anon., Getane Arbeit – Neue Ziele, in: Die Deutsche Werbung, 1934, 1, S. 1.
[672] Nolte, Ordnung, S. 253.

Stärkung der Wettbewerbseinigungsämter und die Schaffung zahlreicher Berufsverbände und Aufsichtsinstanzen – wie auch der Werberat – signalisierten die Popularität des staatlich gelenkten korporativen Wirtschaftens.[673] Anwendung fand der Ansatz des korporativen Wirtschaftens in der Landwirtschaft, indem mit der Errichtung des Reichsnährstandes (RNS) eine Instanz geschaffen wurde, die sowohl Berufsorganisation für die Landwirtschaft und die ihr zuzurechnenden Bereiche des Handels sowie der Lebensmittelindustrie als auch Marktlenkungsorgan war, das Produktionsmengen und -preise festsetzen konnte und somit die Marktkräfte in der Landwirtschaft so gut wie ausschaltete.[674]

Die Reglementierung des landwirtschaftlichen Marktes war in ihrem Ausmaß kurz nach 1933 eine Ausnahme. Tendenzen machten sich allerdings überall bemerkbar und veranlassten den Werberat zu einer widersprüchlichen Positionierung, die beide Pole – freies konkurrenzwirtschaftliches Handeln wie auch staatliches Eingreifen – zu rechtfertigen und zu integrieren versuchte. Anfänglich, 1933, deutete sich eine wirtschaftsliberale Haltung des Werberats an, die sich im Laufe der Jahre und mit Blick auf die Kriegswirtschaft jedoch immer stärker dem opportunen planwirtschaftlichen Denken unterordnete. Die Branche wollte und brauchte Wettbewerb, konnte diesen aber nicht offen als wünschenswert propagieren. Wettbewerb war erlaubt, aber er durfte nur in geordneten Bahnen stattfinden, die die Nationalsozialisten vorgaben und deren Gefühl der Beherrschbarkeit des Marktes stärkten. *„Wir wollen nicht den freien Wettbewerb vernichten"*, so auch der ständige Vertreter des Präsidenten des Werberates, Hunke, *„aber seine Auswüchse beseitigen. [...] Ehrliche Konkurrenz tut not!"*[675]

An anderer Stelle zeigte sich Hunke darum bemüht, eine positive und mit dem Nationalsozialismus vereinbare Definition von Kapitalismus und Konkurrenz zu finden. So betonte er, dass die Werbung eine lange

---

[673] Zu den Wettbewerbseinigungsämtern siehe: Anon., 10 Jahre gesetzliche Wettbewerbseinigungsämter, in: Wirtschaftswerbung, 1942, 4, S. 55–56.
[674] Ritschl, Albrecht, Wirtschaftspolitik im Dritten Reich – Ein Überblick, in: Bracher, Karl Dietrich/Funke, Manfred/Jacobsen, Hans–Adolf (Hg.), Deutschland 1933–1945. Neue Studien zur nationalsozialistischen Herrschaft, 2. ergänzt. Aufl., Bonn 1993, S. 118–127.
[675] Hunke, Heinrich, Für die Werbung, in: Wirtschaftswerbung, 1934, 16, S. 119f.

Geschichte habe, deren Anfänge noch vor dem negativ konnotierten Kapitalismus lägen, und deshalb kein charakteristisches Phänomen des Kapitalismus sei. Vielmehr bestimmten Inhalt und Form über den kapitalistischen oder auch sozialistischen Charakter der Werbung. Mit dieser Herleitung konnte Hunke Werbung als integrativen Bestandteil der nationalsozialistischen Volks- und Leistungsgemeinschaft deuten. Das von ihm vertretene Argumentationsmuster ging sogar über die wirtschaftspolitische Einbettung hinaus und deklarierte Werbung zum zeitgemäßen Prinzip, da es die Aufgabe der nationalsozialistischen Aufklärung und Erziehung sei, dafür zu sorgen, dass sich die Einzelpersönlichkeit immer mehr herausstelle, und jeder, der etwas leiste, seine Leistung und sein Können auch anbieten, bekanntmachen und verteidigen müsse.[676]

Die Vertreter des Werberates deuteten die Möglichkeiten wirtschaftlichen Wettbewerbs im Nationalsozialismus jedoch insgesamt positiver als es den Tatsachen angemessen war. Im Rahmen der Kriegswirtschaft nahm der Legitimationsdruck auf die Werbung schließlich neue Dimensionen an. In Reaktion darauf trieb einer der führenden Vertreter der Branche, Carl Hundhausen, den Ansatz auf die Spitze, Werbung als generalisierbares Handlungsmuster anzuwenden. Er propagierte in den 1940er Jahren, dass Werbung eines der *„schärfsten und unerbittlichsten Mittel der Selektion, der Zuchtwahl, der Leistungsauslese"* sei und fragte:

> „Wo hat sich mehr als auf dem Gebiet des wirtschaftlichen Wettbewerbs, für den die Wirtschaftswerbung ja nur ein Ausdrucksmittel ist, der Gedanke des Überlebens oder Vernichtetwerdens erbarmungsloser durchgesetzt als hier in der lebendigsten und lebensnahesten Erscheinung unserer Zeit, in der Wirtschaftswerbung?"[677]

Hundhausen erklärte den freien Wettbewerb kurzerhand zu einem Archetypus nationalsozialistischen und damit deutschen Handelns. Die bei der „Ausmerzung" von Juden und „lebensunwerten" Menschen verwendete Sprache ließ sich leicht auf den Leistungswettbewerb übertragen. Die

---

[676] Hunke, Heinrich, Die Bedeutung der Werbung, in: Wirtschaftswerbung, 1935, 10/11, S. 65.
[677] Hundhausen, Wesen und Ethos, S. 60.

Wirtschaft sei für ihn ein *"beißend scharfes Scheidewasser"*, in dem eine *"unerbittliche Auslese"* getroffen werde, was als Dienst am Volke zu verstehen sei.[678] Das biologistische Weltbild der Nationalsozialisten mit seiner Betonung der sozialdarwinistischen Auslese und des Lebensraumkampfes der Rassen wurde zur Rechtfertigung der Konkurrenzwirtschaft.[679]

Die ideologische Klammer, die Hundhausen anbot, enthielt allerdings einige Fallstricke und fand nicht überall Zustimmung. Der offizielle Kurs des Werberats, ebenso sein Vokabular, war moderater und abwägender. Der Rat kämpfte dafür, den Leistungswettbewerb in Deutschland zu erhalten und nur den von ihm so genannten „Behinderungswettbewerb" auszuschalten, was das Bild eines „guten" und eines „schlechten" Wettbewerbs entstehen ließ. Unter Behinderungswettbewerb verstand der Werberat beispielsweise die über Werbung praktizierte Herabsetzung von Mitbewerbern durch die Behauptung falscher Tatsachen. Die NS-Werbung sollte dagegen eine sachliche Beweisführung ihrer Versprechen erbringen. Erstaunlicherweise bezog sich zu Beginn der NS-Zeit diese Forderung ausdrücklich auf die Behauptung, dass ein Mitbewerber Ausländer sei, was ohne Beweisführung als nicht statthaft galt.[680] *"Man spricht"*, so hieß es im Mitteilungsblatt des Werberats,

> „in solchen Fällen von dem ‚Patriotismus der eigenen Tasche'. Hinter dieser Vaterlandsliebe verbergen sich regelmäßig nur geldliche Ziele. Das vaterländische Empfinden wird lediglich dazu ausgenutzt, um einen ausländischen Wettbewerber zu schädigen und ihn vom Markte zu verdrängen".[681]

Auch vergleichende Werbung mittels sprachlicher Wendungen wie *„besser als..."* oder *„ebenso gut wie..."*, die in den USA Tradition hatten, wollte der Werberat nicht gelten lassen. Unzulässig waren nicht einzuhaltende Versprechungen sowie Irreführungen der Konsumenten, so z. B. das Versprechen einer fünfjährigen Garantie, die ein Füllfederhalterproduzent bei einem Preis von nur 1,25 RM seines Produkts gab. Der Werberat stellte

---

[678] Ebd., S. 61.
[679] Vgl.: Ritschl, Wirtschaftspolitik, S. 133.
[680] Anon., Sondermitteilung des Werberates über „Die Herabsetzung des Wettbewerbers bei der Wirtschaftswerbung", in: Wirtschaftswerbung, 1934, 3, S. 21.
[681] Ebd.

fest, dass für einen Füller in dieser Preislage unmöglich eine so langjährige Qualitätsgarantie abgegeben werden könne. Diese Werbung war demnach als marktschreierisch und irreführend einzustufen. Dies alles beschrieb Kriterien, die einen schlechten Wettbewerb definierten und gegen den neuen Geist in der „deutschen Werbung" verstießen.[682]

Zusammenfassend offenbarte sich der propagierte Geist der neuen „deutschen Werbung" als diffus. Der Kurs der deutschen Werbung, wie ihn die Funktionäre der Branche zu steuern versuchten, blieb oftmals nicht nachvollziehbar und widersprüchlich.

„Deutscher Geist"? Gebremste Amerikanisierung im Nationalsozialismus

Die „deutsche Werbung" war nicht nur ein Gegenkonzept zur „jüdischen Reklame", sondern gleichzeitig der Versuch, sich gegenüber der amerikanischen Werbung zu emanzipieren und damit Trennlinien zwischen deutscher und amerikanischer Konsumkultur zu markieren. Dieses Anliegen blieb jedoch – um es vorauszunehmen – zwiespältig. Zwei Beispiele, die diese grundlegende, charakteristische Ambivalenz verdeutlichen, seien der Diskussion vorangestellt:

Der Werberat nahm die angeblichen Auswüchse des amerikanischen Werbewesens wiederholt zum Anlass, kulturelle Überlegenheit zu demonstrieren. Beispielsweise verurteilte er die Zeitungsanzeige einer amerikanischen Lebensversicherung als unvertretbar, weil sie einen Trauerzug und eine weinende Frau hinter einem Leichenwagen herschreitend abbildete und den Werbespruch trug, dass diese Witwe weniger weinen würde, wenn ihr verstorbener Ehemann eine entsprechende Lebensversicherung abgeschlossen hätte.[683] Andererseits gab es z. B. Anzeigen wie jene einer Zigarettenfirma, die ihr Produkt wie selbstverständlich mit einer Wild-West-Aura umgab und darin – auch in der nationalsozialistischen Gesellschaft – eine vielversprechende Möglichkeit sah, einen Kaufanreiz zu geben.[684] Beide Bilder stehen stellvertretend für die zum

---

[682] Anon., Unzulässige Werbung, in: Wirtschaftswerbung, 1935, 10/11, S. 69.
[683] Wirtschaftswerbung, 1934, 5, S. 33.
[684] Abb. 17.

einen politisch-korrekte, öffentliche und ablehnende Diskussion von Amerikanismen im „Dritten Reich", zum anderen für eine anhaltende Faszination über einen amerikanischen Lebensstil und – wie für die Werbebranche ergänzt werden muss – über Organisationsweisen und Selbstverständnis amerikanischer Werber.

Nehmen wir das erste Bild noch einmal auf, so lässt sich daraus eine zunächst stringente Deutung entwickeln: Der Werberat brandmarkte dieses Bild und vergleichbare Beispiele als unvereinbar mit dem neuen Sittlichkeitsempfinden und rechtfertigte die in der deutschen Werbebranche getroffenen Maßnahmen. Ungeachtet vorheriger Verlautbarungen über die lange Tradition der Werbung, die eine Inkorporation in das Konstrukt einer „deutschen Kultur" ermöglichen sollte, wurde Werbung in diesem Falle wieder als Resultat *„liberalistischer Freiheit"* deklariert, die schließlich zum Amerikanismus geführt habe.[685]

Der von manchen ranghohen Funktionären wie Hunke vorgetragene Antiamerikanismus erscheint in Teilen jedoch eher als Rhetorik denn als ein konsequent verfolgtes Anliegen. Die Abgrenzung einer „deutschen Wirtschaftskultur" von der amerikanischen bzw. vom Kampfbegriff des Amerikanismus mutet eher zögerlich-schwankend, höchstens verbal-aggressiv an. So führte die Abgrenzung von der „jüdischen Reklame" und vom Amerikanismus zu keinen eindeutigen Resultaten. Die internationale Ausrichtung der Werbung in Deutschland blieb – wenn auch eingeschränkt – erhalten, weshalb es als angemessen erscheint, von einer gebremsten Amerikanisierung der Branche zu sprechen.

Deutsche Werbefachleute nahmen weiterhin an internationalen Kongressen teil oder reisten auf Empfehlung des Werberats in die USA.[686] Die USA wurden zumindest in der Fachpresse weiterhin als *„Reich der Werbeberatung"* wohlwollend wahrgenommen.[687] In Anbetracht der neuen Ordnung in Deutschland fragten Autoren der Fachpresse zwar wiederholt, ob amerikanische Werbemethoden noch vorbildlich seien, beantworteten diese

---

685 Hunke, Heinrich, Für die Werbung, in: Wirtschaftswerbung, 1934, 16, S. 118.
686 Amerika-Studienfahrt der Verbände des deutschen Werbefaches, in: Die deutsche Werbung, 1937, 4, S. 197.
687 Krahnen, Emil, Aus dem Reiche der Werbeberatung, in: Die deutsche Werbung, 1936, 11, S. 614.

Frage jedoch in vielen Fällen positiv und berichteten fortlaufend über amerikanische Werbemethoden.[688] Themen der Berichterstattung waren praktische Anleitungen zur Mediaselektion (Auswahl der Medien für Werbung), zur Werbeplanerstellung und zur Marktforschung – gefolgt wiederum von amerikakritischen Artikeln wie dem anfangs zitierten. Die Widersprüchlichkeit von Theorie und Praxis lässt sich an drei Beispielen besonders gut aufzeigen:

1) Gerade die Marktforschung, ein Bereich, in dem die Agencies als Pioniere der Branche galten, erlangte im Rahmen der gelenkten Wirtschaft im Nationalsozialismus eine große Popularität. Die Bedeutung des statistischen Erfassens, Zählens, Identifizierens – an anderer Stelle auch des Aussonderns – wurde im Sinne des Absteckens von Aufgaben und Möglichkeiten der Verbrauchslenkung institutionalisiert, denn „um der Werbung eine totale Wirkung zu geben [...] ist es notwendig, die Menschen total zu erfassen".[689] In Koalition mit staatlichen Instanzen erfuhr die Idee der planbaren Werbung und des sich daran anschließenden vermeintlich definierbaren Konsums einen Auftrieb und überhöhte die sozialtechnologischen Fantasien deutscher Werber aus den 1920er Jahren. Bei den Berufsverbänden wurden folglich Referentenstellen für Marktforschung geschaffen.[690] Als institutionell bedeutender erwies sich die Gründung der Gesellschaft für Konsumforschung (GfK) im Jahre 1934, an der namhafte Werbefachleute wie der ehemals bei der amerikanischen Agentur Erwin, Wasey & Co. tätige Hanns W. Brose sowie der Werberat der Deutschen Wirtschaft beteiligt waren. Sie erhofften sich, Werbung zielsicherer und wirtschaftlicher gestalten zu können. Die Gesellschaft für Konsumforschung wurde von ihrem Gründungsdirektor Wilhelm Vershofen in betont vaterländischer Rhetorik zwar als „deutsches Institut" und die dort geleistete qualitative Forschung als „deutscher Weg" bezeichnet, aber das Vorbild für die deutsche Marktforschung

---

[688] z. B.: Kaupisch, Johannes, Sind amerikanische Werbemaßnahmen vorbildlich, in: Die deutsche Werbung, 1936, 1, S. 26f; Marx, Clemens, Rundfunkwerbung in USA, in: Die deutsche Werbung, 1941, 7/8, S. 270.
[689] Kropff, Hanns Ferdinand Josef, Totalität der Werbung. Ein Beitrag zur Verbreitung ihrer Rationalisierung und zum Einbau in die neue Absatzlehre, Berlin 1939, S. 20.
[690] Breyer, Otto A., Die Erforschung der Einkaufsgewohnheiten und der Möglichkeiten ihrer Beeinflussung und Lenkung, in: Die deutsche Werbung, 1934, 11, S. 322.

blieben die USA und die Agencies, die – wie die GfK in einer Nachkriegspublikation schrieb – bis 1939 in der Verbrauchsforschung ihre gewichtige Rolle wahrten.[691] Bezeichnenderweise stellte Vershofen sein Institut in ständiger Bezugnahme – zumeist negativer, allerdings an manchen Stellen auch positiver – auf die Marktforschung und Demoskopie in den USA dar.[692] Insofern war das Vorbild der USA trotz rhetorischer Abgrenzungsversuche präsent.

2) Die Advertising Agencies konnten, wenn auch mit Einschränkungen, weiter auf dem deutschen Markt agieren. Im Nationalsozialismus wurde der ideelle Siegeszug der amerikanischen Agenturen nicht „jäh gestoppt".[693] Vielmehr kam es auch auf dem Dienstleistermarkt für Werbung zu einer gebremsten und verdeckten Amerikanisierung, wofür beispielhaft die Agenturen J. Walter Thompson (JWT) und Dorland stehen.

Im Fall der New Yorker Agentur JWT kam es zwar zu einem offiziellen Rückzug aus Deutschland, allerdings war er aus taktischen Gründen bereits vor der „Machtergreifung" der Nationalsozialisten vollzogen worden. Schon 1932 waren angesichts der politischen Lage innerhalb der Agentur Stimmen aufgekommen, die voraussagten, dass die Zeit kommen werde, in der das amerikanische Personal abgezogen werden müsse.[694] Im Sommer des gleichen Jahres warnte der deutsche Rechtsanwalt der Agentur, Dr. Paul Leverkühn, vor der zunehmenden Fremdenfeindlichkeit in Deutschland.[695] Den deutschen Markt gab die Agentur dennoch weder zu dieser Zeit noch im Nationalsozialismus bis 1939 verloren. Nach 1933 gingen Mitarbeiter von JWT davon aus, dass das nationalsozialistische Deutschland weiterhin ein wichtiger Markt bleiben würde.[696] Ein amerikanischer Mitarbeiter der Agentur, der im Sommer 1933 Deutschland besuchte, zeigte sich gegenüber seinem Vorgesetzten in New York, Samuel Meek, überzeugt:

---

[691] Bergler, Georg, Die Entwicklung der Verbrauchsforschung in Deutschland und die Gesellschaft für Konsumforschung bis zum Jahre 1945, Kallmünz 1959, S. 18.
[692] Ebd., S. 45, 71, 115.
[693] Vgl. hier die konträre Einschätzung bei: Reinhardt, Historizität, S. 38.
[694] Brief von Henry C. Flower (Paris office) an Earle Clark vom 12.7.1932, in: J. Walter Thompson Treasurer's Office Records, Box 5, Rare Book, Manuscript, & Special Collections Library, Duke University, Durham, North Carolina, USA.
[695] Dr. Paul Leverkuehn an Henry C. Flowers, 9. Juli 1932, in: ebd.
[696] Brief an Stanley Resor vom 23.6.1933, in: ebd.

> „There are no official restrictions in regard to activities of foreign companies in Germany. There is no black list or anything of the kind. In no official communications were there any steps suggested to boykott foreign companies, and, as far as I know, it was not and is not intended to officially interfere with the business of foreign companies."[697]

Bis Ende der 1930er Jahre hielt JWT an dieser positiven Einschätzung fest. Ein interner Report der Agentur von 1938, der die globalen Marktchancen für amerikanische Produkte untersuchte und sich auf Datenmaterial des U.S. Bureau of Census bezog, bezeichnete Deutschland als fünftwichtigsten Handelspartner der USA nach Großbritannien, Kanada, Japan und Frankreich und unterstrich ungeachtet der Autarkiebestrebungen der NS-Regierung die Notwendigkeit weiterer Wirtschaftsbeziehungen.[698]

Die Einschätzungen des deutschen Markts und der spezifischen Marktbedingungen liefern Hinweise darauf, dass amerikanische Unternehmen im Nationalsozialismus nicht grundsätzlich ihre Aktivitäten in Gefahr sahen, sondern lediglich die Notwendigkeit einiger Adaptionsleistungen in der Außendarstellung sahen. JWT hatte auf die Entwicklungen in Deutschland, insbesondere den wachsenden Nationalismus, schon 1932 mit dem Verkauf der Berliner Filiale an seinen deutschen Mitarbeiter Fritz Solm reagiert.[699]

Der Verkauf tarnte die eigentlichen Geschäftsinteressen von JWT. Solm leitete als ersten Schritt einer vordergründigen Germanisierung der Agenturfiliale die Umbenennung von „J. Walter Thompson" in „Walther Thompson G.m.b.H." ein und verkündete in einem weiteren Schritt im Dezember 1933 seinen Geschäftskunden:

> „Obwohl wir nach dem Ausscheiden der amerikanischen Gründungsgesellschaft bereits unseren Namen geändert hatten,

---

[697] Brief an Samuel Meek vom 9.6.1933, in: ebd.
[698] J. Walter Thompson Company, World Markets for United States Exports, New York 1946 (unpublished report), in: Box 9, J. Walter Thompson Company Publications, Rare Book, Manuscript, & Special Collections Library, Duke University, Durham, North Carolina, USA.
[699] Contract betwen J. Walter Thompson of New York and J. Walter Thompson GmbH, Berlin, in: J. Walter Thompson Treasurer's Office Records, Box 5, Rare Book, Manuscript, & Special Collections Library, Duke University, Durham, North Carolina, USA.

erweist es sich als notwendig, diese Trennung noch deutlicher zum Ausdruck zu bringen. Wir bitten Sie daher, davon Kenntnis zu nehmen, daß wir unsere bisherige Firmenbezeichnung in Gesellschaft für Wirtschaftswerbung m.b.H. geändert haben. An unserer Arbeitsweise ändert sich durch diese Umbenennung nichts. Wir werden nach denselben Grundsätzen weiterarbeiten [...]."[700]

JWT nutzte den Marktvorteil, als ein deutsches Unternehmen mit deutschem Namen aufzutreten. Der Verkauf der Berliner Filiale an Solm war mit einem geheimen Zehnjahresvertrag verbunden, der der New Yorker Mutteragentur umfassende Rechte sicherte. Beide Seiten vereinbarten, sich gegenseitig mit Informationen und Dienstleistungen zu versorgen. Solm verpflichtete sich, in keinem anderen Land als Deutschland, Österreich, der Tschechoslowakei und Polen sowie in Danzig tätig zu werden, ebenso wie JWT Solm als exklusiven Vertreter in diesen Gebieten ansah und seine internationalen Kunden ausschließlich an ihn weitervermitteln wollte. Im Gegenzug sollte Solm zwei Prozent seiner Umsätze an JWT zahlen. Er verpflichtete sich außerdem, nach den Prinzipien und den Qualitätsstandards der amerikanischen Mutteragentur zu arbeiten.[701]

In den folgenden Jahren kam es jedoch unentwegt zu Auseinandersetzungen zwischen New York und Berlin, weil Solm seine Zahlungsverpflichtungen nicht einhielt. Eventuell ging er davon aus, dass die Amerikaner ihre vertraglichen Rechte in Deutschland nicht einklagen wollten oder konnten, weil sie sich dann einen neuen Zugang zum deutschen und mittelosteuropäischen Raum hätten suchen müssen, was aufwendiger und teurer oder überhaupt nicht mehr möglich gewesen wäre.[702] Die Amerikaner zeigten sich in der Tat geduldig, weil Solm über Beziehungen zu Vertretern des Nationalsozialismus verfügte, von denen JWT zu profitieren hoffte.[703] Dass Solm diese Verbindungen tatsächlich besaß und für NS-Organisationen

---

[700] Ankündigung der Gesellschaft für Wirtschaftswerbung mbh, in: ebd.
[701] Contract betwen J. Walter Thompson of New York and J. Walter Thompson GmbH, Berlin, in: ebd.
[702] Vgl.: Memorandum vom 23.5.1934, in: ebd.
[703] Brief an Donald C. Foote vom 22.11.1937, in: ebd.

arbeitete, lässt sich anhand der Unterlagen des staatlichen Reichsausschusses für volkswirtschaftliche Aufklärung und des RMVP rekonstruieren.[704]

Der Plan gegenseitiger Kundenvermittlung scheint trotz der Auseinandersetzungen über Jahre aufgegangen zu sein. Solm vermittelte z. B. Werbeaufträge des Berliner Schering-Konzerns für den amerikanischen Markt an JWT. Umgekehrt bekam Solm über JWT Kontakt zu Lever (später Unilever) und der Kraft Cheese Company.[705]

Noch Ende 1938 schrieb ein Mitarbeiter von JWT nach einem Gespräch mit Solm an das New Yorker Büro einen Bericht, der einen äußerst zweckrationalen Umgang mit den politischen Verhältnissen offenbart und zeigt, wie sehr beide Seiten voneinander profitierten.[706]

Einschneidende negative Folgen auf das Geschäftsverhältnis hatte erst der Beginn des Zweiten Weltkriegs. Monate nach dem Überfall auf Polen sah die Führung von JWT, dass sich die mit dem deutschen Markt verbundenen Hoffnungen nicht erfüllen würden. Fritz Solm wurde daher im Dezember 1939 endgültig nicht mehr als Geschäftspartner angesehen.[707]

Eine ähnliche Geschichte anhaltender deutsch-amerikanischer Verbindungen weist die Agentur Dorland auf. Trotz amerikanischer Teilhaber, der Einbettung in das internationale Dorland-Agenturnetzwerk sowie der Beschäftigung zahlreicher Bauhäusler, stieg die Berliner Agentur zu einer der größten privaten Werbeagenturen im Deutschen Reich auf und scheint damit keinesfalls ein Irrläufer der Geschichte gewesen zu sein. Die Nationalsozialisten setzten Dorland, die international als avantgardistische Agentur galt, für ihre Selbstdarstellung gegenüber dem kritischen Ausland ein und ließen für drei große Propagandaausstellungen (Deutsches Volk – Deutsche Arbeit, 1934; Wunder des Lebens, 1935; Deutschland, 1936) Werbematerialien erstellen oder Plakate für NS-Organisationen entwerfen.[708]

---

[704] Siehe z. B.: BArch R 5002/1, Bl. 259.
[705] Brief von Rae Smith an Donald C. Foote vom 4.6.1934, in: J. Walter Thompson Treasurer's Office Records, Box 5, Rare Book, Manuscript, & Special Collections Library, Duke University, Durham, North Carolina, USA; Brief an Fritz Solm, o. Datum, in: ebd.
[706] Bericht von L.R. Coleman an Donald C. Foote (New York) vom 7. November 1938, in: ebd.
[707] Brief von Donald C. Foote an Guaranty Trust Company of New York vom 11. Dezember 1939, in: ebd.
[708] Westf. Landesmuseum für Kunst und Kulturgeschichte Münster (Hg.), Die nützliche Moderne. Graphik- und Produktdesign in Deutschland 1935–1955, Münster 2000, S. 50.

Beide Seiten profitierten voneinander und erhielten sich Vorteile oder Spielräume. Auch in der Zeitschriftengestaltung, wie etwa für die international gelesene und als illustriertes Propagandamedium anzusehende „die neue linie", war der Kreativ-Direktor von Dorland, der ehemalige Bauhausmeister Herbert Bayer, aktiv.[709] In Werbezeitschriften wurde die Arbeit von Dorland wiederholt als vorbildlich eingestuft.[710] Doch gleichzeitig – und hier zeigt sich die Ambivalenz des NS-Systems – war die Agentur wegen ihrer internationalen Kontakte insbesondere zur ehemaligen amerikanischen Mutteragentur in New York, nicht etwa wegen der Beschäftigung von Bauhäuslern, Zielscheibe regelmäßiger Hausdurchsuchungen durch die Gestapo, die zudem leitende Mitarbeiter der Agentur observierte.[711]

3) In der Branchensprache setzten sich trotz aller Eindeutschungsversuche Amerikanismen durch, die in den 1920er Jahren bereits zahlreich vertreten waren – wie „Team-Arbeit" für Gruppenarbeit, „Folder" für Broschüren oder „Slogan" für Werbesprüche und „Billmänner" für Plakatierer. Im Nationalsozialismus wurden Amerikanismen in der Fachsprache nicht mehr so oft benutzt. Allerdings finden sich Amerikanismen selbst noch Anfang der 1940er Jahre in offiziellen Schriftstücken staatlicher Stellen.[712]

4) Dass ein Hauch von Amerika nach wie vor spürbar war, lässt sich schließlich auch daran ablesen, dass Heimatschützer resigniert feststellen mussten, wie sehr die NS-Gesellschaft sich auf amerikanische Zustände hinbewegte.[713]

---

[709] Brüning, Ute, Bauhäusler zwischen Propaganda und Wirtschaftswerbung, in: Nerdinger, Bauhaus-Moderne, S. 42–46.
[710] Die Wasserprüfung, in: Die deutsche Werbung, 1936, 12, S. 686, oder Werbung in Deutschland, in: Die deutsche Werbung, 1936, 19, S. 257.
[711] Interview mit Richard Roth, 6.02.2000; BArch ZSK 15, Walter Matthess.
[712] BArch, R 5002/21.
[713] Brehme, Theda, Reklame und Heimatbild, Neudamm 1931, S. 88; Lindner, Werner, Die zukünftigen Aufgaben der Heimatgestaltung im Geiste Ernst Rudorffs, in: Heimatleben, 1940, S. 20–23.

Das Verbot der Radiowerbung als symbolisch vermittelte Kulturpolitik

Erwiesen sich die nationalsozialistische Ideologie und die Schlussfolgerungen daraus im Falle der amerikanischen Advertising Agencies sowie der offiziell befürworteten Abgrenzung zur amerikanischen Werbekultur als nur ansatzweise konsistent, wurden an anderer Stelle deutliche Exempel statuiert. Eines davon galt der Radiowerbung, der NS-Funktionäre eine ideologische Inkompatibilität attestierten.[714]

Die Forderung des Werbeverbots im Radio hatte seit den 1920er Jahren Tradition. Die Nationalsozialisten machten sich dieses Thema zu eigen: „*Der Werberat der Deutschen Wirtschaft*", berichtete 1934 eine Wirtschaftszeitung,

> „hat sich die Aufgabe gesetzt, den liberalen Entartungen der deutschen Werbung ein Ende zu bereiten. Einen Markstein dieser Arbeit bedeutet der Entschluß der Beseitigung der Einzelwerbung im Rundfunk."[715]

Das Radio, so erklärte der damalige Vertreter des Präsidenten des Werberates, Heinrich Hunke, sei schließlich ein Kulturmedium. Zudem sei die Radiowerbung sachlich nicht gerechtfertigt, da Zeitungen und Zeitschriften sowie andere Werbemedien ausreichend zur Verfügung stünden.[716]

Hunke, der ansonsten bemüht war, die Werbefreiheit im Nationalsozialismus zu predigen und Normalität und Kontinuität zu versprechen, verteidigte diesen Entschluss mit dem Argument, dass besonders finanzkräftige Unternehmen diese Werbung nutzten und sich deshalb kein gesunder Wettbewerb einstellen könnte – was nicht zutraf, denn immerhin bedienten sich circa 1.600 vor allem kleine oder mittlere Unternehmen dieses Mediums.[717] Zur Radiowerbung der kleineren Auftraggeber zählten z. B. die Durchsagen von Lebensmittelgeschäften oder Ausverkaufsmitteilungen von Einzelhändlern, die auf ein regionales Publikum abzielten. Diese Nutzerstruktur der Radiowerbung ergab sich aus

---

[714] Grundsätzlich: Maatje, Luft.
[715] Anon., Ende der Einzelwerbung im Rundfunk, in: Die Deutsche Volkswirtschaft. Nationalsozialistischer Wirtschaftsdienst, Jg. 3, 1934, Nr. 3, Berlin, S. 74, zit. n: Maatje, Luft, S. 256.
[716] Anon., Ende der Einzelwerbung im Rundfunk, in: Die Deutsche Volkswirtschaft. Nationalsozialistischer Wirtschaftsdienst, Jg. 3, 1934, Nr. 3, Berlin, S. 74, zit. n: Maatje, Luft, S. 256.
[717] Ebd.

der regionalen Organisation und den Sendegebieten des deutschen Rundfunks – Tatsachen, die die nationalsozialistischen Funktionsträger jedoch außer Acht ließen.[718] Indes konstruierten sie weitere Argumente gegen die Radiowerbung, deren Verbot zur Profilierung und als Symbol des Umgestaltungswillens diente.

Der Rhetorik konnte die betroffene Werbewirtschaft kaum etwas entgegensetzen. Zahlreiche Unternehmen schrieben Beschwerden an staatliche Stellen, wiesen auf ihre gerechtfertigten Profit- und Absatzinteressen hin und darauf, dass die Radiowerbung den Konsum gesteigert und damit hunderttausende Arbeitsplätze geschaffen habe. Außerdem deuteten einige Unternehmen das vorgesehene Verbot nicht als ideologische Notwendigkeit. Sie vermuteten dahinter vielmehr die erfolgreiche Interessenpolitik der deutschen Zeitungsverleger, die im Kampf um den Werbemarkt in Konkurrenz zum Hörfunk standen – selbst wenn dessen Werbeumsatzvolumen nicht annähernd an jenen der etablierten Printmedien heranreichen konnte.[719]

Zum 1. Januar 1936 verbot der Werberat wie angekündigt die Radiowerbung. Heinrich Hunke kommentierte dieses Verbot auf plastische Art und Weise:

> „Wir müssen uns daran gewöhnen, daß ebenso wenig wie zwischen einzelnen Akten der ‚Meistersinger' und Sätze der 9. Symphonie ein Werbefilm eingeschaltet wird, im Rundfunk in Zukunft die Werbung einzelner Firmen erscheint."[720]

Kultur wurde demnach als ein Feld gestärkt, das vor wirtschaftlichen Einflüssen in Form werblicher Störfaktoren geschützt werden müsse. Diese Argumentation birgt eine Logik in sich, die bis heute, wenngleich nur noch eingeschränkt, Grundlage des öffentlich-rechtlichen Rundfunks in Deutschland ist.

---

[718] Ebd., S. 82–88 u. S. 264.
[719] Ebd., S. 261–265.
[720] Hunke, Heinrich, Die Bilanz des Werberates der Deutschen Wirtschaft im Jahr 1935, in: Die Deutsche Volkswirtschaft. Nationalsozialistischer Wirtschaftsdienst, Jg. 5, 1936, Nr. 3, Berlin, S. 84, Zit. n.: Maatje, Luft, S. 258.

Die „Säuberung" der „deutschen Oberflächenstrukturen"

Der Geist der „deutschen Werbung" zeigte sich ebenfalls in der „Säuberung" des Landschafts- und Stadtbildes von Außenwerbung. Neben der Radiowerbung war die Außenwerbung im besonderen Maße ideologischen Anfeindungen und staatlichen Restriktionen ausgesetzt, die auf Forderungen aus dem Kaiserreich und der Republik zurückgingen. Der ausgeprägte Hygiene- und Säuberungsdiskurs der Nationalsozialisten machte sich schließlich – wie in vielen anderen sozialen Feldern – auch hier bemerkbar und entsprang einem gesellschaftlichen Bedürfnis nach einer geordneten Welt. Ordnung und Sauberkeit wurden zu allumfassenden, jedoch oberflächlichen Handlungsleitmotiven in einer Gesellschaft, die – so einer der grundlegenden Mythen des „Dritten Reiches" – vom *„Schund und Dreck"* der Weimarer Zeit befreit werden musste, damit sie weiter existieren konnte.[721] Und gerade den Heimatraum, das vermeintliche Rückzugsgebiet der angegriffenen deutschen Seele, galt es schadfrei und rein zu halten. Der bekannte Heimataktivist Wilhelm Münker stellte 1934 fest, dass nun endlich das *„Großreinemachen in der deutschen Landschaft"* beginnen könne.[722]

Das Bild der sauberen Heimat stand im Nationalsozialismus, wie es zunächst politisch-korrekt formuliert wurde, tatsächlich im krassen Gegensatz zur lärmend empfundenen Außenwerbung mit ihren angeblich schreienden Farben, die sich jedem Auge zwangsläufig aufdrängten. So unterstrich ein Beobachter:

> „Man kann wohl sagen, daß die Zeit des wilden Außenanschlages wundervoll als Symbol der damaligen Wirtschaftsauffassung bezeichnet werden kann. Es war eine harte und rücksichtslose Methode, diese Verfolgung des Verbrauchers bis in das letzte Eckchen unserer Heimat!"[723]

Diese Darstellung kann zwar als überzogen gelten, dennoch re-etablierten sich im Werbediskurs Schlagworte wie die der *„Blechpest"* oder des

---

[721] Wie wenig das jedoch auf die Realität des „Dritten Reichs" zutraf, zeigt Bajohr mit seinen Ausführungen über Korruption im NS-Staat, die den Anspruch einer geordneten und „sauberen" Gesellschaft konterkarierte: Bajohr, Frank, Parvenüs und Profiteure. Korruption in der NS-Zeit, Frankfurt/M. 2004.
[722] Zit. n.: Oberkrome, Heimat, S. 142.
[723] Deutsche Werbung, 1938, 1, S. 142.

"*Außenausschlags*". So wurde in der Diskussion über eine „deutsche Oberflächenstruktur" Außenwerbung sehr kritisch betrachtet.

Erschien den Werbern das Ausmaß der bunten, leuchtenden Außenwerbung in der Weimarer Republik als Ausdruck deutscher Fortschrittlichkeit im Sinne einer weit vorangeschrittenen Urbanisierung, die im internationalen Vergleich bestehen konnte, beriefen sich NS-Funktionäre auf Bilder der Heimat, die den Vorstellungen der konservativen Heimatschutzbewegung nahe waren. Damit wurde der traditionelle Konflikt zwischen Heimatschützern und Werbung von Staats wegen entschieden, was für die Branche anfänglich bedrohliche Ausmaße annahm. Die Lage spitzte sich derart zu, dass sich der DRV Anfang März 1933 besorgt an das Reichswirtschaftsministerium wandte, weil er Initiativen der Heimatschützer für ein Verbot der Außenwerbung zuvorkommen wollte.[724] Der Deutsche Bund Heimatschutz dementierte das vom DRV unterstellte Anliegen, verwies in einer Stellungnahme allerdings darauf, dass er die „*Verschandelungen der Landschaft*" durch Werbung nicht mehr länger akzeptieren wolle.[725] Weiterhin kündigte er Gesetzesinitiativen an, um eine weitere Organisation, die „Arbeitsgemeinschaft gegen die Auswüchse der Außenreklame", zu unterstützen.[726]

Der Werberat reagierte 1934 mit seiner 9. Bekanntmachung auf die Diskussion. Ziel dieser Bekanntmachung war es, das Außenanschlagwesen zu ordnen und den so genannten wilden Plakatierungen ein Ende zu bereiten. Im ersten Teil der 9. Bekanntmachung nahm der Werberat eine genaue Begriffsbestimmung vor: Als Anschlag galt eine Werbung, die öffentlich durch Aufschriften oder Abbildungen ausgeführt wurde; einen Außenanschlag definierte der Werberat als Anschlag außerhalb geschlossener Räume. Bogenanschlag hieß ein Außenanschlag aus Papier, ein Daueranschlag hing länger als ein Vierteljahr, ein Schildanschlag schließlich war ein Daueranschlag in Form von Schildern aus Metall, Glas, Holz oder anderen festen Stoffen.[727]

---

[724] BArch R 3101/13789, Eingabe DRV vom 7.3.33, o. Paginierung.
[725] BArch R 3101/13789, Brief Heimatschutzbund 25.3.33, o. Paginierung.
[726] BArch R 3101/13789, o. Paginierung.
[727] 9. Bekanntmachung des Werberates der deutschen Wirtschaft vom 1. Juni 1934, in: Wirtschaftswerbung, 1934, 11, S. 69.

Die Bekanntmachung definierte ein Maß, mit dem ein geordnetes Anschlagwesen betrieben werden konnte. Dieses lag vor, wenn

> „eine im angemessenen Verhältnisse zum räumlichen Umfang und der Einwohnerzahl der Ortschaft stehende Zahl von Anschlagstellen einheitlich bewirtschaftet wird".[728]

Aus dem Verhältnis von einer Anschlagstelle auf tausend Einwohner ergab sich die so genannte „*Bestzahl*" von Anschlagstellen.[729] Im Falle des Bogenanschlags, der verbreitetsten Form von Außenwerbung, sollte eine „*ordentliche Anschlagstelle*" eine fest angebrachte Säule oder Tafel sein, die eigens zur Veröffentlichung von Bogenanschlägen bestimmt war.[730]

Der Werberat wollte in jeder Ortschaft nur einem einzigen Dienstleister die Genehmigung zur Wirtschaftswerbung durch Bogenanschlag an fest angebrachten Stellen erteilen. Alternativ zur Bewirtschaftung durch ein Anschlagunternehmen sprach sich der Werberat in Ortschaften unter 5.000 Einwohnern für die Einrichtung von „Freianschlagstellen" aus. In Ortschaften unter 1.000 Einwohnern sollte mindestens eine Anschlagstelle zur Verfügung stehen. Anschlagstellen durften nur bestimmte Maße haben und mussten über eine Ortschaft verteilt, durchnummeriert und in einem Verzeichnis aufgeführt werden. Außerhalb geschlossener Ortschaften kam es zum Verbot des Bogenanschlags an fest angebrachten Stellen bzw. zur Zurücknahme bereits erteilter Genehmigungen.[731] Ähnliche Regelungen galten für den Daueranschlag, der u. a. nur noch auf Basis eines schriftlichen und zeitlich befristeten Vertrags durchgeführt werden konnte, der die Betreiber anhielt, den Anschlag in „*gepflegtem und ordentlichem Zustande*" zu halten und nach Ablauf des Vertrags zu entfernen.[732] Außerhalb geschlossener Ortschaften sollte es – mit Ausnahme der Produktionsstätte der eigenen Leistung – keine Genehmigungen für den Daueranschlag geben.[733]

---

[728] Ebd.
[729] Ebd.
[730] Ebd.
[731] Ebd., S. 70f.
[732] Ein solcher Vertrag findet sich bei: Company Archive, Kraft Foods Deutschland, Signatur 00974720.
[733] 9. Bekanntmachung des Werberates der deutschen Wirtschaft vom 1. Juni 1934, in: Wirtschaftswerbung, 1934, II, S. 75ff.

Nach offizieller Meinung bewirkte die 9. Bekanntmachung: Ordnung, Sauberkeit und eine Vereinfachung.[734] Das waren die pauschalen Begriffe, derer man sich zur Beschreibung der Veränderungen im Werbewesen bediente. Allerdings ist der Ordnungsbegriff an dieser Stelle irreführend und mehrdeutig. Zudem war der angefachte Ordnungs- und Säuberungsdiskurs zwar kurzfristig politisch gewinnbringend, jedoch insgesamt wenig zielorientiert. Die Ordnung des Außenanschlagwesens schien den zuständigen Stellen zeitweise aus der Hand zu gleiten, als der Feldzug gegen den *„Außenausschlag"* nach Ansicht vieler Werber in einen modernen Bildersturm ausartete, der ein hohes Mitmach- und Erlebnispotential bot. An den Bilderstürmen auf den Straßen konnte sich jeder beteiligen und abreagieren, was zu ihrer Popularität beitrug, sich aber für Unternehmen und am Ende für die Politik zu einem ernsthaften Problem entwickelte.[735]

Die Bilderstürme nahmen derart überhand, dass staatliche Instanzen die Außenwerbung nicht mehr annähernd so eindeutig wie kurz nach der „Machtergreifung" als ideologische Kampfzone definierten. Der Werberat musste schon bald gegen die *„wilden Aufräumaktionen"* auf der Straße, die von lokalen oder regionalen Autoritäten gutgeheißen oder sogar stimuliert worden waren, vorgehen.[736] Um sein gefährdetes Handlungs- und Entscheidungsmonopol zu untermauern, ergriff der Werberat Initiativen und erarbeitete eine „Verordnung zum Schutze vorhandener Werbeanschläge", die das willkürliche Entfernen von Außenwerbung zum Strafdelikt erklären sollte, allerdings nie in Kraft trat.[737]

Die Übereifrigkeit mancher Bilderstürmer veranlasste auch andere Institutionen zu Gegenmaßnahmen. Sowohl das Reichswirtschaftsministerium als auch das Preußische Innenministerium verurteilten seit Ende 1934 sowie in den darauffolgenden Jahren die willkürliche Beseitigung von Außenwerbung.[738] Im Dezember 1934

---

[734] z. B.: Wirtschaftswerbung, 1934, 23. S. 165ff.
[735] Zusammenfassend: Robert, C., Schilderstürmer, in: Die Reklame, 1, 1938, S. 143.
[736] Erklärung des Präsidenten des Werberates der deutschen Wirtschaft, in: Wirtschaftswerbung, 1934, 21, S. 145.
[737] Rücker, Wirtschaftswerbung, S. 231.
[738] Anon., Gegen Behinderung der Reklame durch Landes- und Ortsrecht sowie Runderlaß des Preußischen Ministers des Innern über den Außenanschlag, in: Wirtschaftswerbung, 1934, 22, S. 151.

untersagte die Parteileitung sämtlichen Parteidienststellen sowie Untergliederungen der Partei

„mit Rücksicht auf die in der Plakatindustrie beschäftigten Volksgenossen und die Notwendigkeit der Erhaltung dieses Gewerbezweiges",

Maßnahmen gegen den Außenanschlag zu treffen, ohne vorher die zuständige Parteidienststelle befragt zu haben.[739] Goebbels hatte mit Erlass vom 8. November 1934 die ihm untergeordneten Stellen angewiesen, dass eigenständige Eingriffe zur Bekämpfung der Außenwerbung zu unterbleiben hätten. Außerdem forderte er Rundfunk und Presse auf, bei der Berichterstattung über Verunstaltungen durch Werbeanschläge die gebotene Zurückhaltung zu üben.[740] Selbst der Reichsnährstand schaltete sich schließlich in die Debatte ein und warnte vor eigenmächtigem Handeln auf den Straßen.[741]

Die polykratischen Machtstrukturen leisteten ein Übriges, um die Frage der Eindämmung von Außenwerbung auf der einen Seite und der Erhaltung und des Schutzes eines florierendes Wirtschaftszweigs auf der anderen Seite zu komplizieren. Die Bekanntmachungen des Werberats sowie die Aufrufe der Ministerien und der Partei zum Schutz der Außenwerbung kollidierten mit Polizeiverordnungen und Ortssatzungen. In der Präambel zur 9. Bekanntmachung hatte der Werberat ausdrücklich darauf hingewiesen, dass bestehende Reichs- und Landesgesetze sowie aufgrund dieser Gesetze erlassene Polizeiverordnungen und ortsgesetzliche Regelungen unberührt blieben.[742] Deutlicher hätte der Werberat die Unverbindlichkeit seiner Bekanntmachungen nicht ausdrücken können. Diese waren nicht mehr als Soll-Bestimmungen und damit ungeeignet, eine reichsweite Regelung des Werbewesens sowie eine Standardisierung „deutscher Oberflächenstrukturen" herbeizuführen.[743]

---

[739] Wirtschaftswerbung, 1935, 2, S. 17.
[740] Ebd.
[741] Ebd.
[742] 9. Bekanntmachung des Werberates der deutschen Wirtschaft vom 1. Juni 1934, in: Wirtschaftswerbung, 1934, 11, S. 69.
[743] Staatl. Archive des Landes NRW, Unsummen, S. 26.

Der Werberat stieß immer wieder an die Grenzen seiner Gestaltungsmacht, was Anlass zu einem mit dem Verband der deutschen Werbungstreibenden, der NSRDW und dem Reichsstand der deutschen Industrie abgestimmten Gesetzentwurf des RMVP war, der verschiedenen Ressorts im September 1935 vorgelegt wurde, allerdings am Streit über die rechtmäßige Zuständigkeit für die Außenwerbung scheiterte.[744] Einige Monate später, im März 1936, legte das RMVP erneut einen Gesetzentwurf gemeinsam mit dem Reichsarbeitsministerium zum „Schutze der Heimat gegen verunstaltende Werbung" vor, der allerdings auch als Gesetzentwurf zum Schutz der Werbung vor eigenmächtigen Bilderstürmen gelesen werden kann.[745] Das RMVP setzte sich mit diesem Entwurf dafür ein, die *„starke Zersplitterung"* des *„Verunstaltungsrechtes"* zu beheben. Rund 3.000 verschiedene Ortsstatute galt es in eine einheitliche, reichsweite Regelung einzubinden.[746] So hieß es in der Begründung zum Gesetzentwurf, die so aussagekräftig ist, dass eine ausführliche Zitation gerechtfertigt ist:

> „Wo Polizeiverordnungen erlassen worden sind, weichen sie häufig sehr voneinander ab. Hinzu kommt, daß die nationalsozialistische Revolution den Heimatgedanken, [...], neu belebt [...]. Den überall einsetzenden Bemühungen, die Versäumnisse vieler Jahre nachzuholen, ist bei den fehlenden oder verschiedenartigen Rechtsgrundlagen des Vorgehens ein durchgreifender Erfolg nicht beschieden worden. [...]. Auch die Gründung des Werberates der Deutschen Wirtschaft und die von ihm getroffene Regelung hat die notwendige Beruhigung nicht bringen können, weil seine Bekanntmachungen das vielgestaltige Ortsrecht unberührt ließen. Daraus ergeben sich die Klagen der Heimatfreunde über ungenügende Bekämpfung der verunstaltenden Werbung, ebenso wie die Beschwerden der Werbungstreibenden über die Uneinheitlichkeit des Rechtes und der Verwaltungsübung der Behörden."[747]

Mit dem geplanten Gesetz sollten unter anderem alle landesgesetzlichen oder baupolizeilichen Regelungen außer Kraft gesetzt bzw. alle

---

[744] Rücker, Wirtschaftswerbung, S. 234f.
[745] BArch, R2/4948, Bl. 72–77.
[746] Rücker, Wirtschaftswerbung, S. 234, Fußnote 471.
[747] BArch, R2/4948, Bl. 76.

Polizeiverordnungen im Reich überarbeitet und neu erlassen werden. Weitreichend war der Vorstoß des RMVP, dem ihm untergeordneten Werberat das Recht einzuräumen, gegen jede Polizeiverordnung Einspruch erheben zu können. Käme es nach einem Einspruch des Werberates zu keiner Einigung, sollte der Reichs- und Preußische Arbeitsminister sowie der Reichsminister für Volksaufklärung und Propaganda im Einvernehmen über eine Polizeiverordnung entscheiden.[748] Das Gesetzesvorhaben scheiterte wie schon ein Jahr zuvor daran, dass die beteiligten Ministerien zu keiner gemeinsamen Position fanden. Ein Außenanschlaggesetz trat bis 1945 nicht in Kraft.[749]

Bei der Debatte spielte der Reichsbund Volkstum und Heimat eine interessante Rolle: Vordergründig gebärdeten sich seine Vertreter als unbeirrte Protagonisten, welche die konservativ-traditionell und völkisch verstandene Oberflächenstruktur der deutschen Heimat verteidigen. Doch den oft aggressiven Worten folgten nicht immer Taten. Bei der Erfüllung der Bestimmungen der 9. Bekanntmachung koalierte der Werberat zwar mit dem Reichsbund Volkstum und Heimat, der reichsweit zu prüfen hatte, ob und inwieweit Anschläge mit den erlassenen Bestimmungen in Einklang standen. Die Heimatschützer sollten Listen erstellen, auf denen sie zu entfernende Außenwerbung notierten. Mit Einverständnis des Verfügungsberechtigten einer Anschlagstelle sowie der Polizei durften sie aktiv werden und Schilder etc. wegnehmen, was sie dann ebenfalls in Listen festzuhalten und dem Werberat zur Prüfung vorzulegen hatten.[750]

Diese Pläne erschienen notwendig, weil den werbetreibenden Unternehmen oftmals der Überblick fehlte, wo ihre Anschläge hingen. Symptomatisch war diesbezüglich die Praxis der Kaffee-Handels-Aktiengesellschaft (Kaffee Hag) aus Bremen, die Vertreter in Rundschreiben über Jahre angeleitet hatte, Werkzeug und Nägel bei ihren Reisen mitzuführen, um nach Belieben Blechplakate an Bäumen, Pfosten und bei jedem geeigneten Kunden anzubringen.[751] Die Geschäftsführung informierte die Vertreter außerdem:

---

[748] Ebd., Bl. 75.
[749] Ebd., Bl. 215.
[750] Wirtschaftswerbung, 1934, 23, S. 166.
[751] z. B.: Kaffee Hag, Bäder–Programm 1926, S. 5, aus: Kraft Foods Corporate Archives Europe, Signatur 00915736.

„Sehr zweckmässig ist die sogenannte wilde Plakatierung an Zäunen, Scheunen, Baugerüsten u. dergl. Von der Kundschaft lassen Sie sich einen Mann namhaft machen, der sich für die Plakatanbringung eignet. Mit diesem Mann gehen Sie an die vorher ausgesuchten Stellen; er nimmt einen Kleistertopf mit und klebt die Plakate sofort an".[752]

Über die Anschlagorte brauchte nicht Buch geführt werden. Es ist anzunehmen, dass andere Unternehmen eine ähnliche Praxis verfolgten. Um den Anordnungen des Werberates nachkommen zu können, hätten die Unternehmen die Orte ihrer unsystematisch angebrachten Anschläge und Plakate feststellen müssen, was mit hohen Kosten verbunden gewesen wäre. Diese Aufgabe wollte daher der Reichsbund Volkstum und Heimat mit seinen Mitgliedern im Rahmen seines *„vaterländischen Engagements"* übernehmen.[753] Die mit ihm vereinbarte Vorgehensweise stellte somit die geordnete Alternative zu den wilden Bilderstürmen dar.

Der Einsatz der Heimatschützer erwies sich jedoch als wenig erfolgreich. Anfang 1937 sah sich der Präsident des Werberats Reichard wiederum gezwungen, gegenüber Goebbels die Art und Weise der „Säuberung" des öffentlichen Landschafts- und Stadtbildes zu rechtfertigen. Der Grund dafür waren wiederholte Vorwürfe, dass der Werberat es unterlassen habe, die bestehenden Reklameauswüchse zu beseitigen. Auch ein hoher Beamter des RMVP kam zu der Einschätzung, dass die Neuordnung des Werbewesens nicht die Erwartungen erfüllt habe.[754] Die politische Gewichtung der Außenwerbung ist immer wieder neu verhandelt worden. Der Bericht Reichards an Goebbels wirft ein anderes Licht auf die Arbeit der Heimatschutzverbände. Waren sie seit Jahrzehnten die Hauptopponenten der Werbebranche, so beklagte sich Reichard nun darüber, dass die Vorsitzenden der Heimatschutzverbände zwar an den Besprechungen über Säuberungsmaßnahmen teilgenommen hatten, es sich aber letztlich herausgestellt habe,

---

[752] Kaffee Hag, Bäder-Programm 1926, S. 8, aus: Kraft Foods Corporate Archives Europe, Signatur 00915736.
[753] BArch, R2/4948, Bl. 216.
[754] Ebd., Bl. 215.

„dass das Interesse unter den Mitgliedern des Reichsbundes Volkstum und Heimat für die Bereinigung der Ort- und Landschaften doch nicht den von der Leitung des Bundes gehegten Erwartungen entsprach. An der Feststellung der unzulässigen Schildanschläge beteiligte sich nur ein äusserst geringer Kreis von Personen. Das Ergebnis war sehr mangelhaft und leider für eine praktische Arbeit nicht brauchbar".[755]

Als Reaktion darauf setzte der Werberat ab Winter 1935/36 eigene Prüfer ein, die in ausgewählten Ballungsgebieten wie Berlin, Hamburg, Hannover oder dem Spreewaldgebiet den illegalen Anschlag erfassen sollten. Allein in Berlin hatte die Kontrolle der Straßenzüge fast 5.000 Beanstandungen insbesondere alter, verwitterter Giebelbemalungen ergeben, ein Ergebnis, das in anderen Städten ähnlich war.[756] Die Beanstandungen leitete der Werberat auf ordentlichem Weg an die Polizeibehörden weiter, die dann die Unternehmen zur Entfernung aufzufordern und gegebenenfalls die polizeiliche Zwangsentfernung durchzuführen hatten. Allerdings räumte Reichard ein: *„Die Entfernungsarbeiten nehmen eine sehr lange Zeit in Anspruch."*[757] Immerhin konnte Reichard gegenüber Goebbels darauf verweisen, die in der freien Landschaft vorhandenen Schildanschläge fast restlos entfernt zu haben.[758]

Die Debatte um die Außenwerbung blieb während der Zeit zwischen 1933 und 1939 eine der populären Auseinandersetzungen mit schwankender Intensität. Die Frage, ob es generell zuviel Werbung gab, ob sie nur an bestimmten Stellen in freier Landschaft störte oder ob sie ein akzeptabler Ausdruck der NS-Wirtschaft und „deutscher Kultur" sein konnte, wurde allerdings nicht eindeutig geklärt. Nach 1939 rückte das Thema in den Hintergrund der Diskussionen über Werbung. Zusammenfassend kann festgestellt werden, dass die propagandistisch angezettelte, sich verselbstständigende „Säuberung" „deutscher Oberflächen" politisch nicht konsequent gewollt war. Das Paradoxon der Debatte bestand zum einen darin, dass NS-Politiker zeitweise eine Mäßigung der Werbekritik, dann aber auch wieder ein verstärktes Vorgehen gegen Außenwerbung forderten. Zum

---

[755] Ebd., Bl. 217.
[756] Ebd., Bl. 218.
[757] Ebd., Bl. 219.
[758] Ebd., Bl. 220.

anderen erfuhr vor allem die sinnfällige Lichtwerbung eine weitere Ausbreitung. Die Lichtwerbung expandierte in den 1930er Jahren, weil sich das preiswerte Neonlicht, von den NS-Stellen gefördert, als Alternative zu den bisherigen, mit Glühlampen betriebenen Anlagen durchsetzte. Lichtwerbung wurde somit auch für kleinere Einzelhändler bezahlbar. Nicht zuletzt konterkarierten die Nationalsozialisten die zunächst akzeptierten „Säuberungsinitiativen", indem sie sich selbst intensiv der Methoden und Instrumente der Werbung bedienten oder sie an prominenten Orten zuließen. An dieser Stelle sei an die Lichtdome Albert Speers anlässlich der Reichsparteitage erinnert, die – wie im Übrigen auch die Inszenierung Hitlers – die Attraktivität der privatwirtschaftlichen Werbestrategien für die Politik aufzeigt.[759]

Antisemitismus in der Werbung

Ein weiterer Aspekt, an dem der „neue Geist" in der Werbung abgelesen werden kann, war der Antisemitismus in der Branche, der in verschiedenen Phasen ablief.[760] Zwar gab es bereits vor 1933 Zeitungen, die Anzeigen jüdischer Unternehmen ablehnten. Allerdings stellte das noch keinen Konsens dar und verdichtete sich noch nicht zu einer antisemitischen Politik innerhalb der Branche. So prangerte die Zeitschrift des Verbandes Deutscher Annoncen-Expeditionen in ihrer Berichterstattung diese Art von Diskriminierung ausdrücklich an.[761] Auch in den werbeliterarischen Hauptwerken von Mataja, Kropeit oder Seyffert lassen sich keine antisemitischen Positionen finden.[762] Überraschend ist dieses Resultat nicht. Unter den deutschen Werbefachleuten befanden sich zahlreiche Juden, die wichtige Positionen einnahmen und die Entwicklung der Branche mitbestimmen konnten. Einer der größten Arbeitgeber, die

---

[759] Reinhardt, Dirk, Vom Intelligenzblatt zum Satellitenfernsehen: Stufen der Werbung als Stufen der Gesellschaft, in: Borscheid, Bilderwelten, S. 56; Abb. 18.
[760] Als Überblick: Fritz Bauer Institut (Hg.), „Arisierung" im Nationalsozialismus. „Volksgemeinschaft", Raub und Gedächtnis, Frankfurt/M. 2000. Nach Hilberg werden zwei Phasen der „Arisierung" angenommen: Von Januar 1933 bis November 1938 haben „freiwillige Arisierungen" stattgefunden, ab November 1938 die „Zwangsarisierungen", siehe: Hilberg, Raul, Die Vernichtung der Juden, Frankfurt/M. 1990, S. 98. Aktuelle regionale Studien widersprechen diesem Schema, siehe: Biggeleben, Christof et al. (Hg.), „Arisierung" in Berlin, Berlin 2007. Auch für die Werbebranche lassen sich im Detail Unterschiede zu Hilbergs Phaseneinteilung feststellen.
[761] Zeitschrift des Verbandes Deutscher Annoncen-Expeditionen, 1925, 1, S. 9.
[762] Mataja, Reklame; Kropeit, Reklame-Schule; Seyffert, Werbelehre.

Anzeigenexpedition Rudolf Mosse, steht beispielhaft für die jüdische Präsenz in der Branche.[763] Gleichwohl besteht kein Grund, Werbung als eine jüdisch dominierte Branche anzusehen, wie dies z. B. Sombart getan hatte.[764] Antisemitismen gab es, wie das Beispiel Sombart zeigt, vor allem außerhalb der Branche und artikulierte sich über die Kulturkritikdebatte über Werbung. So zahlreich, wie sich „deutsche Unternehmen" der Werbung bedienten, wäre es auch ein schwieriges Unterfangen gewesen, sie im gesellschaftlichen Diskurs tatsächlich als rein „jüdische Erfindung" zu isolieren. Vor allem gab es keine plausiblen Erklärungen dafür, dass Juden Werbung und Konkurrenzdenken den angeblich ehrbar wirtschaftenden, gemeinschaftlich handelnden Deutschen aufoktroyiert hätten. Allerdings fanden solche Positionen nach 1933 einen Nährboden.

Die Exklusion alles Jüdischen verstärkte sich bekanntermaßen im Nationalsozialismus auf den verschiedenen sozialen Feldern – manchmal lautstark, manchmal schleichend.[765] Ende der 1930er Jahre nahm sie die dokumentierten dramatischen Ausmaße an.[766] Grundsätzlich vollzog sich der Antisemitismus in der Werbung in ähnlicher Weise wie in anderen Bereichen. Am deutlichsten zeigte sich der Stimmungswechsel in der ansonsten liberalen, modernisierungsfreundlichen Branche zunächst im politisch angepassten Sprachgebrauch, der u.a. aus der „jüdischen Reklame" die „deutsche Werbung" machte.[767] Erstmals – und das relativ plötzlich – wurden damit antisemitische Positionen bezogen.[768] Eine extreme und regelmäßige Hetze gegen Juden, wie sie aus NS-Parteiorganen wie dem „Stürmer" bekannt sind, lässt sich in den Werbefachzeitschriften jedoch auch nach 1933 nicht finden. Dies verweist auf einen qualitativen Unterschied zu anderen Aktionsfeldern: Der offen verbalisierte Antisemitismus in der Werbebranche äußerte sich nicht in platten Parolen und ebbte im Laufe der Jahre ab. Nur während der ersten Welle der Begeisterung nach der Machtübertragung machten sich die Werber explizite antisemitische

---

[763] Zu Mosse siehe: Kap. 2.6.1.
[764] Siehe Kap. 2.3.
[765] Allgemein: Berding, Helmut, Moderner Antisemitismus in Deutschland, Frankfurt/M. 1988; Bajohr, Frank, Arisierung in Hamburg. Die Verdrängung der jüdischen Unternehmer 1933-1945, Hamburg 1997.
[766] Hilberg, Vernichtung.
[767] Vgl. Kap. 4.3.
[768] z. B.: Brief von Wilhelm Stephan an Hans Hinkel vom 21.4.1933, in: BArch RK I0560, Bl. 484.

Positionen zu eigen.[769] Offene Boykotte jüdischer Werbeunternehmen oder Freiberufler lassen sich zumindest in der Branchenpresse nicht finden.[770] Mit Vorsicht sollte deshalb von einem oberflächlich integrierten, opportunistischen Antisemitismus in der Werbebranche gesprochen werden, auch wenn es festzuhalten gilt, dass sowohl die Motivation als auch die Tiefe der mentalen Verankerung und intellektuellen Verarbeitung antisemitischen Gedankenguts für die praktischen Konsequenzen unerheblich blieb.

Die Praxis des Antisemitismus in der Branche kann anhand einiger Fallbeispiele beschrieben werden. Anzeigen und Plakate „arischer Unternehmen" wurden zu einem Instrument, das privatwirtschaftlichen Eigennutz tarnte. Dafür gab es weder eine ausdrückliche staatliche Rückendeckung noch Anleitungen seitens der Werbeverbände. Vielmehr zeigte sich hier ein Antisemitismus „von unten", der bereits im Frühjahr 1933 auf die wirtschaftliche Ausschaltung der Juden drängte.[771] Unternehmen und ihre Werber fingen an, antisemitische Kampagnen, u. a. im Rahmen des nationalsozialistischen „Kampfbundes für den gewerblichen Mittelstand", zu organisieren. Als Beispiel für einen antisemitischen Werbefeldzug soll die Kampagne gegen die Beiersdorf AG in Hamburg, die mit Nivea-Creme, Leukoplast (Pflaster) sowie Labello (Lippenpflege) deutschlandweit bekannte und marktführende Produkte herstellte, näher betrachtet werden.[772] Die Beiersdorf AG war 1882 von den beiden jüdisch-assimilierten Apothekern Oscar Troplowitz und Otto Hanns Mankiewicz gegründet worden. Auch nach dem Tod der Firmengründer bestimmten Juden wie der Vorstandsvorsitzende Willy Jacobsohn, die Vorstandsmitglieder Hans Gradenwitz und Eugen Unna sowie der Aufsichtsratsvorsitzende Carl Melchior von der jüdischen Hausbank M.M. Warburg & Co., die über die Stimmenmehrheit auf Aktionärsversammlungen verfügte, maßgeblich die Geschicke des Kosmetikkonzerns.[773]

---

[769] Siehe dazu die Ausführungen über die Veränderungen innerhalb des DRV nach der „Machtergreifung" und die antisemitischen Parolen von Wilhelm Stephan in Kapitel 4.2.
[770] Vgl. zur allgemeinen Entwicklung der „Arisierung": Schreiber, Beate, „Arisierung" in Berlin 1933–1945. Eine Einführung, in: Biggeleben, „Arisierung", S. 13–54.
[771] Siehe dazu Bajohr, Arisierung.
[772] Zur Unternehmensgeschichte von Beiersdorf siehe: Beiersdorf AG (Hg.), 100 Jahre Beiersdorf 1882–1982, Hamburg 1982.
[773] Bajohr, Arisierung, S. 36f.

Nach 1933 initiierten Konkurrenzunternehmen Kampagnen gegen die Beiersdorf AG. Auf einem Werbezettel der Queisser & Co. GmbH hieß es:

„Wer Nivea-Artikel kauft, unterstützt damit eine Judenfirma! Achtung! Keine jüdische Hautcreme mehr benutzen! Lovana-Creme ist mindestens gleich gut, ist billiger und rein deutsch!"[774]

Bei Abgabe des Werbezettels in einem Geschäft erhielten Konsumenten eine Probepackung Lovana-Creme. Das „Deutsche", „Arische" konnte sprichwörtlich in Haut und Haar übergehen und die Benutzung der „richtigen Creme" Ausdruck einer politisch-korrekten Gesinnung sein. Der Konsum „deutscher Produkte" wurde zur politisch-ideologisch aufgewerteten Tat und damit die Konsumkultur zur Säule der zu schaffenden „deutschen Kultur" im Alltag. In Werbebriefen an Apotheker und Drogisten forderte Queisser außerdem dazu auf, keine „jüdischen Präparate" mehr zu empfehlen.[775] Andere Konkurrenten wie die Wolo GmbH aus Freudenstadt/Schwarzwald oder die Lohmann AG aus Fahr am Rhein veröffentlichten ähnliche Anzeigen oder schrieben ebenfalls Ärzte, Apotheker und Drogisten an. Einige dieser Unternehmen organisierten sich in der „Interessengemeinschaft Deutsche Marke" mit Sitz in Dresden, die zum Kampf gegen das „jüdische Großkapital" aufrief. In Zeitschriften erschienen gegen die Beiersdorf AG gerichtete Artikel, die zusätzlich als Flugzettel in hoher Auflage an den Handel verteilt wurden.[776]

Verunsicherte Apotheker wandten sich daraufhin an die Beiersdorf-Zentrale oder stornierten ihre Bestellungen. Beiersdorf reagierte im April 1933 mit einer „freiwilligen Arisierung". Die jüdischen Vorstands- und Aufsichtsratsmitglieder traten zurück. Auch die Privatbank M.M. Warburg & Co. wandelte ihre Mehrstimmrechtsaktion in einfache Stammaktien um, was dem neuen Vorstandsvorsitzenden, Christian Behrens, erlaubte, am 24. April der Öffentlichkeit mitzuteilen, dass die Mehrzahl der Aktien sich nun in „*christlichen Händen*" befände.[777] Durch geschickte Interessenpolitik bei

---

[774] Zit. n. ebd., S. 37.
[775] Ebd., S. 37.
[776] Ebd., S. 38.
[777] Ebd., S. 39; zur Verdrängung jüdischer Wirtschaftsführer: Münzel, Martin, Die Verdrängung jüdischer Vorstands- und Aufsichtsratsmitglieder aus Berliner Großuntenehmen im NS-Staat, in: Biggeleben, „Arisierung", S. 95–120.

Staats- und Parteistellen sowie mit einer Schadensersatzklage in beträchtlicher Höhe konnte die Kampagne erstickt werden.[778]

Noch konnten sich zumindest Großunternehmen gegen derartige Einzelaktionen wehren. Doch der Beiersdorf-Fall wie auch andere Beispiele zeigen, dass das Konsumentenvertrauen ein offensichtlich flüchtiges Gut war, um das Unternehmen fürchten und kämpfen mussten. Mühsam über Jahre und mit großen Werbebudgets aufgebaute Markenimages konnten durch die als ökonomische Waffe eingesetzte nationalsozialistische Ideologie torpediert werden. Das „Arische" wurde bei einigen Unternehmen zu einem populären Werbeargument, während sich das „Jüdische" zu einem Wettbewerbsnachteil entwickelte.[779]

Bemerkenswert ist jedoch, dass große und bekannte Markenunternehmen keine Werbekampagnen betrieben, die das „Arische" vordergründig als Argument nutzten.[780] Marken, die auf die Masse der Konsumenten abzielten, wurden selbst im Nationalsozialismus auffallend apolitisch inszeniert. Zumindest war das Politische in der Werbung nicht explizit in aggressive Werbetexte verpackt, sondern eher auf der visuellen Ebene wahrnehmbar, indem arische blonde Frauen die Werbewelten bevölkerten und Werbefiguren, die eventuell eine Assoziation zum klischeehaft als „jüdisch" Eingestuften hätten hervorrufen können, vollends verschwanden; allerdings waren diese Figuren auch noch nie in Mode.[781] Dass national bekannte Marken den aufkeimenden Antisemitismus werbetechnisch nicht nutzten, hing wahrscheinlich mit der Befürchtung umsichtiger Werbeexperten zusammen, dass angriffslustige Hetzkampagnen das saubere Image einer Marke zerstören könnten. Konsumenten, die vielleicht noch Sympathien mit jüdischen Mitbürgern hegten, hätten eventuell ein aggressiv antisemitisch inszeniertes Produkt nicht gekauft. Eine moralische Position wurde damit jedoch nicht bezogen.

Der Werberat als oberste Instanz der Branche, der in Fällen wie Beiersdorf hätte eingreifen können, hielt sich auffallend zurück. Die mehrfach bis Ende

---

[778] Ebd., S. 40ff.
[779] Westphal, Werbung, S. 105.
[780] Eine dieser Ausnahmen war die Hannoveraner Keksfabrik Bahlsen, die mit explizit antisemitischen Plakaten aus dem Jahr 1933 Werbung für ihre „rein deutschen Erzeugnisse" betrieb und gleichzeitig aufrief: „Deutsche kauft Deutsche Waren", siehe: Abb. 19.
[781] Vgl. Kapitel 5.4.

der 1930er Jahre an ihn herangetragenen Wünsche, z. B. „deutsche Geschäfte" als solche kennzeichnen und gegenüber „jüdischen Geschäften" abgrenzen zu dürfen, stieß zwar in den ersten Jahren der NS-Herrschaft auf Widerwillen – allerdings weniger aus Rücksicht auf die jüdischen Inhaber, sondern, wie Goebbels im Mitteilungsblatt des Werberates schrieb, aus Mangel an einer rechtlich gültigen Regelung, die zumindest 1935 noch nicht gefunden war.[782] Nicht in der Diskriminierung von Juden wurde folglich das Problem gesehen, sondern zunächst in der notwendigen „Verrechtlichung" dieser Diskriminierung. Noch 1938 rügte der Werberat die Praxis vieler Unternehmer, mit Slogans wie „Arisch seit Gründung" oder „seit 100 Jahren in arischem Familienbetrieb" zu werben, als wettbewerbsverzerrend – dies jedoch nur deshalb, weil damit die Chancen arisierter Betriebe geschmälert würden, die mit der „Last" ihrer „jüdischen Wurzeln" zu kämpfen hätten.[783]

Die fehlende Überlieferung der Akten des Werberates, der NSRDW und anderer Verbände macht es schwierig, den Antisemitismus in der Werbung klar zu bewerten, doch scheint eine Besonderheit des hier untersuchten Feldes tatsächlich die im Vergleich zu anderen Berufsgruppen fehlende Radikalität gewesen zu sein. In juristischen Berufen wurden Juden sehr bald nach der Machtergreifung diskriminiert und aus ihren Positionen gedrängt; Gleiches galt für medizinische Tätigkeiten. So forderten Berufsverbände, wie etwa der Hartmannbund, 1933 ihre jüdischen Mitglieder zum Austritt auf. Juden, die in städtischen Krankenhäusern und bei Gesundheitsämtern tätig waren, mussten ihren Dienst quittieren. Krankenkassen kündigten die Verträge.[784] Das Gesetz zur Wiederherstellung des Berufsbeamtentums vom 7. April 1933 sorgte unmittelbar nach der Machtübertragung für die Entfernung von Juden aus dem Staatsdienst.[785] Vergleichbares zu den Forderungen einer generellen „Säuberung" deutscher Gerichte und Anwaltskammern von Juden oder zur Diskriminierung der Juden in medizinischen Berufen und im Staatsapparat lässt sich in der Werbebranche nicht finden. Es bleibt nur zu vermuten, dass staatliche Eingriffsmöglichkeiten in dem teils freiberuflich organisierten Werbemarkt schwieriger waren und politisch zunächst nicht so wichtig erschienen wie bei

---

[782] Wirtschaftswerbung, 1935, 10/11, S. 68.
[783] Wirtschaftswerbung, 1938, 8, S. 64.
[784] Berding, Antisemitismus, S. 229; Schreiber, „Arisierung", S. 22.
[785] Hilberg, Vernichtung, S. 87–93.

juristischen, medizinischen oder auch universitären und staatsnahen Berufsgruppen. In der Branche zeigte sich ein komplizierter Verdrängungs- und Entlassungsprozess.[786] Auch wenn brancheninterne Regelungen keinen klaren Weg der Arisierung rekonstuieren lassen, so müssen „Arisierungen" und Boykotte in andeen Wirtschaftszweigen Auswirkungen auf die Werbebranche gehabt haben. Die „Nürnberger Gesetze" benachteiligten ab 1935 jüdische Bürger, was nicht unabhängig vom Wirtschaftsleben zu sehen ist. Diskriminierungen im Zivilleben und „Arisierungen" in der Wirtschaft führten insgesamt zur fortschreitenden Radikalisierung des Gesamtprozesses.[787]

Steuerungsmöglichkeiten in der Werbung taten sich zwar schon Ende 1933 durch die Lizenzvergabepraxis des Werberats und die Mitgliederpolitik des NSRDW auf; wie diese jedoch tatsächlich aussahen, ist nicht eindeutig nachvollziehbar. Beide Institutionen regelten über Lizenz und Mitgliedschaft den Zugang zur Werbung als Berufsfeld. Von der Agentur Dorland ist bekannt, dass deren Inhaber, Walter Matthess, die begehrte Werbelizenz vom Werberat u. a. wegen Beschäftigung jüdischer Mitarbeiter monatelang nicht erhielt, was ein Hinweis darauf sein könnte, dass nach 1933 recht rasch eine Diskriminierung einsetzte.[788] Auch Westphal argumentiert, dass der Werberat umgehend nach 1933 Juden aus der Werbebranche zu verdrängen versucht habe.[789] Westphals Ausführungen erscheinen jedoch nicht stichhaltig. Mit dem Hinweis darauf, dass der Werberat eine „deutsche Werbung" forderte, ist nicht automatisch eine aggressive Ausschaltung der Juden zu assoziieren, auch wenn sich die „deutsche Werbung" per definitionem gegen die „jüdische Reklame" wandte. Ebenso wenig können Attacken gegen die mit „jüdischer Reklame" gleichgesetzte „amerikanische Werbung" als – wie Westphal es nahelegt – generelles Zeichen eines Antisemitismus gelten, da der gebremste Amerika-Diskurs innerhalb der Werbebranche grundsätzlich noch positive Züge trug und „das Amerikanische" nicht per se dasselbe meint wie „das Jüdische".[790]

---

[786] Ebd., S. 94.
[787] Bajohr, Frank, „Arisierung" und wirtschaftliche Existenzvernichtung in der NS-Zeit, in: Herzig, Arno et al. (Hg.), Die Geschichte der Juden in Deutschland, Hamburg 2007, S. 224–231.
[788] Schug, Moments, S. 75.
[789] Westphal, Werbung, S. 99.
[790] Siehe Kapitel 4.3.1.

Richtig ist jedoch der Hinweis, dass die Regelung der Mitgliedschaft in der NSRDW und die Lizenzvergabe des Werberats, die verweigert werden konnte, wenn der Bewerber persönlich „*unzuverlässig*" wirkte, schon seit 1933 theoretisch die Möglichkeit schuf, Juden als „*ungeeignet*" zu deklarieren und somit zu verdrängen.[791] Als Instrument der „Arisierung" kann die berufsständische Überwachung allerdings nicht zwangsläufig verstanden werden, da bis Ende der 1930er Jahre zahlreiche jüdische Werber in ihrem Beruf tätig blieben. Barkais Schätzung, dass bis Mitte 1935 bereits bis zu 25 Prozent aller jüdischen Unternehmen liquidiert oder „arisiert" worden waren, lässt sich für die Werbebranche aufgrund fehlender Quellen kaum abschätzen und übertragen.[792] Erst 1938 wurde mit der 24. Bekanntmachung des Werberats vom 7. Juni auch in der Werbebranche der Ausschluss von Juden aus der NSRDW festgelegt, was einem definitivem Berufsverbot gleichkam.[793] Nach den Pogromen des Jahres 1938 spitzte sich die Lage weiter zu. Heinrich Hunke widerrief alle bislang noch geltenden Ausnahmegenehmigungen:

> „Mit Wirkung vom 1. Januar 1939 hat der Präsident des Werberates der deutschen Wirtschaft die an Juden erteilte Einzelgenehmigung zur Ausübung ihres Berufes als Werbefachmann widerrufen. Demnach kann nach dem genannten Zeitpunkt kein Jude mehr als Werbefachmann tätig sein. Von dieser Anordnung werden 76 jüdische Werbefachleute betroffen, denen aus irgendwelchen Gründen bisher die Genehmigung zur Ausübung ihres Berufes erteilt war."[794]

Die deutsche Werbebranche war damit „*judenfrei*".[795] Der Zeitpunkt korrespondiert zumindest ungefähr mit der Zuspitzung der Arisierungspolitik in anderen Bereichen, in denen Ende 1937 alle Voraussetzungen für die endgültige „Entjudung" der Wirtschaft geschaffen

---

[791] Westphal, Werbung, S. 103.
[792] Barkai, Avraham, Vom Boykott zur „Entjudung". Der wirtschaftliche Existenzkampf der Juden im Dritten Reich 1933–1943, Frankfurt/M. 1987, S. 76.
[793] 24. Bekanntmachung des Werberates der Deutschen Wirtschaft vom 7. Juni 1938, in: Wirtschaftswerbung, 1938, 11, S. 43.
[794] Wirtschaftswerbung, 1938, 11, S. 85f.
[795] Ebd.

waren.[796] 1939 setzte Hunke Verordnungen der Reichsregierung um, die ab Januar Juden generell den Betrieb von Unternehmen verboten.[797]

Einen der letzten Schritte, das Jüdische im deutschen Wirtschaftsleben – oder auch nur die Erinnerung daran – auszulöschen, stellte die „Verordnung über Firmen von entjudeten Gewerbebetrieben" vom 27. März 1941 dar.[798] Diese Verordnung sorgte für die Auslöschung aller jüdischen Firmennamen. Jeder arische Unternehmer, der einen jüdischen Gewerbebetrieb übernommen hatte, musste den Namen von Juden binnen vier Monaten nach Inkrafttreten der Verordnung aus der Unternehmensbezeichnung streichen – sofern dieser noch Bestandteil des Firmennamens war.[799] Die Verordnung hatte den Zweck zu verhindern, dass die von den früher jüdischen Unternehmen geführten Firmenbezeichnungen *„als eine Art jüdischer Denkmäler für alle Zukunft erhalten bleiben".*[800]

Wirtschaftspropaganda und Verbrauchslenkung 1933 bis 1939

Selbst wenn Schlagworte wie das von der „Wahrheit in der Werbung" oder auch dem „neuen Geist" in der NS-Werbung sowie die ideologische Standortbestimmung nicht eindeutig definiert werden können und sich sogar inhaltliche Bezüge zu Diskussionen aus der Kaiserzeit und der Weimarer Republik finden lassen, die die Genuität nationalsozialistischer Positionen in Frage stellen, so sprechen Maßnahmen wie das Verbot der Radiowerbung, die Einschränkung der Außenwerbung und die staatliche Ausschaltung jüdischer Werber vom Markt ab 1938 dafür, dass die NS-Werbung einen anderen Charakter hatte als in der Zeit davor. Das trifft allerdings nur teilweise auf die Werbegestaltung zu, die eine bemerkenswerte Kontinuität aufwies.[801] Vielmehr waren es der offizielle Werbediskurs und die Funktionszuschreibung der Wirtschaftskommunikation, die nunmehr eine

---

[796] Vgl. Barkai, Boykott, S. 122, Hayes, Peter, Big Business and "Aryanization" in Germany, 1933–1939, in: Jahrbuch für Antisemitismusforschung, 3, 1994, S. 254–281, hier: S. 265ff.
[797] Schreiber, "Arisierung", S. 46.
[798] RGBl., 1941, S. 177.
[799] Ebd.
[800] Anon., Entjudung auch im Firmenrecht, in: Wirtschaftswerbung, 1941, 4, S. 139.
[801] Siehe Kapitel 5.4.

andere Qualität hatten. Allgemein konnte sich das Bild einer gebändigten Werbung durchsetzen, wofür unter anderem die Zugangsvoraussetzungen zur Branche und die Organisation in Standesvertretungen sprachen. Diese qualitative Neupositionierung ermöglichte es, Werbung – auch staatliche Wirtschaftspropaganda und verbrauchslenkende Konsumentenwerbung – als legitimes Herrschaftsmittel einzusetzen. Der intensive Gebrauch von Werbung für staatliche Interessen barg in sich keinen Widerspruch zu den Äußerungen über die angeblich „*entartete Reklame*", denn der NS-Staat hatte offiziell etwas Neues daraus geschaffen. In diesem Sinne konnte Werbung mühelos in die nationalsozialistische Herrschaftspraxis integriert werden und durfte akzeptierter Ausdruck „deutscher Konsumkultur" sein.

Mit der Neuordnung des deutschen Werbewesens hatte die Werbung den Auftrag erhalten, die Nachfrage am Markt behutsam nach politischen Vorgaben zu lenken.[802] Als wichtige Koordinationsstelle hierfür diente der Werberat, der Mittler zwischen Politik und dem Konsumenten sein sollte und verantwortlich dafür war, dass

> „dieser vertraut wird mit den Absichten der Reichsregierung und sein privates Wollen und Handeln voll einsetzen kann für das große Aufbauprogramm der Reichsregierung",

so der Reichswirtschaftsminister am 30. Oktober 1933 bei der Gründung des Werberats.[803] Goebbels fügte zum gleichen Anlass hinzu:

> „Der Werberat ist ein Erziehungsinstrument, mit dem wir das deutsche Volk von der Richtigkeit und den Zielen deutscher Wirtschaftspolitik überzeugen wollen."[804]

Später erweiterte der Beauftragte für den Vierjahresplan Göring im Einvernehmen mit dem Reichswirtschaftsminister den Auftrag des Werberates,

---

[802] Berghoff, Reklame, S. 98.
[803] Hunke, Heinrich, Gegenwartsaufgaben der Wirtschaftswerbung, in: Wirtschaftswerbung, 1939, 7, S. 47.
[804] Ebd.

"alle geeigneten Maßnahmen zur Anregung, Förderung und Intensivierung der Wirtschaftswerbung im Vierjahresplan einzuleiten und durchzuführen".[805]

Gerade mit Blick auf die Kriegsvorbereitungen spielte dieser Aspekt eine herausragende Rolle. Die Idee, mittels Werbung Normen des Konsumverhaltens zu tradieren, entsprach im Grunde einer alten Vorstellung der Werbebranche, die Ende der 1920er Jahre gar zur wissenschaftlich untermauerten Selbstüberschätzung der deutschen Werbefachleute geführt hatte, sich als Konsum-Erzieher oder Hypnotiseure der Massen zu sehen. Zu dieser Selbstdefinition gesellte sich im Nationalsozialismus die Koalition mit staatlichen Instanzen, die einerseits zu einer Politisierung der Werbung führte, andererseits lange gehegte Sozialtechnikfantasien der Branche überhöhte.

Obwohl die Verbrauchslenkung und die Dirigierbarkeit von Menschen begrenzt ist, dominierte im Nationalsozialismus das normative Bild des steuerbaren, zu erziehenden Konsumenten und einer von der liberalen Marktwirtschaft gezüchteten *"Verbrauchsentartung"*, die planmäßig durch „deutsche Werbung" korrigiert werden sollte.[806]

Da, wo der private Konsum das Herrschaftssystem und die Durchsetzung politischer Ziele bedrohte, trat die Verbrauchslenkung und die Wirtschaftspropaganda auf den Plan. Auch wenn die nationalsozialistische Konsumpolitik nicht mit einer pauschalen Konsumdrosselung gleichgesetzt werden kann, so verschleierte die Verbrauchslenkung insgesamt doch die Tatsache, dass wegen der Abkopplung Deutschlands vom Welthandel bisherige Konsumgewohnheiten aufgegeben oder ersetzt werden mussten.[807] Um den konsumistischen Rückschritt zu kaschieren, waren die grassierende

---

[805] Ebd., S. 46.
[806] Heidel, Wolfgang, Ernährungswirtschaft und Verbrauchslenkung im Dritten Reich 1936–1939, Berlin 1989 (= zugl. Diss. Freie Universität Berlin 1989), S. 54. Im Hintergrund standen dabei die Vorbereitungen für die Kriegswirtschaft. Berghoff stellt heraus, wie sehr die Nationalsozialisten versuchten, die Wirtschaft zum Erfüllungsgehilfen politisch-ideologischer Ziele zu machen. Dabei spielte insbesondere der private Konsum eine herausragende Rolle, weil er eine kaum zu unterschätzende volkswirtschaftliche Bedeutung besaß. Bis 1940 entfiel auf ihn über die Hälfte, bis 1937 sogar mehr als zwei Drittel des Bruttosozialproduktes, weshalb die NS-Regierung den Binnenkonsum nicht einfach seiner Eigendynamik überlassen wollte, siehe: Berghoff, Methoden, S. 281.
[807] Zum widerlegbaren Klischee der stringenten Konsumdrosselung im Nationalsozialismus siehe: Berghoff, Methoden, S. 283.

Ausländerfeindlichkeit und der von den Nationalsozialisten angestachelte Rassismus dienlich. Kurz nach der „Machtergreifung" hieß das vor allem, den Wettbewerb mit ausländischen Konkurrenten auszuschalten.[808]

Die Abgrenzung gegenüber ausländischen Produzenten in der Anfangszeit wirkt allerdings eher wie eine unausgereifte Praxis der Verbrauchslenkung, der noch kaum eine ausformulierte Strategie zugrunde lag. Auch ist sie nur begrenzt als Charakteristikum der NS-Konsumpolitik zu identifizieren, da Aktionen wie jene, nur deutsche Waren zu kaufen, ebenfalls vor 1933 populär, wenn auch nicht staatlich sanktioniert waren.[809]

Die Politik der Verbrauchslenkung fiel maßgeblich in die Zuständigkeit des im Januar 1934 gegründeten Reichsausschußes für Volkswirtschaftliche Aufklärung G.m.b.H. (RVA), der ein Zusammenschluss des Volkswirtschaftlichen Aufklärungsdienstes e.V. und des Kuratoriums für den Deutschen Volkswirtschaftsdienst war und unter Aufsicht des Werberates stand. Ihm oblag in Friedenszeiten die gemeinnützige Förderung des Absatzes deutscher Erzeugnisse und Leistungen – zum einen durch Aufklärung und zum anderen durch Gemeinschaftswerbungen.[810] Diese Aufgabe wurde mit klassischen Werbemaßnahmen wie der Schaltung von Anzeigen und Plakatierungen umgesetzt. Daneben organisierte der RVA Lehrschauen, Ausstellungen und Lehrvorträge oder übte Einfluss auf die Themensetzung der Medien aus.[811]

Für seine Aktionen bekam der RVA Zuschüsse vom Werberat, wodurch die Kosten für die rund 80 Mitarbeiter gedeckt werden konnten.[812] Kampagnen initiierte und realisierte der RVA entweder in Eigenregie, oder er arbeitete im Auftrag verschiedener Ministerien und Behörden, die die entsprechenden Kosten tragen mussten. Zusätzlich kooperierte der RVA mit Privatunternehmen, die dazu angehalten wurden, ihre Werbung im Sinne

---

[808] Berghoff, Reklame, S. 98.
[809] Reagin, Nancy, Marktordnung and Autarkic Housekeeping: Housewives and Private Consumption under the Four-Year Plan, 1936–1939, in: German History, 19, 2001, 2, S. 170.
[810] BArch R 5002/18, Bl. 47–51.
[811] z. B.: BArch R 5002/15, Bl. 3; BArch R 5002/17, Bl. 62–356.
[812] BArch 5002/1, Bl. 129, 265.

der Verbrauchslenkung zu gestalten oder mit dem RVA gemeinsame Aktionen zu finanzieren und durchzuführen.[813]

Den Abgrenzungsversuchen gegenüber dem Ausland folgten nach 1934 und nach der Verkündigung des Neuen Planes die Parolen zur Schonung der Ressourcen und zum Konsumverzicht, ein Thema, das nach dem Vierjahresplan 1936 immer wichtiger wurde, allerdings politisch heikel war.[814] Generell ging es erstens um die Steigerung der inländischen Produktion, zweitens um die Lenkung des Verbrauchs, drittens um die sparsame Verwendung des Erzeugten und viertens um Absatzförderung von Ersatzstoffen. Berghoff spricht in diesem Zusammenhang von heterogenen Lenkungsimpulsen, die er im Hinblick auf den Endverbraucher anhand der Schlüsselbegriffe des forcierten, des unterdrückten und des virtuellen Konsums unterscheidet.[815] In Ergänzung dazu sei hier eine weitere Variante erwähnt: der Ersatz-Konsum.

Unter die nationalsozialistische Konsumpolitik mit ihren vier Spielarten fiel beispielsweise der Plan der Massenmotorisierung durch den Volkswagen, wie er über Jahre propagiert und beworben wurde. Bis heute stehen Automobilität, Volkswagen wie auch Autobahnen für eines der positiv inszenierten Projekte zur Konsumstimulation.[816] An den so genannten Volksprodukten lässt sich verdeutlichen, was unter forciertem Konsum verstanden werden kann, wenngleich sich der Volkswagen im Speziellen keineswegs zum erwünschten Massenprodukt entwickelte.[817] Auch der Verkauf von elektrischen Haushaltsgeräten nahm in der NS-Zeit dramatisch zu, was politisch gewollt war und die Hausfrau sowie die Elektrifizierung ihrer Küche in engen Zusammenhang zu Volk und Vaterland stellte.[818]

---

[813] Dies galt insbesondere nach 1939: Barch 5002/1, Bl. 244. Zum RVA und seiner Entstehung siehe: Rücker, Wirtschaftswerbung, S. 291ff.
[814] Proklamation Hitlers zur Verkündigung des „Zweiten Vierjahresplanes" am 9.9.1936 in Nürnberg, zit. n. Heidel, Ernährungswirtschaft, S. 47.
[815] Berghoff, Methoden, S. 283.
[816] Becker, Frank, Autobahnen, Auto–Mobilität. Die USA, Italien und Deutschland im Vergleich, in: Hardtwig, Kulturgeschichte, S. 23–59.
[817] Graef, Bernd et al. (Hg.), Volkswagen Chronik, Wolfsburg 2002 (= Hist. Notate, schriftenreihe des Unternehmensarchivs der Volkswagen AG, Wolfsburg), S. 2–6.
[818] Heßler, Martina, „Elektrische Helfer" für Hausfrau, Volk und Vaterland. Ein technisches Konsumgut während des Nationalsozialismus, in: Technikgeschichte 68, 2001, S. 203–229.

Insgesamt scheinen diese positiven Impulse zum Kauf hochwertiger Konsumgüter, die ideologisch aufgewertet und mit der technischen Modernisierung des NS-Staates in Verbindung zu bringen waren, gegenüber dem unterdrückten, virtuellen oder Ersatz-Konsum jedoch eine untergeordnete Rolle gespielt zu haben.

Im Vordergrund stand der zunehmende Zwang für Deutschland, nur das einzuführen, was durch entsprechende Ausfuhr bezahlbar war. Viele Rohstoffe, die früher aus Importen stammten, mussten in Deutschland produziert oder ersetzt werden. Im Rahmen des Vierjahresplans schuf die Industrie neue Werkstoffe wie Buna, Zellwolle, Plexiglas oder PeCe-Fasern, denen die Verbraucher allerdings ablehnend gegenüberstanden.[819] Aber weil der Staat – so das Eingeständnis – weder genügend Rohstoffe beschaffen, geschweige denn ersetzen konnte, lautete die Schlussfolgerung:

> „Wir müssen also nicht nur mit den Rohstoffen, sondern auch mit den in den Haushalten liegenden Vorräten an Kleidung, Wäsche usw. vernünftig und sparsam umgehen."[820]

Viel wichtiger als die Gewöhnung der Konsumenten an Ersatzstoffe war der Umgang mit einer Reihe von drastischen Konsumbeschränkungen, die vor allem den rüstungspolitischen Interessen geschuldet waren.

Dass weniger mehr bedeuten konnte, wurde im Nationalsozialismus zu einem der wichtigsten Werbeargumente, das auch die Privatindustrie beschäftigte, die Kunstfasern oder Ersatznahrungsmittel wie Milei (Milch und Ei), Velveta (Käse und Butter) oder Vitamin-R (Bratensubstitut) zu vermarkten begann.[821]

---

[819] Reagin, Marktordnung, S. 174f.
[820] Ebd., Bl. 185.
[821] Kriegeskorte, Michael, 100 Jahre Werbung im Wandel. Eine Reise durch die deutsche Vergangenheit, Köln 1995, S. 105; Berghoff, Reklame, S. 100; BArch R 5002/18, Bl. 47–51.

„Eßt mehr Fische" oder „Kampf dem Verderb" waren beispielhafte Kampagnen, die die Abhängigkeit von Nahrungsmittelimporten reduzieren bzw. das Verhalten im Sinne rationalisierten Konsums beeinflussen sollten.[822]

Mit dem zweiten Aufgabengebiet des RVA, der Gemeinschaftswerbung für deutsche Produkte, sollten einzelne Branchen gezielt unterstützt werden. Der RVA initiierte zahlreiche Gemeinschaftswerbungen für Steingut, die deutsche Uhren- oder Korbindustrie und andere Produktsparten, denen der Staat eine Verkaufsunterstützung am Markt zukommen lassen wollte, weil die einzelnen Unternehmen dieser Branchen zu klein waren, um eigene Kampagnen zu bezahlen, oder weil man von dem volkswirtschaftlichen Nutzen des Konsums bestimmter Produkte ausging.[823] Zudem entsprach die Gemeinschaftswerbung den ideologischen Vorstellungen einer dem Motto „Gemeinnutz vor Eigennutz" untergeordneten Werbung.[824]

Auch wenn mancher Fachautor in den 1930er Jahren das Ende der Marke voraussagte und die Standardisierung von Produktgruppen lobte (Volksempfänger, Volkswagen)[825], andere zwar nicht das Ende der Marke, so doch die besonderen Vorzüge der Gemeinschaftswerbung priesen[826], wurde diese dennoch nicht zur hauptsächlichen Werbeform im Nationalsozialismus. Berghoff argumentiert, dass der verbrauchslenkenden Gemeinschaftswerbung im Nationalsozialismus die Zukunft gehört habe. Doch war dies höchstens ein ideologischer Anspruch, auch wenn diese Form

---

[822] Prototypisch und gut dokumentiert ist die Aktion „Kampf dem Verderb", die sich auf alle denkbaren Bereiche der Ressourcenschonung bezog: Adelung, Margarete, Der ‚Kampf dem Verderb' im Haushalt mit sparsamen Mitteln, München 1940 (=zugl. Diss., LMU München 1940); Herbst, Kurt, Kampf dem Verderb!, Breslau o. J.; Messe- und Ausstellungs-Ges.m.b.H., Köln-Deutz (Hg.), Kampf um 1 ½ Milliarden. Kampf dem Verderb – Kampf gegen Sachwertverluste in der Volkswirtschaft. Ausstellung in Köln vom 23. bis 31. Oktober 1936, Köln 1936; Brandverhütungsdienst der Deutschen öffentlich-rechtlichen Feuerversicherungsanstalten in Zusammenarbeit mit der Reichsarbeitsgemeinschaft Schadenverhütung (Hg.), Schützt die Heuernte vor Selbstentzündung! Aufsätze und Bildmatern für die Presse, Berlin 1937 (= Aufklärungsschrift Nr. 31/1937); Abb. 20.
[823] BArch R2301/2205, Bl. 141.
[824] Fischer, Hugo, Gemeinschaftswerbung im Aufbau der Wirtschaft, in: Die deutsche Werbung, 7/8, 1934, S. 206; Schaefer, Klaus, Markt und Werbung, Die Bedeutung der Werbung bei freiem und geordnetem Markt, Berlin 1937, S. 92.
[825] Schade, Klaus, Die Bedeutung der Wirtschafts-Werbung für die deutsche Volkswirtschaft, Nürnberg 1939 (= Diss. Hindenburg-Hochschule Nürnberg 1939), S. 147.
[826] Klar, Willy B., Markenwerbung oder Gemeinschaftswerbung?, in: Die deutsche Werbung, 1937, 15, S. 860f.

der Werbung im „Dritten Reich" wie nie zuvor praktiziert wurde.[827] Die auf dem Konkurrenzprinzip basierende Einzelwerbung, so sehr man sie ideologisch anfeindete, blieb die dominante Werbeform. Das Interesse einzelner Produzenten am Verkauf ihrer eigenen Produkte blieb größer als der beschworene Gemeinnutz.[828] Selbst der Werberat hob hervor, dass die Gemeinschaftswerbung wichtiger denn je geworden sei, es aber

> „selbstverständlich falsch [wäre], die Einzelwerbung durch Gemeinschaftswerbung einzuschränken oder gar zu unterdrücken. Die Einzelwerbung ist und bleibt unersetzlich."[829]

Trotz vereinzelter Erfolgsmeldungen bleibt es fraglich, ob die Bewerbung von Ersatzstoffen und der Aufruf zu sparsamem Konsum sowie zur Gemeinschaftswerbung die gewünschte wirtschaftspropagandistische Wirkung erzielen konnte. Es ist nicht zu übersehen, dass die geforderte Sparsamkeit nur den volkswirtschaftlichen Mangel spiegelte, Werbung diesen aber gerade in der Kriegswirtschaft nicht beseitigen oder auch nur teilweise neutralisieren konnte.[830] Die sozialtechnologischen Allmachtsfantasien deutscher Werber in der Weimarer Zeit, die mit den verbrauchslenkenden Plänen der Nationalsozialisten eine Weiterführung erlebten, entpuppen sich damit als Überheblichkeit, die den Konsumenten ignorierten. Am Ende gingen die kommunikativen Strategien für den forcierten, unterdrückten, virtuellen Konsum sowie den Ersatzkonsum nicht auf.

So sei auch dahingestellt, ob die Deutschen an karge und qualitativ schlechte Ernährung gewöhnt werden konnten und sich damit abgefunden hatten, dass es nur wenige Konsumgüter zu kaufen gab.[831] Ein langfristiges Gegenkonzept zum Wahlkonsum als soziale Praxis konnte nicht Verzicht heißen, da auch Deutschland in den ersten Jahrzehnten des 20. Jahrhunderts schon viel zu sehr vom Konsumismus geprägt war. Die vormodernen, oftmals religiös bedingten Enthaltsamkeits- und Sparsamkeitsideale sowie die

---

[827] Berghoff, Reklame, S. 99; Brüning, Bauhäusler, S. 24.
[828] Zu diesem Ergebnis kommt man jedenfalls bei der Durchsicht von Zeitschriften aus den 30er Jahren wie: „die neue linie", „Sport im Bild/Der Silberspiegel" oder „Berliner Illustrierte Zeitung".
[829] BArch R 2301/6991, Bl. 71 (einschränkend muss hier allerdings betont werden, dass diese offizielle Einschätzung aus dem Jahr 1934 stammt).
[830] Ähnlich argumentiert: Berghoff, Reklame, S. 105.
[831] Herbst, Deutschland, S. 252.

Beschwörung der Nation, für die Opfer gebracht werden müssten, konnten, obgleich sie den Nationalsozialisten eine Anschlussmöglichkeit für ihre kurzfristig angelegte Konsumpolitik boten, keinen breiten Konsens mehr erzeugen.[832]

Werbung in der Kriegswirtschaft

Der Zweite Weltkrieg drohte die Wirtschaftswerbung überflüssig werden zu lassen. Sparaufrufe des Regimes und die zwangsläufige Reduzierung der frei verfügbaren Waren schränkten den relativen Wahlkonsum als soziale Praxis ein. In der Kriegswirtschaft änderte sich die Marktlage grundlegend, wie auch der Präsident des Werberates 1943 feststellte:

> „Denn Zehntausende von Betrieben werden stillgelegt und damit für die Kriegszeit ausgelöscht. Eingespielte Lieferbeziehungen werden wie nie zuvor mit einem Federstrich abgeschnitten und durch behördliche Zuweisungen ersetzt. Niemand fühlt den Zwang, seine Ware umsetzen oder loswerden zu müssen, aber die gestiegene Kaufkraft erhöht die Nachfrage nach allen Dingen des täglichen Bedarfs und den Annehmlichkeiten des Lebens. Es kann also keinem Zweifel unterliegen, daß die Marktlage heute völlig anders aussieht als in den Zeiten des Friedens."[833]

Selbst der Werberat stand im Zweiten Weltkrieg zur Disposition.[834] Wieder, und diesmal konkreter als je zuvor, stellte sich die Sinnfrage, wofür Werbung notwendig sei. Die Kriegswirtschaft und deren strategische Ausrichtung auf die Rüstungsproduktion machten es unabdingbar, den Bedarf an Werbung neu zu begründen.

---

[832] Zum vormodernen Konsum und seiner weltlichen sowie religiösen Regulierung siehe z. B.: Bulst, Neithard, Vom Luxusverbot zur Luxussteuer. Wirtschafts- und sozialgeschichtliche Aspekte von Luxus und Konsum in der Vormoderne, in: Prinz, Weg, S. 47–60; Zur Unzufriedenheit über die Konsumlage im NS siehe z. B.: Stöver, Bernd, Berichte über die Lage in Deutschland. Die Lagemeldungen der Gruppe Neu Beginnen aus dem Dritten Reich 1933–1936, Bonn 1996 (= Archiv für Sozialgeschichte, Beiheft 17), siehe z. B.: S. 61f.; grundsätzlich auch: Kershaw, Popular Opinion; siehe auch: Berghoff, Reklame, S. 105; ders., Methoden, S. 282; Reagin, Marktordnung, S. 183.
[833] Hunke, Heinrich, Die deutsche Wirtschaftswerbung im Zeichen des totalen Krieges, in: Wirtschaftswerbung, 1943, 2, S. 57.
[834] Rücker, Wirtschaftswerbung, S. 116.

Die erste Reaktion auf den Kriegsausbruch war die, dass viele Unternehmen ihre Werbung einstellten, was in der angepassten Fachpresse jedoch als vaterlandsloser Pessimismus bezeichnet wurde.[835] Nicht die machtpolitischen und schließlich desaströsen Kriegsentscheidungen der Nationalsozialisten, sondern die persönlichen Zweifel einzelner Werber und Unternehmer wurden Zielscheibe der Kritik, womit Ursache und Wirkung vertauscht wurden. Offizielle Stellen übten sich in Zweckoptimismus:

> „Alle Befürchtungen, daß der Krieg einschneidende Folgen in bezug auf die Stärke und den Umfang der deutschen Werbung ausüben würde, wurden durch die tatsächliche Entwicklung überholt."[836]

Aber Zahlen wie die, dass unmittelbar nach Kriegsbeginn das Werbevolumen des Jahres 1938 von rund einer Milliarde Reichsmark um 30 bis 40 Prozent zurückgegangen war, sprachen für sich.[837] Immer häufiger fragten sich Werber,

> „welche Aufgaben die Werbung in einer Zeit noch erfüllen konnte, in der die Fragen der Werbung, wie man sie bisher verstand, wirklich nicht die primären waren".[838]

Äußerungen von Meinungsführern aus Politik und Wirtschaft, die auch unter den Bedingungen der Kriegswirtschaft das Weiterbestehen und die fortwährende Notwendigkeit von Privatinitiative und Wettbewerb versprachen, wurden in der Fachpresse als Aufmacher abgedruckt.[839] Vertreter des Werberats betonten, dass sich nicht viel ändern werde und dass

> „der Schlüssel zum Problem ‚Werbung im Kriege' nicht nur in der Grundeinstellung zur Werbung an sich [liegt], sondern überhaupt in einem gewissen wirtschaftlichen Optimismus. Wer deshalb Werbung treibt, bekennt sich zum Optimismus und bekundet damit auch sein geschäftliches Vertrauen in die Zukunft".[840]

---

[835] Zit. n.: Staatl. Archive des Landes NRW, Unsummen, S. 13.
[836] Prüfer, Kurt, Wo stehen wir?, in: Deutsche Werbung, 1941, 21, S. 717.
[837] Ruban, H., Werbung der Wirtschaft im Kriege, in: Die deutsche Werbung, 1940, 3/4, S. 71; Strauf, Hubert, Werbung im Wandel, S. 4.
[838] Anon., Aktuelle Problematik, in: Die deutsche Werbung, 1, 1940, S. 7.
[839] Anon., Werbung kriegswirtschaftlich ausgerichtet, in: Die deutsche Werbung, 1939, 17, S. 962; Anon., Unternehmerische Initiative, in: Die deutsche Werbung, 1941, 1/2, S. 17.
[840] Ruban, H., Werbung der Wirtschaft im Kriege, in: Die deutsche Werbung, 1940, 3/4, S. 72.

Tatsache war, dass Verordnungen des Generalbevollmächtigten für die Wirtschaft zu Kriegsbeginn Leuchtwerbung verboten und die für die Werbemittelproduktion wichtigen Rohstoffe Papier und Pappe nach und nach der Bewirtschaftung anheimfielen, um schließlich ganz für die Zwecke der Wirtschaftswerbung blockiert zu werden.[841] Die Angst vor einem generellen Verbot der Werbung geisterte umher.[842] Auch wenn dies nicht eintrat, so wurde doch eine wachsende Zahl von Werbemedien wie Postwurfsendungen, Hausmitteilungen, Jubiläums- und Festschriften oder Werbereisen verboten, um Rohstoffe zu sparen. Die zahlreichen Verordnungen zur Einschränkung der Werbung können hier nicht aufgelistet werden. Generell ist festzustellen, dass Formate, Werbeträger, Werbezeiten oder Werbeplätze sukzessive schrumpften bzw. verboten wurden.[843].

Erwünscht blieb bis fast zum Ende des Krieges die so genannte Aufklärungswerbung (z. B. für schonende Wäschepflege) oder Erinnerungswerbung. Die Aufklärungswerbung der Privatindustrie unterstützte die Wirtschaftspropaganda der Regierung, wobei die Kriegswichtigkeit eines Produkts zum entscheidenden Kriterium dafür wurde, ob es aufklärend beworben werden durfte. Als kriegswichtig erachtet wurden z. B. die „Sparfilme" des Deutschen Sparkassengesamtverbandes (DSGV).[844] Infolge von Mangelwirtschaft bei weiterhin hohem Verdienst der Bevölkerung entstand ein Geldüberschuss, der nicht mehr durch ein entsprechendes Warenangebot ausgeglichen werden konnte. Die Deutschen sollten deshalb ihr Geld, wenn nicht für bestimmte politisch positiv bewertete Konsumzwecke, so doch zumindest zum Sparen verwenden. Die kontinuierliche Sparwerbung wurde so Teil der Wirtschaftspropaganda und

---

[841] Zum Verbot der Leuchtwerbung: Rücker, Wirtschaftswerbung, S. 240f.
[842] Anon., Nachrichten und Meinungen, in: Die deutsche Werbung, 1939, 17, S. 982; Berghoff, Reklame, S. 99.
[843] Rücker, Wirtschaftswerbung, S. 216, 218 u. 271; Strauf, Werbung, S. 4; Prüfer, Kurt, Wo stehen wir?, in: Die deutsche Werbung, 21, 1941, S. 718f.; zu den Verschärfungen siehe: Einschränkungen in der Anzeigenveröffentlichung, in: Wirtschaftswerbung, 1943, 3, S. 55f.; Beiersdorf AG, Rundschreiben Nr. 39/43, 29.10.1943, aus: Beiersdorf–Archiv, o. Signatur; vgl. auch: Wiegmann, Karlheinz, Die Warenverpackung der dreißiger bis sechziger Jahre, in: Westfälisches Museumsamt (Hg.), Supermarkt und Emmaladen. Aus der Geschichte der Warenverpackung, Münster 1993, S. 49; Zweite Bestimmung des Werberates über die Beschränkung von Werbemitteln vom 20. Mai 1943, in: Wirtschaftswerbung, 1943, 5, S. 81.
[844] Forster, Ralf, Sparkassenfilme als Instrumente zur Propagierung nationalsozialistischer Ideologie, in: Film-Archiv Lippe, Werbefilme, S. 155.

der Kriegsführung. Während vor 1939 das Sparen als Mittel zur Erfüllung von Konsumwünschen wie dem eigenen Heim, der Aussteuer etc. propagiert wurde, hieß es nach 1939 bspw. in einem Kinowerbefilm: *„Spare bei der Sparkasse – Spare für den Sieg!"*. Ein Plakat der Sparkassen aus der Kriegszeit mahnte: *„Die Heimat arbeitet und spart für die Front"*.[845] 1940 kamen rund 16 neue Sparkassenwerbefilme in die Kinos; bis Mitte 1944 waren es fast 70. Die Sparkassenwerbung, insbesondere die aufwendige und kostenintensive Kinowerbung, erwies sich auch in der Kriegswirtschaft als ein lukratives Geschäft.[846]

Die Erinnerungswerbung war im Gegensatz zur Aufklärungswerbung ein Zugeständnis an die Werbetreibenden und ein Mittel, deren Beziehungen zu den Abnehmern trotz der vielen Werbeverbote aufrechtzuerhalten. Erinnerungswerbung, wie der Name schon sagt, sollte an eine Marke erinnern, auch wenn es sie nicht mehr zu kaufen gab, um ihren Wert zu konservieren. Der Verlust des Markenwertes aufgrund der Werbeverbote und Einschränkungen stellte eines der größten Probleme der Branche dar. Für sie durfte der Krieg deshalb nur ein vorübergehender, möglichst kurzer Zeitabschnitt sein, wenn nicht die werblichen Anstrengungen der vorangegangenen Jahrzehnte verloren gehen sollten. Werbung hatte damit nicht mehr die – in der Kriegswirtschaft ohnehin absurde – Funktion der Absatzförderung, sondern diente zur Erhaltung der Warenkunde. Die Erinnerung der Konsumenten generierte zu einem geldwerten Potential, das man bewahren und nach dem Krieg wieder nutzen wollte.

Die insgesamt nachlassende Präsenz der Werbung bedrohte den Lebensnerv der Branche: *„Ein junges Mädchen, das während des Krieges heranwächst und zur Hausfrau wird"*, so beschrieb der Präsident des Werberates 1943 eines der denkbar schlechtesten Nachkriegsszenarien,

> „wird möglicherweise auch dann noch lange nicht zu einer besonders fortschrittlichen Art von Waschmitteln greifen, wenn diese längst

---

[845] Deutscher Sparkassenverlag (Hg.), Wer den Pfennig nicht ehrt... Plakate werben für das Sparen, Stuttgart 1992, S. 95.
[846] Ebd., S. 152; ausführlicher: Forster, Ralf, Sparkassenwerbefilme im Nationalsozialismus, Frankfurt/M. 1999.

wieder auf dem Markt sind; denn es weiß gar nicht, daß es überhaupt derartige Waschmittel gibt".[847]

Die Bedeutung der Erinnerungswerbung für die Markenindustrie basierte auf den Erfahrungen aus dem Ersten Weltkrieg. Die Unternehmen, die auch im Krieg geworben hatten, blieben ein Begriff für die Konsumenten und konnten nach 1918 nahtlos an die Vorkriegszeit anknüpfen, während andere vom Markt verschwanden, weil sie niemand mehr kannte.[848]

Die Erinnerungswerbung kann jedoch auch wie folgt gedeutet werden: Ein abruptes Verbot jeglicher Markenwerbung hätte als Signal für einen Ausnahmezustand verstanden werden können, was sich destabilisierend ausgewirkt hätte. So war aber die Erinnerungswerbung, ungeachtet aller Einschränkungen und Produktionsverbote für bestimmte Markenartikel, ein Element der Vermittlung von Normalität und das Versprechen der Machthaber, dass nach dem Krieg wieder „alles gut" werden würde. Die Markenprodukte lockten als Belohnungen für den „Endsieg", nach dem das bunte Konsumleben wieder Einzug halten würde. Erinnerungswerbung war damit Durchhaltepropaganda – jedoch durchweg virtuell.

1944 kann eine weitere Zäsur angesetzt werden: Nach Hitlers Erlass zum „totalen Kriegseinsatz" verfügte der Präsident des Werberats am 7. September 1944 die weitgehende Einstellung aller Wirtschaftswerbung. Lediglich staatlich gelenkte Aufklärungskampagnen waren danach noch zulässig. Anzeigen, die reine Erinnerungs- oder Repräsentationsbotschaften enthielten, aber auch solche, die kriegsdienliche Motive nur als rhetorischen Vorspann für ein privatwirtschaftliches Absatzinteresse nutzten, wurden ebenso wie der Bogen- und Daueranschlag verboten.[849] 1944 kam es ohnehin zum Erliegen des Werbegeschäfts in Deutschland, weil etwa 80 Prozent aller Werbefachleute zur Armee oder berufsfremden Arbeit eingezogen worden oder im Krieg gefallen waren.[850]

---

[847] Hunke, Heinrich, Aktive deutsche Werbung, in: Wirtschaftswerbung, 1943, 1, S. 7.
[848] BArch R 5008, Bl. 6.
[849] Rücker, Wirtschaftswerbung, S. 219 u. 241; Abb. 21.
[850] Hunke, Heinrich, Aktive deutsche Werbung, in: Wirtschaftswerbung, 1943, 1, S. 8.

Ausdehnung der Kampfzone: Wirtschaftspropaganda für den „Endsieg"

Im Gegensatz zur privatwirtschaftlich betriebenen, jedoch staatlich eingeschränkten Werbung hatte die Wirtschaftspropaganda im Krieg Hochkonjunktur. Davon zeugt insbesondere der Ausbau des Reichsausschusses für volkswirtschaftliche Aufklärung (RVA).[851] Der Werberat übertrug dem RVA alle regionalen und fachlichen Wirtschaftsausstellungen im Reich. Neben diesen Ausstellungen nutzte der RVA die Möglichkeiten von Presse, Hörfunk und Film sowie hauptsächlich die Methoden der Wirtschaftswerbung zur Popularisierung seiner Anliegen. Die klare Stoßrichtung der meisten wirtschaftspropagandistischen Kampagnen lag in der Förderung einer wirtschaftlichen Haushaltsführung. Darunter verstand der RVA im Krieg unter anderem das *„faserschonende Waschen"* oder *„richtiges Heizen"*. Um die deutsche Bevölkerung zu einer ressourcenschonenden Haushaltsführung anzuleiten, definierte man die deutschen Hausfrauen als primäre Zielgruppe der Ansprache. Sie wurden zum Dreh- und Angelpunkt der Wirtschaftspropaganda und zu Trägerinnen „deutscher Konsumkultur".

Der RVA entwickelte zahllose Maßnahmen, um die Hausfrau zu instruieren; so die Schriftenreihe „Volkswirtschaftlicher Aufklärungs-Dienst", die wahrscheinlich redaktionelle Anregungen für die Medien geben sollte.[852] In der Schriftenreihe wurden Themen behandelt wie *„Gut kochen – gut wirtschaften"*, *„Gut backen im eigenen Herd"*, *„Was essen wir heute zum Abendbrot"* oder *„Einmachen von Obst und Gemüse"*; andere Artikel propagierten *„Keine Zeit für Langschläfer"* oder *„Hausfrauen helfen einander. Borgen im guten Sinne"*.[853] Die Broschüre *„Trotz wenig Zeit gut gekocht"*, die sich an die im Arbeitseinsatz befindliche Frau richtete, erschien in einer Auflage von fast einer halben Million. Gemeinsam mit dem Reichsministerium für Ernährung und Landwirtschaft und dem Reichsnährstand richtete der RVA zusätzlich einen Rezeptdienst ein. Rezepthefte wie *„Hauptgerichte einmal ohne Fleisch"* erreichten Auflagen von sechs Millionen Exemplaren. Andere populäre wirtschaftspropagandistische

---

[851] Siehe Aktenbestand BArch R 5002.
[852] BArch R 5002/15, Bl. 3.
[853] Ebd., Bl. 3 (Rückseite).

Aktionen führte der RVA seit Kriegsbeginn unter dem Motto „*Faserschonendes Waschen*", „*Sachgemäßes Waschen*" oder „*Schone Deine Wäsche*" durch.[854]

Um die Herangehensweise des RVA zu verdeutlichen, soll genauer auf die Hintergründe und die praktische Umsetzung eingegangen werden. Ausgangspunkt dieser Aktionen war, dass der RVA den Wert des deutschen Wäschebestandes auf rund sechs Milliarden Reichmark schätzte. Nach sachverständiger Meinung wurden durch unsachgemäße Behandlung der Wäsche jedes Jahr Werte in Höhe von bis zu 400 Millionen Reichsmark zerstört.[855]

> „Wir können uns einen solchen Verlust während des Krieges noch viel weniger leisten", hieß es in einer Pressemitteilung des RVA, „weil die Werte zum grössten Teil gegenwärtig garnicht [sic!] zu ersetzen sind".[856]

Hinzu kam, dass die Qualität der Waschmittel abnahm. Das nach Kriegsbeginn eingeführte Einheitswaschmittel besaß eine geringere Waschkraft, was die Hausfrauen durch intensiviertes Reiben und Bürsten auszugleichen versuchten. Genau darin lag nach Einschätzung des RVA die Ursache für 90 Prozent aller Wäscheschäden.[857]

Im Auftrag des Reichswirtschaftsministeriums und in Zusammenarbeit mit den Waschmittelkonzernen Henkel und Sunlicht, der Böhme-Fett-Chemie sowie den Gaustellen des Deutschen Frauenwerks arbeitete der RVA einen Werbeplan aus, für den allein im Jahr 1941 fast fünf Millionen Reichsmark zur Verfügung standen.[858] Während der RVA gemeinsam mit der Waschmittelindustrie für die Planung und Durchführung der Werbemaßnahmen zuständig war, übernahm das Frauenwerk die direkte Aktivierung der Zielgruppe. Durch Rundschreiben sollten alle Mitglieder des Frauenwerks, die DAF, Hausfrauen- und Berufsschulen, der weibliche Arbeitsdienst, der Reichsnährstand sowie das Gaststätten- und Beherbergungsgewerbe über die Aktion informiert werden.[859] Der Hörfunk

---

[854] Barch R 5002/1, Bl. 230–244; BArch R 5002/15, Bl. 3.
[855] Barch R 5002/17, Bl. 332.
[856] Ebd.
[857] Ebd., Bl. 356.
[858] Barch R 5002/1, Bl. 244.
[859] BArch R 5002/17, Bl. 9.

brachte regelmäßig Hinweise auf das faserschonende Waschen; Slogans wie „*Denke beim Wäschetragen schon ans Wäsche waschen*" und das vom Grafiker Hans Landwehrmann gestaltete Maskottchen der „*Dreckspatz*" unterstützten das Anliegen des RVA.[860] In über 1.300 Tageszeitungen sowie in Zeitschriften erschienen wöchentlich durchschnittlich zwei Anzeigen. Sämtliche Fachblätter des Textil- und Waschmittelhandels sowie etwa 150 Frauenzeitschriften und Kundenzeitungen klärten mit redaktionellen Beiträgen über das Waschen auf. Etwa 350 vorformulierte Artikel zu Einzelfragen des Waschens im Krieg wurden den Medien als Pressemitteilung bereitgestellt. Der RVA ließ Plakatserien in Auflagen von insgesamt rund 1,6 Millionen Stück drucken, womit über Jahre sämtliche offizielle Anschlagstellen des Reiches regelmäßig belegt werden konnten.[861]

Auch Aufklärungsfilme zum Einsatz in den Kinos erschienen: beispielsweise über das Sortieren der Wäsche unter dem Titel „*Du und die Drei*" oder über das Enthärten des Wassers und das Einweichen der Wäsche.[862] Die Reichsanstalt für Film und Bild produzierte gemeinsam mit privaten Unternehmen und dem RVA eine Diaserie über Wäscheschäden und die richtige Behandlung der Weiß-, Grob- und Feinwäsche, die in den Berufsschulen zum Einsatz kam; 200 „Vortragsdamen" der größten Waschmittelhersteller hielten in Kaufhäusern und vor Vertretern des Hotel- und Gaststättengewerbes täglich mehrere Lichtbildvorträge.[863] Ergänzend zu den erwähnten Maßnahmen wanderte eine Lehrschau durch das ganze Reich, zu der Frauen organisiert hingeführt wurden.[864]

Die deutsche Frau konnte das „*sachgemäße Waschen*" kaum ignorieren. Zentrales Medium der Kampagne war die so genannte Kriegswaschfibel.[865]

Millionen von Werbeblättern, die den Hausfrauenzeitschriften beigelegt wurden, sowie Bestellkarten in Fachzeitschriften des Einzelhandels forderten zum Kauf dieser Kriegswaschfibel auf, die im Laufe der Jahre in einer Auflage von über drei Millionen Exemplaren erschien. Zehntausende Plakate

---

[860] Ebd., Bl. 84 u. 86.
[861] Ebd., Bl. 54.
[862] Ruban, Klaus, Volkswirtschaftliche Aufklärung im Kriege, in: Wirtschaftswerbung, 1942, 3, S. 34.
[863] Ebd.
[864] BArch R 5002/17, Bl. 9.
[865] Abb. 22.

und Aufkleber, die an den Einzelhandel gingen, forderten zum Kauf der Fibel auf, die *„in die Hand jeder deutschen Hausfrau"* kommen sollte.[866] Es ging bei diesen Aktionen eindeutig um mehr als die Steuerung und Verwaltung des Mangels. Die Kriegswaschfibel entwickelte sich geradezu zur Waffe der deutschen Hausfrau. Ihre massive Verbreitung kam einer Aufrüstung der Heimatfront gleich. Das sachgemäße Waschen wurde zur nationalen Tat erhoben. Jede Hausfrau habe die Pflicht, die Kriegswaschfibel zu lesen, verkündete der RVA.[867] Im März 1941 hieß es eindringlich:

> „Deutsche Hausfrau! Richte Dich nach der Kriegswaschfibel, Du hilfst dadurch zu Deinem Teil mit, den Krieg zu gewinnen!"[868]

Die Parolen führen vor Augen, wie sehr der unter anderem durch Werbung verbrauchsgelenkte und von Frauen geführte Haushalt Ort nationaler Tugenden, Identität und imperialer Mentalität sein konnte.[869] Konstruktionen des „Deutschen" entstanden folglich nicht als unabhängige Größe, sondern formierten sich in Beziehung zu anderen Formen von Identität, in denen die Kategorien Geschlecht und Konsum eine zentrale Rolle spielten.[870]

Die Vorgehensweise bei dieser Aktion lässt erkennen, wie sehr der NS-Staat die Kommunikationsstrategien der Markenindustrie adaptierte. Zahlreiche weitere in die dieselbe Richtung zielende Kampagnen unter den Motti „Nahrung ist Waffe" oder „Werft die Kohlenklaus aus dem Haus hinaus" zeigen vergleichbare Strategien (eingängige Slogans, Verwendung von Testimonials, exzellente Mediaplanung) auf.[871] In ähnlicher Weise waren bislang nur große Marken wie Nivea, Persil oder Rama beworben worden.

Konsumkultur-Imperialismus und die Utopie vom globalen Exportmarkt

Die Propaganda des „Endsiegs" stimulierte den Zukunftsglauben der Deutschen immens und führte zu einer wachsenden Virtualisierung der

---

[866] BArch R 5002/17, Bl. 74 u. 356.
[867] Ebd.
[868] Ebd.
[869] Vgl.: Reagin, Nancy, The Imagined Hausfrau: National Identity, Domesticity, and Colonialism in Imperial Germany, in: The Journal of Modern History, 73, 2001, S. 54–86.
[870] Zur Konstruktion des Nationalen und der Geschlechterrollen: Haupt, Kultur, S. 273–281.
[871] Abb. 23, Abb. 24; siehe auch: BArch R 5002/25, Bl. 191, 194.

Realität.[872] Auch die deutschen Werber nahmen die Heilsversprechen Hitlers wahr und sehnten sich nach der von Werberat und Politikern versprochenen Neuordnung Europas, die einen von Deutschland dominierten europäischen Binnenmarkt mit weit über 200 Millionen Konsumenten verhieß.[873] Im Vorgriff auf diesen erhofften Binnenmarkt wurde die Ordnung des deutschen Werbewesens sukzessive auf die besetzten Gebiete übertragen. Die angenommene Übermacht Deutschlands sollte zu einer international-europäischen Werbung und letztlich zu einer Standardisierung nach deutschen Vorgaben führen.[874] Parallel zu den Verheißungen des „Endsiegs" und des europäischen Binnenmarkts änderte sich die Themensetzung in der Fachpresse. Export- und Auslandswerbung bekamen einen publizistischen Stellenwert, der ihnen weder in der Weimarer Republik noch in den ersten Jahren der NS-Diktatur zugestanden worden war. In der Export- und Auslandswerbung sah die Branche – neben der Wirtschaftspropaganda – die rechtfertigende Aufgabe in der Kriegswirtschaft. Mit der Betonung der Export- und Auslandswerbung zeigten die deutschen Werber ihre Bereitschaft, Teil der NS-Eroberungszüge zu sein.[875]

Mit der Export- und Auslandswerbung für deutsche Konsumgüter waren neben dem Werberat und dem RMVP weitere Institutionen befasst, was die staatswichtige Funktion dieser Werbeaktivitäten unterstrich, auch wenn anzuzweifeln ist, ob sie im Ausland die gewünschte Wirkung erzielten. Als wichtigste Einrichtung auf diesem Gebiet kann die mit der 27. Bekanntmachung des Werberats vom 26. Oktober 1939 gegründete Gesellschaft für Auslandswerbung mbH, Berlin (GfA) unter Führung von

---

[872] Herbst, Deutschland, S. 402–434.
[873] Krause, Jürgen, Werbung im Schatten – Deutschland 1939–1945, in: Bäumler, Kunst, S. 366.
[874] Hunke, Heinrich, Aktive deutsche Werbung, in: Wirtschaftswerbung, 1943, 1, S. 8.
[875] Schon in einer 1939 gehaltenen Grundsatzrede des Präsidenten des Werberates, Heinrich Hunke, hieß es: „Die Gegenwartsaufgaben der deutschen Werbung sind die Gegenwartsaufgaben der deutschen Wirtschaft überhaupt. Es treten also die Fragen der Außenhandelsförderung und des Vierjahresplanes beherrschend in Erscheinung. Auch die deutsche Wirtschaftswerbung wird an der Mobilisierung des Exportes mit allen ihr zur Verfügung stehenden Mitteln mitzuarbeiten haben, sowohl durch Exportpropaganda im Innern, des Reiches, d.h. durch die Aufrüttelung der Geister in Ausführung des Führerwortes ‚Deutsches Volk exportiere oder stirb!', als auch durch den planmäßigen Einsatz der Außenhandelswerbung im Auslande selbst", aus: Hunke, Heinrich, Gegenwartsaufgaben der Wirtschaftswerbung, in: Wirtschaftswerbung, 1939, 7, S. 46.

Kurt Prüfer gelten, die 1944 nach Bombenangriffen ihren Hauptsitz nach Klösterle a. d. Eger verlegte und von dort aus bis 1945 aktiv blieb.[876]

Die GfA war ein Gemeinschaftswerk der deutschen Werbungsmittler und konnte auf die Infrastruktur der Annoncenexpeditionen Carl Gabler in München und der Ala Anzeigen AG in Berlin zurückgreifen. Die GfA sah ihre Arbeit als kultur- und gleichzeitig wirtschaftspolitische Tätigkeit an. In ihrer Zuständigkeit als einzige Werbungsmittlerin in Deutschland lag es, ausländischen Verlegern Werbeaufträge für die Durchführung deutscher Wirtschaftswerbung im Ausland zu erteilen. Wer im Ausland Anzeigen schalten wollte, konnte das fortan nur noch über die GfA tun, wodurch dieser staatlich initiierten und überwachten Einrichtung die praktische Oberhoheit über die deutsche Auslandswerbung zufiel.[877]

Die Tätigkeit der GfA weitete sich rasch aus und ging über das ursprüngliche Aufgabengebiet, lediglich Werbeaufträge zu vermitteln, hinaus. So produzierte sie die Sendung *„Unsterbliche Musik deutscher Meister"* für den Deutschen Europasender Königsberg, kooperierte aber auch mit Unternehmen wie Beiersdorf (Nivea), Daimler-Benz, Günther Wagner (Pelikan), Telefunken, AEG, Siemens, Osram, Agfa, Bayer, Henkell (Sekt), Blaupunkt, Hutschenreuther (Porzellan) oder Lufthansa, deren Auslandswerbung sie koordinierte oder von Staats wegen initiierte.[878] Außerdem scheint die GfA mit eigenem Geld Werbekampagnen für deutsche Unternehmen im Ausland finanziert zu haben.[879] Als beispielsweise ein *„von Feindstaaten in Spanien im Sommer 1943 gestarteter Werbefeldzug"* bekannt wurde, war es die GfA, die unter dem Codenamen *„Unternehmen Spanien"* als Antwort darauf eine Anzeigenserie deutscher Unternehmen (u. a. I.G. Farben) plante, um die Präsenz deutscher Produkte und Unternehmen zu demonstrieren.[880] Bei einzelnen Fragen der Auslandswerbung schaltete sich auch das Auswärtige Amt ein, was die Deutung der Auslandswerbung als

---

[876] BArch, R 5008, Bl. 12.
[877] 27. Bekanntmachung des Werberates der deutschen Wirtschaft vom 26. Oktober 1939, in: Wirtschaftswerbung, 1939, 10, S. 61f.
[878] BArch, R 5008, Bl. 1 u. 28 u. 158.
[879] Der gesamte Bestand des Bundesarchives (R 5008) zur GfA besteht lediglich aus einem Päckchen. Zu den Eigenaktivitäten zugunsten der deutschen Unternehmen siehe bspw.: BArch, R 5008, Bl. 7, 82 u. 126.
[880] Ebd., Bl. 126.

außenpolitisches Instrument unterstreicht.[881] Während des Krieges baute die GfA ein europaweites Netz von Geschäftsstellen und Kooperationspartnern auf, so u. a. in Norwegen (Oslo), Slowakei (Preßburg), Belgien (Brüssel), Holland, Portugal oder Spanien.[882] Noch Ende 1944 gab es Bemühungen, ein neues Büro in Ungarn (Budapest) einzurichten.[883]

Ebenfalls 1944 hatte in einem vom Werberat und der GfA als vertraulich gekennzeichneten Papier ein hoher Beamter berechtigterweise gefragt, ob Exportwerbung überhaupt noch sinnvoll sei.[884] Diese Frage war im Grunde eine rhetorische. Beantwortet wurde sie zwar, doch ignorierte diese Antwort den Kriegsverlauf und die prekäre Situation Deutschlands weitgehend. Gleichzeitig ist sie allerdings ein Zeugnis der Selbstüberschätzung, gekoppelt mit einem unbeirrbaren Zukunftsglauben. Der Autor des Papiers, Oberregierungsrat Karl Passarge, räumte ein, dass das Eintreten für Exportwerbung lächerlich wirke, doch gehe es bei der Frage um die Auslandswerbung darum, die Zukunft zu gestalten:

> „Der Krieg wird mehr und mehr zum Kampf gegen das Deutschtum an sich. Die Folgen der beiderseitigen Blockade liegen heute und für absehbare Zeit offen zutage: Deutschland beherrscht politisch, wirtschaftlich und kulturell den europäischen Kontinent, unsere Gegner beherrschen ebenso weite Teile der übrigen Welt [...]. Ein großer Teil der Welt ist also

vorläufig zwar dem deutschen Export verschlossen, nicht aber der deutschen Exportwerbung."[885]

Aus dieser Situationswahrnehmung ergaben sich konkrete Aufforderungen:

> „In Wahrheit gibt es keine größere Sorge als die, welche Stellung Deutschland am Schluß dieses Krieges in der Welt einnehmen wird. Sie politisch und wirtschaftlich vorherrschend zu machen, ist letzten Endes der Sinn dieses Krieges. Sache des deutschen Erzeugers ist es, nicht zu warten, bis ihm die gebratenen Friedenstauben in den Mund

---

[881] Ebd., Bl. 82.
[882] Ebd., Bl. 27, 34, 60f., 80f., 126 u. 157.
[883] Ebd., Bl. 43.
[884] Ebd.
[885] Ebd.

fliegen, sondern Tag für Tag diesen Kampf um Deutschlands Weltgeltung im Innern und draußen mitzukämpfen [...]. Im Kriege vernachlässigte Märkte sind im Frieden für lange Zeit verlorene Märkte."[886]

Während Passarge der Heeresleitung attestierte, alles Erdenkliche weitblickend einkalkuliert zu haben, fragte er die Wirtschaftsvertreter:

„Kann der deutsche Produzent und Exporteur guten Gewissens von sich behaupten, auch er habe alles einkalkuliert? Ist auch er auf alle Möglichkeiten und Wahrscheinlichkeiten für den Tag gerüstet, an dem die Angriffspioniere der Wirtschaft zum friedlichen Vorstoß in die uns jetzt verschlossene Welt ansetzen werden?"[887]

Für Passarge stand fest, dass die wirtschaftliche Vormachtstellung in der Zukunft nur errungen werden konnte, wenn die deutschen Unternehmer und Kaufleute auf lange Sicht planten und warben und damit den Boden für die Aufnahme des deutschen Warenstroms bereiteten.[888] Das Vorbild und den Hauptopponenten sah Passarge in den USA, deren Stützpunkte sich ebenso wie die Werbezentralen *„brutal wie erfolgreich"* verbreiten würden; die Amerikaner verstünden es, ausländische Märkte *„bis in die intimsten Einzelheiten"* auszukundschaften (Marktforschung), um *„danach den Einsatz der vielgestaltigen Werbemittel gewissermaßen mit wissenschaftlich errechneter Wirkung vorzunehmen".*[889] Besonders deutlich werde diese expansive Strategie in Südamerika. Um den Wettlauf um die Weltmärkte erfolgreich aufzunehmen, wäre

„nichts törichter, als sich im Gefühl einer – sachlich vielleicht berechtigten – Überlegenheit in allzu großer Sicherheit zu wiegen und aus Bequemlichkeit und Mangel an eigener Initiative auf den Gott der Schlachten zu vertrauen, dessen verdammte Pflicht und Schuldigkeit es sei, auch diese Dinge schließlich irgendwie in Ordnung zu bringen".[890]

---

[886] Ebd.
[887] Ebd.
[888] Ebd.
[889] Ebd., Bl. 5.
[890] Ebd., Bl. 6.

Deshalb bleibe wiederum nur der Blick in die Zukunft, die rechtzeitige Planung der kommenden Dinge sowie die systematische, geistige Vorbereitung des neuen Aufbaus.[891] Nur aus diesem Geist heraus ist es zu verstehen, dass die GfA noch im März 1945 Werbekampagnen in Dänemark, der Schweiz, Spanien und Kroatien mit Werbevolumina von mehreren Zehntausend Reichsmark organisierte.[892]

Die Gesellschaft für Konsumforschung, an der führende Wirtschaftsvertreter wie auch Repräsentanten der I.G. Farben und deutsche Markenartikelhersteller beteiligt waren, unterstützte die Vorbereitung auf die Exportmärkte mit Untersuchungen ausländischer Märkte. Vor allem die Staaten Südosteuropas gerieten dabei in den Blick.[893] Nach dem „Anschluss" Österreichs gründeten das Institut für Wirtschaftsbeobachtung der deutschen Fertigware (IfW) und die GfK eine Wiener Außenstelle. 1941 erhielt diese unter Beteiligung der Südosteuropa-Gesellschaft (SOEG) als „Wiener Institut für Verbrauchs- und Absatzforschung" ihre endgültige Struktur. Zwischen den genannten Organisationen entwickelte sich eine enge Zusammenarbeit. So erstellte z. B. Ludwig Erhard Ende 1941 im Auftrag der SOEG eine „Südosteuropa-Untersuchung", die sich, so Heinelt, an seine Studie über die Wirtschaft des neuen deutschen Ostraumes anlehnen sollte. Letztere war von Göring als Beauftragtem für den Vierjahresplan lobend erwähnt worden, weil sie eine Strategie zum Aufbau der „ostdeutschen Wirtschaft" skizziert hatte. Andere Untersuchungen beschäftigten sich mit Detailfragen wie *„Textilerzeugung und Textilverbrauch in den Südostländern"*.[894]

Auch der Werberat zeigte großes Interesse an Südosteuropa. Seit 1940 arrangierte Heinrich Hunke regelmäßige *„Südostbesprechungen"*, an denen Vertreter von Industrie, Handel, Staat und Partei teilnahmen. Durch den *„einheitlich gelenkten Einsatz aller öffentlichen Werbemittel"* in den Ländern Südosteuropas und des Nahen Ostens wollte man zu *„einer sinnvollen Ordnung der Werbung in diesen Räumen"* finden.[895] Ziel waren auch hier die Steigerung des Absatzes deutscher Produkte und in Verbindung damit die

---

[891] Ebd.
[892] Ebd., Bl. 7.
[893] Heinelt, PR-Päpste, S. 51f.
[894] Ebd.
[895] Ebd.

Durchsetzung deutscher Industrienormen, um langfristige Abhängigkeiten in den ausländischen Absatzgebieten herbeizuführen.[896]

Parallel zu den von der GfA aufgebauten Strukturen finanzierte der Werberat zahlreiche Auslandsausstellungen, deren Besucherzahlen in die Millionen gingen. Werbefilme für das Ausland wurden produziert oder Vortragsredner auf Auslandsreisen geschickt. Entscheidende Förderung erhielt die Auslandswerbung durch die Auslandsvertretungen des Werberates, die 1943 bereits in zwölf Ländern bestanden, darunter in den Niederlanden (Amsterdam), Rumänien (Bukarest), Bulgarien (Sofia) oder Belgien (Brüssel).[897]

Trotz der ständigen Klagen des Rechnungshofes, der Werberat überschreite seine satzungsgemäßen Befugnisse mit dem starken Engagement im Ausland und setze seine verfügbaren Gelder zweckentfremdet ein, investierte der Werberat in die vermeintliche Zukunftsaufgabe. Er beteiligte sich an der Auslandsverlag GmbH und unterstützte Organisationen, die dem deutschen Export dienlich erschienen. Dazu gehörten z. B. der Deutsche Orient Verein, die deutsche Auslandspresse, der Verband der deutschen Handelskammern in Übersee, der Ausschuß für den Austausch junger Kaufleute, der Deutsch-Amerikanische Wirtschaftsverband und die Deutsche Akademie in China.[898]

Das übergeordnete Ziel dieser Aktivitäten war erneut die Aufwertung deutscher Produkte sowie die Eroberung ausländischer Konsummärkte. Die politischen Hegemonialansprüche Hitlers fanden ihre Entsprechung in dem Unterfangen von Wirtschaftsführern und Werbern, den Vertrieb deutscher Waren über den internationalen Markt zu organisieren. Dessen Beherrschung galt als nationale Tat und damit als eine Fortführung von Hitlers Feldzug mit anderen Mitteln. Deutsche Produkte wurden dadurch symbolisch weiter aufgeladen. Sie waren in der Kriegswirtschaft nicht mehr nur Gebrauchsgegenstände und Träger von Statusinformationen über den Konsumenten, sondern Teil eines Codes von „deutscher Kultur", deren spezifisch nationale Qualität sich in Alltagsprodukten spiegelte, die es zu exportieren galt. Konsum bildete sich damit deutlicher als jemals zuvor zu

---

[896] Ebd.
[897] BArch, R 2301/7052, Bl. 185; Hunke, Heinrich, Aktive deutsche Werbung, in: Wirtschaftswerbung, 1943, 1, S. 8.
[898] BArch, R 2301/7052, Bl. 21–65.

einer nationalisierten Kategorie des Handelns heraus, in der der öffentliche, politische Raum und das Private miteinander verschmolzen. Die Kampfzone des nationalsozialistischen Deutschlands erstreckte sich demnach auch auf den globalen Wirtschaftsmarkt, den der Staat in Koalition mit Privatunternehmen durch internationale Werbefeldzüge erobern wollte. In diesem Sinne konnte Heinrich Hunke die Exportwerbung als „echte Kriegsaufgabe" bezeichnen.[899]

Diese Aufwertung der deutschen Produkt- und Konsumkultur ist bemerkenswert. Denn nie zuvor waren die seriell hergestellten Industrieprodukte, selbst Hautcremes oder Glühlampen, von staatlicher Seite und in Übereinstimmung mit der Wirtschaft so sehr überhöht und zu Insignien deutscher Herrschaft stilisiert worden. Als akzeptierte Kulturträger entsprachen sie einer Vorstellung, die schon der national gesinnte Werkbund, allerdings mit vollkommen anderen Vorzeichen, versucht hatte zu etablieren. Der Nationalsozialismus verfolgte diese Idee eines Konsum-Nationalismus allerdings ohne Referenzen zu früheren Diskussionen – mit der ihm eigenen Aggressivität und vor allem ohne ästhetischen Anspruch.[900]

Was die Konsumgüter für den Endverbraucher betraf, so bedeutete deren Vertrieb zugleich auch Kolonisierung und die publikumswirksame Bewerbung ging mit dem Anspruch einher, die Oberhoheit über die Visualität des Alltags einzunehmen. Und mit dem Konsum der „deutschen Produkte" in Form von Essen, Tragen, Eincremen entstand regelrecht Tuchfühlung mit der deutschen Kultur, die dadurch Lebensgewohnheiten sowie Äußerlichkeiten beeinflusste. „Deutsche Kultur" war somit ein Programm der zivilisierenden Beherrschung sowie Ausdruck eines Konsumkultur-Imperialismus, wie er im frühen 20. Jahrhundert durchaus typisch war, aber in Deutschland eine besonders aggressive Ausprägung erfuhr und erst durch die zunehmende Globalisierung der Produktion der Nachkriegszeit ad absurdum geführt wurde.[901] Dass etwas in Haut und Haar übergeht, ist im Falle zahlreicher deutscher Konsumgüter in der NS-Zeit

---

[899] Hunke, Heinrich, Die deutsche Wirtschaftswerbung im Zeichen des totalen Krieges, in: Wirtschaftswerbung, 1943, 2, S. 58. Zur Auslandswerbung siehe auch: Maelicke, Alfred, Die Deutschen Handelskammern im Auslande im Dienste der Wirtschaftswerbung, in: Wirtschaftswerbung, 1942, 4, S. 59.
[900] Zum Werkbund–Nationalismus siehe: Hardtwig, Kunst, S. 260f.
[901] Zum Konsumkultur–Imperialismus aus amerikanischer Perspektive: Schug, Missionare.

sprichwörtlich und mit nationalistischem, kriegerischem Hintergrund zu verstehen – eine gedankliche Szenerie, die der Nationalsozialismus auf die Spitze trieb.

Die Auslandswerbung erfüllte in einer ausweglos werdenden Situation eine weitere, psychologisch unterstützende Funktion. Sie war ein wichtiger Aspekt der Kriegspropaganda gegen die Alliierten – selbst wenn diese Form der Machtdemonstration kaum zu überzeugen vermochte. Ähnlich wie im Mittelalter, wo bei Stadtbelagerungen Lebensmittel oder lebende Tiere als Ausdruck des Durchhaltevermögens der Belagerten und zur Demoralisierung der Belagerer über die Stadtmauern geworfen wurden, sollte die Auslandswerbung im Zweiten Weltkrieg bekräftigen, dass Deutschland nach wie vor hochwertige Konsumgüter herstellen konnte und in der Normalität einer „Friedenswirtschaft" lebte:

> „Die im Ausland durchgeführte Werbung demonstriert eindeutig die deutsche Wirtschaftskraft", so Heinrich Hunke 1943. „Sie ist ein Spiegelbild der deutschen wirtschaftlichen und technischen Entwicklungsarbeit, die auch im Kriege nicht nachläßt. Das Interesse, das von seiten des Auslandes der deutschen Auslandswerbung immer wieder entgegengebracht wird, zeigt die besondere Bedeutung dieses Sektors der deutschen Werbung. Eine Einstellung der Auslandswerbung oder gar ein Nachlassen würde als Schwäche Deutschlands ausgelegt werden".[902]

Exkurs: Hitler als werblich inszenierte Marke

Das Eindringen der werblichen Logik in die hoheitliche „deutsche Kultur", in Politik und Kriegsführung lässt sich auf plastische Art und Weise ebenso an den Repräsentationsformen Adolf Hitlers zeigen.[903] Die Demarkationslinien zwischen Hochkultur und Konsumkultur, zwischen Staatsrepräsentation und

---

[902] Hunke, Heinrich, Aktive deutsche Werbung, in: Wirtschaftswerbung, 1943, 1, S. 8.
[903] Schug, Alexander, Hitler als Designobjekt und Marke. Die Rezeption des Werbegedankens durch die NSDAP bis 1933/34, in: Berghoff, Hartmut (Hg.), Grundzüge der Marketinggeschichte. Vom betrieblichen Absatzinstrument zur universellen Sozialtechnik, Frankfurt/M. 2007 (im Erscheinen); Schütz, Brigitte, Hitler – Kult – Visualisierung, in: Czech, Hans-Jörg/Doll, Nikola (Hg.), Kunst und Propaganda im Streit der Nationen 1930–1945, Dresden 2007 (=Begleitkatalog zur gleichnamigen Ausstellung, Deutsches Historisches Museum Berlin, 26.1.–29.4.2007), S. 268–283.

Warenanpreisung scheinen bei diesem Fallbeispiel zu verschwinden. Der Aufbau der „Marke Hitler" zeigt, dass werbliche Kommunikation eine Vorbildfunktion einnahm, die in den 1920er Jahren bereits die politische Kommunikation zu beeinflussen begann. Die Querverbindungen zwischen den Feldern Werbung und Politik sind nicht von der Hand zu weisen. Wenn Hitler in „Mein Kampf" anmerkte, dass politische Propaganda wie der Verkauf von Seife funktionieren müsse, sagt das einerseits bereits viel über seine Selbstdarstellung und -wahrnehmung aus – andererseits allerdings auch über die Ausstrahlung von Werbung und werblicher Rhetorik auf die Politik.[904] Die Analyse dieses Verhältnisses lässt aus einer weiteren Perspektive Aussagen über die politische Kultur in Deutschland, das Verhältnis von ökonomischem und politischem Denken und die Expansion ökonomischer Logik zu. Das werbliche Denken griff weit in den politischen Raum aus, was die Definitionsmacht der Wirtschaft und die Logik des Markts als sozial-relevante Kraft hervorhebt.[905]

Die Analyse der propagandistischen Inszenierung Hitlers, der NSDAP und des Nationalsozialismus als „revolutionäre" Bewegung hat sowohl in der Geschichtswissenschaft als auch in anderen Disziplinen eine lange Tradition.[906] Hitler ist bislang jedoch nicht ausreichend als Präzedenzfall der expandierenden Konsumkultur gesehen worden. In der Folge von Haugs Warenästhetik ist aufgrund der Nähe von Werbung und NS-Propaganda bereits ein faschistischer Kern der Konsumgesellschaft ausgemacht worden. Dieser Debatte, die in den 1970er Jahren aufkeimte, soll jedoch bewusst aus dem Weg gegangen werden. Sie würde den Rahmen dieser Arbeit sprengen und auf ein weites Feld führen. Eine empirische Annäherung scheint vielversprechender zu sein.

Es besteht Konsens darüber, dass einer von mehreren Erfolgsfaktoren des Nationalsozialismus die spektakelhafte Selbstdarstellung war, die diese Bewegung von den traditionell kommunizierenden Parteien in der Weimarer Republik signifikant unterschied, obwohl vor allem die KPD mit Ernst Thälmann ebenso auf moderne Mittel der Selbstdarstellung zurückgriff und

---

[904] Hitler, Kampf, S. 200.
[905] Vgl. den Ansatz der politischen Kulturgeschichte bei Hardtwig, Wolfgang, Einleitung: Politische Kulturgeschichte der Zwischenkriegszeit, in: ders. (Hg.), Kulturgeschichte, S. 7–22.
[906] Einschlägig: Kershaw, Ian, Der Hitler–Mythos. Führerkult und Volksmeinung, 2. Aufl., München 2003.

damit teilweise sogar zum erklärten Vorbild Hitlers wurde.[907] Öffentlichkeit und die Wahrnehmung in der Öffentlichkeit spielten für die NSDAP insgesamt jedoch eine andere Rolle als in anderen Parteien, die ideologisch bereits in der Gesellschaft verankert waren und weder neu in den politischen Markt eingeführt werden noch im gleichen Maße wie die NSDAP eine Nachfrage und Beziehungen zum Markt schaffen mussten.[908]

In der Forschungsliteratur werden die Vorbilder der NS-Propaganda fast ausschließlich in der britischen Kriegspropaganda des Ersten Weltkriegs oder der Kommunikationsarbeit der *„sozialistisch-marxistischen Organisationen"* gesehen, wie es bereits Hitler in „Mein Kampf" dargestellt hat.[909] Auch fehlt in der Literatur selten der Hinweis auf die Rezeption der Massenpsychologie, wie sie seit den 1890er Jahren von Gustave Le Bon entwickelt worden war.[910] Als Beispiel der erfolgreichen Integration dieser Ansätze wird oft auf die provokativen, sorgfältig choreografierten Umzüge der SA in den Großstädten oder auf andere Großveranstaltungen, Aufmärsche, Maifeiern und Parteitage der NSDAP verwiesen, bei denen es immer um eine öffentlichkeitswirksame Inszenierung und die Demonstration numerischer Stärke ging, die ein Spezifikum *„faschistischer Öffentlichkeit"* war.[911]

Hitlers Anziehungskraft und die Wirkung seines Auftretens bei solchen Großveranstaltungen wird bis heute mit seinem angeblich außergewöhnlichen Charisma erklärt. Zuletzt ist dieser Ansatz, unkritisch verwendet, von Wehler präsentiert worden.[912] Kershaw hat jedoch gezeigt, dass der Kult um die Person Hitlers, ein Kernelement der NS-Herrschaft, zum einen ein Produkt gezielter Kommunikationsarbeit „von oben" war, zum anderen „von unten" betrachtet aber auch mit den Rezeptionsbedingungen und der Stimmung in der Bevölkerung zu tun hatte – ein Umstand, der Hitler als außergewöhnliche Person relativiert.[913] Das

---

[907] Paul, Aufstand, S. 38.
[908] Vgl. Hennig, Eike, Faschistische Ästhetik und faschistische Öffentlichkeit, in: Hinz, Berthold u. a. (Hg.), Die Dekoration der Gewalt. Kunst und Medien im Faschismus, Gießen 1979, S. 9.
[909] Hitler, Kampf, S. 193; Bussemer, Thymian, Propaganda. Konzepte und Theorien, Wiesbaden 2005, S. 174.
[910] Paul, Aufstand, S. 30; Bussemer, Propaganda, S. 175.
[911] Hennig, Ästhetik.
[912] Wehler, Gesellschaftsgeschichte, 4. Bd., S. 600–690.
[913] Zu Hitlers Charisma siehe bspw.: Kershaw, Hitler-Mythos, S. 7f., ders., Hitlers Macht. Das Profil der NS-Herrschaft, München 1992, S. 26–30.

Bild Hitlers als charismatischer Führer bedarf deshalb einer Überarbeitung.[914] Hitler war ein Markentechniker, der mit Intuition und einigem Expertenwissen den Aufbau seines Images vorantrieb. Aus diesem Grund erscheint Hitlers Ausstrahlung als inszeniertes Charisma mit einem ausgeprägt werblichen Charakter. Werbung war neben den Axiomen der Massenpsychologie und den Erfahrungen aus dem Ersten Weltkrieg ein weiterer Einflussfaktor, der den NS-Auftritt prägte. Dieser dritte Einflussfaktor ist in der Literatur mehrfach unterstellt, allerdings nur ungenügend belegt und kaum explizit diskutiert worden. Die hier vertretene These lautet, dass das Image Hitlers und der NSDAP durch die Ästhetik und die Methoden der zeitgenössischen Werbung beeinflusst worden sind, auch wenn fraglich bleibt, wie strategisch und bewusst kundenorientiert der von der Werbung inspirierte Auftritt Hitlers war.[915]

Hitler war kein bloßer „Verführer" oder ausschließlich mit kriegerischer Gewalt an die Macht gelangter Diktator, sondern – und dafür steht der Aspekt der Werblichkeit – er reagierte auf einen und kommunizierte mit einem politischen Markt, dessen „Konsumenten" die NS-Bewegung gewinnen wollte. Insofern deckt der negativ konnotierte Begriff der Propaganda nicht ab, was hier zum Ausdruck gebracht werden soll. Propaganda steht für eine autoritäre und aggressive Kommunikation, die ausschließlich vom Kommunikator bestimmt ist und der Verbreitung politischer Ideen dient. Werbung hingegen ist letztlich ein Angebot. Sie überlässt einen Teil der angestrebten Interaktion dem Rezipienten, der am Ende einen Kaufakt vollziehen soll. Zwar war die Souveränität des Konsumenten nach der zeitgenössischen Werbelehre ebenfalls eingeschränkt; vergleicht man aber gängige Definitionen von Propaganda und Werbung, meint die Verwendung des Terminus „Werbung" mit Bezug auf die Kommunikationsarbeit der Nationalsozialisten eine Verschiebung zugunsten einer größeren Eigenständigkeit der Rezipienten.[916] Damit ist jedoch nicht gemeint, dass die

---

[914] Weitere Vertreter der Ansicht vom „Führer–Charisma" sind bspw.: Bracher, Karl Dietrich, Die deutsche Diktatur. Entstehung, Struktur, Folgen des Nationalsozialismus, Frankfurt/M. 1979, S. 161ff.; Seligmann, Rafael, Hitler. Die Deutschen und ihr Führer, Berlin 2005, S. 14.
[915] Letztlich wird Kershaws Vorschlag aufgenommen und vertieft, die „weitreichenden Erkenntnisse über Hitler als Person zu ergänzen, indem man das Schwergewicht auf das Image Hitlers als Führer legt", Kershaw, Hitler–Mythos, S. 14
[916] Zwar ist die Allgewalt der NS-Propaganda in der aktuellen Literatur relativiert worden, doch ergeben sich trotzdem Unterschiede zum Kommunikationsansatz der Werbung, vgl. Ohr, Dieter,

NS-Propaganda zur Werbung umgedeutet wird. Vielmehr soll unterstrichen werden, dass sich beide Kommunikationsansätze ergänzten.

Die Parallelen und Querverbindungen zwischen Politik und Werbung wurden bereits in der zeitgenössischen Debatte teils bewundernd, teils kritisch herausgestellt. Vereinzelt finden sich seit den späten 1930er Jahren Verweise darauf, dass die Inszenierungsmethoden des Nationalsozialismus wesentlich von den für die Konkurrenzwirtschaft kapitalistischer Märkte entwickelten Werbemethoden beeinflusst worden waren.[917] Am deutlichsten thematisierte bislang die Kunsthistorikerin Sabine Behrenbeck den werblichen Ansatz der Nationalsozialisten; sie bezog sich allerdings fast ausschließlich auf visuelle Quellen, ohne die zeitgenössische Fremd- und Eigenperspektive zu berücksichtigen.[918]

Auffallend ist bei fast allen genannten Werken, dass die NS-Kommunikationsarbeit durch den Vergleich mit Werbung auf eine Art und Weise charakterisiert wird, die zum einen Aufschluss über die Selbstdarstellung der Nationalsozialisten gibt, zum anderen jedoch gleichermaßen die Einstellung der erwähnten Autoren zur Werbung beschreibt. Letztendlich ist die gezogene Verbindung zur Wirtschaftswerbung vor allem ein Hinweis auf die kreierten Scheinwelten, die Lüge und Manipulation, die vom Nationalsozialismus ausging. Werbung wird dabei implizit als ein unseriöses Phänomen gewertet. Über den Vergleich kann von den Autoren kulturelle Distanz ausgedrückt werden, die wiederum die tradierten Positionen einer legitimen, repräsentativen, innerlichen Hochkultur bzw. einer illegitimen, aufdringlichen Konsumkultur widerspiegeln.[919] Hitler selbst war aus dieser Perspektive zunächst ein

---

Nationalsozialistische Propaganda und Weimarer Wahlen. Empirische Analysen zur Wirkung von NSDAP-Versammlungen, Opladen 1997, S. 14; Bussemer, Propaganda, S. 172–192.

[917] Bloch, Ernst, Neue Sklavenmoral der Zeitung (Erstveröffentlichung 1934), in: ders., Erbschaft dieser Zeit. Erweiterte Ausgabe, Frankfurt/M. 1962, S. 79; Burke, Kenneth, The Rhetoric of Hitler's 'Battle', in: The Southern Review, V, I, 1939, S. 1–21; nachfolgend wird die deutsche Übersetzung zitiert: ders., Die Rhetorik in Hitlers ‚Mein Kampf', in: ders., Die Rhetorik in Hitlers ‚Mein Kampf' und andere Essays zur Strategie der Überredung, Frankfurt/M. 1973, S. 7–34; Bracher, Diktatur, S. 164; Voigt, Gerhard, Goebbels als Markentechniker, in: Haug (Hg.), Warenästhetik, S. 231–260; Paul, Aufstand.

[918] Behrenbeck, Sabine, „Der Führer". Die Einführung eines politischen Markenartikels, in: Diesener, Gerald et al. (Hg.), Propaganda in Deutschland. Zur Geschichte der politischen Massenbeeinflussung im 20. Jahrhundert, Darmstadt 1996, S. 51–78.

[919] Zum problematischen Verhältnis zwischen Hoch- und Populärkultur: Maase, Krisenbewusstsein, in: ders. (Hg.), Schund, S. 290–342.

Produkt des zweiten Kulturfeldes, im übertragenen Sinne ein billiges, industriell gefertigtes Retortenprodukt.

Die Wahrnehmung Hitlers als Marke in der zeitgenössischen Werbebranche

Die Werbebranche erkannte ihre professionelle Geistesverwandtschaft mit dem Nationalsozialismus. Die Fachpresse zog teils absurd wirkende Vergleiche zwischen der Produktvermarktung von Zahnpasten und von Hitler, allerdings hatte dieser selbst in „Mein Kampf" seine Selbstinszenierung bereits mit dem Verkauf von Seife verglichen.[920] „Mein Kampf" galt als zentraler Beleg dafür, dass die NSDAP die Paradigmen der Werbung verinnerlicht hatte; Hitlers Pamphlet wurde 1943 sogar als Grundlagenliteratur für die Werbebranche angepriesen.[921] Insbesondere die Kapitel über „Kriegspropaganda" und „Propaganda und Organisation" wurden als „klassisch" eingestuft. Sie hätten den inneren Zusammenhang zwischen Werbung und Propaganda offengelegt, wobei Werbung hier allerdings als autoritäres Kommunikationsmittel verstanden werden muss und Ansätze der Kundenorientierung kaum hervortraten.[922] Zitate aus „Mein Kampf" finden sich in zahllosen Artikeln der Werbefachpresse aus den 1930er Jahren.[923] Der „Führer" so hieß es, habe nur eine einzige Waffe: „Glaube – Wort – Werbung", und die „Werbewaffe" setzte Hitler virtuos ein.[924] Anerkennend bemerkte ein Autor schon 1932 in einer Werbezeitschrift:

> „Der Erfolg Hitlers beruht zum großen Teil auf der ausgezeichneten Reklame, die besonders wirksam ist, weil die Gegenseiten ihr nichts annähernd so Wirksames gegenüberstellen konnten. Der Reklame-Fetisch der Nazis ist das Hakenkreuz, das besser propagiert wird als je ein Fabrik- oder Handelszeichen."[925]

Neben Hitler als der Werbung nahestehende Figur nahm die Branche insbesondere Joseph Goebbels positiv wahr. Ihm wurde bescheinigt, dass er

---

[920] Maelicke, Alfred, Die Aufgaben der Auslandswerbung, in: Wirtschaftswerbung, 1943, 5, S. 117; Hitler, Kampf, S. 200.
[921] Hundhausen, Werbeschrifttum, S. 131.
[922] Ebd., S. 131f.
[923] z. B.: Anon., Adolf Hitler über die Werbung, in: Die Reklame 26, 1933, S. 300.
[924] Fischer, Hugo, Werbearbeit – Kulturarbeit. Vortrag, gehalten bei der Morgenveranstaltung der NSRDW in Berlin am 10. März 1935, in: Deutsche Werbung 28, 1935, S. 784.
[925] Seidel's Reklame, 16, 1932, S. 319.

die zeitgenössischen Prämissen der Werbelehre verinnerlicht habe. So lassen sich Hinweise in der Fachpresse finden, dass Goebbels auf vorbildliche Weise werbepsychologisches Know-how einsetze und bei seiner Werbearbeit zielbewusst und strategisch vorgehe, was ein Axiom der damaligen Werbelehre war. Diese forderte, dass Werbung nicht mehr künstlerisch sein und intuitiv in Einzelmaßnahmen umgesetzt werden sollte, sondern einem Generalplan zu folgen habe und verkaufen müsse.[926] Es wurde betont, dass Goebbels *„an seine Aufgaben ganz von der werblichen Seite"* herangehe.[927]

Die Werber glaubten, in den Nationalsozialisten Verbündete gefunden zu haben, die verstanden hatten, worin der Wert der Werbung lag. Die Werbebranche sah eine Zeit kommen, in der sie endgültig aus der gesellschaftlichen Defensive ausbrechen konnte. Diese Erwartungen erfüllten sich letztlich nicht, denn NS-Ideologie und Marktregulierung setzten die Branche den beschriebenen Rechtfertigungszwängen und Überlebensängsten aus.[928]

Rezeption und Operationalisierung des Werbegedankens durch die NSDAP

Zahlreiche Indizien lassen die Vorstellung Hitlers als werblich inszeniertes und generalstabsmäßig vermarktetes politisches Kunstprodukt der aufkommenden Konsumgesellschaft fragwürdig erscheinen. Es ist kritisch zu prüfen, ob Hitler tatsächlich oberster Repräsentant einer konsumistischen „deutschen Kultur" war. Allerdings kommt es bei der Bewertung dieser Frage maßgeblich auf den untersuchten Zeitraum an. Die Zeit bis 1930/32 unterschied sich bezüglich der Inszenierungsstrategien fundamental von den Anfangsjahren der DAP/NSDAP; gleiches gilt für die Zeit nach 1933. Diese Phasen waren geprägt von der Trial-and-Error-Methode und von Dilettantismus, nach 1930 dann von einer zunehmenden Professionalisierung, nach 1932 von der Personalisierung der Kommunikationsarbeit und nach 1933 schließlich von der Aufwertung Hitlers zum Staatsmann und Führer.[929]

---

[926] Zur Ablösung von der Kunst als Legitimationsbasis der Werbung: Schug, Werbung im Spannungsfeld, S. 112–121.
[927] Anon., Für Volksaufklärung und Propaganda, in: Die Reklame 26, 1933, S. 204.
[928] Schug, Hochkultur.
[929] Bussemer, Propaganda, S. 172–192.

Schmölders, die Hitlers Erscheinungsbild untersucht hat, bezweifelt, dass es in den 1920er Jahren überhaupt eine massenwirksame Strategie der Selbstinszenierung gegeben hat.[930] Hitler vermied anfangs die mediale Öffentlichkeit und verhinderte sogar jegliche fotografische Abbildung von sich.[931] Konzentriert man sich zunächst auf das Gesicht Hitlers als mögliches zentrales Element eines corporate designs der NSDAP und als „deutsche Oberfläche", so kann – wenn überhaupt – erst ab 1923 davon gesprochen werden, dass Hitlers medial vermitteltes Erscheinungsbild unter eine professionelle Regie gekommen ist, als die Zusammenarbeit mit dem Fotografen Heinrich Hoffmann begann.[932] Diese war allerdings nicht Bestandteil eines zuvor theoretisch ausgearbeiteten Werbeplans, der ein bestimmtes Image Hitlers in definierten Medien und gegenüber fest umrissenen Zielgruppen popularisieren sollte. Die Kreation einer Marke hätte aber genau das impliziert.[933] Zwar entdeckte und bediente sich die NSDAP seit Mitte der 1920er Jahre verstärkt fotografischer Bildpropaganda. Die Initiative dazu blieb allerdings meistens Heinrich Hoffmann überlassen, was ihm den Ruf einbrachte, vor Goebbels der erste Propagandist der Partei überhaupt gewesen zu sein.[934] Insgesamt wirkt die fotografische Formung von Hitlers Gesicht wie eine tastende Annäherung an das Konterfei des „Führers", das später über Briefmarken und andere Medien tradiert worden ist. Die Bearbeitung von Hitlers äußerer Erscheinung folgte der Logik von trial and error; Hitler und sein Fotograf waren beide auf der Suche nach der effektvollsten Stilisierung. Die Fotografien dienten der Vergewisserung und Kontrolle der Ausdruckskraft, die Rudolf Herz – angesichts der vielen Ateliersitzungen Hitlers, veränderter Frisuren, Kleidungswechseln und Mimikspielen – als *„langwierigen Lernprozess"* und *„beklemmend wirkendes Ringen um Posen"* beschrieben hat.[935] Ausgeformt war dieses Gesicht weitgehend erst nach 1930, insbesondere nach 1932/33. Trotzdem wurde Hitlers Gesicht von Beginn der Zusammenarbeit mit Hoffmann an mit Hilfe von Postkarten und Wandbildnissen vermarktet, was der Initiative und dem

---

[930] Schmölders, Claudia, Hitlers Gesicht. Eine physiognomische Biographie, München 2000, S. 55.
[931] Herz, Rudolf, Hoffmann & Hitler. Fotografie als Medium des Führer-Mythos, München 1994, S. 35.
[932] Schmölders, Gesicht, S. 58.
[933] Vgl. Kapitel 2.3.2.
[934] Herz, Hoffmann, S. 35f., 45.
[935] Ebd., S. 97.

Geschäftssinn von Hoffmann geschuldet war, der seine privilegierte Stellung geschickt nutzte.[936]

Die Vermarktung der Hitler-Fotografien wurde in den 1930er Jahren fortgeführt, professionalisiert und damit auch über den bislang engen Kreis der direkten NSDAP-Mitglieder und Sympathisanten ausgedehnt, was dann auch zunehmend das Werk von Goebbels war.[937] Als Hinweis darauf kann die in Auflagen von mehreren Hunderttausend Exemplaren gedruckte Buchreihe mit Hoffmann-Fotografien von Hitler dienen. Der bekannteste, 1932 erstmals publizierte, Titel dieser Reihe war „*Hitler, wie ihn keiner kennt*", der Ende März passend zum Wahlkampf herausgebracht worden war.[938] Im gleichen Jahr warb die NSDAP erstmals mit einem Hitlerportrait auf einem Wahlkampfplakat.[939] Danach scheint die Partei bewusst auf die Ikonisierung Hitlers als Wahlkampfstrategie gesetzt zu haben.

Das Hakenkreuz, das von der Werbebranche als eines der am besten propagierten Markenzeichen bewertet worden ist, lässt eine ähnliche Einschätzung wie Hitlers normiertes Konterfei zu, das nach 1932 konsistent und kontinuierlich aufgebaut wurde.[940] Im Gegensatz zum Hitler-Konterfei war das Hakenkreuz aber ein von vornherein feststehendes Symbol. Die NSDAP verwendete es seit ihrer Salzburger Tagung vom 7. August 1920.[941] Selten ist ein Symbol so massiv in der politischen Kommunikation verwendet worden wie das Hakenkreuz.[942] In „Mein Kampf" beschrieb Hitler die erklärte Absicht, der Hakenkreuzfahne die Eigenschaften eines Plakats zu verleihen.[943] Symbole und Farben waren auf die politische Lage abgestimmt: Das Rot der Flagge galt zum einen als leuchtendste und aktivierendste Farbe, die am ehesten Aufmerksamkeit erregte, zum anderen war sie bekanntermaßen seit dem 19. Jahrhundert die Farbe des Sozialismus und brachte die sozialistische Zielsetzung analog dem Namen der Partei zum

---

[936] Schmölders, Gesicht, S. 58; Herz, Hoffmann, S. 61.
[937] Ebd., S. 128; Schütz, Hitler, S. 271.
[938] Hoffmann, Heinrich, Hitler, wie ihn keiner kennt. 100 Bild-Dokumente aus dem Leben des Führers, Berlin 1932; Herz, Hoffmann, S. 76.
[939] Behrenbeck, Führer, S. 56.
[940] Growald, Hans, in: Seidel's Reklame 16, 1932, S. 319, zit. n. Lammers, Werbung im Nationalsozialismus, S. 47.
[941] Rabbow, Arnold, dtv-Lexikon politischer Symbole A-Z, München 1970, S. 112.
[942] Ebd., S. 110.
[943] Hitler, Kampf, S. 554.

Ausdruck. Das Hakenkreuz versinnbildlichte die antisemitische Haltung der Partei, während die weiße Hintergrundfarbe die Flagge zu einem Farbcode von Schwarz-Weiß-Rot, den Farben des Kaiserreiches, ergänzte, womit die Partei ihre Distanz zur Republik zum Ausdruck brachte und nach Einschätzung Hitlers wie eine „*Brandfackel*" wirkte.[944] Die Abstimmung dieses Symbols in Form und Farbe ist ein Indiz dafür, wie sehr Hitler und die NSDAP ihren Auftritt auf einen in der Gesellschaft – im Markt – verankerten kulturellen Code ausrichteten. Die Konstruktion des Hakenkreuzes in Kombination mit symbolgeladenen Farben lässt die Absicht der Nationalsozialisten erkennen, auf vorhandenen Marktbegebenheiten aufzubauen, der Assoziationswirkung und den zeitgemäßen Umständen der Aufmerksamkeitserregung Tribut zu zollen. Würde der Mythos der autoritären, nicht am Markt ausgerichteten NS-Propaganda stimmen, hätte man kaum darauf Rücksicht nehmen müssen.

Erwähnenswert ist die Nutzung des Hakenkreuzes als Erkennungs- und Kampagnenzeichen im Sinne der in der Werbung diskutierten „*Uniformierung der Reklame*", die heute corporate design genannt wird und sich als Prinzip erfolgreicher Kommunikation auch in „Mein Kampf" wiederfindet:

> „Jede Reklame, mag sie auf dem Gebiete des Geschäfts oder der Politik liegen, trägt den Erfolg in der Dauer und gleichmäßigen Einheitlichkeit ihrer Anwendung."[945]

Die Übertragung des NS-Logos auf eine Vielzahl von anderen Produkten (Abzeichen, Armbinden etc.), die damit den einheitlichen Auftritt der Partei unterstrichen, kann aus heutiger Perspektive als geschicktes Branding oder

---

[944] Rabbow, dtv-Lexikon, S. 112, Hitler, Kampf, S. 556.
[945] Ebd., S. 203; vgl. erneut Kapitel 2.3.2.

konkreter als Merchandising bezeichnet werden.[946] Hier wird eine Ausweitung der Markenzone deutlich, die nicht im Sinne der Expansion der Markenindustrie in die Gesellschaft, sondern als Okkupation der Gesellschaft durch die Politik mit Mitteln der Werbung zu verstehen ist, die mit dem kriegerischen Paradigma des Nationalsozialismus einherging. Die offensichtlich stark werbliche Inszenierung brachte Hitler aber auch frühzeitig Kritik; der Simplicissimus zeichnete ihn 1926 als fliegenden Händler auf Verkaufstour, ein Flugblatt von 1932 machte sich lustig, dass Hitler wie ein Werber für die braunschweigischen Wurst- und Konservenfabriken wirke.[947] Derlei Töne waren jedoch selten und hinderten die Verantwortlichen nicht daran, die Vermarktung Hitlers und die Erlebnisdimensionen dieser Marke weiter auszubauen.

Das Merchandising, über das Hitler und die NSDAP vielfältige Konsumptions- und Erfahrungsmöglichkeiten boten, die weit über die naheliegenden Erlebnisdimensionen der Kernmarke hinausgingen, ermöglichte die Distribution des Nationalsozialismus bis in den Alltag.[948] Um den mit dem Merchandising verbundenen Erlebniswert zugespitzt zu beschreiben: Man konnte Hitler an seinem Körper tragen, und – wenn man sich die Vielzahl nicht lizenzierter Merchandising-Produkte ansieht – ihn essen, trinken, rauchen oder mit ihm spielen. Das Image von Hitler war werblich aufgebaut worden, er avancierte nach 1933 jedoch immer stärker zu

---

[946] Der Begriff Branding bezeichnet den Aufbau und Einsatz von Marken, um Unternehmen zu profilieren und damit zur Steigerung des Unternehmenswerts beizutragen. Corporate Branding soll ein unverwechselbares Profil eines Unternehmens nach innen und außen erzeugen. Angeblich sollen drei Parameter den Erfolg der Markenführung bestimmen: die Ziele des Managements, die bestehende interne Kultur und das externe Image bei Kunden und Medien; unter Merchandising (engl. merchandise für Absatzförderung, Verkaufsförderung) wird innerhalb der Kommunikationspolitik des Marketing von Konsumgütern die Produktion, der Vertrieb und die Werbung für Markenartikel verstanden, die das gleiche Logo oder die gleiche Botschaft transportieren wie ein bekanntes Markenprodukt, ohne dabei jedoch den gleichen Nutzen zu bieten. Insbesondere wird auf diese Weise ein positives ideelles Markenimage planmäßig auf eine Vielzahl von Gebrauchsgütern transferiert.
[947] Schütz, Hitler, S. 273; zum Kriegerischen als Paradigma des Nationalsozialismus: Herbst, Deutschland 1933–1945, S. 9–24.
[948] Naheliegende Erlebnisdimensionen wären z. B. klassische Kommunikationsformen der Politik: Reden oder Paraden.

einem willkürlich eingesetzten Testimonial[949], was den Bestrebungen der sich professionalisierenden NS-Propaganda und ihrem Zug zur Standardisierung und Monopolisierung der Außendarstellung diametral entgegenlief. Die Popularität Hitlers und die Übertragung seines Images auf unterschiedliche Produktgruppen führte innerhalb kurzer Zeit zu einer weitgehenden Kommerzialisierung, letztlich aber auch Trivialisierung, die drohte, den Kern der Marke der Lächerlichkeit preiszugeben. Nach 1933 finden sich in Reaktion darauf zahlreiche Versuche, das Image Hitlers und der NSDAP staatlich sanktioniert zu monopolisieren, also vom Markt, dem politischen als auch kommerziellen, abzugrenzen. So konnte die Marke Hitler endgültig etabliert und später der Imagetransfer vom „Trommler" der Sammlungszeit zum Führer und Reichskanzler gewährleistet werden.[950]

In die Zeit nach 1933 fällt die Systematisierung der Inszenierung von Hitler als Marke. Das Bild Hitlers wurde nur noch geringfügig modifiziert und erhielt kaum weitere Wertedimensionen. Spätestens in dieser Zeit etablierte sich Hitlers Konterfei neben dem Hakenkreuz zum konsistentesten Markenzeichen des Nationalsozialismus. Hitlers festgelegtes Portrait erfuhr eine denkmalsartige Monumentalisierung. Nach 1933 kam es dementsprechend vor allem auf die Vertiefung und Verbreitung der bisherigen Erscheinungsbilder und Wertedimensionen an. Alle repräsentativen Amtsräume wurden mit Hitler-Bildern ausgestattet, schließlich zeigten auch die Briefmarken sein Profil. Sein Gesicht wurde zur Reichstagswahl 1936 nachts über einen Diaprojektor auf eine 50 Quadratmeter große Fläche an die Fassade des Münchner Rathauses geworfen; für die Ausstellung „Gebt mir vier Jahre Zeit" entstand ein Mega-Poster von 18 Metern Höhe, das größte jemals gezeigte Format. Dazu kam

---

[949] Testimonial (testimonium = Zeugnis, Zeugenaussage, Beweis) ist ein Begriff aus der Werbung und bezeichnet die konkrete Fürsprache für ein Produkt oder eine Dienstleistung durch Personen, die sich als überzeugte Nutzer des Produkts oder der Dienstleistung ausgeben. Fürsprecher sind reale Kunden und Schauspieler in Kundenrollen, die Affinität zur Zielgruppe besitzen oder vorgeben, aber auch Prominente, deren Beliebtheit genutzt wird. Beide Faktoren dienen der Vertrauensbildung und der Schaffung von Glaubwürdigkeit, die beim Testimonial wichtiger sind als die Bewerbung konkreter Merkmale oder Leistungen. Das Testimonial findet unterschiedliche Anwendung, es verhilft austauschbaren Konsumartikeln zu mehr Seriosität oder weckt Interesse für abstrakte Produkte und komplizierte Sachverhalte.
[950] Zu den Stadien des Hitler–Images: Fest, Joachim, Das Gesicht des Dritten Reiches. Profile einer totalitären Herrschaft, 8. Aufl., München 2004, S. 13–100.

die filmische Inszenierung Leni Riefenstahls.[951] Eine vergleichbare Medialität hatten nur die bekanntesten Markenprodukte.

Der Prozess des normierten und gesteuerten Auftritts sowie der organisierten Penetration des politischen Markts verlief nicht ohne Probleme. Die Normierungsversuche wurden durch die Eigendynamik des Markts immer wieder torpediert. Hitlerportraits und Hakenkreuze, die beiden am besten gepflegten und aufgebauten Werbeembleme der NSDAP, wurden nicht als geschützte Marken aufgefasst und folglich beinahe beliebig eingesetzt. So gab es Hosenträger, Schürzen und Scheuerbürsten mit eingearbeiteten Hakenkreuzen oder „Hakenkreuzsuppen" und Weihnachtskugeln im „NSDAP-Corporate-Design".[952]

Die NSDAP musste auf diese Tendenzen, die man als Raubkopiererei und unlizenziertes Merchandising bezeichnen kann, reagieren, um den Wert der Marke Hitler zu erhalten. Mit dem am 19. Mai 1933 erlassenen „Gesetz zum Schutz der nationalen Symbole" bewahrte sie zentrale Zeichen des Nationalsozialismus vor der Trivialisierung.[953] Das Gesetz war gewissermaßen eine Ergänzung zum geltenden Markenschutzrecht (Kap. 2.3.2.), das sich allerdings nicht auf politische Marken bezog. Für diese konnte nirgendwo Markenschutz angemeldet werden. Insgesamt entsprach die Tendenz zur Monopolisierung dem Versuch, das Markenrecht und die ökonomische Logik, die dahinter stand, auf die Sphäre der Politik auszudehnen. Es war im Kern ein Markenschutzgesetz für die Politik. Neben Begriffen wie *„Propaganda"* war mit dem Gesetz beispielsweise auch das Wort *„Rasse"* für die Verwendung in der Wirtschaftswerbung verboten worden, da es *„bei der erhöhten Bedeutung, die die Rassenfrage durch den Nationalsozialismus erfahren habe"*, in der Wirtschaftswerbung *„zu einem gedankenlos gebrauchten Schlagwort herabgewürdigt"* werde".[954] Selbst um den Begriff *„Führer"* gab es einen Urheberstreit. Es bedurfte einer jahrelangen Arbeit, um diesen Begriff für die Person Hitlers zu monopolisieren.[955] Der Definitionsanspruch der Nationalsozialisten auf die Bedeutung bestimmter

---

[951] Herz, Hoffmann, S. 117; Schmölders, Gesicht, S. 144f., 152f.
[952] Schütz, Hitler, S. 276f.; Berghoff, Hartmut (Hg.), Konsumpolitik. Die Regulierung des privaten Verbrauchs im 20. Jahrhundert, Göttingen 1999, S. 93.
[953] Ebd.
[954] Anon., Nachrichten und Meinungen, in: Die deutsche Werbung 31, 1938, S. 166.
[955] Voigt, Goebbels, S. 256.

Worte und Symbole sollte klar manifestiert und die Botschaft, die sich dahinter verbarg, nicht verwässert werden.

Für einige Firmen, wie beispielsweise Daimler-Benz oder Reemtsma, scheint es jedoch auch nach dieser Gesetzgebung eine Art Privileg gegeben zu haben, mit Hitler zu werben, oder zumindest wurde dies toleriert. Hier bewährte sich das Co-Branding[956]: so im Falle von Hitler und Mercedes-Benz, denn beide Marken profitierten gegenseitig von ihrem Image. Das öffentliche Auftreten Hitlers war fast ausschließlich an die Luxus-Automarke gebunden. Umgekehrt nutzte Mercedes-Benz die Markenpräferenz Hitlers in seiner Werbung, wie das Beispiel einer Werbepostkarte vom Mai 1938 zeigt, die anlässlich des Empfangs von Hitler in Neapel gedruckt wurde.[957] Die Ikonografie der Postkarte ist deshalb bezeichnend, weil das perspektivisch angeschnittene Automobil, von dem nur der linke Kotflügel und die Motorhaube mit Mercedes-Stern zu sehen sind, ohne die Abbildung Hitlers auskommt, ihn aber trotzdem in Szene bringt. Beide Marken erscheinen auf dieser Postkarte bereits so verwoben, dass die Person Hitler mitgedacht wird, wenn der Mercedes-Stern in einer bestimmten Inszenierung gezeigt wird.[958]

---

[956] Das Co-Branding [englisch »mit einem weiteren Markenzeichen versehen«] ist eine Marketingstrategie, bei der der Anbieter eines Markenartikels diesen mit einem zusätzlichen Markenzeichen eines anderen Unternehmens kennzeichnet, um das Produktimage beider Marken für seine Ware oder Dienstleistung zu nutzen. Beispiele sind die Kennzeichnung von Mobiltelefonen mit dem Logo des Mobilfunkanbieters neben dem Herstellerzeichen oder die zusätzliche Kennzeichnung eines etablierten Reiseführers mit dem Logo eines Versicherungsunternehmens.
[957] Deutsches Historisches Museum, Inventar-Nr.: PK 99/257.
[958] Abb. 25.

5 Werbegestaltung, Konsumideologie und nationale Bildkultur

Vor der abschließenden Analyse der Bilderwelten der Werbung zwischen 1918 und 1945 müssen zunächst die allgemeinen Kriterien erläutert werden, nach denen „deutsche Werbung" in der Weimarer Republik und im Nationalsozialismus gestaltet worden ist.

Grundsätze der Werbegestaltung in der Weimarer Republik

Die Werbegestaltung der Weimarer Republik zeigte nach gängiger wissenschaftlicher Ansicht eine eindeutige Ausprägung: Sie war Ausdruck der sich versachlichenden industriellen Moderne, die wiederum ideologisch aufgeladen als ästhetisches und sogar als „deutsches Prinzip" gefasst werden konnte.[959] Diese Feststellung korrespondiert mit Charakterisierungen anderer Gestaltungsbereiche des Designs, wonach die versachlichte, vom Funktionalismus geleitete Moderne eine ästhetische Weiterentwicklung war, die Historismus und Jugendstil hinter sich ließ.[960] Ausgehend von den künstlerisch-sozialen Gestaltungs- und Erneuerungsinitiativen des Werkbunds, beeinflusst von De Stijl und Konstruktivismus, kulminierte die Modernität des deutschen Grafikdesigns – so die verbreitete Ansicht – im Dessauer Bauhausstil, wie er sich nach 1922 an dieser stilbildenden Reformschule ausgebildet hatte und gelehrt wurde.[961] Das funktionsorientierte Prinzip der Designlehre im Spannungsfeld zwischen Kunst und Industrie stand für die Subordination unter eine Rationalität, wie sie für das Maschinenzeitalter angemessen erschien.[962]

Exaktheit und Klarheit verlangten die Bauhäusler und die von ihnen beeinflussten Werbegestalter, die sich von der Ästhetik des

---

[959] Aynsley, Grafik–Design; Hollis, Richard, Graphic Design. A concise history, London 2001, S. 52–67; Selle, Design–Geschichte, S. 143f.
[960] Bröhan, Torsten/Berg, Thomas, Design Classics, Köln 2001; Selle, Gert, Design–Geschichte in Deutschland. Produktkultur als Entwurf und Erfahrung, Köln 1987, S. 139–240.
[961] Wick, Rainer K., Bauhaus. Kunstschule der Moderne, Ostfildern–Ruit 2000, S. 38–47.
[962] Wick, Bauhaus, S. 40; Selle, Design–Geschichte, S. 147.

Maschinenzeitalters leiten ließen. Damit verbunden war eine spezifische Herangehensweise an Gestaltungsaufgaben.[963] Werbebilder entstanden schließlich nicht mehr aus der Intuition heraus, sondern waren im Idealfall nach soziologischen und rezeptionspsychologischen Maßstäben konstruierte Botschaften. Taylorismus und Fordismus sollten nicht nur in der Produktion herrschen, sondern gerierten zu universellen Verhaltens- und Organisations-, schließlich Gestaltungsmustern, die auch in der Werbung Anwendung fanden. Neben die Rationalisierung der Produktion trat damit die Rationalisierung der visuellen Kommunikation, die eine spezifische (Bild-)Sprache in der Werbung hervorbrachte.

Für die Rationalisierungsvertreter unter den Grafikdesignern durfte Werbung keine lange Überlegung und keine große Konzentration abverlangen und musste ihre Botschaft in einem Bruchteil einer Sekunde übermitteln. Walter Gropius brachte die Prinzipien moderner Gestaltung 1916 auf den Punkt:

> „Zu der knappen Straffheit des modernen technischen und wirtschaftlichen Lebens, zu der Ausnutzung von Material, Geldmitteln, Arbeitskräften und Zeit passt nicht mehr irgendeine erborgte Stilform des Rokoko oder der Renaissance; denn die an sich edle Form wird, sinnlos verwendet, zur sentimentalen Phrase. Die neue Zeit fordert den eigenen Sinn. Exakt geprägte Formen, jeder Zufälligkeit bar, klare Kontraste und Einheit von Form und Farbe werden entsprechend der Energie und Ökonomie des modernen öffentlichen Lebens das ästhetische Rüstzeug des modernen Werkkünstlers werden".[964]

Speziell in Bezug auf die Werbung stellte der Magdeburger Grafikdesigner Walter Dexel fest:

> „Wir suchen nicht länger die sogenannte ‚Schönheit', sondern die Klarheit. Der Mensch von heute hat das Recht zu fordern, daß ihm die Mitteilungen, die er braucht, knapp und klar dargeboten werden

---

[963] Rasch, Heinz u. Bodo (Hg.), Gefesselter Blick, 25 kurze Monografien und Beiträge über neue Werbegestaltung. Mit Unterstützung des „Ringes der Werbegestalter des Schweizer Werkbundes" u. a., Stuttgart 1930 (=Reprint 1996), S. 35.
[964] zit. n.: Borscheid, Tempo–Virus, S. 323.

Werbegestaltung, Konsumideologie und nationale Bildkultur

und vor allem kann er verlangen, daß ihm die Fülle nicht gewünschter Mitteilung, worunter die Reklame [...] fallen dürfte, nur ein Mindestmaß von Zeitverlust verursache. Daraus folgt die Pflicht des Typografen, das Auge sinngemäß zu führen und die Stichworte herauszuheben, die den Sinn des gesagten am schnellsten und besten enthüllen."[965]

Die entscheidenden Elemente, die von den Vertretern der Moderne in das Grafikdesign eingeführt wurden, lassen sich mit einigen Schlagworten zusammenfassen: Versachlichung, Geometrisierung (Balken und Punkte in vertikaler und horizontaler Anordnung), Reduzierung der Gestaltungsmittel, Ornamentlosigkeit, klare Schwarz-Weiß-Kontraste, Verwendung der Primärfarben Magenta (Rot), Cyan (Blau), Gelb, Gebrauch serifenloser Schriften (Neue Typografie), Kleinschreibung, Benutzung DIN-normierter Papiergrößen, Einsatz von Fotografien und Typofotos als „objektive" Abbildungen.[966]

Dieses avantgardistisch-hochkulturell beeinflusste Grafikdesign wurde auf verschiedene Weise institutionalisiert, was ihm die Überlieferung und historische Ausstrahlungskraft sicherte. Das Dessauer Bauhaus war nur eine – wenn auch die populärste – von mehreren Formen dieser Institutionalisierung.[967] Ausstellungen, wie die 1931 von Max Burchartz in Essen organisierte internationale „kunst der werbung", oder Zeitschriften, wie die von Kurt Schwitters zwischen 1923 bis 1932 herausgegebene „Merz", repräsentierten weitere Institutionalisierungsformen.[968] Zudem spielten einige Werbeagenturen und Grafikbüros eine wichtige Rolle als Bindeglied zwischen künstlerischer Moderne und werblicher Praxis. Kurt Schwitters gründete 1923/24 in Hannover seine eigene Werbeagentur, die Merz Werbezentrale, die u. a. für Pelikan arbeitete und dabei den Stil des Funktionalismus aufgriff. Später war er treibende Kraft des „Rings neuer Werbegestalter", zu dem Designer wie Paul Schuitema und Piet Zwart gehörten.[969] Max Burchartz etablierte 1924 sein Werbestudio „Werbebau" in

---

[965] Rasch, Blick, S. 41.
[966] Hollis, Design, S. 52–67.
[967] Schneider, Design, S. 72f.
[968] Hollis, Design, S. 56 u. 59; Museum Tinguely (Hg.), Kurt Schwitters – ein Gesamtweltbild, Basel 2004; Merz 1–24, hg. von Kurt Schwitters, Hannover 1923–1932.
[969] Hollis, Design, S. 56f.

Essen.⁹⁷⁰ Eine besondere Bedeutung kam der 1928 in Berlin gegründeten Werbeagentur Dorland zu, für die mehrere Bauhäusler arbeiteten.⁹⁷¹ Zahlreiche Vertreter des neuen funktionalen Designs zogen in die Hochschulen für Kunst und Gestaltung ein, so Baumeister in Frankfurt, Burchartz in Essen, Dexel in Magdeburg, Trump in Berlin oder Tschichold in München.⁹⁷²

Es ist jedoch – trotz dieser vielfältigen Institutionalisierungsformen – anzuzweifeln, ob die kunsthistorisch verstandene Moderne, die vor allem unter der Chiffre Bauhaus oder Internationaler Stil zusammengefasst wird, das Grafikdesign der 1920er Jahre repräsentiert. Auf der Suche nach dem kennzeichnenden Grafikstil der Weimarer Zeit spielte Internationaler Stil bzw. Bauhaus als Innovationsimpuls mit langfristigen Auswirkungen eine wichtige Rolle, doch verfehlte der Internationale Stil sein eigentlich anvisiertes Publikum, wenn man ihn als eine dem Maschinenzeitalter und der politischen Demokratisierung angemessenen Übersetzung in ästhetische Maßstäbe versteht, die für die „Massen" gedacht war. Die Standardisierungstendenzen und die Reduktion von Formen entsprachen theoretisch der Idee, dass die Klassengesellschaft aufgelöst sei, soziale Gleichheit herrsche. Ästhetische Präferenzen sollten kein Distinktionsmerkmal sein, vielmehr sollte es ein auf Grundformen reduziertes, für alle verständliches, damit demokratisiertes Design geben.

Allerdings ist unstritig, dass der Internationale Stil den Anspruch einer ästhetischen Demokratisierung kaum einlöste und ebenso wenig Teil der so genannten „Massenkultur" war.⁹⁷³ Anders als unter einem kunsthistorisch-hochkulturell geleiteten Blick soll die repräsentative Grafik im Sinne der Marktgängigkeit, quantitativen Verbreitung und Akzeptanz nach Mehrheitsverhältnissen rekonstruiert werden; unter diesen Prämissen muss eine Beschreibung der charakteristischen Leitlinien der Werbegestaltung in den 1920er Jahren anders ausfallen, als es die einschlägige kunsthistorische Literatur vorschlägt. Damit werden auch die Prämissen fragwürdig, nach denen Design bislang als modern im kunsthistorischen Sinne verstanden

---

⁹⁷⁰ Aynsley, Grafik-Design, S. 128.
⁹⁷¹ Schug, Moments, S. 25–89; Schug, Newspaper, S. 5–25.
⁹⁷² Kurzbiografien in: Rasch, Blick.
⁹⁷³ Vgl.: Schneider, Design, S. 72f.

worden ist. Die kunsthistorische Definition von Moderne führt in Bezug auf die Konsumkultur nicht weiter.

Modern heißt für die Werbung nicht die Anwendung des Bauhausstils, sondern vielmehr, dass sie keine verbindlichen Gestaltungsstile mehr hervorbrachte, die dogmatisch eingesetzt wurden. Die Werbung von Weimar machte sich je nach Auftrag und anzusprechender Zielgruppe unterschiedliche Gestaltungssprachen zu eigen, die vom Kitsch mit Medaillen, Löwen, Adlern oder mythologischen Jungfrauen bis zur Sachlichkeit reichten. Der Anti-Traditionalismus, die Ablehnung von Dogmen sowie eine hohe Flexibilität bei der Lösung grafischer Aufgaben entwickelten sich zu Merkmalen eines Werbestils, der bereits postmoderne Elemente in sich trug. Karel Teige, ein Prager Grafiker, sprach mit Blick auf die Werbegestaltung der 1920er Jahre explizit von der *„Befreiung von Traditionen"* sowie dem *„Nichtrespektieren der akademischen und traditionellen Regeln"* als Voraussetzung für gutes Grafikdesign.[974] Hier äußert sich die gewonnene Distanz zu Positionen der Jahrhundertwende, als man beispielsweise Henry van de Veldes Tropon-Plakat im reinen Jugendstil als Beginn einer neuen Ära in der Werbegestaltung feierte, die wegweisend sein sollte, weil sie Kunst war und deshalb als stilbildend eingestuft wurde – ein Ausdruck überhöhter Erwartungen, die nicht die Logik der Werbung berücksichtigten. Die Werbung der 1920er Jahre hatte ein bemerkenswertes ästhetisches Eigenleben, das allerdings immer der Frage der konsumistischen Zweckmäßigkeit untergeordnet war und sich damit grundlegend von den am Bauhaus geführten Debatten der Zweckmäßigkeit als Gestaltungsprinzip unterschied.

Herbert Bayer hatte den ästhetischen Ansatz der Zweckmäßigkeit mit seinen Groteskschriften und der Rationalisierung von visuellen Aspekten wahrscheinlich am konsequentesten in die Praxis umgesetzt. Der Zweck, dem sich die Gestaltung unterzuordnen hatte, war bei Bayer, wie bei fast allen Modernen, nicht der Verkaufszweck eines zu bewerbenden Produkts, sondern eine ästhetisch-philosophisch begründete Variable im Gestaltungsprozess, die letztlich oberhalb der Sphäre des Alltags und des banalen Menschlichen schwebte. Zweckmäßigkeit basierte in den Augen der

---

[974] Rasch, Blick, S. 95. Teiges Schlussfolgerung war allerdings, ausschließlich im Sinne der Versachlichung zu arbeiten und wiederum eigene akademische Regeln aufzustellen.

Bauhäusler auf Klischees von einem modernen Menschen, der in einer metropolishaften Lebenswirklichkeit funktionierte und jegliche Irrationalität, seinen Glauben und Gefühle abgelegt hatte. Was mit der Maschine in der Lebenswelt aufgetaucht war, das Kantige, Geradlinige, Schnelle, Konstruierte, Abstrakte, wurde voreilig als bewusstseinsgestaltende Grundlage des modernen Menschen gesehen. Das in der Standardisierung ausgedrückte Gleichheitsprinzip, die Wendung gegen die konservative bürgerliche Tradition, der Gebrauchswertbezug, die angenommene Zweckmäßigkeit der Produkte oder grafischen Arbeiten, ihre Sachlichkeit und Ehrlichkeit, überzeugte linke Intellektuelle oder Funktionäre der Arbeiterbewegung. Die ästhetisch konservative Mehrheit empfand die Sachlichkeit des Bauhauses jedoch als Zumutung.[975] In dieser Hinsicht waren die sozial orientierten Designer des Bauhauses von einer grenzenlosen kulturpädagogischen Naivität, wenn sie sich über den *„Hang der Massen zum Kitsch"* sowie über die Zählebigkeit der alten Kulturformen wunderten, denen man generell jeglichen Wert absprach.[976]

Die Bauhausgrafiker, die ihren gestalterischen Dogmen und ausgeprägten Erziehungsabsichten gegenüber der ästhetisch unbedarften Mehrheit verhaftet blieben, mussten sich sagen lassen:

> „Tatsächlich ist der moderne, sachlich konstruktivistische Stil nur bei gewissen Werbezwecken sinngemäß: etwa bei den Aufgaben der Maschinenindustrie, des Apparatebaues usw., bei allem Technischen überhaupt [...] – keineswegs aber bei mehr altväterischen Warengattungen, etwa bei der Verpackung von Pfeifentabaken oder bei Zigarren, überhaupt dort, wo ein konservativer Geschmack der Verbraucher zu archaisierenden Formen zwingt und wo man mit der frostigen Sachlichkeit des neuen Stils den Kundenkreis nur verärgern

---

[975] Selle, Design–Geschichte, S. 191f.
[976] Ebd., S. 193; Gropius, Walter, Die Bauhaus–Idee – Kampf um neue Erziehungsgrundlagen, in: Neumann, Eckhard (Hg.), Bauhaus und Bauhäusler. Bekenntnisse und Erinnerungen, Bern 1971, S. 10–13; allgemein zur kulturpolitischen Debatte zwischen Tradition und Moderne am Beispiel des Bauhauses: Ulbricht, Justus H., Willkomm und Abschied des Bauhauses in Weimar. Eine Rekonstruktion, in: ZfG, 1998, 1, S. 5–27; Winkler, Klaus–Jürgen, Bauhaus und Thüringer Landtag. Die Kunstschuldebatte in der Zeit der Weimarer Republik, in: Stenzel, Burkhard/Winkler, Klaus–Jürgen (Hg.), Kontroversen und Kulturpolitik im Thüringer Landtag 1920–1933, Weimar 1999 (= Schriften zur Geschichte des Parlamentarismus in Thüringen, Heft 13), S. 43–125.

würde."[977] Auch aus den Reihen der Gebrauchsgrafiker hieß es: „Es wird in diesem Bauhaus zuviel mit Schlagworten operiert im Stil einer modernen journalistischen Kunstästhetik. Es fehlt auch all der Arbeit zu deutlich am Sinneskräftigen, Anschaulichen, Urwüchsigen. Alles ist zu wissenschaftlich, zu intellektuell gerichtet."[978]

Im gleichen Sinne, wenn auch insgesamt wohlwollender, argumentierte 1929 ein Autor der Fachzeitschrift „Die Reklame":

„Zunächst ist dieser verstandesmäßig rein intellektuell aufgezogene Stil nicht jedem Erzeugnis dienstbar [...] Schokolade, Zigaretten und Damenunterwäsche sind viel mehr Angelegenheiten des Gemütes als des Verstandes [...] Zum zweiten: Bauhausreklame ist eigner Art, ist nur ihrem Kreis verständlich und genehm. Der Kreis ist klein, und wer ihn erfassen will, der spreche die Werbesprache des Bauhauses. Sonst soll Reklamesprache Volkssprache sein. Vielleicht, in zwanzig, dreißig Jahren, [...], dann kann Bauhaussprache Volkssprache sein, dann wäre ihre generelle Einführung richtig. Zur Zeit aber sollen wir von ihr nehmen, was uns paßt."[979]

Die in diesen drei bezeichnenden Zitaten zutage tretende Abkehr von den „Ismen" des Kunstbetriebs ging auf die in Weimar festzustellende veränderte Zielgruppenansprache zurück, die wiederum mit der Ausweitung und Ausdifferenzierung des Massenmarktes und der expliziten Mittelschichtorientierung der Werbung zusammenhing. Der Kreislauf von Massenproduktion und -absatz konnte nur funktionieren, wenn die Konsumenten milieuübergreifend angesprochen wurden. War Werbung mit der künstlerischen, beispielsweise jugendstilhaften, Inszenierung der Produkte als zielgruppenspezifische ästhetische Verkaufsstrategie für bürgerliche Zielgruppen angemessen gewesen, rückten nun weitere Konsumentenkreise in den Fokus der Verkaufsstrategen. Den „Massen" von Weimar, die von den rationalisierten Produktionsmethoden und der damit einhergehenden Erschwinglichkeit vieler Produkte profitierten und somit für die Unternehmen als Zielgruppen interessanter wurden, musste sich die Werbung mit eingängigeren Codes als noch im Kaiserreich nähern. Dies

---

[977] Zit. n.: Aynsley, Grafik–Design, S. 175.
[978] Zit. n.: ebd., S. 176.
[979] Haanen, Karl Theodor, Bauhausreklame, in: Die Reklame, 1929, 1, S. 14.

waren Codes, die den bislang und exklusiv in der Wirtschaftskommunikation angesprochenen Eliten zu einfach erschienen. Die Weimarer Werbung entwickelte entsprechende Visualisierungsstrategien für die ausgeweitete Konsumentenschaft. Die Leitidee war nicht mehr wie bei Jugendstil, Werkbund und Bauhaus mit einer großen gesellschaftlichen reformerischen Vision verbunden, ebenso wenig mit der Auseinandersetzung nach der richtigen Form grafischer Produkte in der industriellen Lebenswelt. Die Leitidee der Werbung hieß Konsumismus und drückte sich in der Wirksamkeit von Farben und Formen sowie der Stimmigkeit von Produkt und emotionaler Inszenierung aus. Zigarettenwerbung konnte in diesem Sinne gediegen aussehen, Alkoholwerbung wie jene für Asbach Uralt gab sich altdeutsch und rustikal, eine Automobilanzeige bot sich möglicherweise futuristisch dar, und zu einem Produkt wie Marcel Breuers Stahlrohrstuhl passte wiederum der sachliche Formalismus des Bauhauses.

Diese zielgruppenspezifische und vom Charakter eines Produkts sowie seines Verwendungszusammenhangs abgeleitete Werbegestaltung stand keineswegs im Widerspruch zur Werbepsychologie. Der Einsatz von Werbepsychologie und die rationale Versachlichung im Design sind nicht, wie es Vertreter des Bauhauses nahelegten, gleichzusetzen. Werbepsychologische Untersuchungen gingen generell auf weiche Faktoren wie Gefühlswirkungen und Suggestionsstärke von Werbemotiven ein. Die experimentellen Untersuchungen und Ergebnisse von Werbepsychologen zogen eben gerade keine zwangsläufige Gestaltungslinie nach sich. Es wurden dadurch lediglich einige Aspekte standardisiert: So kamen in den 1920er Jahren vor allem serifenlose Schriften wegen der besseren Lesbarkeit in Gebrauch.[980]

Grundsätze der Werbegestaltung im Nationalsozialismus

Die auf den Markt ausgerichtete Werbegestaltung in der Zeit des Nationalsozialismus änderte sich im Vergleich zur Weimarer Republik nicht grundlegend. Auffallend ist, dass vor allem große Markenartikelunternehmen mit einer breiten, heterogenen Konsumentenbasis die politischen Veränderungen nach 1933 in ihrer Werbung kaum

---

[980] Abb. 26, 27, 28.

Werbegestaltung, Konsumideologie und nationale Bildkultur 273

aufgriffen. Erst nach 1939 kann ein deutlicher Bruch zu vorhergehenden Prinzipien der Werbegestaltung identifiziert werden. Werbung wurde im Krieg stärker als zuvor politisch gesteuert, was sich in einer heroischen Bildsprache niederschlug. Grundsätzlich erscheint es jedoch erfolgversprechend, versuchsweise von der relativen Kontinuität der Werbegestaltung im Nationalsozialismus zu sprechen und mit Blick auf die Konsumkultur die konventionelle, von politischen Zäsuren abgeleitete Periodisierung in Frage zu stellen. Die Annahme der relativen Kontinuität steht im Widerspruch zur offiziellen nationalsozialistischen Kontroverse über die Werbegrafik vor 1933, die pauschal als Ausdruck der „Entartung" bezeichnet wurde, der eine „deutsche Werbung" gegenübergestellt werden sollte.[981]

Schon kurz nach der „Machtergreifung" lautete die in der Werbebranche und von staatlichen Stellen diskutierte Frage, wie eine „deutsche Werbung" in Ausdruck und Gesinnung geschaffen werden könne. Diese Diskussionen zogen sich bis 1945 hin und schufen keinen verbindlichen Konsens, selbst wenn sich graduelle Veränderungen in der Werbegestaltung ergaben. Ein Idealtypus nationalsozialistischer Werbung ließ sich nicht definieren, weil keine Einigkeit darüber herrschte, wie das „Deutsche" visualisiert werden sollte.

Die fehlende Operationalisierung der „deutschen Werbung" blieb ein anhaltendes Problem staatlicher Stellen, die Einfluss auf eine Branche auszuüben versuchten, deren Vertreter sich zwar politisch anpassten, bei der Werbegestaltung allerdings bemerkenswert eigene Wege gingen und sich der politischen Steuerung in Friedenszeiten entzogen. Der Nationalsozialismus schuf eine Situation, in der der offizielle Gestaltungsdiskurs des Werberats oder der RMVP von der Praxis der Grafikdesigner in vielen Fällen getrennt werden muss, selbst wenn zu betonen bleibt, dass beide Ebenen nicht unabhängig voneinander funktionierten und das Grafikdesign kaum als autonomes Feld zu betrachten ist.[982]

Als „deutsche Werbegestaltung" galt neben der Verwendung der Frakturschrift der modifizierte ikonische Rückgriff auf mittelalterliche

---

[981] Vgl. Kapitel 4.
[982] Vgl. Schneider, Design, S. 84–91.

Bilderwelten oder völkische Motive der Blut-und-Boden-Malerei. Die „deutsche Werbung" sollte volkstümlich oder unter Verwendung kämpferischer Motive heroisch sein.[983] Die angenommene Ursprünglichkeit von Farben und Formen galt es zu erhalten, wobei Ursprünglichkeit im nationalsozialistischen Sinne kaum als Verweis auf Elementarfarben oder die elementare Typografie aufgefasst werden kann. Ursprünglichkeit war als Konzept zur Vermeidung starker Kontraste in Form und Farbe zu verstehen, die einer „harmonischen", „organischen" Werbung entgegenstanden, und damit als Negation der Ideologie des Funktionalismus. „Deutsche Werbung" sollte *„betont schlicht in Form und Ausdruck"* sein und *„in Wort und Bild jeden Schwulst und jede leere Phrase"* vermeiden; zudem galt: *„Deutsche Werbung ist nur für Erzeugnisse deutscher Arbeit möglich!"*[984]

Auch soziale Rollen sollten in der Werbung neu definiert werden. Wenn der Konsument unter „jüdisch-marxistischer" Führung in der „Systemzeit" „überall nur Filmstaren und gepflegten Püppchen mit rasierten Augenbrauen [...] oft in kokettesten Stellungen [...]" begegnete, die keine Spur von „deutschem Wesen" erkennen ließen, so war die prototypische NS-Frau in der Werbung wohl gepflegt, aber nicht mit Rasiermesser, Lippenstift und Puder zurechtgemacht.[985] Die schönen Menschen der NS-Werbung traten – wohlgemerkt nach offiziellem Anspruch – als authentische, arbeitsame, in ein bäuerliches Milieu eingebettete Figuren auf und entsprachen dem Rassenideal.[986] Zur Farbgestaltung äußerten Kritiker, dass sie in der Werbung bisher Ausdruck eines kulturellen Tiefstandes sei. Die Grafiker hätten die Augen gegen Schönheit und Sinn der Farben durch schreiende Töne stumpf gemacht.[987]

---

[983] Wündrich, Hermann, Wirtschaftswerbung während der NS-Zeit. Versuch einer Analyse, Düsseldorf 1986 (unveröffentlichtes Manuskript), S. 6–8.
[984] Wolf, Hans, Deutsche Werbung. Was sie ist, was sie nicht ist und was sie sein soll, in: Die Reklame, 1934, 1, S. 11; dem widersprechend: Daldrop, Walter, Erscheinungsformen der Reklame, ihre neugeordnete praktische Anwendung und moderne Ideengestaltung, Würzburg 1936 (= zugl. Diss. Universität Würzburg 1936). Daldrop reklamiert auch für die NS-Zeit eine flexible Handhabung aller Gestaltungsmittel, die sich dem Werbeträger, dem Produkt und der Zielgruppe anpassen müsse, also keiner politischen Meinung.
[985] Zit. n. Berghoff, Reklame, S. 97.
[986] Vgl. Bildquellen bei: Schneider, Design, S. 84–91.
[987] Lindner, Werner, Außenreklame. Ein Wegweiser in Beispiel und Gegenbeispiel, Berlin 1936, S. 82.

Gebetsmühlenartig ließ der Werberat in seinem Mitteilungsblatt den Hinweis abdrucken, dass die „deutsche Werbung" nicht das *„sittliche Empfinden des deutschen Volkes, insbesondere nicht sein religiöses, vaterländisches und politisches Fühlen und Wollen"* verletzen dürfe.[988]

Die ideologische Aufladung der „deutschen Werbung" sowie die zahlreichen grafischen wie inhaltlichen Vorgaben inspirierten die Grafiker jedoch auf unterschiedliche Weise. Fantasie und Geschmacklosigkeiten schufen eine große Bandbreite an Meinungen und Artefakten bei der Interpretation der „deutschen Werbung". Der aufkommende NS-Werbekitsch konterkarierte mit seiner übertriebenen Verwendung von Symbolen der Partei, Nation und „deutschen Kultur" die Neucodierung der Werbung. Ebenso trug die relativ politikresistente Logik der Marktdifferenzierung von Marken zum Überleben von Modernismen und Amerikanismen bei.[989]

Lammers argumentiert, dass die Nationalsozialisten eine völkische Werbung geschaffen hätten, die entsprechend den ideologischen Vorgaben Stilmittel der modernen Kunst aus der Werbung ausgesondert habe.[990] Nachdem die Werbegestaltung in den 1920er Jahren vermeintlich ausschließlich „modern" gewesen sei, erfolgte, wie Lammers erläutert, eine gewollte Abkopplung von den Kunst-„Ismen" der weltweiten Entwicklung, die abwertend als *„internationale Inzucht"* beschrieben wurden. Passend dazu sollten Fremdworte aus der Werbesprache getilgt werden. Wie oben schon erwähnt, ging Whiskey nun als *„Rauchbrand"* in den Handel, Kekse waren nur noch *„Knusperchen"*. Parfum hieß *„Riechwasser"*, die Serviette *„Mundtuch"*, Melange *„Mischung"* oder Revers *„Aufschlag"*.[991] Der Werberat stellte Listen mit mehreren hundert Begriffen auf, die es zu verdeutschen galt. Diese Eindeutschungsversuche waren nur teilweise erfolgreich, bedienten jedoch Forderungen nach einer für Deutschland kulturell, insbesondere sprachlich angemessenen Werbung.[992]

Die Ausführungen von Lammers würden die Kontinuitätsperspektive nach 1933 in Frage stellen. Während Lammers ausschließlich die

---

[988] Wirtschaftswerbung, 1934, 10, S. 66.
[989] Vgl. Kap. 4.6.
[990] Lammers, Werbung, S. 50.
[991] Siehe Kap. 3.4.1.
[992] Berghoff, Reklame, S. 96, Lammers, Werbung, S. 54.

Ausstellungskataloge der großen Kunstausstellungen in München von 1937 bis 1944 als Werbeträger untersucht und davon ausgehend meint, allgemeine Aussagen über die Werbegestaltung im „Dritten Reich" treffen zu können, zeigt die Untersuchung von Zeitschriften der 1930er Jahre (z. B. „Berliner Illustrierte Zeitung", „Sport im Bild/Der Silberspiegel", „die neue linie", „Der Stürmer") auch einen konsumfreudigen und ausgelassenen Nationalsozialismus, der beispielsweise in der Werbung das amerikanische Lebensgefühl kultivierte. Die erwähnte Charakterisierung der NS-Werbung als völkisch und (nach Lammers) anti-modern kann deshalb nur begrenzt Geltung haben.

Die Werbung hielt von der Republik zur Diktatur ihre bunten Werbewelten aufrecht und suggerierte damit Normalität. In den erwähnten Zeitschriften lassen sich Anzeigenmotive finden, die wenig an die entworfene Definition einer offiziellen „deutschen Werbung" erinnern. Schon der Gesamteindruck dieser Beispiele von Freizügigkeit, verlockender Nacktheit sowie Szenerien, die Lebenslust, Leichtigkeit, Freizeit, Hygiene und Konsum als positives Verhalten darstellen, widersprechen dem Eindruck verhärmter Gesichter arbeitsamer Bäuerinnen als Motive vorbildlicher NS-Werbung.[993]

Auch die Werbegestaltung ausländischer, insbesondere amerikanischer Unternehmen, überlagerte den offiziellen Ansatz, wobei dieser Aspekt quantitativ zu vernachlässigen ist. So verwendete die 1929 in Essen gegründete deutsche Tochtergesellschaft der Coca-Cola Inc. bewährte amerikanische Werbemotive, die Freizügigkeit und Freizeitvergnügen in Kombination mit dem Genuss von Coca-Cola suggerierten, bis Ende der 1930er Jahre in Deutschland und bekam damit offensichtlich keine Probleme.[994]

Diese Beobachtungen werfen die Frage auf, inwiefern die Vereinheitlichung gemäß einer „deutschen Werbung" politisch tatsächlich gewollt war. Wenn von der faktischen Diversität der NS-Werbegestaltung gesprochen wird, so hat das nicht nur damit zu tun, dass es Grenzen sozialer Steuerung gab; vielmehr – so die hier vertretene These – entsprach das Phänomen der Stildiversität auch einem politischen Anliegen. Sehr deutlich wird die relative,

---

[993] Allerdings gab es diese Werbebilder auch.
[994] Schug, Missionare, S. 330.

und – so scheint es – zweckgebundene Offenheit der NS-Werbekultur anhand der Geschichte der Werbeagentur Dorland in Berlin.

Mit dem ehemaligen Bauhausmeister Herbert Bayer arrivierte Dorland bereits in der Weimarer Republik zur international anerkannten avantgardistischen Agentur. Umso erstaunlicher ist ihre Entwicklung im Nationalsozialismus. Auf Initiative Bayers kamen eine ganze Reihe namhafter Grafiker des Bauhauses zu Dorland. Die Agentur wurde nicht nur für einige von ihnen zum Arbeitgeber (was sie teilweise schon vor 1933 war), sie avancierte auch zum informellen Treffpunkt für Künstler der Bauhaus-Moderne. Kaum ein anderes Unternehmen zog während der Jahre des Nationalsozialismus vergleichbar viele Bauhäusler an. Neben Bayer stieg Kurt Kranz (1910–1998) zu einem der wichtigsten Mitarbeiter auf.[995] Außer Kranz arbeiteten bis 1935 die Brüder Hans Ferdinand (1906–1978) und Hein Neuner (1910–1984) im „dorland-studio". Sie gehörten neben Bayer und Kranz zu den profiliertesten deutschen Avantgarde-Werbegrafikern der Epoche.[996] Max Gebhard, Carl Schlemmer, Albrecht Heubner, Xanti Schawinsky und Hin Bredendieck sind weitere Bauhäusler, die im „dorland-studio" beschäftigt waren. In einem losen Kontakt standen Heinz Loew, Joost Schmidt und Werner Graeff mit der Agentur.[997]

Dorland war ebenso ein beliebter Treffpunkt für den „inneren Bauhaus-Kreis", die Bauhaus-Meister und ihre Schüler aus der ersten Generation. Ise und Walter Gropius, Marianne Brand, Otti Berger und Marcel Breuer gehörten zu dieser Gruppe. László Moholy-Nagy kam bis zu seiner Emigration 1934 beinahe täglich ins „dorland-studio".[998] Nach Firmenunterlagen haben Moholy-Nagy und auch Marcel Breuer auftragsweise für Dorland gewirkt.[999]

Das Bild der Agentur Dorland als eine Enklave der Bauhaus-Moderne im Nationalsozialismus wäre jedoch unvollständig, wenn Dorland nur als

---

[995] Zum Leben von Kurt Kranz: Schug, Dorland, S. 75–108. Kranz arbeitete bis 1938 für Dorland, ehe er sich selbstständig machte.
[996] Nagel, Beate, Vom Bauhaus in die Werbewirtschaft. Die Gebrüder Neuner, in: Westfälisches Landesmuseum für Kunst und Kulturgeschichte (Hg.), Moderne, S. 140–145.
[997] Brüning, Bauhäusler, S. 26.
[998] Kunsthalle Bielefeld (Hg.), László Moholy–Nagy. Idee und Wirkung. Anklänge an sein Werk in der zeitgenössischen Kunst, Bielefeld 1995, S. 37.
[999] Pressemitteilung von Dorland Berlin, 4.10.1963, S. 2.

„vergessener Irrläufer" in der NS-Diktatur dargestellt werden würde. Denn offenbar setzten die Nationalsozialisten die Agentur ganz bewusst für den Zweck ihrer Propaganda gegenüber dem kritischen Ausland ein. Auf den ersten Blick ist es erstaunlich, dass das „dorland-studio" im Geiste des Bauhauses weiterarbeiten, also aus Sicht der Nationalsozialisten „jüdische" oder „degenerierte" Werbung machen konnte. Doch das avantgardistische „Image" der Agentur konnte nutzbar gemacht werden. So engagierten NS-Institutionen Dorland als international angesehene Agentur für Propagandaausstellungen (u. a. Deutsches Volk – Deutsche Arbeit, 1934; Wunder des Lebens, 1935; Deutschland, 1936). Dorland erstellte für NS-Organisationen Werbematerialien und entwarf Plakate.[1000] Den Deutschen und dem Ausland konnte so ein junger, dynamischer Staat präsentiert werden, der mit einer Mischung aus Modernität und Traditionsbewusstsein auftrat. Aus einer Reihe britischer und amerikanischer Zeitungsartikel geht hervor, dass dieser Versuch seine Wirkung nicht verfehlte.[1001]

Die Verbindung zwischen Bauhaus-Moderne und der Kultur des Nationalsozialismus, die am Beispiel Dorland deutlich wird, spricht einen historisch kritischen Aspekt an, der das Geschichtsbild vom Bauhaus und seiner Vertreter modifiziert. Die Schließung des Bauhauses schien über viele Jahrzehnte sowohl die antimodernistische Politik der Nationalsozialisten als auch die unzweifelhafte Vergangenheit des Bauhauses als Symbol republikanischer Modernität unter Beweis zu stellen. In der Nachkriegszeit galt das progressive Bauhaus deshalb als ruhmreiches Opfer der NS-Barbarei.[1002] Es ist jedoch erstaunlich, wie viele moderne Künstler glaubten,

---

[1000] Dazu u. a. Weißler, Sabine, Bauhaus-Gestaltung in NS-Propaganda-Ausstellungen, in: Nerdinger, Bauhaus-Moderne, S. 54.
[1001] Unter anderen: commercial art and industry, April 1935, o. S. oder Pittsburgh Post-Gazette, 15.10.1936, o. S.
[1002] Erstaunlich ist diese Tatsache nicht nur wegen des verklärten Nachkriegsblickes auf das Bauhaus, sondern auch, weil laut einem Großteil der einschlägigen Sekundärliteratur die Kontinuität, die sich an Dorland zeigen lässt, nicht stattgefunden haben kann. Symptomatisch ist die Darstellung von Krause, der schreibt, dass „auf keinen Fall die seit Mitte der 30er Jahre brutal forcierte Ausgrenzung innovativer Werbeprofis meist aus dem Bauhaus-Umkreis [verdrängt werden darf], [...] England und die USA haben vom Zustrom dieser meist hochmotivierten Nazigegner aus der Werbebranche [...] immens profitiert", siehe: Krause, Werbung, S. 361f. Als Beispiele dieser „hochmotivierten Nazigegner", die sich im Ausland etablierten, nennt Krause Herbert Bayer. Diese Bewertung Bayers lässt sich in etlichen Publikationen wiederfinden. Siehe: Droste, Magdalena, Herbert Bayer. Das künstlerische Werk 1918–1938, Berlin 1982, S. 18–104; oder: Neumann, Eckhard, Herbert Bayer: Ein Art Director in Berlin, 1928 bis 1938, in: Jeske, Jürgen et al. (Hg.), Jahrbuch der Werbung in Deutschland, Österreich und der Schweiz, Düsseldorf 1990, S. 78–

im NS-Staat ihren Platz finden zu können. So vertrat von der Bauhaus-Prominenz nicht nur Walter Gropius ein Modell der Nationalisierung der Moderne nach italienischem Vorbild. Auch Mies van der Rohe unterzeichnete noch 1934 den „Aufruf der Kulturschaffenden", und Oskar Schlemmer schrieb im Juni 1933:

> „Z. Zt. wird zwar alles nachgeprüft, die Abstammung, Partei, Jud, Marx, Bauhaus ... Ich fühle mich rein und meine Kunst streng den nat. soz. Grundsätzen entsprechend, nämlich heroisch, stählern-romantisch, unsentimental, hart, scharf, klar, typenschaffend usw. – aber wer sieht es?"[1003]

Es gab NS-Vertreter, die die Kompatibilität von Bauhaus-Moderne und Nationalsozialismus oder genereller „deutscher Kultur" sahen und die Fähigkeiten der Bauhäusler für sich nutzten. In der Architektur, im Ausstellungswesen, in der Werbung und der NS-Propaganda fanden zahlreiche Bauhaus-Meister und Schüler Beschäftigung.

Ein weiterer Grund für die relative Stildiversität der Werbung lag in der kontinuierlichen und konsistenten Markeninszenierung, denn eine Marke kann nur dann vom Konsumenten wiedererkannt werden, wenn sie über lange Zeiträume gleichartig kommuniziert wird.[1004] So waren es vor allem die großen Markenartikler, die an ihren Gestaltungslinien in der Gebrauchsgrafik und im Verpackungsdesign festhielten.[1005] Werbemotive wie auch Werbefiguren wurden teilweise über Jahrzehnte konstant eingesetzt. Bei der Werbung aus der NS-Zeit ist es in vielen Fällen unmöglich, sie eindeutig auf die Zeit zwischen 1933 und 1945 zu begrenzen. Lediglich an modischen Details wie Rocklängen oder Frisuren lässt sich eine zeitliche Einordnung vornehmen, was nicht bedeutet, dass es keine Beispiele gäbe, in

---

80. Demgegenüber gibt es eine aktuelle Diskussion um das Weiterleben des Bauhauses im Nationalsozialismus, die seit Mitte der 1990er Jahre geführt wird. Siehe hier vor allem den zu einem 1991 abgehaltenen Kolloquium erschienenen Band von Nerdinger, Bauhaus-Moderne, S. 9–23. Erst in einer Münsteraner Ausstellung vom Frühjahr 2000 wurde die Tätigkeit Herbert Bayers für die NS-Propaganda ausführlicher thematisiert. Siehe: Westfälisches Landesmuseum für Kunst und Kulturgeschichte, Moderne, S. 75–78.
[1003] Zit. n. Nerdinger, Bauhaus-Moderne, S. 19.
[1004] Vgl. Kapitel 2.3.2.
[1005] Dieser Befund ergibt sich vor allem aus der Durchsicht der Werbemittelarchive der Firmen Beiersdorf (Nivea), Henkel (Persil) und Unilever (Rama). Zur Logik der Marke und Marktdifferenzierung: Kapitel 2.3.2.

denen der neue Herrschaftsdiskurs verarbeitet wurde. Dieser Befund ergibt sich außer aus der Konsistenz und Kontinuität der Markenpolitik zusätzlich aus der Logik der notwendigen Marktdifferenzierung: Hätten alle Unternehmen gemäß der offiziellen Vorstellungen von einer „deutschen Werbung" – sofern es tatsächlich klare Maßstäbe dafür gab – ihre Produkte inszeniert, dann wäre die Unterscheidbarkeit von Produkten eingeschränkt gewesen. Schon deshalb bestand eine gute Werbegestaltung auch im Nationalsozialismus in der visuellen Abgrenzung von den Wettbewerbern, was den flexiblen Einsatz von Farben und strukturierenden Bildformen, Schriftarten und -größen, die Verwendung von Fotografie oder Zeichnungen etc. nach sich zog. Nicht der übergeordnete politische Diskurs, sondern die Frage, was zu einem Produkt und den Zielgruppen passte oder wie sich die unmittelbare Konkurrenz präsentierte, bestimmte die Werbegestaltung.

Die Vorstellung einer „deutschen Werbung" war damit auch in Bezug auf gestalterische Aspekte zu jeder Zeit eine Fiktion und skizzierte nur einen unverbindlichen normativen Rahmen. Diese Befunde zeigen, dass die Umsetzung des „neuen Geistes" in der Grafik nicht funktionierte.[1006]

Einen Idealtypus „deutscher Werbung" gab es bis 1945 nicht. Die politische Zäsur von 1933 ist deshalb für die Werbegestaltung nur begrenzt sinnvoll. Aus der Perspektive der Kulturgeschichte bleibt festzuhalten, dass es in der Werbung zwischen 1918 und 1939 eine relative ikonografische Kontinuität gab, welche die Vorstellung von längeren Entwicklungslinien in der Geschichte unterstreicht und auf den Bereich der Konsumkultur überträgt.[1007]

Verallgemeinerte Grundsätze der Werbegestaltung

Obwohl hier von einer relativen stilistischen Prinzipienlosigkeit der Werbung die Rede ist, muss abschließend auf übergeordnete Merkmale hingewiesen werden.

[1006] Brauns, Walter G., Wie soll deutsche Werbung aussehen?, in: Die deutsche Werbung, 1934, 10, S. 284.
[1007] Abb. 29.

1) Das erste Merkmal umfasst die Eindeutigkeit und Verständlichkeit der Darstellung, allerdings nicht in einem technischen Verständnis, wie es das Bauhaus mit Hilfe der Geometrisierung und Reduzierung von Gestaltungselementen oder der Verwendung der Neuen Typografie hatte. Eindeutigkeit und Verständlichkeit sind hier im Sinne eines Rückgriffs auf vorhandene kulturelle Sets zu sehen. Die stilistische, ästhetische Dimension eines Werbebildes ist dabei zweitrangig.

2) Das zweite Merkmal der modernen Werbung zeigte sich in deren Oberflächlichkeit im Sinne der apolitischen Darstellung. Produkte, die auf einen breiten Konsumentenkreis abzielten, mussten so unspezifisch wie möglich inszeniert werden, um integrativ zu wirken. Erfahrungen hiermit machte der Hersteller der Margarinemarke Rama, als er 1910 eine Anzeigenserie mit einer Gedichtfolge in sechs Fortsetzungen unter dem Titel „*Pulverdampf und Kugelregen*" veröffentlichte. Die Gedichte verherrlichten die deutschen Siege im deutsch-französischen Krieg von 1870/71, weshalb sofort nach Erscheinen, so der damalige Werbeleiter Mengelberg, Kritik einsetzte:

> „Viele Einsender bezeichneten sich als Sozialisten, die den Krieg verdammten und für den Frieden unter den Völkern kämpften. In allen Briefen mehr oder weniger derselbe Ton".[1008]

Die Anzeigenserie wurde eingestellt und war ein Lehrstück der Notwendigkeit oberflächlicher apolitischer Botschaften in der Werbung.

3) Als drittes Merkmal ist die „Erbaulichkeit" der Werbung zu nennen. Werbung zeigte immer auch einen Weg zur Besserung. Sie gab ein pseudoreligiöses Heilsversprechen ab, durch das der Alltag vermeintlich erträglicher wurde und der „Lebenskampf" gemeistert werden konnte. Typischer Ausdruck dieser werblichen Erbaulichkeit waren Vorher-Nachher-Argumentationen oder die extreme Dramatisierung eines Problems, dessen Lösung in der Anwendung eines Produkts lag.

4) Als viertes Merkmal ist herauszustellen, dass sich Werbung seit der Weimarer Republik an der Mittelschicht orientierte und damit auch gestalterisch auf milieuspezifische Sujets zurückgriff. Dass Arbeiter hier

---

[1008] Mengelberg, H., Lebensbericht, o. O. 1948, in: Historisches Archiv der Unilever AG, Hamburg, o. Signatur, o. S.

stark unterrepräsentiert waren, muss nicht ihre Ausgrenzung von der so ausgerichteten Text- sowie Bild-Codierung der Werbung bedeuten. Denn Werbung verkörperte nicht die reale Lebenswelt der Konsumenten, vielmehr suggerierte sie die Erreichbarkeit einer besseren Welt – eine Welt, die meist ausgesprochen bürgerlich war. Und bürgerliche Lebenswelten galten umgekehrt damit als vorbildlich und erstrebenswert. Dementsprechend transportierte Werbung das Gefühl der gesellschaftlichen Statusverbesserung durch Konsum.

5) Schließlich hatte Werbung generell wiedererkennbar und leicht identifizierbar zu sein. Sie musste sich von der Konkurrenz absetzen, andernfalls konnte sie nicht auffallen. Das Merkmal der visuellen Marktdifferenzierung wie auch Kontinuität und Konsistenz in der Markenpolitik erklären bereits zu weiten Teilen, weshalb es keinen einheitlichen, verbindlichen Stil in der Werbung geben konnte.

Fallbeispiele: Werbewelten von 1918 bis 1939

Abschließend gilt es zu untersuchen, inwiefern die „deutsche Kultur" mit spezifischen Inhalten und visuellen oder sprachlichen Darstellungsformen in der Werbung ihren Niederschlag fand. Das ausgewählte Quellenmaterial wird anhand eines Themenbereichs fallbeispielhaft untersucht. Dieser umfasst die hier so genannten „Körperwelten" die keiner Einteilung nach Marken, Herstellerfirmen oder Motivgruppen unterliegen. Im Mittelpunkt steht die Frage, mit welchen werblichen Angeboten die Konsumenten im Untersuchungszeitraum konfrontiert wurden, wenn es um Körper und die akzeptable Inszenierung von Körpern ging. Der Themenbereich ist der im Untersuchungszeitraum am stärksten beworbene.[1009] Seine werblichen Angebote sollen nach Illusionierungen, Desillusionierungen, Verkaufsstrategien, visuellen Überzeugungsmethoden und spezifischer Kulturalität untersucht werden.

Die Herangehensweise an das Bildmaterial beruht auf den von Panofsky vorgeschlagenen Methoden, ohne allerdings Bild für Bild einer ikonologischen Beschreibung zu unterziehen. Auf Basis der umfangreichen

---

[1009] Dieser Befund ergibt sich aufgrund der Durchsicht der Anzeigenwerbung in Illustrierten und Tageszeitungen.

Grundgesamtheit von Werbebildern wurde eine theoretische Auswahl getroffen, die typische – das heißt durchschnittliche - Bild- und Textelemente berücksichtigt. Die Auswahlgesamtheit von annähernd 80 Motiven wird als serielle Ikonologie zusammengefasst. Einzelne Aspekte werden kursorisch aufgegriffen und schließlich verdichtet.[1010]

Es liegt auf der Hand, dass mit diesem Weg der Erörterung ein analytisches Konstrukt geschaffen wird, das nicht impliziert, dass die historischen Akteure die Werbewelten in der hier zusammengetragenen Auswahl tatsächlich rezipiert haben. Dennoch birgt die verdichtete Beschreibung der werblichen Körperwelten den Vorteil, dass so ein Konzentrat destilliert wird, dessen Repräsentativität im Sinne einer qualitativen Typisierung zu verstehen ist. Das Ergebnis dieser Methode ist die Collage eines körperlich perfekten Werbemenschen. Es ist ein Mensch, der künstlich erschaffen und dessen Perspektive eingenommen wird. Er existiert nur in der Werbung. Die Definition seines sozialen Koordinatensystems geschieht ausschließlich über die Versprechungen der Werbung. Mit ihm im Zentrum der Betrachtung können Werbebotschaften plakativer herausgestellt und bewertet werden.

Werbewelten – Körperwelten: Eine virtuelle Anatomie

Die Körperwelten der Werbung spiegeln die veränderte Lage nach dem Krieg wider.[1011] Die Jahre 1918/1919 waren eine Stunde Null – nicht nur in politischer Hinsicht. Die neue Republik tauchte zudem in die so genannte „klassische", wenn auch krisenhafte Phase der Moderne ein und veranlasste die Deutschen zur Suche nach neuen Orientierungsmustern, nachdem die Embleme der Kaiserzeit – auch ihre physiognomischen: gutbürgerliche Rundlichkeit, Kaiser-Wilhelm-Bart oder Hochsteckfrisuren mit onduliertem Kunsthaareinsatz und hochgeschlossenen, langen, korsettartigen Kleidern – an Wert verloren hatten.[1012] Nachdem der im Kaiserreich geltende Habitus –

[1010] Grundsätzlich zu dieser qualitativen Vorgehensweise: Strauss, Anselm L., Grundlagen qualitativer Sozialforschung. Datenanalyse und Theoriebildung in der empirischen und soziologischen Forschung, München 1991.
[1011] Zusammenfassend: Schug, Alexander, „Immer frisch frisiert" – das gestaltete Kopfhaar als Requisite moderner Selbstinszenierung in der Weimarer Republik, in: Janecke, Christian (Hg.), Haar tragen. Eine kulturwissenschaftliche Annäherung, Köln 2004, S. 83–98.
[1012] Zur Reformkleidung nach der Jahrhundertwende siehe: Welsch, Sabine, Ausstieg aus dem Korsett. Reformkleidung um 1900, Darmstadt 2003, S. 5–21.

einschließlich Körperbau, Körperhaltung, Mimik, Gestik, Kleidung – keine Gültigkeit mehr besaß, wurde die Weimarer Republik zumindest in ihren Brennpunkten wie Berlin zum Laboratorium eines „Neuen Menschen". Dies ist nicht nur im rassehygienischen Sinn, als utopisches Motiv des deutschen Expressionismus und linker Revolutionäre oder als messianische Naherwartung der verschiedenen, teils sektiererischen Reformbewegungen zu verstehen.[1013] Auch der durchschnittliche und reale Neue Mensch der Weimarer Republik gab sich anders, bewegte sich anders, kleidete sich anders und trug die Haare anders als noch unter der Monarchie. Der Neue Mensch wurde auch durch die expandierende Werbung und deren Bilderwelten vom menschlichen Körper geschaffen. Die Werbung war der weit in die Gesellschaft ausgreifende Transmissionsriemen für einen Prozess intensivierter Körpermodifikation (body modification), der im heutigen Fitness-, Schönheits- und Gesundheitskult als quasi moralische Pflicht endet.[1014]

Hersteller von Gesichtscremes, Haarpflegeprodukten oder sonstiger Produkte arbeiteten mit der Idee, dass der menschliche Körper – und nicht mehr nur der einer Oberschicht – eine gestaltbare (deutsche) Oberfläche sei, die individuell, aber stets auch im Rahmen kollektivistischer Normen angepasst werden konnte und damit vordergründig Freiheit und Glück verhieß. Die neuen Möglichkeiten und Denkhorizonte der Zeit begünstigten die Einschreibung kultureller Werte in die Körper und machten – entgegen essentialistischer, auf die Natur des Menschen abhebender Annahmen – den menschlichen Körper zu einem sozialen Konstrukt der werbenden Sozialtechnologen, der zwar eine gegebene, wenn man will: göttliche Infrastruktur besaß, aber an seiner sichtbaren Außenhaut der ständigen menschlichen Manipulation unterlag. Die Schönheit dieser Fassade war ein Willensakt und ein fortlaufender marktbestimmter Prozess, der über die Werbung angeleitet und visualisiert wurde. Hinter diesem Willensakt standen etwa im Falle der Neuen Frau der Weimarer Republik die

---

[1013] Zum Neuen Menschen: Lepp, Nicola et al. (Hg.), Der Neue Mensch. Obsession des 20. Jahrhunderts. Kat. Deutsches Hygiene-Museum, Ostfildern-Ruit 1999.
[1014] Zur frühen plastischen Chirurgie in Deutschland: Gilman, Sander, Das Gesicht wahren. Zur ästhetischen Chirurgie, in: Schmölders, Claudia/ders. (Hg.), Gesichter der Weimarer Republik. Eine physiognomische Kulturgeschichte, Köln 2000, S. 96–112; zur FKK-Bewegung: Möhring, Maren, Marmorleiber. Körperbildung in der deutschen Nacktkultur (1890–1930), Köln 2004.

Distanzierung von überholten Weiblichkeitsidealen des 19. Jahrhunderts und der emanzipatorische Anspruch, die äußere Erscheinung selber definieren zu können. Damit kam z. B. auch erstmals in der Geschichte das Tragen kurzer Haare auf. Die Erfahrung des Körpers als gestaltbare Oberfläche barg zum einen Chancen in sich, zum anderen war sie ein Dilemma. Der Freiheit zum Selbstentwurf stand der soziale Druck der Anpassung an Schönheitsnormen entgegen, denn die mit der Geburt gegebene Physiognomie war im Laboratorium von Weimar, ebenso im Nationalsozialismus, in dem die Pflicht zur Selbstinszenierung nicht nachließ, keine Entschuldigung mehr.

Der Körper und seine Repräsentation in der Werbung spielt eine Rolle als historisches Artefakt, da er ein grundlegendes Symbol für Geschlecht, Alter, aber auch Status oder Nation ist. Der Körper ist Gegenstand des „body managements" – ein eigentlich im Zeichen der Postmoderne stehender und heute in der Fitness-Industrie populärer Begriff –, das hier als zentrales Konzept zum Verständnis des menschlichen Umgangs mit dem Körper und des Bewusstseins vom Körper als soziales Medium eingeführt wird – ein Konzept, auf dessen Ziel und sichtbares Resultat der Begriff „body performance" verweist.

Das body management macht deutlich, in welchem Maße das Individuum, ergänzend zu sozialen Segregationsmerkmalen wie Reichtum oder Gruppenzugehörigkeit, sein Äußeres als Kapital ansehen musste, um die eigene gesellschaftliche Positionierung zu beeinflussen und Identitätsschwächen auszugleichen. Seit den 1920ern lag es in der Verantwortung des Einzelnen, selbst initiativ zu werden und sich als Manager seines Grundkapitals Körper zu empfinden, als Dirigent und Organisator eines komplexen Kapitalverwertungsprozesses, in dem er angesichts der Konkurrenz-, Markt- und Konfliktförmigkeit seiner Umwelt Steuerungs- und Regulierungkompetenzen sowie Fähigkeiten der Selbstvermarktung zu entwickeln hatte, die seine sozialen Rollen konstituierten oder absicherten.[1015] Der Körper, wie auch andere Medien der Selbstdarstellung, mussten mit dem Ziel der Aufmerksamkeitsgewinnung

---

[1015] Siehe hierzu: Türk, Klaus, Manager, in: Endruweit, Wörterbuch, S. 412f.; auch: Stolz, Susanna, Die Handwerke des Körpers. Bader, Barbier, Perückenmacher, Friseur. Folge und Ausdruck historischen Körperverständnisses, Marburg 1992, S. 246–249.

und Bestätigung manipuliert werden. Fraglich bleibt, ob das in der Werbung verbildlichte body management einen „deutschen Kern" hatte.

„Sie fühlen sich sicherer ..."[1016] – Grundlagen des body managements: Waschen und Geruchsbekämpfung

Sauberkeit und Hygiene entwickelten sich seit der Neuzeit zu sozialen Werten, die maßgeblich die Grenzen und Möglichkeiten sozialer Interaktion sowie des Gemeinwesens bestimmten; Hygiene wurde zum zentralen Schnittpunkt im Koordinatensystem gesellschaftlicher Werte und konnte mit Gesundheit und sozialem Fortschritt gleichgesetzt werden. Sauberkeit gerierte zu einem Identifikations- und Segregationsmerkmal besonderer Art; sie unterschied nicht nur Völker, sondern auch soziale Milieus und die Geschlechter. Reinlichkeit war folglich kaum angeboren oder zweite Natur des Menschen (oder einer ganzen Nation), sondern eine soziale Aneignung, die später aus rassischer Perspektive wiederum biologisiert werden konnte. Demnach gab es sowohl eine äußere als auch eine innere Sauberkeit. „Der Arier" war gemäß dieser Vorstellungen „sauber", „der Jude" nicht.[1017]

Wurde der Status innerer, rassischer Hygiene als Schicksal oder Vorsehung aufgefasst, so galt die äußere Sauberkeit als ständige Aufgabe jedes Einzelnen. Den Maßstab dafür setzte nicht nur die staatliche Hygienepolitik. Hygiene war ebenso eine zeitspezifische Frage der Ästhetik sowie Ausdruck eines statuseindeutigen Lebensstils. Die seit der Jahrhundertwende florierende Schönheits- und Hygieneindustrie in Deutschland kann dabei als eine treibende Kraft angesehen werden. Unternehmen wie die Lingner-Werke, deren Inhaber Karl August Lingner das Hygiene-Museum in Dresden gründete, wurden zu Helfern des body managements – aber auch zu jenen, die den Markt der Eitelkeiten wie der Moden fest etablierten und von der Unvollkommenheit und Unsicherheit der Deutschen profitierten.[1018] Gerade die Werbung der Schönheitsindustrie, die nicht mehr einfach Produkte in

---

[1016] Abb. 30.
[1017] Vgl.: Kaschuba, Wolfgang, Nachwort, in: Vigarello, Georges, Wasser und Seife, Puder und Parfüm, Geschichte der Körperhygiene seit dem Mittelalter, Frankfurt/M., S. 292; Pagel, Marianne, Gesundheit und Hygiene. Zur Sozialgeschichte Lüneburgs im 19. Jahrhundert, Hannover 1992; Witzler, Beate, Großstadt und Hygiene. Kommunale Gesundheitspolitik in der Epoche der Urbanisierung, Stuttgart 1995 (= Medizin, Gesellschaft und Geschichte, Beiheft 5).
[1018] Deutsches Hygiene Museum (Hg.), In aller Munde. Einhundert Jahre Odol, Dresden 1993; Vogel, Klaus, Das Deutsche Hygiene–Museum. 1911 bis 1990, Dresden 2003.

Anzeigen abbildete und banal deren Kauf befahl, sondern Sujets entwarf, in denen sich die Konsumenten in typischen Lebenssituationen wiederfinden konnten oder die ihre Statusfantasien ankurbelten, suggerierte unentwegt die Hilflosigkeit des Individuums in der modernen Welt. Dies war das zentrale Motiv der Werbung in den Fallbeispielen. Der Einzelne konnte nicht mehr sicher sein, wie die eigene soziale Integration zu gewährleisten war und bedurfte deshalb einer fachmännischen Hilfe, die die Werbung nicht uneigennützig anbot. Ihre Botschaft war nicht nur die der sozialen Integration durch Konsum, sondern auch die Drohung, ohne ein bestimmtes Produkt im „Lebenskampf" verloren zu sein.

Das body management bedeutete in diesem Sinne einen auf sich selbst und auf andere bezogenen aggressiven Reflex auf die marktwirtschaftliche Körperlichkeit. Der Körper wurde zu einer *„Waffe im „Lebenskampf"",* wie es eine zeitgenössische Autorin beschrieb.[1019] Über das entsprechende Auftreten, insbesondere die Sauberkeit und Pflege des Körpers, konnte Soziabilität hergestellt und erfahren werden. Die Ansehnlichkeit bzw. Erträglichkeit eines Menschen hing entscheidend von seinen Praktiken des body managements ab. Der ungepflegte und behaarte Mensch wurde dagegen zur Antithese des modernen deutschen Konsummenschen, der sich – wie es in der Werbung hieß – zur *„absoluten Reinheit"* bekannte.[1020]

Die komfortable Grundlage dafür war das allerdings noch selten vorhandene eigene Badezimmer mit einer Dusche oder einer Badewanne und fließendem, möglichst warmem Wasser. Vor allem in bürgerlichen Zeitschriften wie „Die Dame" finden sich Anzeigen über Gasbadeöfen *„für das elegante Heim"* von Junkers oder Vaillant, auf denen saubere, vergnügte Kinder oder Erwachsene nackt abgebildet wurden.[1021] Die Werbung wählte zur Präsentation den auch nach heutigem Verständnis naheliegenden Anwendungsort, das Badezimmer. Jedoch erst dessen Verfügbarkeit als solches schaffte die nachhaltige Voraussetzung für ein erfolgreiches body management. In diesem separierten Hygieneraum wurden unterschiedliche

---

[1019] Zitiert nach: Ankum, Katharina von, Karriere – Konsum – Kosmetik. Zur Ästhetik des weiblichen Gesichts, in: Schmölders, Gesichter, S. 179.
[1020] Abb. 31.
[1021] Abb. 32, Abb. 33.

Körperpflegepraktiken gezeigt, die über das reine Waschen immer weiter hinausgingen.[1022]

Das Waschen mit Wasser war letztlich unzureichend; es bedurfte der Verwendung entsprechender Hilfsmittel, wie z. B. Seifen, die seit den 1920er Jahren im Gefolge der industriellen Produktion und intensivierten Werbung einem breiteren Publikum angedient wurden und damit ihren exklusiven Status verloren.[1023] Das Waschen mit Seife, bspw. mit der Marke Abrador, versprach die gründliche Reinigung und Öffnung verstopfter Hautporen sowie die Anregung der Blutzirkulation und die Beseitigung von Unreinheiten.[1024] Schon der Produktname „Abrador" suggerierte die besonderen Reinigungseigenschaften der Seife, die nicht einfach säuberte, sondern eine *„Reinigungskraft"* besaß, die das Waschstück zu einem Werkzeug des body managements erhob.[1025]

Die rationale Hautwäsche und -pflege, ein wiederkehrendes Thema der Werbung über Jahrzehnte, schien geradezu lebensnotwendig zu sein: In einer Anzeige der Kosmetikfirma Elida Ende der 1920er Jahre sitzt eine junge blonde Frau vor einer Schreibmaschine. *„Manchmal entsteht eine Pause beim Diktat"*, lautete die gefettete Überschrift.[1026] Die Elida-Anzeige eröffnet mehrere Assoziationsmöglichkeiten, welche sozialen Auswirkungen die bereits eingeübte richtige Körperhygiene haben könne. Der Werbetext löst sodann die beschriebene Szene auf: Die junge Frau ist die Sekretärin eines ebenfalls abgebildeten attraktiven Mannes, den sie durch die Benutzung der Elida-Seife und der daraus folgenden Sauberkeit und Gepflegtheit zum Erstaunen und zum Innehalten beim Diktat bringt. Ihre gepflegte Ausstrahlung ermöglicht eine angenehme Arbeitsatmosphäre, in der Statusrollen vernachlässigt oder sogar umgedreht werden können. Die Frau, als Sekretärin die formal statusniedere, schafft es dank Elida in den Mittelpunkt der Aufmerksamkeit des Mannes, ihres Vorgesetzten, zu gelangen und damit die Interaktion zwischen beiden zu dominieren. Der *„Traum der Schönheit"* zeigt hier sein alltägliches, wenn auch wiederum nur

---

[1022] „Wollen Sie gut und frisch aussehen?", so die Überschrift einer Anzeige für Kölnisch-Wasser Lavendel-Orangen, Abb. 34.
[1023] Vigarello, Wasser, S. 202.
[1024] Abb. 35.
[1025] Ebd.
[1026] Abb. 36.

virtuelles Resultat und ist – wie eine andere „Elida-Ideal-Seife"-Anzeige behauptet – „*Glück und Macht*".[1027] Eigenschaften, die in den Bilderwelten der Elida-Werbung vor allem mit blonden Frauen verbunden waren. Deren Präsenz ist generell so überwältigend, dass diese als Archetypen bezeichnet werden können. Dieser Archetypus findet sich dabei nicht erst seit 1933 im Werbebild, sondern bereits Jahrzehnte zuvor. Slogans wie „*Blondhaar bringt Chancen!*" können jedoch im Zusammenhang mit dem „arischen" Übermenschendiskurs durchaus politisch gelesen werden. Derartige Slogans kombiniert mit jungen blonden Frauen im Werbebild tradierten die ideologisch motivierten Vorstellungen von begehrten Körpern im Nationalsozialismus – der „Jude" konnte demnach leicht vom „Arier" unterschieden werden, ein Umstand, der den Absatz von Blondierungsmitteln drastisch beförderte.[1028]

Außer der Ganzkörperwäsche in Form einer Dusche oder eines Bades war vor allem der Intimbereich der Frau Gegenstand der Aufmerksamkeit in der Werbung – ein Bereich, für den – da er einer besonderen Hygiene bedurfte – das Desinfektionsmittel Sagrotan auf den Markt kam. Sagrotan versprach in martialischer Weise alle schädlichen Keime abzutöten.[1029] Im Hinblick auf die Intimhygiene ging es noch stärker als beim übrigen Körper um die konsequente Schaffung eines aseptischen Zustands. Das Geschlecht der Frau erschien als Quelle besonderen Geruchsübels, über das selbst Mütter mit ihren Töchtern nur ungern sprachen: „*Ich habe meiner Mutter die gleichen Fragen gestellt – doch sie blieben unbeantwortet*", hieß es in einer Sagrotan-Anzeige von 1927, welche die Peinlichkeit des Redens über Intimhygiene aufgriff, jedoch zugleich aufforderte, „*mit aller Unbefangenheit*" darüber zu diskutieren, denn schließlich wisse die moderne Frau und Mutter, „*wie brennend notwendig ein Aufschluß über gewisse Fragen im Interesse der jugendlichen Tochter ist*".[1030]

Somit sollten Irrtümer der vergangenen Zeiten aufgeklärt und ausgeräumt werden, was – so das Werbeversprechen – nur im Interesse der Frau war, die

---

[1027] Abb. 37.
[1028] Abb. 38; Wildmann, Daniel, Begehrte Körper. Konstruktion und Inszenierung des „arischen" Männerkörpers im „Dritten Reich", Würzburg 1998, S. 7–34; Schug, Kopfhaar, S. 83–98.
[1029] Abb. 39, 40, 41.
[1030] Abb. 40.

mit einer Vernachlässigung der Intimhygiene alles aufs Spiel setzte: Ihr Heiratsmarktwert sank rapide, Familienidyllen konnten zerstört werden:

> „Frauen, die sich vernachlässigen, müssen es fast immer erleben, daß sie auch von ihren Männern vernachlässigt werden. Es ist der Frauen eigene Schuld",

wusste eine Sagrotan-Anzeige zu berichten.[1031] Ergänzt wurde dieser Wortlaut durch das Foto einer Frau im attraktiven Abendkleid, die mit enttäuschtem Gesicht neben einem Telefonapparat sitzt, weil ihr Mann schon wieder verhindert ist. Im Hinterzimmer, in das der Betrachter durch eine offene Tür einen Blick werfen kann, bügelt ein Hausmädchen die Wäsche. Diese Frau, so wurde vermittelt, hat alles materiell Notwendige zu einem glücklichen Leben. Aber ihre bürgerliche Fassade nutzt nichts, weil sie sich nicht die neuesten wissenschaftlichen Erkenntnisse der Intimhygiene zu eigen macht. Die Konsequenz daraus ist, dass sie von ihrem Mann abgelehnt wird. Ein harmonisches Eheleben hing demgemäß also ursächlich von der Hygiene der Frau ab. Nur die richtige Hygiene ermöglichte Momente der „*Lebensfreude und Schönheit*", in denen sich die Frau ganz nah an ihren Mann anschmiegen konnte – ohne dass ihn unangenehme Gerüche abschreckten.[1032]

Eine spezifische Praxis der Frauenhygiene bezog sich auf die Regelzeit, eine für das body management kritische Phase, über die auch in der Werbung nur mit Diskretion geredet wurde. Camelia Reformbinden ersparten zum Beispiel die peinliche Auseinandersetzung mit der Regelblutung, die mit geltenden Hygienevorstellungen nicht mehr in Einklang gebracht werden konnte. Camelia war die erste Zellstoff-Wegwerfbinde auf dem deutschen Markt, die den großen Vorteil bot, nach dem Gebrauch diskret entsorgt werden zu können.[1033] Die „*Camelia-Hygiene*" vermittelte „*Sicherheit*" und „*Frische*" – Reizworte, die durchgehend in der Camelia-Werbung auftauchten.[1034] „*Sicherheit*" und „*Frische*" erschienen als die ultimativen Werte. Der Hinweis auf eine erwerbbare „*Sicherheit*" bei der body performance durch eine permanent herzustellende „*Frische*" bedeutete allerdings umgekehrt auch, dass es eine biologische Funktionsweise des

---
[1031] Abb. 41.
[1032] Abb. 39.
[1033] Abb. 42.
[1034] Abb. 43; Abb. 44.

Körpers gab, die dem Menschen animalische Züge verlieh. Das Animalische im Menschen war seine biologische Natur und im konkreten Fall die Regelblutung der Frau, die als eine starke und für den Konsummenschen bedrohliche Kraft erschien, die gebändigt werden musste. Der Konsum von Produkten wie Camelia oder Sagrotan wurde aus dieser Perspektive als akute Selbst- und Überlebenshilfe in der Kulturgesellschaft inszeniert.

Neben der Reinigung des Körpers mit gesonderten „Problemzonen" der Frau ist die Desodorierung ein Thema der Zeit. Erstmalig konnte die – fachmännisch benannte – Transpiration mit wirkungsvollen Mitteln bekämpft werden. Die Verwendung von desodorierenden Produkten galt als Ausdruck einer fortgeschrittenen Körperpflege.[1035] Die Desodorierung verlängerte die Frische nach dem Baden oder Duschen, wobei Puder als das populärste Mittel zur Behandlung des gesamten Körpers eingesetzt werden sollte, um sich sicherer zu fühlen und Wohlbehagen zu empfinden.[1036] Eine Maßnahme, die schon rein vorsorglich zu ergreifen war, wie die Werbung für Vasenol Körper-Puder insbesondere weibliche Konsumenten unterrichtete, „um alle Unannehmlichkeiten bei besonderen Anstrengungen zu vermeiden".[1037] Eine offenbare Unannehmlichkeit war Schweißgeruch, der Frauen jeglichen „Sex appeal" rauben konnte und sie schnell „vermännlichen" ließ, ein populäres Schlagwort der Weimarer Zeit, das die viel diskutierte, aber überbewertete Auflösung von Geschlechterrollen thematisierte.[1038] Als Gegenbilder präsentierte die Werbung fast ausschließlich junge blonde Frauen, die zeigten, wie durch Konsum von Körperpflegeprodukten laszive Weiblichkeit erhalten bleiben konnte. Diese drohenden Auflösungserscheinungen gibt es in der NS-Zeit nicht mehr. Frau und Mann scheinen dort selbstverständlich ihre traditionellen Rollen zu konservieren.

Die Art und Weise der Thematisierung von Schweißgeruch in der Werbung spiegelte klassische Rollenbilder wider. Der Mann durfte schwitzen und nach Schweiß riechen; für Frauen galten andere Maßstäbe. Desodorierung war ein explizit weibliches Thema in der Werbung. Der drohende Verlust der Weiblichkeit, die Vermännlichung, bot sich als beliebtes Druckmittel an, um

---

[1035] Abb. 45.
[1036] Abb. 46.
[1037] Abb. 47.
[1038] Abb. 48.

das „*schöne Geschlecht*" zur „*sorgfältigen Körperpflege*" anzuleiten.[1039] Die zweite gängige Drohkulisse gestaltete sich noch konkreter und ging einen Schritt weiter: Sie beschrieb den sozialen Ausschluss wegen Körpergeruchs. Schließlich hieß es: „*Im täglichen Leben ist der gepflegte Mensch doppelt geachtet!*"[1040]

Schneeweiße Zähne und strahlender Teint: Das Gesicht

Das Gesicht des modernen Konsummenschen wurde von der Werbung zu einem zentralen Statussymbol umgedeutet. Die Hygiene der Mundhöhle, Zähne und Gesichtshaut sowie der Eindruck des Alters bildeten die grundsätzlichen Bewertungskoordinaten dieses Statussymbols. Somit wurden die Frische des Gesichtes, sein jugendliches Aussehen wie auch die sorgfältige Mundhygiene und Weißheit der Zähne in der Werbung zu Imperativen des body managements. Die Vermittlung dieser Imperative basierte auf der Drohung vor sozialem Ausschluss oder – positiv gewendet – auf der Attraktivität eines Menschen.

Die Mundöffnung hatte in der Werbung einen Stellenwert wie das weibliche Geschlechtsorgan. Körperöffnungen waren die Schnittstelle zwischen der präsentierbaren gestalteten Außenwelt und der biologischen Innenwelt. „*Ein guter Witz kann zur Katastrophe werden!*", erklärte eine Anzeige für die Mouson Zahncreme und präsentierte eine Runde mit zwei Frauen und drei Männern, die sich über einen Witz amüsieren.[1041] Alle dargestellten Personen lachen und zeigen ihre Zähne. „*Ein herzliches Lachen ist reizvoll, wenn eine Reihe perlenweißer Zähne sichtbar wird*", heißt es im Werbetext. Der im Bild rechts abgebildete Mann hat dieses Merkmal nicht zu bieten. In der für unseren Untersuchungszeitraum typischen Direktheit der Werbung wird dieser Mann isoliert und gegenüber den Betrachtern der Anzeige bloßgestellt. Sein schlechtes Gebiss – als ein abschreckendes Merkmal gebrandmarkt – schließt ihn aus der Gesellschaft aus und fordert ihn auf drastische Weise zur Zahnpflege auf.[1042]

[1039] Ebd.
[1040] Abb. 49.
[1041] Abb. 50.
[1042] Ebd.

Zur Reinigung der Zähne existierten zahllose weitere Präparate, für die nicht nur mit drastischen abschreckenden Beispielen bei Nicht-Konsum, sondern ebenso mit einer eindringlichen Vorher-Nachher-Rhetorik geworben wurde. Vollendete Zahnpflege manifestierte sich vor allem durch das morgendliche und abendliche Zähneputzen, auch wenn das kaum zur allgemein üblichen Praxis in Deutschland gehörte. Putzten sich viele Deutsche allenfalls unregelmäßig oder höchstens einmal am Tag die Zähne, so propagierte die Werbung zur vollendeten Zahnhygiene das zweimalige Putzen am Tag, was auch den doppelten Verbrauch bewirkt hätte.[1043]

Während das body management in den 1920er Jahren zunächst noch eine private Angelegenheit war, wurde es Ende der 1930er Jahre in mancher Hinsicht zur Pflicht für das *„ganze Volk"* und die individuelle Zahnpflege wurde als gemeinsamer Kampf gegen ein Volksübel stilisiert.[1044] Der ausgeprägte Individualismus, der hinter der Ideologie des body managements stand, ging in einigen wenigen Fällen vordergründig in einen politisch korrekten Kollektivismus auf, der allerdings immer an das Individuum rückgekoppelt blieb. Die Zahnhygienewerbung im Nationalsozialismus konnte auf die staatliche Unterstützung zur Verbesserung der Zahnpflege bauen. Denn fehlte diese oder war sie unzureichend, führte das, so die gängige Herleitung, zu Krankheiten und aufwendigen Zahnbehandlungen oder Kieferoperationen. Hieraus ergab sich eine Synthese zwischen privatwirtschaftlichen und volkswirtschaftlichen Interessen, bei denen die „Volkshygiene" im Vordergrund stand. Gemeint war damit spätestens Ende der 1930er Jahre die rassisch motivierte Optimierung des arischen Körpers. Zahnhygiene, wie Hygiene überhaupt, konnte als Distinktionsmerkmal gegenüber anderen Nationen gelten, doch bleibt auch hier festzuhalten, dass nur wenige werbetreibende Unternehmen diese Assoziationskette nahelegten. Betrachtet man die Gesamtauswahl an Zahnpflegewerbung, so ist die Betonung des individuellen Gewinns durch Zahnpflege höher einzuschätzen als der Eindruck einer auf das Volk gerichteten Pflichtübung. Eine Überlegung sei daran angeknüpft und später weiter vertieft: Die gleichmachende „„Volksgemeinschaft"", wie überhaupt die NS-Ideologie von der geeinten „Arierrasse", widersprach sämtlichen

---

[1043] Bergler, Entwicklung, S. 13f.
[1044] Abb. 51; Kriegeskorte, 100 Jahre, S. 89.

Absichten der Werbung, die auf individuelle Distinktionsbedürfnisse hoffen musste und diese in der überwältigenden Mehrheit der Werbebeispiele auch bediente. Insofern darf es nicht verwundern, dass beispielsweise in der Zahnpflegewerbung Kollektivismus als Werbeargument kaum als sinnvoll erachtet worden ist.

Neben der optischen Schönheit weißer Zähne zählte ebenso die Bekämpfung von Mundgeruch zu den Aufgaben der body manager. Frischer Atem stand für das Nonplusultra einer gelungenen body performance. Wiederum klang der von der Werbung überhöhte Wert der Frische an, die es zu erringen galt. *„Frisch in den morgen"* ging es mit Odol, *„herrlich erfrischend"* wirkte das Chlorodont-Mundwasser.[1045] Eine Vernachlässigung dieses Aspekts des body managements konnte erneut mit sozialem Ausschluss sanktioniert werden, wie eine Chlorodont-Anzeige von 1925 erklärt, die über einen Reisenden berichtet, der etliche Jahre bereits *„an üblem Mundgeruch und missfarbigem Zahnbelag"* leidet.[1046] Diese Merkmale führten auch im Beruf zu einer negativen Resonanz; die Lösung bot Chlorodont-Zahnpasta.[1047]

Die Werbung für Gesichts- und Zahnpflegeprodukte spielte auffallend häufig mit dem Argument, das Gesicht sei mehr als andere Körperzonen für das erfolgreiche Bestehen im „Lebenskampf" verantwortlich. Die Rede vom „Lebenskampf" verdeutlicht die Ernsthaftigkeit der Schönheitspflege. *„Ihr Gesicht – Ihr Erfolg"* oder *„Schön sein heißt Erfolg haben"* lauteten die eingängigen Gleichungen, die in der Weimarer Republik als auch im Nationalsozialismus gleichsam populär waren und zumindest für die Zeit nach 1933 interessant sind, weil auch das in das „arische Kollektiv" eingeordnete glatte Werbegesicht sich nicht von der zweiten Bewertung seiner subjektiven Schönheit befreien konnte.[1048]

Das traf, bewertet man den Fokus der Werbung, vor allem Frauen, die seit den 1920er Jahren mit einer nachhaltig neuen Situation konfrontiert waren, die ihre negativen Auswirkungen in die Gesichter einschrieb. Das Leben in der Großstadt, Berufstätigkeit und Hausarbeit, die Erwartungen des Mannes und sein Idealbild der Frau – all das konnte unter dem weiblichen

---

[1045] Abb. 52; Abb. 53.
[1046] Abb. 54.
[1047] Ebd.
[1048] Abb. 55.

"Lebenskampf" subsumiert werden. Das moderne Leben führte wegen der schlechten Stadtluft zu verstopften Hautporen, Mitessern und Pickeln im Gesicht sowie zu Falten, Runzeln und müder, fahler Haut wegen der trockenen Luft geheizter Büroräume, in denen die Angestellten saßen.[1049] Das durch die Werbebilder standardisierte Frauenbild mit blonden Haaren, reiner Haut, graziler Körperstatur und fröhlichem Gesichtsausdruck stand damit zur Disposition.

Die Werbung nahm das Bild der modernen Frau zwar auf, vor allem in der Weimarer Republik, verweigerte sich allerdings mehrheitlich der Vorstellung der emanzipierten Frau mit Bubikopf. Populär war das Bild der arbeitenden, aus ihrem Haushalt als einzige Wirkungsstätte herausgerissenen Frau, die einen abgekämpften, verhärteten Eindruck hinterlassen konnte. Die Rolle der Frau wurde damit in einem auffallend konservativen Modell beschrieben, selbst wenn die Werbung ironischerweise die ständige Erneuerung, die Überholung des Traditionellen durch Konsum predigte. Diese Art der konsumistischen Modernisierung bezog sich jedoch fast ausschließlich auf die Verwendung von Produkten und nicht auf die Positionierung der Frau im gesamtgesellschaftlichen Kontext. Die Entwicklung der Frau galt vielmehr ihrer Fassade, was alte Rollenklischees nur intensivierte. Die nach den Maßstäben der Werbung moderne Frau arbeitete zwar, musste sich aber innerhalb eines traditionellen Erwartungshorizontes neu erschaffen, das heißt typische weibliche Zuschreibungen wie Anmut, Schönheit oder Zurückhaltung nur noch perfekter ausfüllen.[1050]

„Immer frisch frisiert ..." – Kopf- und Körperhaare

Lange und kräftige Haupthaare gelten in Märchen und Mythen als Ausdruck besonderer Stärke, sexueller Begierde und Macht und entsprechen Wunschvorstellungen, die gerade auch von der Werbung bedient wurden.[1051] So wandte sich die Werbung für Haarpflegeprodukte fast genauso intensiv an das männliche Publikum wie an das weibliche. Die Haare wurden in der

---

[1049] Abb. 56.
[1050] Abb. 57.
[1051] Stephan, Inge, Das Haar der Frau. Motiv des Begehrens, Verschlingens und der Rettung, in: Benthien, Claudia/Wulf, Christoph (Hg.), Körperteile. Eine kulturelle Anatomie, Reinbek 2001, S. 27–48; grundsätzlich: Janecke, Christian (Hg.), Haar tragen. Eine kulturwissenschaftliche Annäherung, Köln 2004.

Werbung für Körperpflegeprodukte als Hauptproblemzone des objektivierten Mannes identifiziert:

> „Jugend und Schönheit sind vergänglich, aber jeder Mensch kann sich lange jung und schön erhalten, wenn er dafür sorgt, sein Haar in natürlicher Fülle zu erhalten",

hieß es in einer Anzeige für ein Haarpräparat, die sich an Männer richtete.[1052] Damit war ein grundsätzliches Ideal männlicher Haarpracht beschrieben. Die Angst vor Haarausfall diente der Werbung als Ansatzpunkt und eröffnete einen Markt für entsprechende Haarpflegeprodukte. Sie instrumentalisierte die Eitelkeit der Männer und nutzte deren Befürchtung, mit dem Haarausfall an Männlichkeit und Jugendlichkeit zu verlieren. Ebenso bot sich das Ergrauen der Haare als geeigneter Anlass, um die Konsumenten zur Intervention aufzurufen.[1053]

In der Werbung für das gepflegte Männerhaar forderten die Shampoohersteller, dass der Mann sich mindestens einmal wöchentlich die Haare waschen solle. Nur so, prophezeite eine Anzeige für Elida Shampoo, sei der Mann *„überall willkommen"*, denn das Geheimnis seines Erfolgs sei schließlich *„der Takt seiner äußeren Erscheinung"*.[1054] Die Firma Schwarzkopf riet *„Herren"*, die zum *„Liebling der Damen"* avancieren wollten, einmal wöchentlich Schwarzkopf-Shampoo anzuwenden, um Schuppen und Haarausfall vorzubeugen.[1055]

Das gepflegte Kopfhaar galt somit als Vorbedingung für Akzeptanz und Erfolg. Doch nicht nur das Waschen der Haare wurde propagiert, sondern ebenso deren Nachbehandlung mit Haarwasser. Der Hersteller von Dr. Dralle's Birkenwasser beispielsweise kommunizierte in seiner Werbung, dass es zur *„gesellschaftlichen Pflicht jedes Menschen"* gehöre, die Kopfhaut gesund, sauber und schuppenfrei zu halten.[1056] Das wöchentliche Waschen der Haare oder das tägliche Verwenden von Haarwasser entsprachen dem intensivierten Hygienediskurs sowie dem kommerziellen Interesse der Kosmetikfirmen.

[1052] Abb. 58.
[1053] Abb. 59.
[1054] Abb. 60.
[1055] Abb. 61.
[1056] Abb. 62; Abb. 63.

Die weibliche Kundschaft wurde ähnlich adressiert. Erstens galt es auch hier, zum regelmäßigen, d. h. mindestens wöchentlichen, Haarewaschen zu animieren. Zweitens sollte der geringe Zeitaufwand für moderne Haarpflege hervorgehoben werden:

> „Selbstbewusstsein beruht zu einem Teil auf der Gewissheit, gut auszusehen. Ausschlaggebend ist hierbei eine kleidsame Frisur. Und wie leicht ist es, sich diese zu erhalten, es macht so wenig Mühe",

annoncierte Schwarzkopf in einer Anzeige von 1934.[1057] *„Lieber länger schlafen als länger kopfwaschen"* hieß es in Bezug auf das bereits flüssige, nicht länger pulverförmige Elida Glanz Flüssig-Shampoo.[1058] Dass eine *„immer reizende"* Erscheinung keineswegs auf ein spezifisches Milieu beschränkt und insbesondere die Haarwäsche weder kostspielig noch anstrengend sei – dies zu vermitteln war ein weiteres Anliegen der Produzenten von Haarpflegemitteln.[1059] Und so tauchte in der Werbung durchgängig das Motiv der sozialen Akzeptanz auf, die zweifellos eine Frage von gut sitzendem Haar wäre, das leuchte und kraftvoll wirke. Dazu zeigte sie Szenen, in denen die Protagonisten Besuch erwarten und den kritischen Blicken anderer ausgesetzt sind.[1060]

Wider das populäre, aber überbewertete Paradigma der Neuen Frau verbreitete die Bilderwelt der Haarmittelwerbung erneut klassische Rollenklischees. Die Frau blieb in dieser Art der Werbung vorzugsweise blond, lieblich verlockend, sorgend, wenn auch mit androgynen Körperformen: kleinen Brüsten und „männlichen" schmalen Hüften. Body managerinnen waren auch die hier näher betrachteten virtuellen Frauen dieser braven Werbewelt: Durch ihr zeittypisch gestiegenes Bewusstsein für Repräsentationspflichten im Alltag und jene modernen Hygienestandards sollten sie den realen Frauen der Weimarer Republik zum Vorbild dienen.[1061]

Die erhöhte Aufmerksamkeit, die dem Haar gewidmet wurde, bezog sich allerdings nicht nur auf das *Kopf*haar, dessen archaischem Wildwuchs oder Ausfall die Konsumenten beggenen konnten. Denn so sehr das Haupthaar

---
[1057] Abb. 64.
[1058] Abb. 65; Abb. 66.
[1059] Abb. 67.
[1060] Abb. 68; Abb. 69.
[1061] Möhring, Marmorleiber, S. 143.

zum Gestaltungsobjekt für eine breite Masse wurde, so geriet die *Körper*behaarung zum Stigma eines vorgestrigen Daseins und Kulturdefizits. Methoden zur Körperhaarentfernung existierten zwar seit den Griechen und Römern.[1062] Jedoch erhielt die Praxis der Haarentfernung in der ersten Hälfte des 20. Jahrhunderts neue Dimensionen, als eine Vielzahl von Enthaarungscremes auf den Markt kam, die dank ihrer aggressiven chemischen Substanzen erstmals leisteten, was sie versprachen. Eine Revolution im Bereich der Rasur löste beispielsweise der Amerikaner King Gillette aus, der bereits 1895 ein Rasiergerät mit Wegwerfklingen erfand und 1915 einen Rasierer speziell für Frauen einführte. 1931 entwickelte Jacob Schick den elektrischen Rasierer, dem wenig später ein Doppelkopf-Rasiergerät und ein Elektrorasierer für Frauen von Remington folgten.[1063] Zeitgleich wurde die Elektrolyse bekannt, bei der eine spitze Nadel mit Schwefelsäure in den Haarkanal eingeführt werden musste, um das Haar mit einem elektrischen Impuls zu zerstören. Je mehr Haut die damalige Mode zeigte, je populärer namentlich die Freikörperkultur in Deutschland wurde, desto mehr geriet starke Körperbehaarung in Verruf – vor allem bei Frauen, aber auch bei Männern.[1064]

So warb die Heil-Schnell-Fabrik, Produzentin der Enthaarungscreme „Eva", damit, dass ihre Enthaarungscreme schon seit 1928 unzertrennlich mit den Bedürfnissen jeder Dame verbunden sei und die Entfernung der als *„lästig"* bezeichneten Haare für *„Hunderttausende von Damen so selbstverständlich geworden ist wie die Anwendung von Hautcreme oder Zahncreme"*.[1065] In einer Anzeige für Dulmin Enthaarungscreme von 1931 hieß es:

> „So sehr ein schönes Kopfhaar schmückt, so sehr beeinträchtigen unerwünschte Härchen in den Achselhöhlen, in Gesicht und Nacken und an den Beinen frauliche Anmut".[1066]

Damit war Körperbehaarung auch ein soziales Problem, das Menschen in ihrer Lebenssituation beeinträchtigte und intervenierende Maßnahmen erforderte.

[1062] www.veet.de/geschichte.shtml (13.3.06).
[1063] Ebd.
[1064] Zu Nacktheit und Freier Körper Kultur: Möhring, Marmorleiber, S. 347f.
[1065] Abb. 70.
[1066] Abb. 71.

Deutliches Zeichen der Kultiviertheit des Mannes war es, sich zu rasieren. Der Bart galt in der Weimarer Republik und auch nach 1933 als Merkmal der vergangenen Epoche des Kaiserreichs. Demgegenüber symbolisierte das glatt rasierte Männergesicht eine neue Zeit und war das dominierende Bild in der Werbung. Darüber hinaus gab es fast keine Darstellungen von männlichen Werbekörpern, die behaart waren. Zwar wurde der vollkommen unbehaarte Männerkörper nicht aktiv beworben. Daher gab es auch keinerlei Haarentfernungspräparate, die sich explizit an den Mann wandten. Dennoch scheint der glatte männliche Werbekörper ein zumindest implizit geäußertes Ideal gewesen zu sein.

In der NS-Zeit ergaben sich zunächst graduelle, ab 1939 deutliche Verschiebungen beim Bild des haarlosen Menschen. Die mit der Haarlosigkeit suggerierte maschinenhafte Glätte entwickelte sich in der Bildsprache der Werbung zur heroischen Statuenhaftigkeit, die sich von der biologischen, menschlichen Anmutung entfernte und damit das Bild des (arischen) Übermenschen noch einmal verstärkte.[1067]

Aggressive Körpermodifikationen: Eingriffe in die Körperstruktur durch körperformende Geräte und Schönheitschirurgie

„Wir verkaufen Ihnen Schlankheit" – so lautete der Werbespruch eines Miederwarenherstellers, der mit seinen Produkten versprach, den Körper gemäß geltender Schönheitsvorstellungen zu modellieren.[1068] Die Werbung für etliche andere Produkte, vom Nasen- bis zum Wadenformer, suggerierte ebenfalls, dass das body management nicht nur oberflächlich sein müsste, sondern in die Struktur des Körpers eingreifen könne und damit eine nachhaltigere Veränderung bewirke. Die Existenz mechanisch einstellbarer Nasen-, Waden- oder Knöchelformer deutete darauf hin, dass sich eine Bereitschaft entwickelte, tiefer in den Körper einzudringen und nicht nur den Schein eines schöneren Körpers zu wahren, sondern diesen tatsächlich auch in seinem Knochenaufbau zu verändern. Ein idealisierter „deutscher Körper" taucht jedoch in der Auswahlgesamtheit der Werbebeispiele nirgendwo explizit auf.

[1067] Vgl. Möhring, Marmorleiber, S. 347.
[1068] Abb. 72.

Die Werbung machte glauben, dass der nachhaltige Eingriff in die Struktur des Körpers nicht einmal mit großem Aufwand verbunden sein müsse. Auch ohne Sport und Körperübungen könne die Wunschfigur erreicht und der individuelle soziale Auftritt verbessert werden.[1069] Die Vorstellung vom strukturell veränderbaren Körper wurde gleichgesetzt mit der *„rationellen Körperpflege"*.[1070] Diese griff auf die Unterstützung durch Maschinen wie elektrische Massagegeräte zurück. Die Vervollkommnung des biologischen Körpers durch mechanische Geräte, Stützkorsette oder Massagemaschinen evozierte unweigerlich das Bild des Konsumentenkörpers als ein nicht mehr autarker Organismus, sondern als ein zu komplettierendes Konstrukt. Die Ursprünglichkeit „deutscher Oberflächen" wie sie Rudorff als Ideal betrachtete, spielen als Bild in der Werbung und im werblichen Körperdiskurs deshalb keinerlei Rolle.[1071] Ironischerweise unterstrich die Werbung in diesem Zusammenhang, dass diese Gerätschaften *„die Geschenke der Natur"* nur erhalten oder wiederherstellen würden.[1072]

Doch die Natur war kein ausreichender Maßstab. Der Mensch brauchte, so lässt sich schlussfolgern, Hilfs- und Stützkonstruktionen, die ihn als Einheit zusammenhielten. In den hier erwähnten Hilfskonstruktionen für den Konsumenten, der aus den Fugen zu geraten drohte, lag nur der nächste Schritt zu einem aggressiveren body management. Mit Sirenal, einem *„radioaktiven Abmagerungsmittel"*, das auf die individuellen Problemzonen aufgetragen werden konnte und Fettzellen zerstören sollte, war ein Höhepunkt des aggressiven body managements erreicht.[1073] Gleichzeitig markierte ein solches Mittel und dessen Versprechen: *„Wie der Künstler sein Werk modelliert, so formt Sirenal Ihren Körper!"*[1074], eine attraktive Fantasie: Der Konsument hatte die Möglichkeit, zu seinem eigenen Erschaffer zu werden. Er war in der Lage, seinen Körper einem Re-Design zu unterziehen, das schließlich in operativen Eingriffen münden konnte.

Die Werbung der plastischen Chirurgen, die in den 1920er Jahren in den gehobenen Gesellschaftsblättern aufkam, handelte mit den üblichen

---

[1069] Abb. 73.
[1070] Ebd.
[1071] Vgl. Kap. 2.1.
[1072] Abb. 74.
[1073] Abb. 75.
[1074] Ebd.

Argumenten: soziale Ausgrenzung hässlicher Menschen, Überbetonung von Schönheit, die das gesamte Leben zu erleichtern versprach, das Problem, dass das Äußere nicht mit der inneren Schönheit gleichzusetzen sei. Der Körper wurde so als Schicksal beschrieben, das allerdings nicht unabänderlich war. Entscheidend war der Wille „*des ringenden Menschen*", der „*um Sieg und Erfolg*" zu kämpfen hatte.[1075] In diesem „Lebenskampf" – erneut taucht der Begriff auf – durfte der natürliche Körper nicht das „*Anrecht auf Glück und Wohlstand*" zerstören.[1076] Er wurde zur Dispositionsmasse und musste aus strategischen Gründen und dem höheren Ziel des Erfolgs wegen manipuliert werden.

Der energiegeladene Auftritt: Jugendfrische statt Neurasthenie

„Energiegeladener Auftritt" meint den von der Werbung eingeforderten Habitus moderner Menschen, wie er durch den Konsum bestimmter Produkte erreicht werden konnte. In engem Zusammenhang mit dem energiegeladenen Auftritt stand der „Nervendiskurs", der sich in der Werbung widerspiegelte.[1077] Die Werbung machte die grassierende Neurasthenie zu einem wirtschaftlich nutzbaren und seitens der Unternehmen sogar gewünschten Phänomen. Nervosität dokumentierte aus der Sicht der Werbewirtschaft somit keinen bedauerlichen kollektiven Kulturzustand, sondern eröffnete neue Konsummöglichkeiten. Dass ein Produkt die Nerven schone oder stärke, war folglich ein populäres Werbeargument, über das die deutschen Werber ihr Publikum adressierten.[1078]

Energetische, nervenschonende Produkte entfalteten ihre Wirkung vor allem durch innere Anwendung. Ebenso wie die Werbung versprach, die äußere, sichtbare Oberfläche des Konsumenten positiv verändern zu können, bot sie nunmehr Produkte an, die in sein Inneres eingriffen, ihn also aus seinem Kern heraus erneuerten. Tenor vieler Werbebeispiele war es, dass „*kräftige, arbeitsfreudige Muskeln, [...], gute Nerven und ein wundervolles blühendes*

[1075] Abb. 76.
[1076] Ebd.
[1077] Radkau, Joachim, Das Zeitalter der Nervosität. Deutschland zwischen Bismarck und Hitler, München 1998.
[1078] Kraft Foods Deutschland (Hg.), 100 Jahre Kaffee Hag. Die Geschichte einer Marke, Bremen 2006, S. 140–173.

Aussehen" das Ergebnis des richtigen Konsums sein konnten.[1079] Schon von Kind auf sollte der Konsument Biomalz-Flocken essen, um einem kränklichen Aussehen und Missbildungen der Knochen vorzubeugen, was selbst ein geschicktes, aber oberflächliches body management nicht ohne weiteres hätte überdecken können. Es erforderte eine solide Körpersubstanz, um in einem weiteren Schritt die Außenhülle, die Oberfläche der Konsumenten zu bearbeiten. Versinnbildlicht wird dieser Standpunkt in einer Anzeige für das *„Sej Nähr- und Kräftigungsmittel"* anhand der Abbildung eines muskulösen, angriffslustig wirkenden Boxers.[1080] Der durchtrainierte, muskulöse Männerkörper diente als Insignie von Potenz und ausreichender Kraft für den „Lebenskampf". Andere subsidiäre Produkte, wie das eisenhaltige Getränk „Blutan", versprachen die Verbesserung des Blutes, Lebensquell des Menschen: *„Blut ist Leben"*, lautete der Werbespruch, der die Aufmerksamkeit der Konsumenten darauf lenken sollte, dass Blut eklatante Defizite aufweisen konnte, die ausgeglichen werden mussten.[1081]

So zweifelhaft derartige Produkte und Anzeigen sein mochten, so enthielten sie doch viele Informationen über die Bedürfnislage der Konsumenten. Wenn in diesem Kontext von einem erstrebenswerten energiegeladenen Auftritt die Rede ist, dann zeigt das, wie sehr der Konsument zu einem Objekt wurde, der einer energie-, also strombetriebenen Maschine gleichkam. Die Logik des Maschinenzeitalters wurde in der Werbung in ein menschliches Funktionsmodell umgesetzt, wonach bei entsprechendem Input Nervosität wie auf Knopfdruck durch *„Jugendfrische"* und *„Lebensfreude"* ersetzt werden konnte.[1082] Das Bedürfnis danach unterstellte die Werbung Frauen genauso wie Männern.

Sucht man ein zusammenfassendes Bild für die bisherigen Beschreibungen, eine Art Idealtypus der Körperpflegewerbung, so sei abschließend die These formuliert, dass die Nivea-Werbung diesem Status am nächsten ist. In ihr manifestiert sich die bisher beschriebene Ideologie des body managements am deutlichsten. Die Nivea-Werbefiguren verkörpern pars pro toto die Hyperwelten der Werbung. Die beschriebenen Versprechungen und

---

[1079] Abb. 77.
[1080] Abb. 78.
[1081] Abb. 79.
[1082] Abb. 80.

Idealisierungen kommen hier in zugespitzter Form zum Vorschein, auch wenn sich einige Besonderheiten der Nivea-Werbung feststellen lassen.

Die Nivea-Werbefiguren verkörperten nicht die um ihre „performance" und ihre Aura bedachten verunsicherten Individuen, die mitten im „Lebenskampf" standen und dabei die passive Rolle der Erleidenden spielten, sondern die Erlösung durch Konsum suchten. Befanden sich die Konsumenten in dieser Rolle, war es einfach, direkte oder auch nur subtile Drohkulissen eines sozialen Niedergangs bei Nichtverwendung eines Produkts aufzubauen.

Die Macher der Nivea-Werbung, unter ihnen Elly Heuss-Knapp, setzten sich von dieser weit verbreiteten Negativ-Werbung ab, wenngleich auch sie das Versprechen eines besseren Lebens abgaben. Der Weg dorthin war jedoch ein anderer. Die Nivea-Werbung zeigte Menschen, die aktiv im Leben standen und es genossen. In ihrer Werbewelt gab es keine Ängste, keine sanktionierenden Dritten, die mit der Lupe die Gesichtshaut nach Unreinheiten absuchten. Vielmehr wurde eine naive Lebensfreude vermittelt. Die Nivea-Werbefiguren hatten die geforderten Methoden des body managements bereits verinnerlicht. Die Welt von Nivea kannte nur kraftstrotzende, hauptsächlich blonde Menschen, deren Bild sich übergangslos in die NS-Zeit einpassen ließ und nach 1933 in einzelnen Werbebildern in eine befremdliche Zuspitzung des Bildes vom „deutschen Körper" mündete, ansonsten aber nicht als NS-typisch bezeichnet werden kann, weil Nivea bereits in den 1920er Jahren den Typus des heroischen Werbemenschen par excellence geschaffen hatte. Diese Körper waren gemalt. Die Fotografie kam weniger zum Einsatz. Werbemaler konnten die in der Werbung gewünschten Stilisierungen von absoluter Blondheit, perfekter Haut, strahlendem Gesicht besser zum Ausdruck bringen als die zeitgenössische Fotografie. Der Nivea-Mensch war entsprechend seinem dynamischen, heroischen Auftritt nicht mit alabasterfarbener, durchscheinender Gesichtshaut ausgestattet, sondern kultivierte eine sportliche Bräune, die in einem aktiven, auch beruflich aktiven, Leben nicht nur unumgänglich, sondern erstrebenswert war.[1083]

[1083] Abb. 81.

Die demonstrative Zurschaustellung von Lebensfreude, Dynamik und körperlicher Kraft, mithin die Hyperritualisierung des Menschlichen, findet sich in vielen Anzeigen, Plakaten und Werbefilmen der Zeit und kann generalisiert werden. Der in der Nivea-Werbung synthetisierte dynamische Werbekörper lässt jedoch abschließend die Frage aufkommen, was „deutsch" an ihm war und inwiefern die skizzierten Fallbeispiele eine spezifische Kultur im Werbebild spiegeln.

Fazit: Werbebilder und Werbeideologie zwischen 1918 und 1945

Die Bilderwelten der Werbung lassen sich bedingt in den Kontext der bisherigen Diskussion einbinden. Der Geist der Weimarer Werbung ebenso wie der Geist einer „deutschen Werbung" im Nationalsozialismus lassen sich nicht einfach auf ästhetische Konzepte und sprachliche Ausdrücke übertragen. Zwar konnten die Werber Rationalisierung, Urbanisierung, technische Innovationen für die eigene Identitätspolitik nutzen bzw. nach 1933 mit der Integration von Versatzstücken der NS-Ideologie einen neuen Referenzrahmen aufbauen, der die eigene Legitimität sicherte und immer in Bezug zum Elitendiskurs über eine akzeptable Kultur stand. Doch finden sich die Debatten nicht direkt in den Werbebildern wieder. Weder war die Weimarer Werbung im kunstgeschichtlichen Sinne ausgesprochen modern, noch war jene der NS-Zeit besonders rückwärtsgewandt und nahm z. B. Vorstellungen einer deutschen Agrarromantik auf oder zeigte nur heroische Arier, wie sie im Film als Idealtypen von Leni Riefenstahl geschaffen worden waren.[1084] Kam es den Werbern bei der Durchsetzung und kulturellen Verortung ihrer Tätigkeit durchaus darauf an, sich selbst und ihre Tätigkeit an Vorstellungen „deutscher Kultur" rückzukoppeln, so erweisen sich die visuellen Produkte der Werber quantitativ betrachtet als relativ unabhängig. Für die Werber hatte es sich als nützlich erwiesen, ihre eigene Tätigkeit offiziell in das Konstrukt der „deutschen Kultur" einzubinden und sich als Kulturschaffende zu empfehlen, doch in einer plakativen Nationalisierung der Bilderwelten der Werbung unter den jeweiligen Prämissen beider Systeme wurde offenbar kein werblicher Nutzen gesehen. Der gestalterische

---

[1084] Wildmann, Körper, S. 7–34.

Referenzrahmen der Körperwelten war nur sehr eingeschränkt die Nation und eine darauf bezogene Erscheinungsform.

Diese Schlussfolgerung kann zumindest getroffen werden, wenn die deutsche Nationalikonografie lediglich auf Flaggen, weitere staatliche Symbolen, nationale, historisch legitimierte Helden und Allegorien beschränkt werden. All diese Symbole lassen sich nur am Rande finden. Es gibt wenige Flaggen, selten werden die Repräsentanten des Staates für Werbung eingesetzt, nationale Denkmäler fehlen, die Kulturträger der Nation, Goethe, Schiller und andere, scheinen ebenfalls insgesamt für die Werbung untauglich gewesen zu sein. Die Frage ist, ob diese Feststellung dazu verleiten könnte, von der Abwesenheit nationaler Kultur in den Bilderwelten der Werbung zu sprechen. Diese Frage hat rhetorischen Charakter. Begriffe wie Nation und Kultur sind anfänglich bereits als ausgehandelte Konstrukte definiert worden. Kultur besteht demnach nicht an sich und ist ebenso wenig nur im Kontext staatlicher Bild- und Symbolproduktion zu finden.

Die Logik der Werbegestaltung folgte einer eigenen Dynamik und eigenen Gesetzen. Sie formte ihre eigene Nationalikonografie, die sich anhand der Aspekte Hygiene, Makellosigkeit, energisches Auftreten im „„Lebenskampf"" und konsumistische Modernisierung bei gleichzeitiger Konservierung sozialer Rollenspiele definierte. Es bleibt zu fragen, wie kulturell spezifisch diese Koordinaten sind. Angesichts des untersuchten Bildquellenmaterials von Werbung für Kosmetik ist weiterhin zu überlegen, ob eine stärkere ikonografische Übersetzung staatlich-offiziöser, den Vorstellungen der Eliten entsprechender Bilder von „deutscher Kultur" in die Werbung nicht vielleicht in anderen Werbesegmenten stärker zutage tritt. Kosmetik- und Haushaltswerbung könnte in überkommener Denkart als „weiblich" konnotiert werden, damit auch als politikfern sowie als abseits der konventionellen Nationalikonografie. Dass diese Assoziationskette von „weiblich – unpolitisch" selbst zu Beginn des 20. Jahrhunderts kaum zutreffend ist, macht der politische Aktivismus der ersten Frauenbewegung und der Erfolg des Frauenwahlrechts in etlichen europäischen Ländern deutlich. Man wird folglich – so die hier vertretene These – auch in anderen Werbesegmenten wie der Automobilwerbung keine grundsätzlich verschiedenen Ergebnisse erhalten als in den untersuchten Fallbeispielen.

Auch bei der Automobilwerbung oder der Zigarettenwerbung, die als „männlich" assoziiert werden könnte, bleibt der übergeordnete Diskursrahmen dieser Arbeit weitgehend unberührt. Auch Werbung, die sich stärker an ein männliches Publikum wandte, war ikonografisch nicht politischer, nationaler aufgeladen und versuchte politisch korrekte Bildwelten „deutscher Oberflächen" zu präsentieren. Auch in diesen Bereichen zeigte die Werbung stark subjektivierte Anreize wie Abenteuerlust, persönliche Freiheit und Mobilität, Lebenslust oder individuellen Statusgewinn, damit soziale Akzeptanz.[1085]

Lediglich in den werblichen Bilderwelten der Kriegszeit zeigt sich ein Bruch mit den vordergründig unpolitischen, nicht an der konventionellen Nationalikonografie orientierten Szenarien der beschriebenen Fallbeispiele. Symptomatisch ist dafür eine Anzeige von Mercedes-Benz aus dem Jahr 1940, auf der der Mercedes-Stern in monumentaler Überhöhung aus der Unterperspektive bildeinnehmend gezeigt wird. Der Stern wird in Verbindung mit einer im unteren Bereich abgebildeten Weltkugel präsentiert und durch den Text ergänzt, dass die Marke auf der ganzen Welt Sinnbild konstruktiver Spitzenleistungen sei. Die text-bildliche Zusammenstellung suggeriert die Dominanz eines deutschen Produkts in der Welt und kann als Entsprechung zu den globalen Machtansprüchen der Nationalsozialisten und ihres Eroberungskrieges gesehen werden. Diese Art von Werbebildern entspringen der Extremsituation des Krieges und können deshalb nur für einige Jahre als symptomatisches Phänomen angesehen werden. Für diese Jahre gilt jedoch durchaus: Deutsche Marken sollten die Welt erobern.[1086] Zahlreiche weitere Markenunternehmen bedienten sich einer ähnlichen Symbolik und verwendeten Embleme von Macht, Stärke, Dominanz und Sieg. Sie zitieren damit eine Symbolik staatlicher Macht und hoheitlicher Kultur, deren Botschaft immer die Beherrschung des Weltmarkts durch deutsche Produkte ist. In diesen Beispielen zeigt sich am deutlichsten eine Übereinstimmung zwischen konventioneller Nationalikonografie und den Bilderwelten der Werbung. Es wäre gemäß unserer offenen Definition von

---

[1085] Als Beispiele von Automobilwerbung siehe: Abb. 82, Abb. 83, Abb. 84, Abb. 85, Abb. 86, Abb. 87, Abb. 88; siehe auch: Mercedes-Benz, Star, S. 21–121.
[1086] Abb. 89.

Kultur und Nation jedoch nicht angemessen, lediglich in den Kriegswelten der Werbung „deutsche Kultur" zu sehen.

Die bisher getroffenen Aussagen können durch zwei hypothetische Fragen vertieft werden. Erstens: Wenn von einer eigenen Logik der Werbegestaltung die Rede ist, wären die beschriebenen Sujets dann auch auf andere Länder übertragbar bzw. sind die Bilderwelten der Werbung universalistisch? Zweitens: Kann die Werbung eigene nationale Bildikonen hervorbringen, die genauso repräsentativ sind wie Produkte der Hochkultur, beispielsweise ein Bild von Dürer, von Werner oder Statuen von Arno Breker?

Die Beantwortung der ersten Frage verlangt eine international vergleichende Studie. Jedoch soll die Hypothese aufgestellt werden, dass Werbebilder relativ universell sind. Eine oberflächliche Betrachtung der englischen, französischen oder amerikanischen Werbung lässt keine eklatanten Unterschiede erkennen.[1087] Die Versprechen eines besseren Lebens durch mehr Hygiene, besseres Aussehen und einen gehobeneren Lebenskomfort ähneln sich. Die Hyperkörper der deutschen Werbung lassen sich ebenfalls in anderen Werbekulturen finden. Blonde, erotisch inszenierte Frauen, durchtrainierte, stattliche Männerkörper, die keinerlei Makel erkennen lassen, wurden französischen ebenso wie deutschen Konsumenten präsentiert. Amerikanische Werbung weist zwar eine Überspitzung bei der Darstellung von Werbesujets auf. Sie fällt damit aber nicht grundsätzlich aus einem deutschen Referenzrahmen heraus. Selbst wenn amerikanische Werbung im Fach- und Elitendiskurs als kulturell inkompatibel gekennzeichnet worden ist, so bleibt festzuhalten, dass im Untersuchungszeitraum beispielsweise die Coca-Cola-Werbung in den USA und in Deutschland zu einem großen Teil identisch war, was für deren kulturelle Übersetzbarkeit spricht.[1088]

Nationale Spezifika finden sich weniger in der grundsätzlichen Aussage und Anmutung der Werbewelten, sondern eher in Details, wie Schriftbildern von Anzeigen, der abgebildeten Mode und sonstigem Bildinventar, oder dem unterschiedlichen Verständnis, wie viel Text eine Werbung beinhalten sollte. Ein Rolls-Royce ist als englisch identifizierbar, jedoch nur, weil diese Marke

---

[1087] Goodrum, Charles/Dalrymple, Helen, Advertising in America. The first 200 Years, New York 1990.
[1088] Schug, Missionare, S. 328.

bereits eindeutig in einen kulturellen Kontext gebracht werden kann – ebenso wie ein Volkswagen. Das Arrangement von Werbefiguren, Produkt und Text ist ähnlich.[1089] Die beschriebenen Tendenzen in den 1920er und 30er Jahren, globale Marken aufzubauen, wie es Amerikaner, aber auch Deutsche während des Weltkriegs taten, unterstützt zudem die Vorstellung einer universalistischen Werbegestaltung, denn in vielen Fällen wurden lediglich Werbetexte den kulturellen Begebenheiten ausländischer Märkte angepasst. Das Grundsujet des Heimatmarktes blieb erhalten.[1090]

Die Frage nach der nationalen kulturellen Repräsentanz von Werbebildern und einer Vergleichbarkeit zu hochkulturellen Bildikonen zielt letztlich auf die Rahmung eines Bildes ab. Die Tatsache, dass Werbebilder universalistische Züge tragen, schließt nicht ihre Ikonisierung für eine bestimmte Gesellschaft aus. Aktuelle Beispiele zeigen, dass der Swoosh von Nike[1091] international verständlich, aber gleichzeitig bereits fester Bestandteil der deutschen Jugendkultur ist. Entscheidend ist folglich die Inszenierung, die Rezeption und ideelle Verankerung, aber auch die Präsenz innerhalb eines Kulturkreises. Manche Bilder der Hochkultur werden allein durch ihre Präsentation in staatlichen Kunstmuseen kulturell verortet. Die Nivea-Dose oder der Erdalfrosch werden es, weil sie über Jahrzehnte ausschließlich in einem national begrenzten Raum kontinuierlich und konsistent beworben worden sind. Eine Ikone deutscher Kultur konnte somit ohne weiteres z. B. auch das „Rama-Mädchen" werden.[1092] Es ist sogar anzunehmen, dass diese Ikonen im Untersuchungszeitraum bekannter waren als Bilder der Germania, die den nationalen elitären Gruppierungen im 19. Jahrhundert vor allem als Personifikation Deutschlands und seiner Werte gegolten hatte. Zumindest existierten aber die nationalen Konsumbilder neben den staatlich anerkannten Symbolen der Kultur und der Nation. Ihr Referenzrahmen blieb über die politischen Systeme hinweg der Konsumismus, der die Nation und ihre Ausdrucksformen im konventionellen Sinne höchstens als Hilfskonstrukt nutzte, wenn das angebracht erschien.

[1089] Vgl. Bildmaterial zu der englischen Automarke auf: www.motoringpicturelibrary.com (31.3.2007); zu Volkswagen und seiner Werbung: Stern (Hg.), 50 Jahre Volkswagen Werbung, Hamburg 2002.
[1090] Vgl. Kapitel 3.4.2. und 4.5.
[1091] Der Swoosh ist das Markenzeichen der amerikanischen Turnschuhmarke Nike.
[1092] Abb. 90.

Insgesamt bleibt jedoch festzuhalten, dass die Werbung keine bewussten Konstrukte von „deutschen Bildern" geschaffen hat. Wo das der Fall war, sind meist direkte staatliche Interventionen und Vorgaben wie bei der Verbrauchslenkung beteiligt. Nationale Insignien werden außerdem in politischen Extremsituationen wie dem Krieg als „eye-catcher", als auffällige Merkmale, die den Blick auf sich ziehen, eingesetzt. Jedoch sind diese Zeichen nur oberflächlich integriert, letztlich austauschbar und dienen auch hier nur dem übergeordneten Ziel des Konsumismus.

6 Schlussbetrachtungen

Zusammenfassung der Ergebnisse

Mit den Studien über „deutsche Kultur" und Werbung wurde aufgezeigt, dass Werbung seit Beginn des 20. Jahrhunderts und verstärkt seit der Zeit nach dem Ersten Weltkrieg nicht nur in den öffentlichen Raum expandierte, sondern ein zentrales Thema des Elitenkampfes um eine authentische, rechtmäßige Kultur und ihre Äußerungsformen geworden war. Ausgangspunkt aller Debatten über Werbung war die Frage, welche Repräsentationsformen die Nation im Alltag annehmen könne. Diese Frage wurde aus verschiedenen Perspektiven unterschiedlich beantwortet. Von Heimatschützern und Werkbündlern konnte „deutsche Kultur" nicht einfach den entstandenen Marktmechanismen überlassen werden. Die einen wollten Werbung als Ausdruck der Konkurrenzwirtschaft eindämmen, um die als ursprünglich aufgefassten „deutschen Oberflächen" zu erhalten. Die anderen bemühten sich, Werbung in den Versuch einzubinden, die Ausdrucksformen „deutscher Kultur" zu modernisieren. Das hieß auch, Werbung als Signum der Zeit zuzulassen, allerdings ihre ästhetischen Prämissen gemäß der Idealvorstellung einer modernen Industrienation umzugestalten. Werbung konnte in den Augen der Werkbündler akzeptiert werden, wenn sie „deutsch" war, das heißt einem künstlerischen Ansatz folgte, nicht marktschreierisch und bunt, sondern klar und einfach gestaltet war, und mittels dieser als überlegen angenommenen Richtlinien die Politik eines deutschen Wirtschaftsimperialismus unterstützte. Hauptsächlich der Werkbund sorgte dafür, dass Werbung als Teil legitimer Kulturpraxis akzeptiert werden konnte. Er verhalf den Werbern und Kreativen dazu, sich nicht nur als Akteure des Wirtschaftslebens, sondern als Kulturträger zu verstehen, die, zunächst noch künstlerischen Impulsen folgend, die Straßen zu Galerien erklärten, um sich spätestens in der Weimarer Republik allerdings von klassischen bildungsbürgerlichen Kulturvorstellungen zu lösen und ihre Arbeit als grundsätzlich legitimes Phänomen aufzufassen. Damit brauchte Werbung nicht mehr Kunst sein, sondern sie konnte schlicht verkaufen. So verschaffte sich die Werbung ein neues Referenzsystem. Werbung implizierte nunmehr für sich die moderne Welt mit einer ihr eigenen Ästhetik, die am sinnfälligsten durch die von Werbung erleuchtete Großstadt signalisiert wurde, die in Konkurrenz zu den alten Zeichen „deutscher Kultur" wie dem Kölner Dom trat. Das Kulturbild des 19. Jahrhunderts wurde von den Werbern überwunden, was sich nicht zuletzt auch in deren Identitätspolitik widerspiegelte.

Rückendeckung bekamen die deutschen Werber bei der Konstruktion ihres konsumistischen Kulturbildes und der systematischen Überarbeitung „deutscher Oberflächenstrukturen" vom amerikanischen Vorbild, das den Weg in die Zukunft wies, allerdings ebenso zur Auseinandersetzung aufforderte, nationale Leistungen in Abgrenzung zu diesem Vorbild zu betonen. Damit war die Amerikanisierung der deutschen Werbebranche ein selektiver Prozess. Es ging nicht einfach um die unkritische Übernahme amerikanischer Verhältnisse, sondern um die Schaffung einer „deutschen Konsumkultur" in Abgrenzung zur amerikanischen.

Expliziter als in der Weimarer Republik wurde die Frage nach dem „deutschen Kern" der Werbung erneut nach 1933 theoretisch aufgeworfen. Gemäß der ideologischen Prämissen des Nationalsozialismus musste sich die Werbung von dem Vorurteil befreien, ein „jüdisches" oder „amerikanisches Kulturimplantat" zu sein. Vordergründig schufen die Nationalsozialisten eine „deutsche Werbung", die allerdings nie genau operationalisiert werden konnte. Die Modifikation der deutschen Konsumkultur bezog sich oftmals auf symbolische Akte – so beispielsweise bei dem Verbot der Radiowerbung oder der „Säuberung" des öffentlichen Raumes. Das Werbevolumen blieb trotz einiger Einschränkungen bis 1939 auf vergleichbarem Niveau wie vor 1933. Auch die Werbegestaltung entzog sich in weiten Teilen dem offiziellen Diskurs über eine „Reinigung" der Bilderwelten von fremden nicht näher definierten Einflüssen. Vielmehr ist eine gewisse ikonografische Kontinuität festzustellen. Die Debatten innerhalb und außerhalb der Werbebranche über die kulturelle Verwurzelung können demnach als Denkfiguren gelten, die nicht in die konkrete Werbegestaltung übersetzt wurden oder vielleicht auch gar nicht eindeutig anwendbar waren.

Schlussbetrachtungen

Die Branche erlebte im Nationalsozialismus eine erhebliche Aufwertung durch ihren Einsatz als politisches Steuerungsinstrument insbesondere in Zeiten des Krieges. Dass Werbung die Fähigkeit zugesprochen wurde, „deutsche Konsumkultur" zu exportieren, den „Endsieg" mitzuerringen und einen von Deutschland dominierten globalen Exportmarkt zu etablieren, spricht für eine ausgeweitete Legitimationsbasis im Dritten Reich. Auch hier ging es niemals um eine spezifische Ästhetisierung des Konsumkulturimperialismus, sondern immer nur um die grundsätzliche Funktion. Legitimation wurde dem konsumistischen Denken nicht zuletzt wegen der werblichen und markentechnischen Kreation Hitlers zuteil, die als Fallbeispiel für die endgültige Überwindung alter Demarkationslinien zwischen Hochkultur und Konsumkultur sowie zwischen Staatsrepräsentation und Warenanpreisung steht.

Die impliziten oder expliziten Diskussionen über eine „deutsche Werbung" waren Ausdruck zeitspezifischer Gemütslagen. Diese finden sich jedoch nur graduell in der konkreten Werbegestaltung zwischen 1918 und 1939 wieder. Erst nach 1939 wies die Werbeästhetik deutliche Spuren der Verarbeitung der politischen Situation auf. Ansonsten kann von einer erstaunlichen Unabhängigkeit bzw. ikonografischen Eigendynamik der Werbung gesprochen werden. Die moderne Welt, die die Weimarer Werbung schuf, war beispielsweise nicht gleichbedeutend mit der kunsthistorisch verstandenen Moderne im Sinne des Internationalen Stils. Dieser spielte auch in der Werbung nur eine untergeordnete Rolle. Ebenso wenig war die angeblich „deutsche Werbung" im Nationalsozialismus hauptsächlich von einer aus heutiger Sicht rückwärtsgewandten, deutschtümelnden, heroischen oder der Blut-und-Boden-Ideologie entsprechenden bäuerlichen Ästhetik geprägt. Die „deutschen Werbewelten" zeigten nationale Spezifika im Detail. Vergleichende Studien würden höchstwahrscheinlich ergeben, dass die Werbegestaltung international ähnlich war. „Deutsch" waren insofern nicht die konkreten Bilderwelten der Werbung. Es waren die im Fach- und Elitendiskurs zugeschriebenen Eigenschaften, die Werbung zur deutschen oder nicht-deutschen Werbung machten.

Sowohl die Debatten über „deutsche Werbung" als auch die direkte Konfrontation zwischen Kulturkritikern und Werbern verdeutlichen den massiven Zusammenprall zweier Mentalitäten, der den Konflikt zwischen traditionellem zünftigem Denken, hochkultureller Repräsentation sowie einer vermeintlich authentischen Ästhetik des Inhalts auf der einen Seite und einer „Welt des Scheins" und einer Ästhetik der äußeren Form auf der anderen Seite hervortreten lässt. Diese zweite Art der Kultur ersetzte, so hieß es, Innerlichkeit und Wahrhaftigkeit durch Vermarktung und Konsum. Sie stellte Spaß und Lebensfreude über Intellektualität, Materialität über Transzendenz, die „seelenlose Großstadt" über die „Heimat", mithin auch „das Deutsche" über „das Jüdische" und „Amerikanische". Sie tauschte Monumentalität und Größe gegen Trivialität und Flachheit und ließ damit die alltägliche Wirklichkeit und die bürgerlichen Gegenwelten von Kunst und Literatur deutlich auseinandertreten.

Werbung – Kultur – Großstadt – Heimat – Nation wurden zu umkämpften Metaphern, die etwas über die Identitätspolitik und die Art und Weise, sich die Welt anzueignen, aussagen. Je nach Auslegung beschrieben sie die subjektive Übereinstimmung mit einem imaginierten „Deutschsein". Umgekehrt konnte die vermeintlich falsche Haltung gegenüber diesen Konstrukten Ausdruck von Devianz sein. Besonders deutlich wird das mit Blick auf die Abgrenzungsversuche gegenüber angeblich „nicht-deutschen" Einflüssen. So ist das „Jüdische" – als Gegensatz zum „Deutschen" – einer der erstaunlich kontinuierlichen, wenn auch nicht durchgehend dominanten Themen in der deutschen Werbegeschichte.

Augenfällig machte sich der Wandel „deutscher Kultur" in der Ästhetik des Alltags bemerkbar: durch Plakatierungen an Häuserwänden, Anschlagstellen und Litfaßsäulen, durch Flugzeuge mit Werbebannern sowie Werbung im Kino und Radio. In den 1920er Jahren kam es erstmals zu einer multimedialen „Bewerbung" der Deutschen. Damit wurde der Diskursort über „deutsche Kultur" aus den Institutionen der Hochkultur zusätzlich auf die Straße getragen.

Neben dem kulturellen Wandel im Stil und im Ausmaß der Anpreisung von Waren machte sich mit der Werbung aber auch ein sozialer Wandel bemerkbar. Die werbetreibenden Unternehmen kommunizierten vielfach Heilsversprechen einer besseren Welt. Diese Heilsversprechen boten eine neue Art der Illusionierung und modernen „„Beseelung"", die der Annahme einer rein rationalistischen Welt vordergründig entgegenstand, aber im Kern

Schlussbetrachtungen

genau deren Ausdruck war. Auch das konnte in den Kontext des „Deutschen/Nicht-Deutschen" gerückt werden, beispielsweise wenn die „deutsche Seele" als zu abgründig und kompliziert beschrieben wurde, als dass sie sich mit amerikanischer Marktforschung erfassen ließe. Im Gegensatz dazu konstatierten die Werber die fragile Existenz der Deutschen, die in einem akuten „„Lebenskampf'" steckten. Der Begriff markiert den prominentesten Ausgangspunkt zeitgenössischer Werbestrategien. Die Werber verknüpften Illusionen vom besseren Leben in Text und Bild mit ökonomischen Zielen. Konsum wurde dabei als soziale Praxis definiert, die Soziabilität innerhalb einer „deutschen Kultur" herstellte.

Genau in dieser Anmaßung und Eigenart der Werbung als Illusionierungsmittel steckte ein weiterer Konfliktherd, der – wenn es um Werbung als Bild geht – als Trivialisierung der deutschen Bildkultur benannt werden könnte. Werbung als Ausdruck des kapitalistischen und auf Konkurrenz beruhenden Wirtschaftssystems war somit nicht nur sprachlich-intellektuelles Diskursmotiv, sondern ebenso visuelles Phänomen, das die Ordnung der deutschen Bildkultur angriff. Werbebilder und ihre Präsenz im öffentlichen Raum stellten die Repräsentation bisheriger Bilder der Nation in Frage.[1093] Die Kontroversen entzündeten sich dabei an der konkreten Bildästhetik der Werbung (bspw. „schreiende Farben"), jedoch noch viel mehr an der Kolonisierung des öffentlichen Raums. Die Frage, was den Bildhaushalt einer Nation quantitativ oder qualitativ dominiert, was die Deutschen wahrnehmen, verehren und als Bilder ihrer Lebensumwelt verinnerlichen sollten, prägte einen Machtkampf und Ikonoklasmus, der symbolhaften Charakter hatte. Es ging in diesem Machtkampf um die Herrschaft im öffentlichen Raum, das formelle bzw. informelle Recht zur Gestaltung „deutscher Oberflächenstrukturen" und letztlich um die Akzeptanz dessen, was pauschal als moderne Gesellschaft bezeichnet werden kann.

Die Suche nach der „deutschen Kultur" und der nationalen Konsumgemeinschaft, in diesem Zusammenhang konkreter: Bild- und Sehgemeinschaft, hätten die historischen Akteure nicht zwangsläufig als

---

[1093] Schug, Alexander, Das Ende der Hochkultur? Ästhetische Strategien der Werbung 1900–1933, in: Hardtwig, Wolfgang (Hg.), Ordnungen in der Krise. Zur politischen Kulturgeschichte Deutschlands 1900–1933, München 2007 (im Erscheinen).

konkurrierende Felder – hier hohe Kultur, dort die niederen angewandten Künste – betrachten müssen. Beides hätte als Ausdruck einer sich ausdifferenzierenden Gesellschaft begriffen werden können, in der Konsum und Tiefsinn, Hochkultur und Konsumkultur nebeneinander hätten existieren und Ausdruck der „deutschen Kultur" sein können. Im Verständnis der Zeitgenossen, insbesondere nach Meinung konservativ-bildungsbürgerlicher Akteure des Werbediskurses, war das kaum möglich, weil die Suche nach einer übergreifenden kulturellen Einheit über die Akzeptanz der Vielfalt von Subkulturen gestellt wurde.

Vor allem ein konservativer Teil des bildungsbürgerlichen Milieus hielt an einer hohen Leitkultur fest, was die Konsumkultur, somit auch die Werbung, als Gefahr und illegitimes Phänomen brandmarkte. Vermittlungsversuche seitens des Deutschen Werkbunds oder des Bauhauses konnten zwar wichtige Impulse setzen, waren am Ende allerdings nicht wirklich erfolgreich, weil auch sie zu sehr einem ästhetischen Elitismus verhaftet blieben, als dass sie sich auf die konsumistische Kultur tatsächlich hätten einlassen können.

Dennoch ist festzustellen, dass sich einige Koordinaten in der visuellen Darstellung und Wahrnehmung der „deutschen Kultur" verschoben und sich das marktdefinierte quantitative Verhältnis von legitimer hoher Bürgerkultur und Konsumkultur zugunsten der Konsumkultur änderte. Der Anspruch, dass es eine einheitliche „deutsche Kultur" geben könne, die ihren angemessenen visuellen Ausdruck in einer bürgerlich-hochkulturellen Ästhetik nach dem Muster des 19. Jahrhunderts finden müsse, war sowieso illusorisch, selbst wenn im Nationalsozialismus das Konstrukt der leitenden hohen „deutschen Kultur" noch einmal eine bemerkenswerte Popularität erfuhr. Langfristig jedenfalls wurde der Trend zur kulturellen Einebnung von „high and low" nicht aufgehalten.[1094] Deutlicher als zuvor wurde die „deutsche Kultur" im Nationalsozialismus instrumentalisiert und bekam etwas Fassadenhaftes. Die Kulturpraxis der Nationalsozialisten, die populistische Inszenierung der hohen Kultur, aber auch der staatlich veranlasste und symbolische Einsatz von Werbung beim Erlangen und der Ausübung politischer Herrschaft macht deutlich, dass die Vorstellung einer

---

[1094] Grundsätzlich: Varnedoe, Kirk et al., High & Low. Moderne Kunst und Trivialkultur, München 1990.

einheitlichen repräsentativen „deutschen Kultur" trotz anderslautender Rhetorik hinfällig geworden war. Die Konsumkultur war dabei, zur integrierten Leitkultur ohne Stilkonsens aufzusteigen, die ebenfalls Einfluss auf die politische Kultur und die Selbstinszenierung ihrer Leitfiguren nahm.[1095]

Schlussfolgerungen

Aus den Ergebnissen dieser Studie ergeben sich einige Schlussfolgerungen in Bezug auf das Verhältnis von Nation, „deutscher Kultur", Politik und Konsumkultur. Die neuere kulturgeschichtliche Schule hat in der Nationalismusforschung den Konstruktcharakter von Nationen nachgewiesen.[1096] Annahmen von einer „natürlichen" oder „ewigen" Substanz der Nation sind dabei genauso aufgelöst worden wie an dieser Stelle in dem beschriebenen Zusammenhang der Kulturbegriff und die visuellen, alltäglichen Ausdrucksformen einer Nation. Sowohl Nation und Kultur als auch deren Repräsentationsformen sind flexible Produkte, die Ausdruck von Geschichte sind. Im Extremfall können sie als Erfindung oder Narrativ mit sozial erwünschten Zuschreibungen verstanden werden. Konstruktivistische Perspektiven bestimmen folglich heute die Debatte über diese Themenkomplexe.[1097]

Diese Studie unterstreicht die Ansätze der neueren politischen Kulturgeschichte, indem sie die Konstruktion einer „deutschen Kultur" beschreibt, die sich zunehmend in der Konsumkultur, also unterhalb der Ebene von bildungsbürgerlichen, kunstexpertokratischen Sinngebungen, finden ließ. Dieses Verständnis von Kultur und Nation ermöglichte es erst, dass sich Werber und Werbung Zugang zu dem Elitendiskurs über Kultur verschafften. Allerdings scheint die rein konstruktivistische Perspektive teilweise zu weit zu gehen. „Deutsche Kultur" als legitimer Ausdruck der Nation ist nach den Ergebnissen dieser Studie nicht nur eine reine Erfindung oder intellektuelles Diskursmotiv. Wird der von Werbung angeleitete Konsum beispielsweise als definierendes Element „deutscher Kultur"

[1095] Lamla, Konsum.
[1096] Vgl. Kap. 1.3.
[1097] Vgl. Wehler, Nationalismus, S. 36–40.

hinzugezogen, so bleibt festzuhalten, dass diese Kultur eine konkret ausgeübte Praxis ist. Nicht die von oben implementierte Auffassung über legitime kulturelle Ausdrucksformen rückt damit in den Vordergrund, sondern die tatsächliche, auf breiter Basis gemachte, alltägliche homogenisierende Erfahrung von Konsum. Die nationale Spezifik dieses Feldes lässt sich nur schwer ausmachen, da Werbung nicht die offiziellen Auffassungen einer Nation widerspiegelt, sondern ein in vielen Punkten eigenständiges Referenzsystem ist. So verwundert es nicht, dass weder in der Weimarer Republik noch im Nationalsozialismus ein eindeutiges Bild dieser durch den Konsumismus beeinflussten „deutschen Kultur" entstand. Die Schwierigkeiten der Nationalsozialisten, ihren (allerdings diffusen) Kulturbegriff auf die Werbung zu übertragen und zu operationalisieren, sind dementsprechend symptomatisch. Zwar wurden in vorliegender Studie einige Spezifika, beispielsweise bei der Eigenart der Leuchtwerbung in der Großstadt, herausgearbeitet. Doch bleibt fraglich, ob es diese Spezifika rechtfertigen, von einer genuin „deutschen" Konsumkultur zu sprechen, die heraufzog. Oder zeigen sich anhand der, wenn auch selektiven Amerikanisierung der Werbung in den 1920er Jahren und der, wenngleich staatlich und ideologisch gebremsten, Amerikanisierung im Nationalsozialismus, nicht ganz andere Perspektiven, die von der Orientierung auf die Nation als Konstrukt der Deutschen weg weisen? Diese Fragen haben letztlich rhetorischen Charakter.

Denn nationale Identität schafft die Konsumkultur sowieso nur so lange, wie Konsum weitgehend in nationalen Grenzen stattfindet; die Werbeproduzenten und ihre auftraggebenden Unternehmen folglich in einem nationalen Rahmen agieren. Identität verschafft in diesem Fall die in einer Nation gemachte Erfahrung, Nivea-Creme zu konsumieren oder (wenn es im Untersuchungszeitraum so weit gekommen wäre) Volkswagen zu fahren. An dieser Stelle sei an die Dresdnerin erinnert, die nach der Wende 1989/90 an das Unternehmen Beiersdorf schrieb, dass sie nun endlich wieder Nivea-Creme kaufen könne. Durch diesen banalen Akt wird auf individueller Ebene die Kontinuität der geeinten Nation erlebt. Doch angesichts der Tatsache, dass dieses Produkt heute fast überall auf der Welt erfolgreich vertrieben und in vielen anderen Ländern hergestellt wird, löst sich die Identifikationsmöglichkeit über Konsum und die Produktwelten, in denen Individuen leben, auf. Nationale Markenidentitäten haben nur noch einen virtuellen Charakter.

Der hier beschriebene Zusammenhang ist demnach als ein historisch spezifischer Konnex zu verstehen, der sich in diesem Ausmaß nur für die Zeit klar voneinander getrennter Volkswirtschaften identifizieren lässt. Ab dem Zeitpunkt, zu dem sich die Globalisierung der Produktion, aber auch des Konsums, ihren Weg bahnt, werden nationale Spezifika weitgehend ad absurdum geführt. Wenn Konsum noch im Zeitalter der Volkswirtschaften als kulturstiftendes Phänomen gesehen wird, dann ist in der gegenwärtigen globalen Produktion und Konsumption ein Grund zu sehen, weshalb nationale Identitäten nur noch eingeschränkt möglich sind. Konsum als auch die damit verbundenen Bilderwelten werden immer universaler. Angesichts der „McDonaldisierung" und „Coca-Colonization" der Welt sind derzeit die USA die einzige Nation, die sich dieses Feldes als Mittel der Selbstvergewisserung noch bedienen kann. So entsteht das Bild einer dominanten, amerikanisch-universalistischen Konsumkultur als globale Leitkultur. Unterhalb dieser konsumistischen Sinngebungsebene können Nationalismen – sofern sie überhaupt noch in der Zukunft identitätsstiftend wirken sollen oder können – nur noch an den alten Zeichen von Kultur (historische Bauwerke, Kunst, Literatur etc.) oder allgemeiner durch den Rückbezug auf Geschichte deutlich gemacht werden.

Quellen und Literatur

A. Quellen

I. Archivalische Quellen

Amtsgericht Charlottenburg / Handelsregister

1. Handblatt 152 HRB 41096

Bauhaus Archiv Berlin

1. Nachlass Herbert Bayer
2. 4344/13-16 (Briefe Herbert Bayer an Walter und Ise Gropius)

Bundesarchiv Berlin

1. Reichskunstwart, R 32

    57 (Korrespondenz)

    163 (Bahnhofsreklame)

    164 (Postreklame)

    172/173 (Heimatschutz)

    180 (private Werbefirmen, Magistrat Berlin)

2. Neue Reichskanzlei, R 43 II

    315 (Beratungen der Ministerien zum WWG, Gründung des Werberats)

3. Rechnungshof des Deutschen Reiches, R 2301

    2205 (Beratungen der Ministerien zur Neuordnung der Werbung)

    7051 (Jahresberichte des Werberats)

    7052 (Prüfung der Jahresrechnungen des Werberats)

4. Reichsministerium für Volksaufklärung und Propaganda, R 55

    161 (Organisation und Tätigkeit des Werberats)

    344 Beschwerden gegen Entscheidungen des Werberats)

347 (Werbeabgaben)

348 (Außenwerbung und Heimatschutz; NSRDW; Ordnungsstrafbefugnis)

353 (Sitzungsberichte des Fachausschusses für Wettbewerbs- und Warezeichenrecht bei der Akademie für deutsches Recht)

356 (Zuschüsse des Werberats)

358 (Haushalt des Werberats 1942-44)

359 (Haushalt des Werberats 1934-36)

360 (Haushalt des Werberats 1939-41)

921 (Personalbestand des Werberats 1936-38)

925 (Werbung im Ausland; Ausschaltung jüdischer Anzeigenvertreter im Ausland)

926 (Geschäftsverteilungspläne des Werberats 1938/39)

5. Reichskulturkammer, RKK 2101, 2703, 2400

Personengebundene Akten zu Dorland-Mitarbeitern

6. Reichsministerium für Volksaufklärung und Propaganda, R 2

4947 (Beratungen über WWG)

4948 (Entwurf eines Gesetzes zum Schutze der Heimat gegen verunstaltende Werbung)

7. Reichswirtschaftsministerium, R 3101

9026 (Korrespondenz mit Werbeverbänden)

13789 (Werberat, Propaganda, Reklame)

Bundesarchiv Dahlwitz-Hoppegarten

1. Reichssicherheitshauptamt Berlin, Zentrale Sicherheits Kartei (ZSK)

15 (Walter Matthess)

Frankfurter Allgemeine Zeitung-Archiv

1. Presseerklärung Dorland 4.10.1963

Quellen und Literatur

Hartman Center for Sales, Marketing and Advertising/ Rare Book, Manuscript, & Special Collections Library, Duke University, Durham, North Carolina, USA

1. J. Walter Thompson Newsletter Collection, Main Series 1925-1927
2. Sidney R. Bernstein Company History Files, Biographical Files Series
3. Staff Meeting Minutes
4. J. Walter Thompson Treasurer's Office Records

Herbert Bayer Archive, Denver Art Museum, Denver/USA

1. Archaic Signs and Symbols (Sketchbooks)
2. Artikelsammlung von Herbert Bayer

Nachlass Max Gebhardt

1. unveröffentlichtes Interview mit Max Gebhard, o.J.
2. Lebenslauf Max Gebhard, 2. Oktober 1980

National Archives, Washington D.C.

1. Records of the Government Printing Office, Record Group 149, National Archives Building, Washington D.C., USA (Foreign Market Bulletin, C 18.81)

Unternehmensarchiv Faber-Castell, Stein b. Nürnberg

1. Werbung

    DF 04   (Werbepläne, Manuskripte der Werbeabteilung)

Unternehmensarchiv Henkel, Düsseldorf

1. Werbung

    H 2   (Elly Heuss-Knapp)

    H 4   (Werbedurchführung)

    H 20   (Hauptwerbeabteilung)

    H 42   (Außenwerbung allg.)

    H 422   (Himmelsschrift 1926-1938)

    H 423   (Lichtboot, Wolkenprojektion)

H 430 (Film 1927-1939)

H 4210 (Giebelwerbung)

H 4230 (Lichtwerbung)

Wirtschaftsarchiv Baden-Württemberg

1. Bestand B 35, Matthias Hohner AG, Trossingen

2. Bestand B 46, Paul Hartmann Ag Verbandsstoffe, Heidenheim, 1790-1989

Unternehmensarchive der Firmen: Bahlsen, Beiersdorf, DaimlerChrysler, Kraft Foods, Pelikan, Reemtsma, Unilever (die Archive dieser Firmen sind nicht nach einer klaren Archivsystematik aufgebaut; einzelne Quellen sind mit ihrer Signatur – falls vorhanden – im Fußnotenapparat verzeichnet)

II. Interviews

Javan Bayer, 4.4.2000 (Sohn des 1. Kreativ Direktors von Dorland Herbert Bayer)

Erhard Frühsorge, 17.2.2000 (Gesellschafter und Geschäftsführer der Dorland 1957-1973)

Regina Gebhard, 25.3.2000 (Witwe von Max Gebhard)

Ingrid Kranz, 28.3.2000 (Witwe von Kurt Kranz)

Lydia Matthess, 24.2.2000 (Witwe von Walter Matthess)

Richard Roth, 6.2.2000 (1938 Nachfolger von Herbert Bayer als Kreativ Direktor bei Dorland, gründete mit Walter Matthess 1947 die Dorland München)

Quellen und Literatur

III. Zeitschriften

Berliner Illustrierte Zeitung

Die Denkmalpflege

Die Gebruachsgraphik

die neue linie

Die Reklame, Zeitschrift des Verbandes Deutscher Reklamefachleute e.V., Fachblatt für das gesamte Werbewesen (Nachf.: Die deutsche Werbung)

Die deutsche Werbung. Die Zeitschrift für Wirtschaftswerbung und Werbefachwelt (Vorg.: Die Reklame)

Seidels Reklame, Das Blatt der Praxis. Monatsschrift für das gesamte Ankündigungs- und Empfehlungswesen. Nachweis zweckdienlicher Verbindungen für Reklame

Sport im Bild/Der Silberspiegel

Vogue

Wirtschaftswerbung. Zeitschr. für Werbung u. Wettbewerb ; amtl. Organ des Werberates d. Deutschen Wirtschaft

Zeitschrift des Verbandes Deutscher Annoncen-Expeditionen

Zeitschrift für Handelswissenschaft und Handelspraxis

B. Literatur

Im Literaturverzeichnis sind alle in der Arbeit verwendeten literarischen Titel erfasst sowie Publikationen, die im engeren thematischen Kontext zur Arbeit stehen und inhaltlich verarbeitet worden sind.

B.1. Gedruckte literarische Quellen

Adelung, Margarete, Der „Kampf dem Verderb" im Haushalt mit sparsamen Mitteln, München 1940 (=zugl. Diss., LMU München 1940).

Adolph, P., Das Königlich Sächsische Gesetz gegen die Verunstaltung von Stadt und Land vom 10. März 1909 nebst Ausführungsverordnung vom 15. März 1909, Leipzig 1909.

Agha, M.F., Leave European Art in Europe, in: Advertising Arts (Ergänzungsband zu Advertising and Selling), Januar 1932, S. 15-18.

Agha, M.F., Sanserif, in: Advertising Arts (Ergänzungsband zu Advertising and Selling), März 1931, S. 41-47.

Andresen, Wilhelm, Rationelles Inserieren, Berlin 1911.

Annoncen-Expedition Daube (Hg.), Zeitungs-Katalog, Berlin 1913.

Annoncen-Expedition Rudolf Mosse (Hg.), Zeitungskatalog Rudolf Mosse, Annoncen-Expedition. Verzeichnis der Zeitungen und Zeitschriften, für welche die Annoncen-Expedition Rudolf Mosse Inserate entgegennimmt, Berlin 1895-1933.

Bagnall-Smith, Tony: Dorland (unveröffentlichtes Manuskript). o.A., 1. Aufl., o. J.

Behre, Gustav, Schrift, Farbe und Form in der Reklamegestaltung, München 1936.

Benjamin, Walter, Das Kunstwerk im Zeitalter seiner technischen Reproduzierbarkeit, Frankfurt/M. 1963.

Bernard, Ludwig, Der Hugenberg-Konzern. Psychologie und Technik einer Großorganisation der Presse, Berlin 1928.

Bliss, Hans, Verbrauchslenkung in der entfalteten Wirtschaft. Voraussetzungen und Ansatzpunkte, Berlin 1942 (=zugl. Diss. Universität Nürnberg 1939).

Brandverhütungsdienst der Deutschen öffentlich-rechtlichen Feuerversicherungsanstalten in Zusammenarbeit mit der Reichsarbeitsgemeinschaft Schadenverhütung (Hg.), Schützt die Heuernte vor Selbstentzündung! Aufsätze und Bildmatern für die Presse, Berlin 1937 (=Aufklärungsschrift Nr. 31/1937).

Brehme, Theda, Reklame und Heimatbild, Neudamm 1931.

Daldrop, Walter, Erscheinungsformen der Reklame, ihre neugeordnete praktische Anwendung und moderne Ideengestaltung, Würzburg 1936 (=zugl. Diss. Universität Würzburg 1936).

Deutscher Werkbund (Hg.), Die Kunst in Industrie und Handel, Jena 1913 (=Jahrbuch des Deutschen Werkbundes 1913).

Deutscher Werkbund (Hg.), Mitgliederverzeichnis nach dem Stande Ende April 1928, Berlin 1928.

Deutsches Museum für Kunst in Handel und Gewerbe (Hg.), F. H. Ehmcke & Clara Ehmcke, Hagen 1910 (=Monographien Deutscher Reklamekünstler, Heft 1 u. 2).

Deutsches Museum für Kunst in Handel und Gewerbe (Hg.), Julius Klinger, Hagen 1912 (=Monographien Deutscher Reklamekünstler, Heft 3).

Deutsches Museum für Kunst in Handel und Gewerbe (Hg.), Lucian Bernhard, Hagen 1913 (=Monographien Deutscher Reklamekünstler, Heft 4).

Deutsches Museum für Kunst in Handel und Gewerbe (Hg.), Peter Behrens, Hagen 1913 (=Monographien Deutscher Reklamekünstler, Heft 5).

Deutsches Museum für Kunst in Handel und Gewerbe (Hg.), Julius Gipkens, Hagen 1912 (=Monographien Deutscher Reklamekünstler, Heft 6).

Deutsches Museum für Kunst in Handel und Gewerbe (Hg.), Emil Preetorius, Hagen 1914 (=Monographien Deutscher Reklamekünstler, Heft 7).

Döblin, Alfred, Berlin Alexanderplatz, 43. Aufl., München 2003 (Erstveröffentlichung 1929).

Domizlaff, Hans, Propagandamittel der Staatsidee, Altona-Othmarschen 1932.

Domizlaff, Hans ‚Gewinnung des öffentlichen Vertrauens, Hamburg 1939.

Eckardt, Hugo, Mein Werk. Dr. h.c. Ludwig Roselius. Hag, in: Reclams Universum, 48. Jg., Heft 40, 1932, S. 1472.

Edge, Walter E., A Jerseyman's Journal. The Autobiographie of a Businessman, Governor and Diplomat, Princeton 1948.

Eldridge, F. R., Advertising and Selling Abroad, New York 1930.

Gemeinnützige Berliner Ausstellungs-Messe- und Fremdenverkehrsgesellschaft (Hg.), Die Kamera – Ausstellung für Fotografie, Druck und Reproduktion, amtlicher Katalog und Führer, Berlin 1933.

Gemeinnützige Berliner Ausstellungs-Messe- und Fremdenverkehrsgesellschaft (Hg.), Deutsches Volk – Deutsche Arbeit, Berlin 1934.

Greiert, Carl, 50 Jahre Verband deutscher Schokolade-Fabrikanten. 1876-1926. Festschrift zum 50jährigen Bestehen des Verbandes deutscher Schokolade-Fabrikanten e. V., Dresden 1926.

Hamburger, Richard, Zeitungsverlag und Annoncen-Expedition Rudolf Mosse Berlin, Berlin 1928.

Hauer, Karl, Die Hinrichtung der Sinne, in: Die Fackel, 1907, Nr. 239/240, S. 22.

Hayne, P., Endlich bessere Anzeigen im Kampf um den Kunden von morgen. 300 unübertroffene Beispiele erfolgreicher Anzeigenpraxis harmonisch ausgewertet zu neuen Erkenntnissen für besseres Verkaufen, Stuttgart (Reprint Hörzu-Anzeigenleitung 1981).

Hellwag, Fritz, Anonymität im Kunstgewerbe, in: Das Werk, Nov./Dez. 1920, S. 5-8.

Hellweg, Werner, Die Außenreklame in Stadt und Land, Hamburg 1919.

Herbst, Kurt, Kampf dem Verderb!, Breslau o.J.

Hermann, Heinrich, Beiträge zur volkswirtschaftlichen Würdigung der Reklame, Erlangen 1912.

Hitler, Adolf, Mein Kampf, Zwei Bände in einem Band, München 1924.

Jäckh, Ernst, 6. Jahresbericht des Deutschen Werkbundes 1913/14, in: Der Verkehr. Jahrbuch des Deutschen Werkbundes, 3, 1914, S. 87.

Jakob, Bertold, Das Institut für Deutsche Wirtschaftspropaganda. Vorgeschichte, Gründung und jetzige Bedeutung, Berlin 1936.

Kästner, Erich, Fabian. Die Geschichte eines Moralisten, München 1982 (Erstveröffentlichung 1931).

Kaindls Reklame-Bücherei, Bd. 2, Künstler-Lexikon, Wien 1919.

Keun, Irmgard, Das kunstseidene Mädchen, Stuttgart 1981 (Erstveröffentlichung 1932).

Keun, Irmgard, Gilgi – eine von uns, München 2002 (Erstveröffentlichung 1931).

Klokow, Hermann (Hg. im Auftrag der Kommission zur Beseitigung der Auswüchse der Heimatschutzbestrebungen), Gerichtsentscheidungen in Verunstaltungsfragen, Berlin 1914.

Knapp, Alfred/Luther, Hans, Reklame-Propaganda-Werbung, ihre Weltorganisation. 25. Welt-Reklame-Kongress 1929 Berlin, Berlin 1929.

König, Theodor, Reklame-Psychologie. Ihr gegenwärtiger Stand – ihre praktische Bedeutung, München 1924.

Kraus, Karl, Grimassen. Ausgewählte Werke 1902-1914, Bd. 1. München 1971.

Kraus, Karl, Die Welt der Plakate, in: Grimassen. Ausgewählte Werke 1902-1914, Bd. 1, München 1971.

Kropeit, Richard, Die Reklame-Schule. Leitfaden zum Selbstunterricht im kaufmännischen Reklame-Inseraten-Plakat-Agitations-Ausstellungs- und Offertenwesen, Fünfzig Lektionen, 2 Bde., Berlin 1908.

Kropff, Hanns Ferdinand Josef, Totalität der Werbung. Ein Beitrag zur Vorbereitung ihrer Rationalisierung und zum Einbau in die neue Absatzlehre, Berlin 1939.

Külpe, O., Der gegenwärtige Stand der experimentellen Ästhetik. Bericht über den 2. Kongreß für experimentelle Psychologie, Leipzig 1906.

Lazarus, Gerhard, Reklame durch die Post, Greifswald 1923.

Lindner, Werner, Außenreklame. Ein Wegweiser in Beispiel und Gegenbeispiel, Berlin 1936.

Lindner, Werner, Die zukünftigen Aufgaben der Heimatgestaltung im Geiste Ernst Rudorffs, in: Heimatleben, 1940, S. 20-23

Lotz, Wilhelm, Werkbundarbeit. Rückblick auf die Entwicklung des Deutschen Werkbundes, Berlin 1928.

Mataja, Victor, Die Reklame. Eine Untersuchung über Ankündigungswesen und Werbetätigkeit im Geschäftsleben, Leipzig 1910.

Messe Berlin GmbH (Hg.), Veranstaltungs-Chronik, Berlin o.A., o. Seitenzahlen.

Messe- und Ausstellungs-Ges.m.b.H., Köln-Deutz (Hg.), Kampf um 1 ½ Milliarden. Kampf dem Verderb – Kampf gegen Sachwertverluste in der Volkswirtschaft. Ausstellung in Köln vom 23. bis 31. Oktober 1936, Köln 1936.

Meyer, Gerhard Heinrich, Wesen und Bedeutung der Wirtschaftspropaganda als Mittel der Wirtschaftspolitik, Königsberg 1934.

Müller, Friedrich-Wilhelm, Die Verlautbarungen des Werberates der deutschen Wirtschaft und das bürgerliche Recht, Düsseldorf 1939.

Müller-Freienfels, Richard, Psychologie der Kunst, Bd. I: Allgemeine Grundlegung und Psychologie des Kunstgenusses, Leipzig 1920, S. 1-50.

Münsterberg, Hugo, Psychologie und Wirtschaftsleben. Ein Beitrag zur angewandten Experimental-Psychologie, Leipzig 1912.

Naumann, Friedrich, Deutsche Gewerbekunst. Eine Arbeit über die Organisation des deutschen Werkbundes, Berlin 1908.

Naumann, Friedrich, Werkbund und Handel, in: Deutscher Werkbund (Hg.), Die Kunst in Industrie und Handel, Jena 1913 (=Jahrbuch des Deutschen Werkbundes 1913), S. 5-16.

NS-Gemeinschaft Kraft durch Freude (Hg.), Der Arbeiter und die bildende Kunst. System und Aufgabe der Kunstausstellungen in den Betrieben (Werkausstellungen, Fabrikausstellungen), Berlin 1938.

Packard, Vance, Die geheimen Verführer, Düsseldorf 1966.

Palyi, Melchior (Hg.), Hauptprobleme der Soziologie. Erinnerungsgabe für Max Weber, 1. Band, München 1923.

Paneth, Erwin, Die Entwicklung der Reklame vom Altertum bis zur Gegenwart, München 1926.

Pieper, Gerhard, Amtlicher Führer durch die Reichsausstellung „Die Deutsche Werbung" Essen 1936, Essen 1936.

Pohly, Horst, Die Reklame im Gesetz gegen den unlauteren Wettbewerb, Mannheim 1932.

Rasch, Heinz u. Bodo (Hg.), Gefesselter Blick, 25 kurze Monografien und Beiträge über neue Werbegestaltung. Mit Unterstützung des „Ringes der Werbegestalter des Schweizer Werkbundes" u. a., Stuttgart 1930 (=Reprint 1996).

Rathenau, Walther, Die neue Wirtschaft, Berlin 1918.

Redlich, Fritz, Reklame. Begriff – Geschichte – Theorie, Stuttgart 1935.

Reichsverband der Werbungtreibenden e.V. (Hg.), Werbepolitische Probleme der Gegenwart, Berlin 1937.

Reichsverband Deutsche Reklamemesse e.V. (Hg.), Bücherkatalog der Bücherei des Werbewesens auf der Reklameschau 1929, Berlin 1929.

Ruben, Paul, Zeitgenossen über die Reklame, Berlin 1914.

Rudorff, Ernst, Der Schutz der landschaftlichen Natur und der geschichtlichen Denkmäler Deutschlands, Berlin 1892.

Rudorff, Ernst, Heimatschutz, Darmstadt 1994 (Erstausgabe 1897).

Saal, C. Th. B., Wanderbuch für junge Handwerker oder populäre Belehrungen, Weimar 1842, Reprint der Originalausgabe, Leipzig 1985.

Schade, Klaus, Die Bedeutung der Wirtschafts-Werbung für die deutsche Volkswirtschaft, Nürnberg 1939 (= Diss. Hindenburg-Hochschule Nürnberg 1939).

Schaefer, Klaus, Markt und Werbung, Die Bedeutung der Werbung bei freiem und geordnetem Markt, Berlin 1937.

Schalcher, Traugott, Die Reklame der Straße, Wien/Leipzig 1927.

Scott, Walter Dill, The Theory of Advertising, Bosten 1903.

Scott, Walter Dill, The Psychology of Advertising, Boston 1908.

Scott, Walter Dill, The Psychology of Advertising in Theory and Practice, Boston 1908.

Seyffert, Rudolf, Die Reklame des Kaufmanns, Leipzig 1914.

Seyffert, Rudolf, Allgemeine Werbelehre, Stuttgart 1929.

Simmel, Georg, Philosophie des Geldes, Köln 2001 (=Reprint der Ausgabe von 1920).

Singer, H.W., Allgemeiner Bildniskatalog, 14 Bde., Leipzig 1930-1936.

Sombart, Werner, Die Juden und das Wirtschaftsleben, Leipzig 1911.

Snyckers, Alexander, Frankreichkunde im Dienste Deutscher Wirtschaftswerbung. Winke für Auslands- und Inlandwerbung, Würzburg 1940.

Sponsel, Jean Louis, Das moderne Plakat, Dresden 1897.

Stephan, Wilhelm, Die Aberkennung der Fähigkeit, Führer eines Betriebes zu sein, und die Bestellung eines anderen Führers nach dem Gesetz zur Ordnung der nationalen Arbeit, Forchheim 1938 (=zugl. Diss. Erlangen 1938).

Tiedtke, Helene, Kurpfuscher der Reklame, Berlin 1920.

Tönnies, Ferdinand, Gemeinschaft und Gesellschaft. Abhandlung des Communismus und des Socialismus als empirischer Culturformen, Leipzig 1887.

Tönnies, Ferdinand, Zweck und Mittel im sozialen Leben, in: Palyi, Hauptprobleme.

Veblen, Thorstein, Theorie der feinen Leute, Frankfurt/M. 1989 (Erstveröffentlichung 1899).

Verein der Plakatfreunde e. V. (Hg.), Unsere Reklamekünstler. Selbstbekenntnisse und Selbstbildnisse, Berlin 1920.

Vogt, Victor, Absatzprobleme. Das Handbuch der Verkaufsleitung für Erzeuger, Groß- und Einzelhändler, 1. Bd., Stuttgart 1929.

Walter, Albert, Die Reklame der Städte, Berlin 1916.

Weber, Max, Die protestantische Ethik und der Geist des Kapitalismus. Vollständige Ausgabe, hg. und eingeleitet von Dirk Kaesler, München 2004 (Erstveröffentlichung 1904).

Wehlau, Kurt, Das Lichtbild in der Werbung für Politik, Kultur und Wirtschaft. Seine geschichtliche Entwicklung und gegenwärtige Bedeutung, Würzburg 1939.

Weidenmüller, Hans, Die Durchgeistigung der geschäftlichen Werbearbeit, in: Deutscher Werkbund, Kunst, S. 70-74.

Weidenmüller, Hans, Polizei-Aufsicht oder Selbstzucht, in: Mitteilungen des VDR, 1914, 4, S. 130.

Weidenmüller, Hans, Kurzer Grundriß der Werbelehre. Für den Selbstunterricht und für Fachschulen, Hannover 1916.

Weidenmüller, Hans, Gesang vom Werbewerk, Berlin 1924.

Weidenmüller, Hans, Das Reklamewesen, Prag 1926.

Weidenmüller, Hans, Vom Begriffsbau der Anbietlehre, Berlin 1926.

Weidenmüller, Hans, Geschäftliche Werbearbeit. Von den Aufgaben, von den Notwendigkeiten, von den Möglichkeiten zeitgenössischer Kundenwerbung. Mit 118 Sätzen zur Anbietlehre, Stuttgart 1927.

Weidenmüller, Hans, Lehrbuch der Kundenwerbung, Berlin 1931.

Wernicke, Karl-Heinz, Die Entwicklung des Prinzips der Wahrheit in der deutschen wirtschaftlichen Werbung, Köln 1937 (=zugl. Diss. Universität Köln 1937).

B.2. Sekundärliteratur

A

Adam-Wintjen, Christiane, Werbung im Jahr 1947. Zur Sprache der Anzeigen in Zeitschriften der Nachkriegszeit, Tübingen 1998.

Adorno, Theodor W., Jene Zwanziger Jahre, in: Merkur, 1962, 1, S. 46-51.

Agde, Günter, Flimmernde Versprechen. Geschichte des deutschen Werbefilms im Kino seit 1897, Berlin 1998.

Altrichter, Helmut (Hg.), Bilder erzählen Geschichte, Freiburg/Breisgau 1995.

Andersen, Arne, Der Traum vom guten Leben. Alltags- und Konsumgeschichte vom Wirtschaftswunder bis heute, Frankfurt/M. 1997.

Arbeitsgemeinschaft Deutscher Werbungsmittler (Hg.), 1855-1955. Der Mittler in der Werbung, Frankfurt/Main 1955.

Arnold, M., H. de Toulouse-Lautrec, Reinbek 1995.

Arnold, Sabine R./Fuhrmeister, Christian/Schiller, Dietmar (Hg.), Politische Inszenierung im 20. Jahrhundert. Zur Sinnlichkeit der Macht, Wien 1998.

Arnu, Titus, Hermann Bahlsen, Berlin 1999.

Assmann, Aleida/Friese, Heidrun (Hg.), Identitäten. Erinnerung, Geschichte, Identität 3, 2. Aufl., Frankfurt/M. 1999.

Aynsley, Jeremy, Grafik-Design in Deutschland. 1890-1945, Mainz 2000.

B

Bajohr, Frank, Arisierung in Hamburg. Die Verdrängung der jüdischen Unternehmer 1933-1945, Hamburg 1997.

Bajohr, Frank, Parvenüs und Profiteure. Korruption in der NS-Zeit, Frankfurt/M. 2004.

Bajohr, Frank, „Arisierung" und wirtschaftliche Existenzvernichtung in der NS-Zeit, in: Herzig, Arno et al. (Hg.), Die Geschichte der Juden in Deutschland, Hamburg 2007, S. 224-231.

Barkai, Avraham, Sozialdarwinismus und Antiliberalismus in Hitlers Wirtschaftskonzept, in: GUG, 1977, S. 406-417.

Barkai, Avraham, Vom Boykott zur „Entjudung". Der wirtschaftliche Existenzkampf der Juden im Dritten Reich 1933-1943, Frankfurt/M. 1987

Barron, Stephanie (Hg): Entartete Kunst. Das Schicksal der Avantgarde im Nazi-Deutschland. München 1992.

Bauhaus-Archiv Berlin (Hg.), Herbert Bayer. Das künstlerische Werk 1918-1938. Katalog und Ausstellung im Bauhaus-Archiv Berlin, Museum für Gestaltung, Berlin 1982.

Bäumler, Susanne (Hg): Die Kunst zu werben. Das Jahrhundert der Reklame. Köln, 1. Aufl., 1996.

Bäumler, Susanne (Hg): Der Mohr hat seine Schuldigkeit noch lange nicht getan, in: dies. (Hg.), Kunst, S. 166-172.

Bausinger, Hermann, Volkskultur in der technischen Welt, Stuttgart 1986.

Bausinger, Hermann, Populäre Kultur zwischen 1850 und dem Ersten Weltkrieg, in: Maase/Kaschuba (Hg.), Schund, S. 29-45.

Becker, Frank, Autobahnen, Auto-Mobilität. Die USA, Italien und Deutschland im Vergleich, in: Hardtwig, Kulturgeschichte, S. 23-59.

Behrenbeck, Sabine, „Der Führer". Die Einführung eines politischen Markenartikels, in: Diesener, Gerald et al. (Hg.), Propaganda in Deutschland. Zur Geschichte der politischen Massenbeeinflussung im 20. Jahrhundert, Darmstadt 1996, S. 51-78.

Behrens, G. et al. (Hg.), Agentur 2000. Entwicklungen und Perspektiven für Anbieter von Kommunikationsdienstleistungen, Heidelberg 1992.

Beiersdorf AG (Hg.), 100 Jahre Beiersdorf 1882-1982, Hamburg 1982.

Beiersdorf AG (Hg.), Nivea. Entwicklung einer Weltmarke, Hamburg 2001.

Belting, Hans, Bild-Anthropologie. Entwürfe für eine Bildwissenschaft, München 2001.

Belting, Hans, Das echte Bild. Bildfragen als Glaubensfragen, München 2005.

Bendel, Sylvia, Werbeanzeigen von 1622-1798. Entstehung und Entwicklung einer Textsorte, Tübingen 1998.

Benthien, Claudia/Wulf, Christoph (Hg.), Körperteile. Eine kulturelle Anatomie, Reinbek 2001.

Berding, Helmut, Moderner Antisemitismus in Deutschland, Frankfurt/M. 1988.

Berghoff, Hartmut, This is an Age of Advertisement, Absatzwerbung und Unternehmenswachstum am Beispiel Hohner 1900-1914, in: Zeitschrift für Unternehmensgeschichte 40, 1995, S. 216-234.

Berghoff, Hartmut, Konsumgüterindustrie im Nationalsozialismus. Marketing im Spannungsfeld von Profit- und Regimeinteressen, in: Archiv für Sozialgeschichte 36, 1996, S. 293-322

Berghoff, Hartmut, Zwischen Kleinstadt und Weltmarkt. Hohner und die Harmonika 1857 bis 1961. Unternehmensgeschichte als Gesellschaftsgeschichte, Paderborn 1997 (gekürzte und überarbeitete Fassung der Habilitationsschrift von 1996)

Berghoff, Hartmut (Hg), Konsumpolitik. Die Regulierung des privaten Verbrauchs im 20. Jahrhundert, Göttingen 1999.

Berghoff, Hartmut, Methoden der Verbrauchslenkung im Nationalsozialismus. Konsumpolitische Normensetzung zwischen totalitärem Anspruch und widerspenstiger Praxis, in: Gosewinkel, Wirtschaftskontrolle, S. 281-316.

Berghoff, Hartmut, „Times change and we change with them." The German Advertising Industry in the 'Third Reich': Between Professional Self-Interest and Political Repression, in: Business History 46, 2003, Heft 1, S. 128-147.

Berghoff, Hartmut/Vogel, Jakob (Hg.), Wirtschaftsgeschichte als Kulturgeschichte. Dimensionen eines Perspektivenwechsels, Frankfurt am Main/New York 2004.

Bergler, Georg, Die Entwicklung der Verbrauchsforschung in Deutschland und die Gesellschaft für Konsumforschung bis zum Jahre 1945, Kallmünz 1959.

Bickelhaupt, Heinz, Der Werberat der deutschen Wirtschaft, Bonn 1953.

Biggeleben, Christof et al. (Hg.), „Arisierung" in Berlin, Berlin 2007.

Bird, William L., Better Living. Advertising, Media, and the New Vocabulary of Business Leadership, 1935-1955, Evanston 1999.

Blaich, Fritz, Absatzstrategien deutscher Unternehmer im 19. und in der ersten Hälfte des 20. Jahrhunderts, in: Pohl, Hans (Hg.), Absatzstrategien deutscher Unternehmen. Gestern – Heute – Morgen, Wiesbaden 1982 (=Zeitschrift für Unternehmensgeschichte, Beiheft 23), S. 5-46.

Blaschke, Dieter et al., Berufssoziologie, in: Endruweit, Günter et al. (Hg.), Wörterbuch der Soziologie, Stuttgart 1989, S. 65-71.

Blume, Eugen et al. (Hg.), Überbrückt. Ästhetische Moderne im Nationalsozialismus. Kunsthistoriker und Künstler 1925-1937, Köln 1999.

Böcher, Hans-Georg, Die Welt auf Reisen. Klassiker des modernen Verpackungs-Designs, Bd. 1. Die schönsten Autos, Dampfer, schnellen Flieger aus der „goldenen Ära" der künstlerischen Warenverpackung 1900-1950, Stuttgart 1996.

Boehm, Gottfried (Hg.), Was ist ein Bild? 4. Aufl., München 2006.

Bonacker, Kathrin, Illustrierte Anzeigenwerbung als kulturhistorisches Quellenmaterial, Marburg 2000.

Bongard, Willi, Fetische des Konsums. Portraits klassischer Markenartikel, Hamburg 1964.

Boockmann, Hartmut, Über den Aussagewert von Bildquellen zur Geschichte des Mittelalters, in: Manegold, Karl-Heinz (Hg.), Wissenschaft, Wirtschaft und Technik. Studien zur Geschichte. Wilhelm Treue zum 60. Geburtstag, München 1969, S. 29-37.

Bornhofen, Ekkehard/Hämmerlein, Petra, 90 Jahre Persil. Rechtsprobleme einer großen Marke, Düsseldorf 1997, S. 9-35.

Borrmann, Norbert, Kunst und Physiognomik. Menschendeutung und Menschendarstellung im Abendland, Köln 1994.

Borscheid , Peter et al. (Hg.), Bilderwelt des Alltags. Werbung in der Konsumgesellschaft des 19. und 20. Jahrhunderts. Festschrift für Jürgen Teuteberg, Stuttgart 1995.

Borscheid, Peter et al. (Hg.), Die Tempomacher. Die Rationalisierungsbewegung und die Beschleunigung des Lebens in den Weimarer Jahren, in: Zeitschrift für Unternehmensgeschichte 41, 1996, S. 125-138.

Borscheid, Peter et al. (Hg.), Das Tempo-Virus. Eine Kulturgeschichte der Beschleunigung, Frankfurt/M. 2004.

Bosch AG (Hg.), Unsere beste Reklame war stets unsere Ware. Werbung bei Bosch von den Anfängen bis 1960, Stuttgart 1998 (=Bosch-Archiv Schriftenreihe, Bd. 2).

Bourdieu, Pierre, Zur Soziologie der symbolischen Formen, Frankfurt/M. 1974.

Bourdieu, Pierre, Die feinen Unterschiede. Kritik der gesellschaftlichen Urteilskraft, Frankfurt/M. 1987.

Bracher, Karl Dietrich, Die deutsche Diktatur. Entstehung, Struktur, Folgen des Nationalsozialismus, Frankfurt/M. 1979.

Bracher, Karl Dietrich/Funke, Manfred/Jacobsen, Hans-Adolf (Hg.), Deutschland 1933-1945. Neue Studien zur nationalsozialistischen Herrschaft, 2. ergänzt. Aufl., Bonn 1993.

Bringéus, Nils-Arvid, Volkstümliche Bilderkunde. Formale Kennzeichen von Bildinhalten, München 1982.

Brinkmann, Margret, Mit Eva fing die Werbung an. Geschichte der Werbung. Köln 1964.

Bröhan, Torsten/Berg, Thomas, Design Classics, Köln 2001.

Brose, Hanns W., Die Entdeckung des Verbrauchers. Ein Leben für die Werbung, Düsseldorf 1958.

Brubaker, Rogers/Cooper, Frederick, Beyond Identity, in: Theory and Society 29, 2000, S. 1-47.

Brüning, Ute, Bauhäusler zwischen Propaganda und Wirtschaftswerbung, in: Nerdinger, Bauhaus-Moderne, S. 24-47.

Brüning, Ute (Hg.), Das A und O des Bauhauses. Bauhauswerbung, Schriftbilder, Drucksachen, Ausstellungsdesign, Leipzig 1995.

Brüning, Ute, Praxis nach dem Bauhaus, in: dies., A und O, S. 269-271.

Brüning, Ute, Universale Gestaltung für NS-Wirtschaft und Staat, in: Fiedler, Bauhaus, S. 342-345.

Brüning, Ute et al., Walter Funkat. Vom Bauhaus zur Burg Giebichenstein, Dessau 1996.

Bruhn, Matthias/Borgmann, Karsten (Hg.), Sichtbarkeit der Geschichte. Beiträge zu einer Historiografie der Bilder, Berlin 2005 (=Historisches Forum, Bd. 5).

Buchli, Hanns, 6000 Jahre Werbung. Geschichte der Wirtschaftswerbung und der Propaganda, 3 Bde., Berlin 1966.

Buckley, Kerry W., The Selling of a Psychologist: John Broadus Watson and the Application of Behavioral Techniques to Advertising, in: Journal of the History of the Behavioral Sciences, 18, 1982, S. 207-221.

Budde, Gunilla-Friederike, Des Haushalts „schönster Schmuck". Die Hausfrau als Konsumexpertin des deutschen und englischen Bürgertums im 19. und frühen 20. Jahrhundert, in: Siegrist, Konsumgeschichte, S. 411-440.

Buddensieg, Tilmann, Industriekultur. Peter Behrens und die AEG 1907-1914, Mailand 1978.

Bulst, Neithard, Vom Luxusverbot zur Luxussteuer. Wirtschafts- und sozialgeschichtliche Aspekte von Luxus und Konsum in der Vormoderne, in: Prinz, Weg, S. 47-60.

Burda, Hubert, Iconic turn weitergedreht – Die neue Macht der Bilder, in: Maar, Turn, S. 9-13.

Burke, Kenneth, Die Rhetorik in Hitlers ‚Mein Kampf', in: ders., Die Rhetorik in Hitlers ‚Mein Kampf' und andere Essays zur Strategie der Überredung, Frankfurt/M. 1973, S. 7-34.

Burke, Peter, Augenzeugenschaft. Bilder als historische Quellen, Berlin 2003.

Burke, Peter, Was ist Kulturgeschichte?, Frankfurt/M. 2005.

Bussemer, Thymian, Propaganda. Konzepte und Theorien, Wiesbaden 2005.

C

Cabarga, Leslie, Progressive German Graphics 1900-1937, San Francisco 1994.

Campbell, Joan, Der Deutsche Werkbund 1907-1934, München 1989.

Cerpnjak, Dorothea, Ahoi-Brause. Eine Liebeserklärung an süße saure Sprudelleidenschaft, Leipzig 2004.

Chanzit, Gwen Finkel, Herbert Bayer and Modernist Design in America, Ann Arbor 1987.

Chanzit, Gwen Finkel, Herbert Bayer. Collection and Archive at the Denver Art Museum, Denver 1988.

Chapman, Richard N., A Critique of Advertising: Stuart Chase on the "Godfather of Waste", in: Danna, Advertising, S. 23-28.

Church Roy, Advertising consumer goods in nineteenth-century Britain: Reinterpretations, in: Economic History Review, 53, 2000, 4, S. 621-645.

Clark, Eric, Weltmacht Werbung. Die Kunst, Wünsche zu wecken, Bergisch Gladbach 1989.

Clausen, Lars/Schlüter, Carsten (Hg.), Hundert Jahre „Gemeinschaft und Gesellschaft". Ferdinand Tönnies in der internationalen Diskussion, Opladen 1991.

Coca-Cola GmbH (Hg.), Faszination Coca-Cola. Einsichten in einen Mythos, Essen 2002.

Cohen, Arthur A., Herbert Bayer. The Complete Work, Cambridge/Mass. 1984.

Cohen, Lizabeth, A Consumers' Republic. The Politics of Mass Consumption in Postwar America, New York 2003.

Conrad, Hans-Gerd, Werbung und Markenartikel am Beispiel der Markenfirma Dr. Oetker von 1871 bis 1975 in Deutschland, Berlin 2002.

Curti, Merle, The Changing Concept of Human Nature in the Literature of American Advertising, in: Business History Review, 41, 1967, 4, S. 335-357.

Czech, Hans-Jörg/Doll, Nikola (Hg.), Kunst und Propaganda im Streit der Nationen 1930-1945, Dresden 2007 (=Begleitkatalog zur gleichnamigen Ausstellung, Deutsches Historisches Museum Berlin, 26.1.-29.4.2007).

D

Damrow, Harry, Ich war kein geheimer Verführer, Rheinzabern 1981.

Danna, Sammy R. (Hg.), Advertising and Popular Culture: Studies in Variety and Versatility, Bowling Green 1992.

Daunton, Martin/Hilton, Matthew (Hg.), The Politics of Consumption: Material Culture and Citizenship in Europe and America, Oxford 2001.

De Grazia, Victoria, Amerikanisierung und wechselnde Leitbilder der Konsum-Moderne (consumer-modernity) in Europa, in: Siegrist, Konsumgeschichte, S. 109-137.

DeMooij, Marieke K./Keegan, Warren J., Advertising worldwide. Concepts, Theories and Practice of international, multinational and global Advertising, New York 1991.

Design Zentrum NRW (Hg.), Mythos aus der Flasche. Coca-Cola Cultur im 20. Jahrhundert, Essen 1994.

Deutsche Eisenbahn-Reklame GmbH (Hg.), Signale der Werbung. 100 Jahre Deutsche Eisenbahn Reklame, Kassel o.J.

Deutscher Sparkassenverlag, Wer den Pfennig nicht ehrt... Plakate werben für das Sparen, Stuttgart 1992.

Deutscher Werkbund, Landesgruppe Hessen (Hg.), 50 Jahre Werkbund, Berlin 1958.

Deutsches Hygiene Museum (Hg.), In aller Munde. Einhundert Jahre Odol, Dresden 1993.

Deutsches Patentamt et al. (Hg.), DPA, 100 Jahre Marken-Amt. Festschrift, München 1994.

Deutsches Werbemuseum e.V. (Hg.), 1945 bis 1995. 50 Jahre Werbung in Deutschland, Ingelheim 1995.

Dichter, Ernest, Überzeugen, nicht verführen. Die Kunst Menschen, zu beeinflussen, Düsseldorf 1971.

Dichtl, Erwin (Hg.), Verbraucherschutz in der Marktwirtschaft, Berlin 1975.

Diesener, Gerald et al. (Hg.), Propaganda in Deutschland. Zur Geschichte der politischen Massenbeeinflussung im 20. Jahrhundert, Darmstadt 1996, S. 51-78.

Diller, Ansgar, Rundfunkpolitik im Dritten Reich, München 1980.

Doering-Manteuffel, Anselm, Wie westlich sind die Deutschen? Amerikanisierung und Westernisierung im 20. Jahrhundert, Göttingen 1999.

Dorner, Alexander, The Way beyond Art. The Work of Herbert Bayer, New York 1949.

Dröge, Franz/Müller, Michael, Die Macht der Schönheit. Avantgarde und Faschismus oder die Geburt der Massenkultur, Hamburg 1995.

Droste, Magdalena, Herbert Bayer. Das künstlerische Werk 1918-1938, Berlin 1982.

Droste, Magdalena, Bauhaus 1919-1933, Köln 1998.

Dubber, Doris, Die Bedeutung des Markenartikels im Prozeß der industriellen Entwicklung, Berlin 1969 (=Schriftenreihe zur Industrie- und Entwicklungspolitik).

Dunbar, David S., Estimates of Total Advertising Expenditures in the UK before 1949, in: Journal of Advertising History, Dezember 1977, S. 9-11.

Dunk, Hermann Walther von der, Kulturgeschichte des 20. Jahrhunderts, München 2004.

Dussel, Konrad, Wundermittel Werbegeschichte? Werbung als Gegenstand der Geschichtswissenschaft, in: Neue Politische Literatur 3, 1997, S. 416-430.

Duvigneau, Volker et al. (Hg.), Ludwig Hohlwein 1874-1949. Kunstgewerbe und Reklamekunst, Begleitband zur Ausstellung im Münchner Stadtmuseum, München 1996.

E

Eco, Umberto, Einführung in die Semiotik, 9. unveränderte Auflage Aufl., München 2002.

Eckardt, André, Im Dienst der Werbung. Die Boehner-Film 1926-1967, Berlin 2004.

Ellerbrock, Karl-Peter, An der Schwelle zur Konsumgesellschaft: Traditionelle Nahrungswirtschaft und die Anfänge der industriellen Nahrungsmittelproduktion in Preußen im ausgehenden 18. und 19. Jahrhundert, in: Prinz, Weg, S. 273-290.

Endruweit, Günter et al. (Hg.), Wörterbuch der Soziologie, Stuttgart 1989.

Engel, Frauke, Verpackung und Kunst am Beispiel Bahlsen, in: Westfälisches Museumsamt (Hg.), Supermarkt und Emmaladen. Aus der Geschichte der Warenverpackung, Münster 1993, S. 27-45.

Ennen, Reinald, Zünfte und Wettbewerb. Möglichkeiten und Grenzen zünftlerischer Wettbewerbsbeschränkungen im städtischen Handel und Gewerbe des Spätmittelalters, Köln 1971.

Erker, Paul, Dampflok, Daimler, Dax. Die deutsche Wirtschaft im 19. und 20. Jahrhundert, 2. überarb. Aufl., Stuttgart 2002.

Erstic, Marijana/Schuhen, Gregor/Schwan, Tanja (Hg.), Avantgarde – Medien – Performativität. Inszenierungs- und Wahrnehmungsmuster zu Beginn des 20. Jahrhunderts, Bielefeld 2005.

Ev. Akademie Baden (Hg.), Der Traum vom Neuen Menschen. Hoffnung – Utopie – Illusion?, Karlsruhe 1999 (=Herrenalber Protokolle 113).

F

Feldenkirchen, Wilfried et al. (Hg.), Wirtschaft, Gesellschaft, Unternehmen. Festschrift für Hans Pohl zum 60. Geburtstag, Stuttgart 1995 (=VSWG Beiheft 120).

Feldenkirchen, Wilfried et al., Menschen und Marken. 125 Jahre Henkel, 1876-2001, Düsseldorf 2001.

Fehr, Michael, „...Daß nicht die Blechkonservenbüchse die Klaue des Löwen sei...". Zur Einführung, in: Kaiser Wilhelm Museum Krefeld/Karl Ernst Osthaus-Museum der Stadt Hagen, Museum, S. 307-310.

Fest, Joachim, Das Gesicht des Dritten Reiches. Profile einer totalitären Herrschaft, 8. Aufl., München 2004.

Fiedler, Jeanine/Feierabend, Peter (Hg.), Bauhaus, Köln 1999.

Fillitz, Hermann (Hg.), Der Traum vom Glück. Die Kunst des Historismus in Europa, Wien 1996.

Film-Archiv Lippe (Hg.), Werbefilme. Spiegel der Zeiten – Chronik des Alltags, Bielefeld 2002.

Flusty, Steven, De-Coca-Colonization. Making the Globe from the Inside out, London 2004.

Forde, Kate, Celluloid Dreams. The Marketing of Cutex in America, 1916-1935, in: Journal of Design History, 15, 2002, 3, S. 175-189.

Foreman-Peck, James, The American Challenge of the Twenties: Multinationals and the European Motor Industry, in: The Journal of Economic History, 42, 1982, 4, S. 865-881.

Forster, Ralf, Sparkassenfilme als Instrumente zur Propagierung nationalsozialistischer Ideologie, in: Film-Archiv Lippe, Werbefilme, S. 145-158.

Forster, Ralf, Sparkassenwerbefilme im Nationalsozialismus, Frankfurt/M. 1999.

Fox, Richard W./Lears, T. J. Jackson (Hg.), The Culture of Consumption: Critical Essays in American History, 1880-1980, New York 1983.

Fox, Stephen, The Mirror Makers. A History of American Advertising and its Creators, New York 1984.

Franck, Georg, Mentaler Kapitalismus. Eine politische Ökonomie des Geistes, München 2005.

Francois, Etienne/Schulze, Hagen (Hg.), Deutsche Erinnerungsorte. Eine Auswahl, Bonn 2005 (=Schriftenreihe Bundeszentrale für politische Aufklärung, Bd. 475).

Fremdling, Rainer, Eisenbahnen und deutsches Wirtschaftswachstum 1840-1879. Ein Beitrag zur Entwicklungstheorie und zur Theorie der Infrastruktur, Dortmund 1975.

Friemert, Chup, Der Deutsche Werkbund als Agentur der Warenästhetik in der Aufstiegsphase des deutschen Imperialismus, in: Haug, Warenästhetik, S. 177-230.

Fritz Bauer Institut (Hg.), „Arisierung" im Nationalsozialismus. Volksgemeinschaft, Raub und Gedächtnis, Frankfurt/M. 2000.

Fuchs, Heinz/Burkhardt, Francois, Produkt, Form, Geschichte. 150 Jahre deutsches Design, 2. veränd. Aufl., Berlin 1988.

Führer, Karl Christian/Hickethier, Knut/Schildt, Axel, Öffentlichkeit – Medien – Geschichte, Konzepte der modernen Öffentlichkeit und Zugänge zu ihrer Erforschung, in: Archiv für Sozialgeschichte, 41, 2001, S. 1-38.

Fullerton, Ronald A., A Prophet of Modern Advertising: Germany's Karl Knies, in: Journal of Advertising, 27, 1998, 1, S. 51-67.

Funk, Anna-Christa, Karl Ernst Osthaus gegen Hermann Muthesius. Der Werkbundstreit 1914 im Spiegel der im Karl Ernst Osthaus Archiv erhaltenen Briefe, Hagen 1978.

G

Gallus, Alexander et al., Öffentliche Meinung und Demoskopie, Berlin 1998.

Gassert, Philipp, Amerika im Dritten Reich. Ideologie, Propaganda und Volksmeinung 1933-1945, Stuttgart 1997.

Geese, Uwe/Kimpel, Harald (Hg.), Kunst im Rahmen der Werbung, Marburg 1982.

Geyer, Rolf, Der Gedanke des Verbraucherschutzes im Reichsrecht des Kaiserreichs und der Weimarer Republik. Eine Studie zur Geschichte des Verbraucherrechts in Deutschland, Frankfurt/M. 2001.

Giddens, Anthony, Modernity and Self-Identity. Self and Society in the Late Modern Age, Cambridge 1991.

Gilman, Sander, Das Gesicht wahren. Zur ästhetischen Chirurgie, in: Schmölders, Gesichter, S. 96-112.

Goebel, Frank Peter, Geschäftslage des Patentamts als Marken-Amt 1894 bis 1993 – Bestandaufnahme, Zwischenbilanz, in: Deutsches Patentamt et al., DPA, S. 107-135.

Goffman, Erving, Stigma. Über Techniken der Bewältigung beschädigter Identität, Frankfurt/M. 1975.

Goodrum, Charles/Dalrymple, Helen, Advertising in America. The first 200 Years, New York 1990.

Gosewinkel, Dieter (Hg.), Wirtschaftskontrolle und Recht in der nationalsozialistischen Diktatur, Frankfurt/M. 2005.

Göttsch, Silke, Volkskultur. Fund und Erfindung – zum Begriff, in: Hügel, Handbuch, S. 83-89.

Graef, Bernd et al. (Hg.), Volkswagen Chronik, Wolfsburg 2002 (=Hist. Notate, schriftenreihe des Unternehmensarchivs der Volkswagen AG, Wolfsburg).

Gries, Rainer/Ilgen, Volker/Schindelbeck, Dirk, „Ins Gehirn der Masse kriechen!" Werbung und Mentalitätsgeschichte, Darmstadt 1995.

Gries, Rainer, Produkte als Medien. Kulturgeschichte der Produktkommunikation in der Bundesrepublik und der DDR, Leipzig 2003.

Grohnert, René, Hans Sachs – der Plakatfreund. Ein außergewöhnliches Leben 1881-1974, in: Deutsches Historisches Museum, Kunst, S. 16-29.

Gropius, Walter, Die Bauhaus-Idee – Kampf um neue Erziehungsgrundlagen, in: Neumann, Bauhaus, S. 10-13.

Grosse, Eduard, 100 Jahre Werbung in Europa, Berlin 1980.

Grover, Kathryn (Hg.), Fitness in American Culture. Images of Health, Sport, and the Body, 1830-1940, Amherst 1989.

Guckel-Seitz, Sabine, Stadtreklame als Text. Die(se) Geschichte mit der Semiotik, in: WerkstattGeschichte, 7, 1994, Heft 1, S. 18-30.

Gurjewitsch, Aaron, Himmlisches und irdisches Leben. Bilderwelten des schriftlosen Menschen im 13. Jahrhundert, Amsterdam 1997.

H

Haas, Stefan, Psychologen, Künstler, Ökonomen. Das Selbstverständnis der Werbetreibenden zwischen Fin de siècle und Nachkriegszeit, in: Borscheid, Bilderwelt, S. 64-77.

Haas, Stefan, Sinndiskurse in der Konsumkultur. Die Geschichte der Wirtschaftswerbung von der ständischen zur postmodernen Gesellschaft, in: Prinz, Weg, S. 291-314.

Häffner, Martin, Harmonicas. Die Geschichte der Branche in Bildern und Texten, Trossingen 1991.

Hagen, Manfred, Filme und Tonaufnahmen als Überrestquellen. Versuch einer thematisch-kritischen Bild- und Tonquellenedition zum 17. Juni 1953, in: Geschichte in Wissenschaft und Unterricht, 6, 1990, S. 352-369.

Hagen, Manfred et al., Film-, Foto- und Tonquellen zum 17. Juni 1953 in Berlin, Göttingen 1992.

Hager, Werner, Geschichte in Bildern. Studien zur Historienmalerei des 19. Jahrhunderts, Hildesheim 1989.

Hall, Stuart, Notes on Deconstructing "the Popular", in: Samuel, Ralph (Hg.), People's History and Socialist Theory, London 1981, S. 227-249.

Hallig, Klaus, Amerikanische Erfahrungen auf dem Gebiet der Wirtschaftswerbung im Hinblick auf ihre Anwendung im westeuropäischen Raum, Berlin 1965.

Hamburger Institut für Sozialforschung (Hg.), Eine Ausstellung und ihre Folgen. Zur Rezeption der Ausstellung „Vernichtungskrieg. Verbrechen der Wehrmacht 1941 bis 1944", Hamburg 1999.

Hamburger Institut für Sozialforschung (Hg.), Verbrechen der Wehrmacht. Dimensionen des Vernichtungskrieges 1941-1944, Ausstellungskatalog, Hamburg 2002.

Hansen, Claudia, Das Bild der Frau in Produktreklame und Kunst. Kulturdokumente des Beiersdorf-Firmenarchivs, Tostedt 1998 (= Beiträge zur Wirtschaftskommunikation, Bd. 15).

Hardach, Curt, Deutschland in der Weltwirtschaft 1870-1970. Eine Einführung in die Sozial- und Wirtschaftsgeschichte, Frankfurt/M. 1977.

Hardtwig, Wolfgang, Geschichtskultur und Wissenschaft, München 1990.

Hardtwig, Wolfgang, Nationsbildung und politische Mentalität. Denkmal und Fest im Kaiserreich, in: ders., Geschichtskultur, S. 264-301.

Hardtwig, Wolfgang, Nationalismus und Bürgerkultur, 1500-1914, Ausgewählte Aufsätze, Göttingen 1994.

Hardtwig, Wolfgang, Kunst, liberaler Nationalismus und Weltpolitik. Der deutsche Werkbund 1907-1914, in: ders., Nationalismus, S. 246-273.

Hardtwig, Wolfgang, Alltagsgeschichte heute. Eine kritische Bilanz, in: Schulze, Winfried (Hg.), Sozialgeschichte, Alltagsgeschichte, Mikro-Historie, Göttingen 1994, S. 103-113.

Hardtwig, Wolfgang, Der Historiker und die Bilder, Überlegungen zu Francis Haskell, in: Geschichte und Gesellschaft, 2, 1998, S. 305-322.

Hardtwig, Wolfgang, Vormärz. Der monarchische Staat und das Bürgertum, 4. aktualisierte Aufl., München 1998.

Hardtwig, Wolfgang (Hg.), Utopie und politische Herrschaft im Europa der Zwischenkriegszeit, München 2003.

Hardtwig, Wolfgang (Hg.), Politische Kulturgeschichte der Zwischenkriegszeit 1918-1939, Göttingen 2005 (=Geschichte und Gesellschaft, Sonderheft 21).

Hardtwig, Wolfgang, Hochkultur des bürgerlichen Zeitalters, Göttingen 2005 (=Kritische Studien zur Geschichtswissenschaft, Bd. 169).

Hardtwig, Wolfgang (Hg.), Ordnungen in der Krise. Zur politischen Kulturgeschichte Deutschlands 1900-1933, München 2007.

Hartmann, Hans A. et al. (Hg.), Bilderflut und Sprachmagie. Fallstudien zur Kultur der Werbung, Opladen 1992.

Haskell, Francis, Die Geschichte und ihre Bilder, München 1995.

Hattemer, Klaus, Die Werbeagentur. Kompetenz und Kreativität – Werbung als Profession, Düsseldorf 1995.

Haug, Wolfgang Fritz (Hg.), Warenästhetik. Beiträge zur Diskussion, Weiterentwicklung und Vermittlung ihrer Kritik, Frankfurt/M. 1975.

Haupt, Heinz-Gerhard/Tacke, Charlotte, Die Kultur des Nationalen, in: Hardtwig, Wolfgang/Wehler, Hans-Ulrich (Hg.), Kulturgeschichte heute, Göttingen 1996 (=Geschichte und Gesellschaft, Sonderheft 16), S. 255-283.

Haupt, Heinz-Gerhard (Hg.), Das Ende der Zünfte. Ein europäischer Vergleich, Göttingen 2002.

Haupt, Heinz-Gerhard (Hg.), Konsum und Handel. Europa im 19. und 20. Jahrhundert, Göttingen 2003.

Haußer, Karl, Identität, in: Endruweit, Günter et al. (Hg.), Wörterbuch der Soziologie, Stuttgart 1989, S. 280.

Hayes, Peter, Big Business and "Aryanization" in Germany, 1933-1939, in: Jahrbuch für Antisemitismusforschung, 3, 1994, S. 254-281.

Heidel, Wolfgang, Ernährungswirtschaft und Verbrauchslenkung im Dritten Reich 1936-1939, Berlin 1989 (=zugl. Diss. Freie Universität Berlin).

Heinelt, Peer, PR-Päpste. Die kontinuierlichen Karrieren von Carl Hundhausen, Albert Oeckl und Franz Ronneburger, Berlin 2003.

Hellmann, Kai-Uwe, Soziologie der Marke, Frankfurt/Main 2003.

Heller, Steven, Commercial American Design Style, in: Print, 49, 1995, S. 58-68 u. 122.

Henkel KgaA (Hg.), Alle mögen's weiß. Schätze aus der Henkel-Plakatwerbung, Düsseldorf o. J. (=Schriften des Werksarchivs, Sonderband 1).

Henkel KgaA (Hg.), 90 Jahre Persil. Die Geschichte einer Marke, Düsseldorf 1997 (=Schriften des Werksarchivs 27).

Hennig, Eike, Faschistische Ästhetik und faschistische Öffentlichkeit, in: Berthold Hinz et al. (Hg.), Die Dekoration der Gewalt. Kunst und Medien im Faschismus, Gießen 1979, S. 9.

Herbert, Ulrich, Good Times, Bad Times: Memories of The Third Reich, in: Bessel, Richard (Hg.), Life in the Third Reich, Oxford 1987, S. 97-110.

Herbst, Dieter (Hg.), Der Mensch als Marke. Konzepte – Beispiele – Experteninterviews, Göttingen 2003.

Herbst, Ludolf, Das nationalsozialistische Deutschland 1933-1945. Die Entfesselung der Gewalt: Rassismus und Krieg, Frankfurt/M. 1996.

Herz, Rudolf, Hoffmann & Hitler. Fotografie als Medium des Führer-Mythos, München 1994.

Heßler, Martina, „Elektrische Helfer" für Hausfrau, Volk und Vaterland. Ein technisches Konsumgut während des Nationalsozialismus, in: Technikgeschichte 68, 2001, S. 203-229.

Heuer, Gerd F., Entwicklung der Annoncen-Expeditionen in Deutschland, Frankfurt/Main 1937 (=Zeitung und Zeit. Schriftenreihe des Instituts für Zeitungswissenschaft an der Universität Berlin, Neue Folge, Bd. V).

Hilberg, Raul, Die Vernichtung der europäischen Juden, Bd. 1-3, Frankfurt/M. 1990.

Hinz, Berthold et al. (Hg.), Die Dekoration der Gewalt. Kunst und Medien im Faschismus, Gießen 1979.

Hobsbawm, Eric J., Nationen und Nationalismus. Mythos und Realität seit 1780, Frankfurt/M. 2005.

Hoeber, Fritz, Über die Werkbundarbeit und Volksbildung. Eine Kritik und ein Programm, in: Das Werk. Mitteilungen des Deutschen Werkbundes, April 1920, S. 3.

Hofmann, Werner (Hg.), Kurt Kranz. Das unendliche Bild, Hamburg 1990.

Hohmeister, Karl-Heinz, Veränderungen in der Sprache der Anzeigenwerbung. Dargestellt an ausgewählten Beispielen aus dem „Gießener Anzeiger" vom Jahre 1800 bis zur Gegenwart, Frankfurt/M. 1981.

Holzbach, Heidrun, Das „System Hugenberg". Die Organisation bürgerlicher Sammlungspolitik vor dem Aufstieg der NSDAP, Stuttgart 1981.

Hollis, Richard, Graphic Design. A concise history, London 2001.

Horkheimer, Max/Adorno, Theodor W., Dialektik der Aufklärung. Philosophische Fragmente, Frankfurt/M. 2003 (Erstveröffentlichung 1947).

Hower, Ralph M., The History of an Advertising Agency. N.W. Ayer & Son at Work, 1869-1949, Cambridge/Mass. 1949.

Hügel, Hans-Otto, Einführung. Populäre Kultur macht Spaß – Probleme der Forschung, in: ders. (Hg.), Handbuch Populäre Kultur. Begriffe, Theorien und Diskussionen, Stuttgart 2003, S. 1-22.

Hundhausen, Carl (Hg.), Werbung im Wandel 1945-1995. Eine Sammlung von werbefachlichen Texten, Essen 1971.

I

Iggers, Georg G., Geschichtswissenschaft im 20. Jahrhundert, Göttingen 1996.

Ingenkamp, Konstantin, Werbung und Gesellschaft. Hintergründe und Kritik der kulturwissenschaftlichen Reflexion von Werbung, Frankfurt/Main 1996.

Institut für Auslandsbeziehungen e.V. (Hg.), Bernhard. Werbung und Design im Aufbruch des 20. Jahrhunderts, Stuttgart 1999.

J

Jacob, Frank-Dietrich, Aspekte zu Entwicklung und Aufgaben der Historischen Bildkunde, in: Rat der Stadt Görlitz (Hg.), Festschrift für Ernst-Heinz Lemper (Görlitzer Magazin, 3, 1989, Beiheft), S. 14-24.

Jäger, Jens, Photographie: Bilder der Neuzeit. Einführung in die Historische Bildforschung, Tübingen 2000.

Janecke, Christian (Hg.), Haar tragen. Eine kulturwissenschaftliche Annäherung, Köln 2004.

Jarausch, Konrad H., The Crisis of German Professions 1918-33, in: Journal of Contemorary History, 20, 3, 1985, S. 379-398.

Jeske, Jürgen et al. (Hg.), Jahrbuch der Werbung in Deutschland, Österreich und der Schweiz, Düsseldorf 1990.

Jones, Philip, The Founding Fathers, in: ders. (Hg.), Advertising Organizations and Publications. A Ressource Guide, Thousand Oaks 2000, S. 321-338.

Johansson, Johny K., In your Face. How American Marketing Excess fuels Anti-Americanism, Upper Saddle River 2004.

Junker, Detlef: Von der Weltmacht zur Supermacht. Amerikanische Außenpolitik im 20. Jahrhundert, Mannheim 1995.

K

Kaiser Wilhelm Museum Krefeld/Karl Ernst Osthaus-Museum der Stadt Hagen (Hg.), Deutsches Museum für Kunst in Handel und Gewerbe 1909-1919, Gent 1997.

Kauffmann, Georg, Die Macht des Bildes. Über die Ursachen der Bilderflut in der modernen Welt, Opladen 1988 (=Rhein.-Westf. Akademie der Wissenschaften, 37. Jahresfeier, Vorträge G 295).

Kapferer, Clodwig, Zur Geschichte der deutschen Marktforschung. Aufzeichnungen eines Mannes, der dabei war, Hamburg 1994.

Kaplan, Lois, Foto-Ei, in: Wick, Rainer K. (Hg.), Das neue Sehen. Von der Fotografie am Bauhaus zur Subjektiven Fotografie, München 1991.

Kaschuba, Wolfgang, Die Überwindung der Distanz. Zeit und Raum in der europäischen Moderne, Frankfurt/M. 2004.

Keck, Annette (Hg.), Mediale Anatomien. Menschenbilder als Medienprojektionen, Bielefeld 2001.

Kellner, Joachim et al. (Hg.), 1945 bis 1995. 50 Jahre Werbung in Deutschland, Ingelheim 1995.

Kershaw, Ian, Der Hitler-Mythos. Volksmeinung und Propaganda im Dritten Reich, Stuttgart 1980.

Kershaw, Ian, Popular Opinion and Political Dissent in the Third Reich: Bavaria 1933-1945, Oxford 1983.

Kershaw, Ian, Hitlers Macht. Das Profil der NS-Herrschaft, München 1992.

Keyser, Erich, Das Bild als Geschichtsquelle, Hamburg 1935 (=Historische Bildkunde, Heft 2).

Klass, Gerd von, Salamander. Die Geschichte einer Marke, Wiesbaden o.J.

Klautke, Egbert, Unbegrenzte Möglichkeiten. Amerikanisierung in Deutschland und Frankreich (1900-1933), Stuttgart 2003.

Klein, Naomi, No Logo! Der Kampf der Global Players um Marktmacht. Ein Spiel mit vielen Verlierern und wenigen Gewinnern, Gütersloh 2000.

Kleinschmidt, Christian, Amerika aus deutscher Perspektive. Reiseeindrücke deutscher Ingenieure über die Eisen- und Stahlindustrie der USA 1900-1930, in: Zeitschrift für Unternehmensgeschichte 40, 1995, S. 73-103.

Kleinschmidt, Christian/Triebel, Florian (Hg.), Marketing. Historische Aspekte der Wettbewerbs- und Absatzpolitik, Essen 2004.

Klueting, Edeltraut (Hg.), Antimodernismus und Reform. Zur Geschichte der deutschen Heimatbewegung, Darmstadt 1991.

Knaut, Andreas, Ernst Rudorff und die Anfänge der deutschen Heimatbewegung, in: Klueting, Antimodernismus, S. 20-49.

Knies, Karl, Der Telegraph als Verkehrsmittel. Mit Erörterungen über den Nachrichtenverkehr überhaupt, Faks.-Nachdruck d. Orig.-Ausgabe Tübingen 1857, München 1996 (=ex libris kommunikation, Bd. 6).

Knoch, Habbo, Renaissance der Bildanalyse in der Neuen Kulturgeschichte, in: Bruhn, Sichtbarkeit, S. 49-63.

Knoch, Habbo, Die Aura des Empfangs. Modernität und Medialität im Rundfunkdiskurs der Weimarer Republik, in: Knoch, Kommunikation, S. 133-158.

Knoch, Habbo/Morat, Daniel (Hg.), Kommunikation als Beobachtung. Medienwandel und Gesellschaftsbilder 1880-1960, Paderborn 2003.

Kocka, Jürgen, Die Angestellten in dr deutschen Geschichte 1850-1980, Göttingen 1981.

König, Oliver, Nacktheit. Soziale Normierung und Moral, Opladen 1990.

König, Wolfgang, Geschichte der Konsumgesellschaft, Stuttgart 2000.

König, Wolfgang, Volkswagen, Volksempfänger, Volksgemeinschaft. „Volksprodukte" im Dritten Reich: Vom Scheitern einer nationalsozialistischen Konsumgesellschaft, Paderborn 2004.

Konzerthaus Berlin (Hg.), Stefan Wolpe. Berlin – Jerusalem – New York (Programmheft), Berlin 2002.

Korte, Hermann, Einführung in die Geschichte der Soziologie, Opladen 1993.

Korte, Hermann, Einführung in Hauptbegriffe der Soziologie, Opladen 1992.

Kracauer, Siegfried, Die Angestellten. Aus dem neuesten Deutschland. Frankfurt/M. 1971 (Erstveröffentlichung 1929).

Kracauer, Siegfried, Das Ornament der Masse. Essays, 7. Aufl., Frankfurt/M. 1998 (Erstveröffentlichung 1927).

Kraft Foods Deutschland (Hg.), 100 Jahre Kaffee Hag. Die Geschichte einer Marke, Bremen 2006.

Kranz, Kurt, Pädagogik am Bauhaus und danach, in: Neumann, Bauhaus, S. 340-347.

Kranzfelder, Ivo, Die Welt ist schön. Anmerkungen zum Gebrauch der Fotografie in der Werbung, in: Bäumler, Kunst, S. 250-262.

Krause, Jürgen, Werbung im Schatten – Deutschland 1939-1945, in: Bäumler, Kunst, S. 361-370.

Kreshel, Peggy J., John B. Watson at J. Walter Thompson: The Legitimation of "science" in Advertising, in: Journal of Advertising, 19, 1990, 2, S. 49-60.

Kreshel, Peggy J., The ‚culture' of J. Walter Thompson, 1915-1925, in: Public Relations Review, 16, 1990, 3, S. 80-94.

Kreutzer, Dietmar, Kauf mich. Männer in der Werbung, Berlin 1998.

Kriegeskorte, Michael, 100 Jahre Werbung im Wandel. Eine Reise durch die deutsche Vergangenheit, Köln 1995.

Kriegeskorte, Michael, Werbung in Deutschland 1945-1965. Die Nachkriegszeit im Spiegel ihrer Anzeigen, Köln o.J.

Kroeber-Riel, Werner, Strategie und Technik der Werbung. Verhaltenswissenschaftliche Ansätze, 4. Aufl., Stuttgart 1993.

Kroeber-Riel, Bildkommunikation. Imagerystrategien für die Werbung, Saarbrücken 1993.

Kroeber-Riel, Bilder sind schnelle Schüsse ins Gehirn. Wirkungsgesetze der Bildkommunikation, in: Randa-Campani, Sigrid (Hg.), Wunderbare Werbewelten. Marken, Macher, Mechanismen (Kataloge der Museumsstiftung Post und Telekommunikation, Bd. 10), Berlin 2001, S. 112-117.

Kroen, Sheryl, Der Aufstieg des Kundenbürgers? Eine politische Allegorie für unsere Zeit, in: Prinz, Weg, S. 533-564.

Kroes, R. et al. (Hg.), Cultural Transmissions and Receptions. American Mass Culture in Europe, Amsterdam 1993.

Kroes, R. et al. (Hg.), If you've seen one, you've seen them all. Europeans and American Mass Culture, Urbana 1996.

Krüger, Peter, Versailles. Deutsche Außenpolitik zwischen Revisionismus und Friedenssicherung, München 1993.

Küenzlen, Gottfried, Die Idee vom Neuen Menschen, Der Traum der Philosophen, in: Ev. Akademie Baden, Traum, S. 7-21.

Kunsthalle Bielefeld (Hg.), László Moholy-Nagy. Idee und Wirkung. Anklänge an sein Werk in der zeitgenössischen Kunst, Bielefeld 1995.

Kunstmuseum Stuttgart (Hg.), Leuchtende Bauten. Architektur der Nacht, Ostfildern 2006.

L

Laird, Pamela Walker, Advertising Progress. American Business and the Rise of Consumer Marketing, Baltimore 1998.

Lamberty, Christiane, Reklame in Deutschland 1890-1914. Wahrnehmung, Professionalisierung und Kritik der Wirtschaftswerbung, Berlin 2000.

Lammers, Britta, Werbung im Nationalsozialismus. Die Kataloge der „Großen Deutschen Kunstausstellung" 1937-1944, Weimar 1999.

Lamla, Jörn/Neckel, Sighard (Hg.), Politisierter Konsum – konsumierte Politik, Wiesbaden 2006.

Lamla, Jörn, Politisierter Konsum – konsumierte Politik. Kritikmuster und Engagementformen im kulturellen Kapitalismus, in: ders./Neckel, Konsum, S. 9-37.

Langewiesche, Dieter, „Kulturalistische Wende" in der Geschichtswissenschaft, in: WerkstattGeschichte, 1994, 3, S. 48-50.

Lavin, Maud, Clean New World. Culture, Politics, and Graphic Design, Cambridge/Mass. 2001.

Lears, T. J. Jackson, From Salvation to Self-Realization. Advertising and the TherapeuticRoots of the Consumer Culture, 1880-1930, in: Fox, Culture, S. 3-38.

Lears, Jackson, The Concept of Cultural Hegemony: Problems and Possibilities, in: American Historical Review, 90, 1985, S. 567-593.

Lears, Jackson, American Advertising and the Reconstruction of the Body, 1880-1930, in: Grover, Fitness, S. 47-66.

Lears, Jackson, Making Fun of Popular Culture, in: American Historical Review, 97, 1992, 5, S. 1417-1426.

Lears, Jackson, Fables of Abundance. A Cultural History of Advertising in America, New York 1994.

Lenk, Carsten, Die Erscheinung des Rundfunks. Einführung und Nutzung eines neuen Mediums 1923-1932, Opladen 1997.

Lepp, Nicola et al. (Hg.), Der Neue Mensch. Obsession des 20. Jahrhunderts. Kat. Deutsches Hygiene-Museum, Ostfildern-Ruit 1999.

Lewandowski, Jürgen, Opel. Das Unternehmen, die Automobile, die Menschen, Bielefeld 2000.

Lindner, Rolf, „Das Gefühl von Freiheit und Abenteuer". Ideologie und Praxis der Werbung, Frankfurt/M. 1977.

Link, Werner, Die Beziehungen zwischen der Weimarer Republik und den USA, in: Stürmer, Republik, S. 62-92.

Lipp, Wolfgang, Kultursoziologie, in: Endruweit, Günter et al. (Hg.), Wörterbuch der Soziologie, Stuttgart 1989, S. 373.

Lorenz, Detlef, Reklamekunst um 1900. Künstlerlexikon für Sammelbilder, Berlin 2000.

Lorenz, Maren, Leibhaftige Vergangenheit. Einführung in die Körpergeschichte, Tübingen 2000.

Lüdtke, Alf, Stofflichkeit, Macht-Lust und Reiz der Oberflächen. Zu den Perspektiven von Alltagsgeschichte, in: Schulze, Sozialgeschichte, S. 65-80.

Lüdtke, Alf/Marßolek, Inge/Saldern, Adelheid von (Hg.), Amerikanisierung. Traum und Alptraum im Deutschland des 20. Jahrhunderts, Stuttgart 1996 (Transatlantische Historische Studien, 6).

M

Maar, Christa/Burda, Hubert (Hg.), Iconic Turn. Die neue Macht der Bilder, Köln 2004.

Maase, Kaspar/Kaschuba, Wolfgang (Hg.), Schund und Schönheit. Populäre Kultur um 1900, Köln 2001.

Maase, Kaspar, Krisenbewusstsein und Reformorientierung. Zum Deutungshorizont der Gegner der modernen Populärkünste 1880-1918, in: ders./Kaschuba (Hg.), Schund, S. 290-342.

Maase, Kaspar, Grenzenloses Vergnügen. Der Aufstieg der Massenkultur 1850-1970, 3. Aufl. Frankfurt/M. 2001.

Maatje, Christian, Verkaufte Luft. Die Kommerzialisierung des Rundfunks. Hörfunkwerbung in Deutschland (1923-1936), Potsdam 2000 (=zugl. Münster, Westf. Wilhelms-Univ., Diss., 1999).

Mai, Andreas, Neue Welten. Werbung für Sommerfrischen im 19. Jahrhundert, in: Knoch, Kommunikation, S. 101-111.

Mai, Ekkehard, Kunstakademien im Wandel, Zur Reform der Künstlerausbildung im 19. Jahrhundert. Die Beispiele Berlin und München, in: Wingler, Kunstschulreform, S. 22-43.

Mai, Ekkehard (Hg.), Historienmalerei in Europa. Paradigmen in Form, Funktion und Ideologie, Mainz 1990.

Majetschak, Stefan, „Iconic turn". Kritische Revisionen und einige Thesen zum gegenwärtigen Stand der Bildtheorie, in: Philosophische Rundschau, 2002, 1, S. 44-65.

Maurer, Michael (Hg.), Aufriß der Historischen Wissenschaften, Bd. 4: Quellen, Stuttgart 2002.

Maurer, Michael (Hg.), Bilder, in: Maurer, Aufriß, S. 402-427.

Marchand, Roland, Advertising the American Dream. Making Way for Modernity 1920-1940, Berkeley 1985.

Marchand, Roland, Cultural history from corporate archives, in: Public Relations Review, 16, 1990, 3, S. 105-115.

Marckwardt, Wilhelm, Die Illustrierten der Weimarer Republik. Publizistische Funktion, ökonomische Entwicklung und inhaltliche Tendenzen, München 1982.

Markenverband (Hg.), Fünfzig Jahre Markenverband, 1903-1953, Mainz 1953.

Marßolek, Inge, Radio in Deutschland 1923-1960, Zur Sozialgeschichte eines Mediums, in: Geschichte und Gesellschaft, 27, 2001, S. 207-239.

Martin, Häffner, Harmonicas. Die Geschichte der Branche in Bildern und Texten, Trossingen 1991.

Mayer, Hans, Das Bild der Frau und des Mannes in der Werbung, in: Tietz, Werbung, S. 1073-1096.

Mellinghoff, Frieder/Schmidt, Hilde/Dohmen, Jochen/Wündrich, Hermann, Werbung mit Plakaten für Henkel-Produkte von gestern bis heute, Düsseldorf 1978 (=Schriften des Werksarchivs der Henkel KgaA Düsseldorf, 8).

Mercedes-Benz AG (Hg.), The Star of Her Dreams. Posters and Advertisements from Mercedes-Benz, Stuttgart 1995.

Mergel, Thomas, Führer, Volksgemeinschaft und Maschine. Politische Erwartungsstrukturen in der Weimarer Republik und dem Nationalsozialismus 1918-1936, in: Hardtwig, Kulturgeschichte, S. 91-128.

Merron, Jeff, Putting Foreign Consumers on the Map: J. Walter Thompson's Struggle with General Motors' International Advertising Account in the 1920s, in: Business History Review, 73, 1999, 3, S. 465-484.

Mersmann, Birgit, Bildkulturwissenschaft als Kulturbildwissenschaft? Von der Notwendigkeit eines inter- und transkulturellen iconic turn, in: Zeitschrift für Ästhetik und allgemeine Kulturwissenschaft, 2004, 1, S. 91-111.

Meyer, Thomas, Mediokratie. Die Kolonisierung der Politik durch das Mediensystem, Frankfurt/M. 2001.

Meyer-Büser, Susanne, Das schönste deutsche Frauenportrait. Tendenzen der Bildnismalerei in der Weimarer Republik, Auswertung und Bewertung des Elida Wettbewerbs mit Anmerkungen zu Einflüssen von Schönheitsidealen auf Werbung, Berlin 1994.

Meyer-Büser, Susanne, Bubikopf und Gretchenzopf. Die Frau der zwanziger Jahre. Eine Ausstellung des Museums für Kunst und Gewerbe Hamburg, Heidelberg 1995.

Michalka, Wolfgang (Hg.), Die nationalsozialistische Machtergreifung, Paderborn 1984.

Mierau, Christina, Accept no Substitutes. The History of American Advertising, Minneapolis 2000.

Möhring, Maren, Marmorleiber. Körperbildung in der deutschen Nacktkultur (1890-1930), Köln 2004.

Mommsen, Wolfgang J., Bürgerliche Kultur und politische Ordnung. Künstler, Schriftsteller und Intellektuelle in der deutschen Geschichte 1830-1933, 2. Aufl., Frankfurt/M. 2002.

Muchembled, Robert, Kultur des Volks – Kultur der Eliten, Stuttgart 1982.

Müller, Herbert, Geschichte der Werbung als geistige Grundlage unserer fachlichen Zukunft, in: Neumann, Jahrbuch, S. 25-29.

Müller, Marion G., Grundlagen der visuellen Kommunikation, Konstanz 2003.

Museum Folkwang Essen (Hg.), Bauhaus Dessau – Chicago – New York, Köln 2000.

Museum für Volkskultur in Württemberg (Hg.), Immer lächelnd stets vergnügt. Werbegesichter 1900-1960. Begleitpublikation zur gleichnamigen Ausstellung im Museum für Volkskultur in Württemberg vom 4.3-13.5.2001, Stuttgart 2001.

Museum Tinguely (Hg.), Kurt Schwitters – ein Gesamtweltbild, Basel 2004.

Müting, Gisela, Die Literatur bemächtigt sich der Reklame. Untersuchungen zur Verarbeitung von Werbung und werbendem Sprechen in literarischen Texten der Weimarer Zeit, Frankfurt/M. 2004.

N

Nagel, Beate, Vom Bauhaus in die Werbewirtschaft. Die Gebrüder Neuner, in: Westfälisches Landesmuseum für Kunst und Kulturgeschichte, Moderne, S. 140-145.

Neese, Karl G., Kleine Fachbücherei des Wirtschaftswerbens. Eine Übersicht über das deutsche Werbeschrifttum der Gegenwart, Reutlingen 1952.

Nerdinger, Winfried (Hg.), Bauhaus-Moderne im Nationalsozialismus. Zwischen Anbiederung und Verfolgung, München 1993.

Nerdinger, Winfried (Hg.), Bauhaus-Architekten im Dritten Reich, in: ders., Bauhaus-Moderne, S. 153-178.

Néret, G., H. de Toulouse-Lautrec 1864-1901, herausgegeben von I. F. Walther. Aus dem Französischen, Köln 1993.

Neumann, Dietrich, Leuchtende Bauten – Architekturen der Nacht, in: Kunstmuseum Stuttgart, Bauten, S. 16-21.

Neumann, Eckhard (Hg.), Bauhaus und Bauhäusler. Bekenntnisse und Erinnerungen, Bern 1971.

Neumann, Eckhard (Hg.), Herbert Bayer: Ein Art Director in Berlin, 1928 bis 1938, in: Jeske, Jahrbuch, S. 78-80.

Neumann, Eckhard et al. (Hg.), Jahrbuch der Werbung, Marketing- und Kommunikation in Deutschland, Österreich und der Schweiz, Düsseldorf 1982 (=Bd. 19).

Nevet, Terry, London's Early Advertising Agents, in: Journal of Advertising History, Dezember 1977, S. 15-17.

Nevet, Terry R., Advertising in Britain. A History, London 1982.

Nickel, Volker, Werbung und Gesellschaft, Der Weg aus der Rüttelzone, in: Neumann, Jahrbuch, S. 12-13.

Nipperdey, Thomas, Wie das Bürgertum die Moderne fand, Stuttgart 1998.

Nipperdey, Thomas, Deutsche Geschichte 1866-1918, 2 Bde., München 1998.

Nitzke-Dürr, Juliane, Lothar Freiherr von Faber, Berlin 1999.

Noelle-Neumann, Elisabeth/Schulz, Winfried/Wilke, Jürgen (Hg.), Fischer Lexikon Publizistik Massenkommunikation, Frankfurt/M. 1994.

Nolan, Mary, Visions of Modernity. American Business and the Modernization of Germany, New York 1994.

Nolte, Paul, Ständische Ordnung im Mitteleuropa der Zwischenkriegszeit. Zur Ideengeschichte einer sozialen Utopie, in: Hardtwig, Utopie, S. 233-256.

Nora, Pierre (Hg.), Les lieux de mémoire, Paris 1997; dt. Ausgabe: ders. (Hg.), Erinnerungsorte Frankreichs, München 2005.

O

Oberkrome, Willi, Deutsche Heimat. Nationale Konzeption und regionale Praxis von Naturschutz, Landschaftsgestaltung und Kulturpolitik in Westfalen-Lippe und Thüringen (1900-1960), Paderborn 2004.

Ohr, Dieter, Nationalsozialistische Propaganda und Weimarer Wahlen. Empirische Analysen zur Wirkung von NSDAP-Versammlungen, Opladen 1997.

Oldenbüttel, Lars, Ludwig Roselius. Kaufmann und Visionär, in: Kraft Foods Deutschland, Jahre, S. 8-31.

Overy, Richard J., The Inter-War Crisis, 1919-1939, Harlow 1994.

Overy, Richard J., The Nazi economic recovery 1932-1938, Cambridge 1996 (=New Studies in Economic and Social History, 27).

P

Pagel, Marianne, Gesundheit und Hygiene. Zur Sozialgeschichte Lüneburgs im 19. Jahrhundert, Hannover 1992.

Panofsky, Erwin, Studies in Iconology. Humanistic Themes in the Art of the Renaissance, New York 1939.

Panofsky, Erwin, Meaning in the Visual Arts, Harmondsworth 1970.

Pantenburg, Josef, Die Entwicklung des Anzeigenwesens der Berliner Presse von der Aufhebung des Intelligenzzwanges bis zu den Generalanzeigern, Berlin 1938.

Paul, Gerhard, Aufstand der Bilder. Die NS-Propaganda vor 1933, Berlin 1990.

Paul, Gerhard (Hg.), Visual History. Ein Studienbuch, Göttingen 2006.

Paul, Heike/Kanzler, Katja (Hg.), Amerikanische Populärkultur in Deutschland. Case Studies in Cultural Transfer Past and Present, Leipzig 2002.

Pearson, Ron, Perspectives on public relations history, in: Public Relations Review, 16, 1990, 3, S. 27-39.

Pelzer, Birgit et al., Die Karriere der Kunstbutter. Margarine, Berlin 2001.

Petersen, Traute, Historienmalerei. Programm und Probleme, in: GWU 36, 1985, S. 565-576.

Petzina, Dieter, Autarkiepolitik im Dritten Reich. Der nationalsozialistische Vierjahresplan, Stuttgart 1968.

Peukert, Detlev J.K., Die Weimarer Republik. Krisenjahre der Klassischen Moderne, Frankfurt/M. 1987.

Pevsner, Nikolaus, Wegbereiter moderner Formgebung. Von Morris bis Gropius. Mit einem Nachwort von Wolfgang Pehnt, Köln 2002 (Erstveröffentlichung 1936).

Pohl, Hans (Hg.), Absatzstrategien deutscher Unternehmer. Gestern – Heute – Morgen, Wiesbaden 1982 (=ZUG, Beiheft 23).

Pohl, Hans (Hg.), Adam Opel. Unternehmer im Zeitalter der Industrialisierung, Rüsselsheim 1995.

Pollay, Richard W., Wanted: A History of Advertising, in: Journal of Advertising Research, 18, 1978, 5, S. 63-68.

Pollay, Richard W. (Hg.), Information Sources in Advertising History, Westport/Conn. 1979.

Popitz, Klaus, Plakate der Zwanziger Jahre aus der Kunstbibliothek Berlin, Berlin 1987.

Pottek, Martina, Geschmackserziehung durch Vorbild: Die Monographien deutscher Reklamekünstler des Deutschen Museums für Kunst in Handel und Gewerbe, in: Kaiser Wilhelm Museum Krefeld/Karl Ernst Osthaus-Museum der Stadt Hagen, Museum, S. 352-357.

Prinz, Michael et al. (Hg.), Nationalsozialismus und Modernisierung, Darmstadt 1991.

Prinz, Michael, Konsum und Konsumgesellschaft seit dem 18. Jahrhundert. Neuere deutsche, englische und amerikanische Literatur, in: Archiv für Sozialgeschichte, 2001, 41, S. 450-514.

Prinz, Michael (Hg.), Der lange Weg in den Überfluss. Anfänge und Entwicklung der Konsumgesellschaft seit der Vormoderne, Paderborn 2003.

Prinz, Michael, Aufbruch in den Überfluss? Die englische „Konsumrevolution" des 18. Jahrhunderts im Lichte der neueren Forschung, in: Prinz, Michael (Hg.), Der lange Weg in den Überfluss. Anfänge und Entwicklung der Konsumgesellschaft seit der Vormoderne, Paderborn 2003, S. 191-218.

Purdy, Daniel, Modejournale und die Entstehung des bürgerlichen Konsums im 18. Jahrhundert, in: Prinz, Weg, S. 219-230.

Puttnies, Hans, Das Gesicht der Weimarer Republik. Menschenbild und Bildkultur 1918-1933, Berlin 2000 (=Katalog einer Ausstellung des Deutschen Historischen Museums, Berlin und des Einstein Forums, Potsdam).

R

Raabe, Paul (Hg.), Von Weimar nach Europa. Erlebtes und Durchdachtes – Edwin Redslob, Jena 1998.

Rabb, Theodore K. et al., The Evidence of Art: Images and Meaning in History, in: Journal of Interdisciplinary History, 17, 1986 (=Sonderband).

Rabbow, Arnold, dtv-Lexikon politischer Symbole A-Z, München 1970.

Radkau, Joachim, Das Zeitalter der Nervosität. Deutschland zwischen Bismarck und Hitler, München 1998.

Reagin, Nancy, The Imagined Hausfrau, National Identity, Domesticity, and Colonialism in Imperial Germany, in: Journal of Modern History, 73, 2001, S. 54-86.

Reagin, Nancy, Marktordnung and Autarkic Housekeeping: Housewives and Private Consumption under the Four-Year Plan, 1936-1939, in: German History, 19, 2001, 2, S. 162-184.

Reichel, Peter, Der schöne Schein des Dritten Reichs, Frankfurt/M. 1993.

Reichwein, Sabine, Die Litfaßsäule. Die 125jährige Geschichte eines Straßenmöbels aus Berlin, Berlin 1980.

Reimann, Albert, Die Reimann-Schule in Berlin, Berlin 1966.

Reinhardt, Dirk, Von der Reklame zum Marketing. Geschichte der Wirtschaftswerbung in Deutschland, Berlin 1993 (zugl.: Münster, Univ., Diss., 1991).

Reinhardt, Dirk, Zur Historizität der Phänomene „Kommunikationsgesellschaft" und „Dienstleistungsgesellschaft". Die Geschichte der Werbeagentur und ihrer Vorläufer in Deutschland, in: Zeitschrift für Unternehmensgeschichte, 41, 1996, S. 28-39.

Reinhardt, Dirk, Vom Intelligenzblatt zum Satellitenfernsehen: Stufen der Werbung als Stufen der Gesellschaft, in: Borscheid, Bilderwelten, S. 44-63.

Reinhardt, Rudolf, Grundsätzliches zum Leistungswettbewerb, in: Freisler, Festschrift, S. 381-386.

Riedel, Hubert, Auf den Punkt gebracht. Lucian Bernhards Reklamekunst, in: Institut für Auslandsbeziehungen e.V., Bernhard, S. 16-29.

Riederer, Günter, Film und Geschichtswissenschaft. Zum aktuellen Verhältnis einer schwierigen Beziehung, in: Paul, History, S. 96-113.

Ringer, Fritz K., Die Gelehrten. Der Niedergang der deutschen Mandarine 1890-1933, Stuttgart 1983.

Ritschl, Albrecht, Wirtschaftspolitik im Dritten Reich – Ein Überblick, in: Bracher, Deutschland, S. 118-127.

Roberts, Mary Louise, Gender, Consumption, and Commodity Culture, in: The American Historical Review, 103, 1998, 3, S. 817-844.

Roeck, Bernd, Das historische Auge. Kunstwerke als Zeugen ihrer Zeit, Göttingen 2004.

Rücker, Matthias, Wirtschaftswerbung unter dem Nationalsozialismus. Rechtliche Ausgestaltung der Werbung und Tätigkeit des Werberats der deutschen Wirtschaft, Frankfurt/Main 2000.

Ruppert, Wolfgang, Der moderne Künstler. Zur Sozial- und Kulturgeschichte der kreativen Individualität in der kulturellen Moderne im 19. und frühen 20. Jahrhundert, 2. Aufl., Frankfurt/M. 2000.

S

Salzer, Miriam, Identity across Borders. A Study in the „IKEA-World", Linköping 1994.

Schäfer, Hans Dieter, Amerikanismus im Dritten Reich, in: Prinz, Nationalsozialismus, S. 199-215.

Scharfe, Martin, Augen-Wissen (II). Einige Überlegungen zur volkskundlich-kulturwissenschaftlichen Bildinterpretation, in: Kritische Berichte. Zeitschrift für Kunst- und Kulturwissenschaften, 1, 2000, S. 62-68.

Schering AG (Hg.), Ernst Schering. Reisen 1876-1878. Tagebücher, Berlin 2001.

Schimpf, Simone, Die Wunder der Nacht – Die Rezeption der Lichtarchitektur in Malerei und Fotografie, in: Kunstmuseum Stuttgart, Bauten, S. 30-37.

Schindelbeck, Dirk, „Asbach Uralt" und „Soziale Marktwirtschaft". Zur Kulturgeschichte der Werbeagentur in Deutschland am Beispiel von Hanns W. Brose, in: Zeitschrift für Unternehmensgeschichte 40, 1995, S. 235-252.

Schindelbeck, Dirk, Werbung für alle? Geschichte der Gemeinschaftswerbung von der Weimarer Republik bis zur Bundesrepublik Deutschland, in: Wischermann, Unternehmenskommunikation, S. 63-97.

Schindelbeck, Dirk, Pionier der Werbewissenschaft. Die Werbewerkstatt des Johannes Weidenmüller, in: Damals, 4, 2003, S. 62-65.

Schirner, Michael, Werbung ist Kunst, Köln 1971.

Schmerl, Christiane, Das Frauen- und Mädchenbild in den Medien (Alltag und Biografie von Mädchen Band 5), Opladen 1984.

Schmidt, Hans-Gerd/Wiesener, Bernd (Hg.), Werbefilme. Spiegel der Zeiten – Chronik des Alltags. Bielefeld 2002.

Schmidt, Siegfried J./Spieß, Brigitte (Hg.), Werbung, Medien und Kultur, Opladen 1995.

Schmiedchen, Johannes, Neues Handbuch der Reklame. Mit zahlreichen, teils mehrfarbigen Beilagen und Abbildungen, Berlin 1929.

Schmiedchen, Johannes, Geschichte der deutschen Wirtschaftswerbung, ihrer Männer, ihrer Organisationen, ihrer Presse, Tübingen 1953.

Schmiedchen, Johannes, Kurzer Beitrag zur Geschichte der deutschen Wirtschaftswerbung, ihrer Männer, ihrer Organisationen, ihrer Presse, Tübingen 1956, S. 30.

Schmiedchen, Johannes/Voss, Willy (Hg.), Bücherkatalog der Bücherei des Werbewesens auf der Reklameschau 1929 Berlin, Berlin 1929.

Schmölders, Claudia, Hitlers Gesicht. Eine physiognomische Biographie, München 2000.

dies./Gilman, Sander (Hg.), Gesichter der Weimarer Republik. Eine physiognomische Kulturgeschichte, Köln 2000.

Schneider, Beat, Design – Eine Einführung. Entwurf im sozialen, kulturellen und wirtschaftlichen Kontext, Basel 2005.

Schneider, Helmut J. et al. (Hg.), Bildersturm und Bilderflut um 1800. Zur schwierigen Anschaulichkeit der Moderne, Bielefeld 2001.

Schnierer, Thomas, Soziologie der Werbung. Ein Überblick zum Forschungsstand einschließlich zentraler Aspekte der Werbepsychologie, Opladen 1999.

Schober, Herbert et al., Das Bild als Schein der Wirklichkeit. Optische Täuschungen in Wissenschaft und Kunst, München 1972.

Scholdt, Günter, Die Proklamation des Neuen Menschen in der deutschsprachigen Literatur vom Ausgang des 19. Jahrhunderts bis zur Mitte des 20. Jahrhunderts, in: Ev. Akademie Baden, Traum, S. 22-62.

Schröter, Harm G., Erfolgsfaktor Marketing. Der Strukturwandel von der Reklame zur Unternehmenssteuerung, in: Feldenkirchen, Wirtschaft, S. 1099-1127.

Schröter, Harm G., Die Amerikanisierung der Werbung in der Bundesrepublik Deutschland, in: Jahrbuch für Wirtschaftsgeschichte 1, 1997, S. 93-115.

Schröter, Harm G., Zur Geschichte der Marktforschung in Europa im 20. Jahrhundert, in: Walter, Geschichte, S. 319-336.

Schütz, Brigitte, Hitler – Kult – Visualisierung, in: Czech, Kunst, S. 268-283.

Schütz, Erhard/Siebenhaar, Klaus (Hg.), Berlin wirbt! Metropolenwerbung zwischen Verkehrsreklame und Stadtmarketing. 1920-1995, Berlin 1995

Schug, Alexander, Die Geschichte der Berliner Werbeagentur Dorland 1928-1945 (unveröffentlichte Magisterarbeit, Humboldt-Universität zu Berlin), Berlin 2000.

Schug, Alexander, Wegbereiter der modernen Absatzwerbung in Deutschland: Advertising Agencies und die Amerikanisierung der deutschen

Werbebranche in der Zwischenkriegszeit, in: WerkstattGeschichte, 34, 2003, S. 29-52.

Schug, Alexander, Moments of Consistency. Eine Geschichte der Werbung, hg. von Stefan Hansen, Bielefeld 2004.

Schug, Alexander, „Immer frisch frisiert" – das gestaltete Kopfhaar als Requisite moderner Selbstinszenierung in der Weimarer Republik, in: Janecke, Christian (Hg.), Haar tragen. Eine kulturwissenschaftliche Annäherung, Köln 2004, S. 83-98.

Schug, Alexander, Vom newspaper space salesman zur integrierten Kommunikationsagentur. Die 120-jährige Entwicklungsgeschichte der Werbeagentur Dorland, in: Zeitschrift für Unternehmensgeschichte, 2004, 49. Jg., Heft 1, S. 5-25.

Schug, Alexander, Werbung im Spannungsfeld von Kunst, Kritik und Marktanspruch, in: Meißner, Jörg (Hg.), Strategien der Werbekunst von 1850-1933, Berlin 2004 (=Ausstellungskatalog des Dt. Historischen Museums), S. 112-121.

Schug, Alexander, Missionare der globalen Konsumkultur: Corporate Identity und Absatzstrategien amerikanischer Unternehmen in Deutschland im frühen 20. Jahrhundert, in: Hartwig, Kulturgeschichte, S. 307-342.

Schug, Alexander, 100 Jahre Kaffee-Handels-Aktiengesellschaft. Das Unternehmen hinter der Marke, in: Kraft Foods Deutschland, Jahre, S. 32-61.

Schug, Alexander, Hitler als Designobjekt und Marke. Die Rezeption des Werbegedankens durch die NSDAP bis 1933/34, in: Berghoff, Hartmut (Hg.), Grundzüge der Marketinggeschichte. Vom betrieblichen Absatzinstrument zur universellen Sozialtechnik, Frankfurt/M. 2007 (im Erscheinen).

Schug, Alexander, Das Ende der Hochkultur? Ästhetische Strategien der Werbung 1900-1933 (im Erscheinen).

Schulz, Günther, Die Angestellten seit dem 19. Jahrhundert, München 2000 (=Encyclopädie Deutscher Geschichte, Bd. 54).

Schulze, Winfried (Hg.), Sozialgeschichte, Alltagsgeschichte, Mikro-Historie. Eine Diskussion, Göttingen 1994.

Schwartz, Frederic J., Der Werkbund. Ware und Zeichen 1900-1914, hg. vom Museum der Dinge Werkbundarchiv Berlin und dem Karl Ernst Osthaus-Museum, Hagen, Amsterdam 1999.

Schweiger, Günter et al., Werbung. Eine Einführung, Stuttgart 1986.

Seligmann, Rafael, Hitler. Die Deutschen und ihr Führer, Berlin 2005.

Selle, Gert, Design-Geschichte in Deutschland. Produktkultur als Entwurf und Erfahrung, Köln 1987.

Sembach, Klaus-Jürgen/Schulte, Birgit (Hg.), Henry van de Velde. Ein europäischer Künstler seiner Zeit, Köln 1992.

Sennet, Richard, Die Kultur des neuen Kapitalismus, Berlin 2005.

Shields, David S., The World I Ate: The Prophets of Global Consumption Culture, in: Eighteenth-Century Life 25, 2001, S. 214-224.

Siegenthaler, Hansjörg (Hg.), Ressourcenverknappung als Problem der Wirtschaftsgeschichte (=Schriften des Vereins für Socialpolitik, Gesellschaft für Wirtschafts- und Sozialwissenschaften, Bd. 192, Berlin 1990.

Sieferle, Rolf Peter, Die Konservative Revolution. Fünf biographische Skizzen, Frankfurt/M. 1995.

Siegrist, Hannes et al. (Hg.), Europäische Konsumgeschichte. Zur Gesellschafts- und Konsumgeschichte des Konsums (18. bis 20. Jahrhundert), Frankfurt/M. 1997.

Siegrist, Hannes et al. (Hg.), Konsum, Kultur und Gesellschaft im modernen Europa, in: Siegrist, Konsumgeschichte, S. 13-48.

Siegrist, Hannes et al. (Hg.), Konsumkultur des 20. Jahrhunderts in regionalgeschichtlicher Perspektive. Zwischen Verräumlichung, Vergesellschaftung und Individualisierung, in: Prinz, Weg, S. 491-514.

Sivulka, Juliann, Soap, Sex, and Cigarettes. A Cultural History of American Advertising, Belmont 1997.

Skyba, Peter, Konsumpolitik in der DDR 1971 bis 1989. Die Verbraucherpreise als Konfliktgegenstand, in: Walter, Geschichte, S. 343-366.

Spang, Günter, Rotes Herz und brauner Trank, Bremen 1956.

Spiekermann, Uwe, Elitenkampf um die Werbung. Staat, Heimatschutz und Reklameindustrie im frühen 20. Jahrhundert, in: Borscheid, Bilderwelt, S. 126-138.

Spiekermann, Uwe, Basis der Konsumgesellschaft. Entstehung und Entwicklung des modernen Kleinhandels in Deutschland 1850-1914, München 1999.

Spree, Reinhard: Knappheit und differentieller Konsum während des ersten Drittels des 20. Jahrhunderts in Deutschland, in: Siegenthaler, Ressourcenverknappung, S. 171-221.

Staatl. Archive des Landes Nordrhein-Westfalen (Hg.), Unsummen für Reklame. Historische Werbung aus Ostwestfalen und Lippe, Detmold 1998.

Staatliche Museen Preußischer Kulturbesitz (Hg.), Olympische Spiele in Berlin, Berlin 1991.

Stadtmuseum Berlin (Hg.), Ernst Litfaß (1816-1874). Bestandskatalog des Nachlasses, Berlin 1996.

Stamm, Rainer (Hg.), Karl Ernst Osthaus. Reden und Schriften. Folkwang, Werkbund, Arbeitsrat, Köln 2002.

Stamm, Rainer (Hg.), Karl Ernst Osthaus. Auf dem Weg in die Moderne, in: ders., Osthaus, S. 11-16.

Stamm, Rainer, Kaffee Hag und die Kunst. Zwischen Werbung und Mäzenatentum, in: Kraft Foods Deutschland, Jahre, S. 140-173.

Stein, Laurie A., „Der neue Zweck verlangte eine neue Form" – Das Deutsche Museum für Kunst in Handel und Gewerbe im Kontext seiner Zeit, in: Kaiser Wilhelm Museum Krefeld/Karl Ernst Osthaus-Museum der Stadt Hagen, Museum, S. 19-25.

Steinberg, Sigfrid H., Die internationale und die deutsche ikonographische Kommission, in: Historische Zeitschrift, 144, 1931, S. 287-296.

Stenzel, Burkhard/Winkler, Klaus-Jürgen (Hg.), Kontroversen und Kulturpolitik im Thüringer Landtag 1920-1933, Weimar 1999 (=Schriften zur Geschichte des Parlamentarismus in Thüringen, Heft 13).

Stephan, Alexander (Hg.), Americanization and Anti-Americanism. The German Encounter With American Culture After 1945, Oxford 2004.

Stephan, Inge, Das Haar der Frau. Motiv des Begehrens, Verschlingens und der Rettung, in: Benthien, Körperteile, S. 27-48.

Stern (Hg.), 50 Jahre Volkswagen Werbung, Hamburg 2002.

Stern, Fritz, Kulturpessimismus als politische Gefahr. Eine Analyse nationaler Ideologie in Deutschland, Bern 1963.

Stöver, Bernd, Berichte über die Lage in Deutschland. Die Lagemeldungen der Gruppe Neu Beginnen aus dem Dritten Reich 1933-1936, Bonn 1996 (=Archiv für Sozialgeschichte, Beiheft 17).

Stolz, Susanna, Die Handwerke des Körpers. Bader, Barbier, Perückenmacher, Friseur. Folge und Ausdruck historischen Körperverständnisses, Marburg 1992.

Stolze, Peter, Untersuchungen zur Sprache der Anzeigenwerbung in der zweiten Hälfte des 18. Jahrhunderts. Eine Analyse ausgewählter Anzeigen in den „Leipziger Zeitungen" von 1741 – 1801, Göppingen 1982.

Storek, Henning, Dirigierte Öffentlichkeit. Die Zeitung als Herrschaftsmittel in den Anfangsjahren der nationalsozialistischen Regierung, Opladen 1972.

Straten, Roelof van, Einführung in die Ikonographie, 2. Aufl., Berlin 1997.

Strauf, Hubert, Die moderne Werbeagentur in Deutschland, Essen 1959.

Strauf, Hubert, Werbung im Wandel seit 1945 als Standort für den Ausblick, in: Hundhausen, Werbung, S. 3-18.

Strauss, Anselm L., Grundlagen qualitativer Sozialforschung. Datenanalyse und Theoriebildung in der empirischen und soziologischen Forschung, München 1991.

Stromer von Reichenbach, Wolfgang, Verbraucherschutz in der Vergangenheit, in: Dichtl, Verbraucherschutz, S. 97-112.

Stürmer, Michael (Hg.), Die Weimarer Republik. Belagerte Civitas, Frankfurt/M. 1993.

T

Talkenberger, Heike, Von der Illustration zur Interpretation: Das Bild als historische Quelle. Methodische Überlegungen zur Historischen Bildkunde, in: Zeitschrift für historische Forschung, 21, 1994, S. 289-313.

Tietz, Bruno (Hg.), Die Werbung. Handbuch der Kommunikations- und Werbewirtschaft, Bd. 2, Landsberg a. Lech 1982.

Tolkemitt, Brigitte et al. (Hg.), Historische Bildkunde. Probleme, Wege, Beispiele, Berlin 1991 (=Zeitschrift für Historische Forschung, Beiheft 12).

U

Ulbricht, Justus H., Willkomm und Abschied des Bauhauses in Weimar. Eine Rekonstruktion, in: ZfG, 1998, 1, S. 5-27.

V

Varnedoe, Kirk et al., High & Low. Moderne Kunst und Trivialkultur, München 1990.

Vigarello, Georges, Wasser und Seife, Puder und Parfüm, Geschichte der Körperhygiene seit dem Mittelalter, Frankfurt/M.

Vogel, Klaus, Das Deutsche Hygiene-Museum. 1911 bis 1990, Dresden 2003.

Voigt, Gerhard, Goebbels als Markentechniker, in: Haug (Hg.), Warenästhetik, S. 231-260.

Vorbereitender Arbeitsausschuss der Kammer der Werbeschaffenden (Hg.), Werbung der Schlüssel zum Tor der Welt. Tagungsbericht der 1. Versammlung der Werbeschaffenden 26. Mai 1946 Berlin, Berlin 1946.

W

Wadle, Elmar, Das Markenschutzgesetz von 1874, in: Juristische Schulung, Zeitschrift für Studium und Ausbildung (JuS) 1974, S. 761-766.

Wadle, Elmar, Fabrikzeichenschutz und Markenrecht, Geschichte und Gestalt des deutschen Markenschutzes im 19. Jahrhundert, Berlin 1977 und 1983 (2. Teil).

Wadle, Elmar, Vom Meistermarkenbuch zur Warenzeichenrolle. Historische Notizen zum Registerwesen, in: Deutsches Patentamt, DPA, S. 355-378.

Wadle, Elmar, Das Reichsgesetz zur Bekämpfung des unlauteren Wettbewerbs von 1896. Etappe eines zögerlichen Beginns, in: Juristische Schulung 1996, S. 1064-1088.

Wagner, Peter, Fest-Stellungen. Beobachtungen zur sozialwissenschaftlichen Diskussion über Identität, in: Assmann, Identitäten, S. 44-72.

Wagner-Braun, Margarethe, Die Frau in der Konsumgüterwerbung im 20. Jahrhundert, in: Walter, Geschichte, S. 415-436.

Walden, Keith, Advertising Business, Advertising Culture, in: Canadian Review of American Studies, 29, 1999, 2, S. 127-134.

Walter, Rolf, Wirtschaftsgeschichte: Vom Merkantilismus bis zur Gegenwart, 3. überarb. u. aktualisierte Aufl., Köln 2000.

Walter, Rolf (Hg.), Geschichte des Konsums. Erträge der 20. Arbeitstagung der Gesellschaft für Sozial- und Wirtschaftsgeschichte, 23.-26. April 2003 in Greifswald, Stuttgart 2004 (=Vierteljahrschrift für Sozial- und Wirtschaftsgeschichte, Beihefte Nr. 175).

Ward, Janet, Weimar Surfaces. Urban Visual Culture in 1920s Germany, Berkeley 2001.

Weger, Erich W., Zur Geschichte der Werbeagentur in den USA, in: Jahrbuch der Absatz- und Verbrauchsforschung, 11. Jahrgang, 1965, S. 61-71.

Weger, Erwin, Die Werbeagentur in Deutschland. Entwicklung, Wesen, Funktion, Organisation, Nürnberg 1966.

Wehler, Hans-Ulrich, Die Herausforderung der Kulturgeschichte, München 1998.

Wehler, Hans-Ulrich, Nationalismus. Geschichte, Formen, Folgen, 2. durchges. Aufl., München 2004.

Wehler, Hans-Ulrich, Deutsche Gesellschaftsgeschichte, Zweiter Band: Von der Reformära bis zur industriellen und politischen „Deutschen Doppelrevolution" 1815-1845/49, 3. Aufl., München 1996.

Wehler, Hans-Ulrich, Deutsche Gesellschaftsgeschichte, Dritter Band: Von der „Deutschen Doppelrevolution" bis zum Beginn des Ersten Weltkrieges 1849-1914, München 1995.

Wehler, Hans-Ulrich, Deutsche Gesellschaftsgeschichte, Vierter Band: Vom Beginn des Ersten Weltkriegs bis zur Gründung der beiden deutschen Staaten 1914-1949, 2. durchges. Aufl. München 2003.

Weissler, Sabine, Bauhaus-Gestaltung in NS-Propaganda-Ausstellungen, in: Nerdinger, Bauhaus-Moderne, S. 48-63.

Weisser, Michael, Wirksam wirbt das Weib. Die Frau in der Reklame. Bild- und Textdokumente aus den Jahren 1827-1930, München 1985.

Weisser, Michael, Deutsche Reklame. 100 Jahre Werbung 1870-1970. Ein Beitrag zur Kunst- und Kulturgeschichte, München 1985.

Welsch, Sabine, Ausstieg aus dem Korsett. Reformkleidung um 1900, Darmstadt 2003.

Werner & Mertz (Hg.), 1901-2001. 100 Jahre Erdal. Die ganze Welt der Schuhpflege. 100 Jahre Markenqualität im Zeichen des Frosches, Mainz 2001.

Westfälisches Landesmuseum für Kunst und Kulturgeschichte Münster (Hg.), Die nützliche Moderne. Graphik-und Produktdesign in Deutschland 1935-1955, Münster 2000.

Westphal, Uwe, Werbung im Dritten Reich, Berlin 1989.

White, Hayden, Historiography and Historiophoty, in: The American Historical Review, 93, 5, 1988, S. 1193-1199.

Wick, Rainer K. (Hg.), Das neue Sehen. Von der Fotografie am Bauhaus zur Subjektiven Fotografie, München 1991.

Wick, Rainer K. (Hg.), Bauhaus. Kunstschule der Moderne, Ostfildern-Ruit 2000.

Wiegmann, Karlheinz, Die Warenverpackung der dreißiger bis sechziger Jahre, in: Westfälisches Museumsamt (Hg.), Supermarkt und Emmaladen. Aus der Geschichte der Warenverpackung, Münster 1993, S. 49.

Wildmann, Daniel, Begehrte Körper. Konstruktion und Inszenierung des „arischen" Männerkörpers im „Dritten Reich", Würzburg 1998.

Wilke, Jürgen/Noelle-Neumann, Elisabeth, Pressegeschichte, in: Noelle-Neumann, Publizistik, S. 417-454.

Wilke, Jürgen, Mediengeschichte der Bundesrepublik Deutschland, Bonn 1999.

Williams, Emelda et al., American Advertising. A Reference Guide, New York 1988 (=Garland Reference Library of Social Science, Vol. 398).

Winkler, Klaus-Jürgen, Bauhaus und Thüringer Landtag. Die Kunstschuldebatte in der Zeit der Weimarer Republik, in: Stenzel, Kontroversen, S. 43-125.

Wingler, H. M. (Hg.), Kunstschulreform 1900-1933, Berlin 1977.

Wischermann, Clemens/Borscheid, Peter/Ellerbrock, Karl-Peter (Hg.), Unternehmenskommunikation im 19. und 20. Jahrhundert, Neue Wege der Unternehmensgeschichte, Dortmund 2000 (Untersuchungen zur Wirtschafts-, Sozial- und Technikgeschichte, Band 19).

Wischermann, Clemens/Shore, Elliott (Hg.), Advertising and the European City. Historical Perspectives, Hants 2000.

Wischermann, Clemens et al. (Hg.), Körper mit Geschichte. Der menschliche Körper als Ort der Selbst- und Weltdeutung, Stuttgart 2000 (=Studien zur Geschichte des Alltags, Bd. 17).

Wischermann, Clemens (Hg.), Unternehmenskommunikation deutscher Mittel- und Großunternehmen, Theorie und Praxis in historischer Perspektive, Münster 2003.

Witzler, Beate, Großstadt und Hygiene. Kommunale Gesundheitspolitik in der Epoche der Urbanisierung, Stuttgart 1995 (=Medizin, Gesellschaft und Geschichte, Beiheft 5).

Wohlfeil, Rainer, Das Bild als Geschichtsquelle, in: Historische Zeitschrift, 243, 1986, S. 91-100.

Wohlfeil, Rainer, Methodische Reflexionen zur Historischen Bildkunde, in: Tolkemitt, Bildkunde, S. 17-35.

Wulf, Hans Albert, Maschinenstürmer sind wir keine. Technischer Fortschritt und sozialdemokratische Arbeiterbewegung, München 1988.

Wunderlich, Sylke, Emailplakate. Ein internationaler historischer Überblick, Leipzig 1991.

Wündrich, Hermann, Wirtschaftswerbung während der NS-Zeit. Versuch einer Analyse, Düsseldorf 1986 (unveröffentlichtes Manuskript).

Württembergisches Landesmuseum Stuttgart (Hg.), Zünfte in Würtemberg. Regeln und Zeichen altwürttembergischer Zünfte vom 16. bis zum 19. Jahrhundert, Stuttgart 2000.

XYZ

Zahlmann, Stefan, Vom Bonvivant zum Ironman, 100 Jahre Männerkörper in der deutschen Konsumwerbung, in: Wischermann, Körper, S. 245-279.

Zentralverband der Deutschen Werbewirtschaft (Hg.), Werbung in Deutschland 1999, Bonn 1999.

Zurstiege, Guido, Mannsbilder – Männlichkeit in der Werbung. Eine Untersuchung zur Darstellung von Männern in der Anzeigenwerbung der 50er, 70er und 90er Jahre (Studien zur Kommunikationswissenschaft Band 34), Wiesbaden 1998.

B.3 Internet-Ressourcen

Kaufhold, Barbara, Deutsche Sektreklame von 1879-1918. Ihre Entwicklung unter wirtschaftlichen, gesellschaftlichen und künstlerischen Aspekten, Bochum 2003 (zugl. Diss., Univ. Bochum, 2003, Online-Publikation: http://www-brs.ub.ruhr-uni-bochum.de/netahtml/HSS/Diss/KaufholdBarbara/diss.pdf).

www.mccann.de, siehe Menüpunkt: Historie (Stand: 26.10.2005).

www.motoringpicturelibrary.com (31.3.2007).

Zur Politischen Ikonografie: http://www.warburg-haus.de/texte/forsch.html (28.2.07).

www.veet.de/geschichte.shtml (13.3.06).

Anhang — Bilder

Abbildungsverzeichnis

Abb. 1: „Hohenzollern-Schokolade" .... - 6 -
Abb. 2: Erdal-Froschkönig ....- 7 -
Abb. 3: „Wohlerhaltene Natur eines Flußufers" .... - 8 -
Abb. 4: Werbeplakat für Tropon .... - 9 -
Abb. 5: Qualifikation des Werbers .... - 10 -
Abb. 6: Anzeige für einen Lehrkurs für Reklame......................... - 11 -
Abb. 7: Titelblatt der Zeitschrift „Die Reklame" .... - 12 -
Abb. 8: Selbstbildnis von Viktor Arnaud ....- 13 -
Abb. 9: Rückseite eines Kalenders .... - 14 -
Abb. 10: Plakatentwurf von Herber Bayer......................................- 15 -
Abb. 11: Coverentwurf von Herbert Bayer .... - 16 -
Abb. 12: „Es geht vorwärts" ....- 17 -
Abb. 13: Berlin im Wandel der Zeit .... - 18 -
Abb. 14: Berlin im Licht .... - 19 -
Abb. 15: Berlin um 2000 – Zukunftsvision .... - 20 -
Abb. 16: Eigenanzeige der Crawfords Reklame-Agentur .... - 21 -
Abb. 17: Zigaretten der Marke North State .... - 22 -
Abb. 18: Lichtwerbung am Europahaus bei Nacht ....- 23 -
Abb. 19: : Bahlsen-Werbung .... - 24 -
Abb. 20: „Kampf dem Verderb" ....- 25 -
Abb. 21: Erinnerungswerbung der Fa. Teekanne .... - 26 -

Abb. 22: Plakat der Kampagne für ressourcenschonendes Waschen.......... - 27 -

Abb. 23: Motiv einer Verbrauchslenkungskampagne ....- 28 -

Abb. 24: Motiv für Verbrauchslenkungskampagne..- 29 -

Abb. 25: Werbepostkarte von Mercedes-Benz..- 30 -

Abb. 26: Beispiel für moderne Gestaltung im Sinne des Internationalen Stils - 31 -

Abb. 27: Repräsentative Werbegrafik der 20er Jahre .... - 32 -

Abb. 28: Kampagne für den koffeinlosen Kaffee Hag................................- 33 -

Abb. 29: Anzeige für die Marke Vasenol .... - 34 -

Abb. 30: Anzeige, ca. 1925, Archiv A. Schug, Berlin..................................- 35 -

Abb. 31: Berliner Illustrierte Zeitung, 1923, Nr. 9, S. 176, Deutsches Historisches Museum, Berlin..- 36 -

Abb. 32: Anzeige, in: Die Dame, 1927/1928, Heft 24, S. 49, Deutsches Historisches Museum, Berlin... - 37 -

Abb. 33: Anzeige, ca. 1925, Archiv A. Schug, Berlin. .... - 38 -

Abb. 34: Anzeige, in: Die Dame, 1927/1928, Heft 24, S. 55, Deutsches Historisches Museum, Berlin...- 39 -

Abb. 35: Anzeige, ca. 1925, Archiv A. Schug, Berlin. ....- 40 -

Abb. 36: Anzeige, ca. 1928, Unilever GmbH, Hamburg............................- 41 -

Abb. 37: Anzeige, in: Die Dame, 1925/1926, Heft 2, S. 31, Deutsches Historisches Museum, Berlin... - 42 -

Abb. 38: Anzeige, 1932, Unilever GmbH, Hamburg. .... - 43 -

Abb. 39: Anzeige, in: Die Dame, 1927/1928, Heft 20, S. 48, Deutsches Historisches Museum. ....- 44 -

Abb. 40: „Ich habe meiner Mutter die gleichen Fragen gestellt..." SAGROTAN.. - 45 -

Abb. 41: Anzeige, in: Die Dame, 1927/1928, Heft 23, S. 54, Deutsches Historisches Museum. .... - 46 -

Abb. 42: Anzeige, in: Berliner Illustrierte Zeitung, 1933, Nr. 35, S. 1277, Deutsches Historisches Museum, Berlin. .... - 47 -

Abb. 43: Abb. 40: Berliner Illustrierte Zeitung, 1934, Nr. 20, S. 704, Deutsches Historisches Museum, Berlin. .... - 48 -

Abb. 44: Anzeige, in: Berliner Illustrierte Zeitung, 1941, Heft 1, S. 25, Deutsches Historisches Museum, Berlin. .... - 49 -

Abb. 45: Anzeige, in: Die Dame, 1923/1924, Heft 13, S. 33, Deutsches Historisches Museum, Berlin. .... - 50 -

Abb. 46: Anzeige, in: Die Dame, 1936, Heft 19, S. 49, Deutsches Historisches Museum, Berlin. .... - 51 -

Abb. 47: Anzeige, ca. 1931, Archiv A. Schug, Berlin. .... - 52 -

Abb. 48: Anzeige, ca. 1930, Archiv A. Schug, Berlin. .... - 53 -

Abb. 49: Anzeige, ca. 1932, Archiv A. Schug, Berlin. .... - 54 -

Abb. 50: Anzeige, in: Berliner Illustrierte Zeitung, 1927, Heft 22, S. 875, Deutsches Historisches Museum, Berlin. .... - 55 -

Abb. 51: Anzeige, Berliner Illustrierte Zeitung, 1939, Heft 31, S. 103, Deutsches Historisches Museum, Berlin. .... - 56 -

Abb. 52: Anzeige, in: Die Dame, 1943, Heft 2, S. 39, Deutsches Historisches Museum, Berlin. .... - 57 -

Abb. 53: Anzeige, in: Berliner Illustrierte Zeitung, 1940, Heft 31, S. 763, Deutsches Historisches Museum, Berlin. .... - 58 -

Abb. 54: Anzeige, ca. 1925, Archiv A. Schug, Berlin. .... - 59 -

Abb. 55: Anzeige, in: Die Dame, 1938, Heft 18, S. 47, Deutsches Historisches Museum, Berlin. .... - 60 -

Abb. 56: Anzeige, ca. 1928, Beiersdorf AG, Hamburg .... - 61 -

Abb. 57: Anzeige, in: Berliner Illustrierte Zeitung, 1927, heft1, S. 12, Deutsches Historisches Museum, Berlin...- 62 -

Abb. 58: Anzeige, in: Berliner Illustrierte Zeitung, 1922, Heft 21, S. 419, Deutsches Historisches Museum, Berlin...- 63 -

Abb. 59: Berliner Illustrierte Zeitung, 1919, Heft 12, S. 95, Deutsches Historisches Museum, Berlin...- 63 -

Abb. 60: Anzeige, ca. 1927, Unilever GmbH, Hamburg. ....- 64 -

Abb. 61: Anzeige, ca. 1925, Henkel AG, Düsseldorf. ....- 65 -

Abb. 62: Anzeige, in: Die Dame, 1927/1928, Heft 20, S. 59, Deutsches Historisches Museum, Berlin...- 66 -

Abb. 63: Anzeige, in: Die Dame, 1941, Heft 23, S. 44, Deutsches Historisches Museum, Berlin...- 67 -

Abb. 64: Anzeige, 1934, Henkel AG, Düsseldorf..- 68 -

Abb. 65: Anzeige, ca. 1925, Unilever GmbH, Hamburg. ....- 69 -

Abb. 66: Anzeige, ca. 1930, Henkel AG, Düsseldorf................................- 70 -

Abb. 67: Anzeige, 1928, Unilever GmbH, Hamburg. ....- 71 -

Abb. 68: Anzeige, 1930, Unilever GmbH, Hamburg. ....- 72 -

Abb. 69: Anzeige, ca. 1930, Henkel AG, Düsseldorf................................- 73 -

Abb. 70: Anzeige, in; Berliner Illustrierte Zeitung, 1928, Heft 30, S. 1282, Deutsches Historisches Museum, Berlin...- 74 -

Abb. 71: Anzeige, ca. 1930, Archiv A. Schug, Berlin. ....- 75 -

Abb. 72: Anzeige, in; Berliner Illustrierte Zeitung, 1927, Heft 50, S. 2072, Deutsches Historisches Museum, Berlin...- 76 -

Abb. 73: Anzeige, ca. Anfang 1920er, Archiv A. Schug, Berlin...................- 77 -

Abb. 74: Anzeige, in: Die Dame, 1934, Heft 6, S. 48, Deutsches Historisches Museum, Berlin...- 78 -

Abb. 75: Anzeige, in: Die Dame, 1931/1932, Heft 3, S. IV, Deutsches Historisches Museum, Berlin .... - 79 -

Abb. 76: Anzeige, in: Die Dame, 1931/1932, Heft 3, S. 55, Deutsches Historisches Museum, Berlin. .... - 80 -

Abb. 77: Anzeige, in Berliner Illustrierte Zeitung, 1933, Heft 15, S. 552, Deutsches Historisches Museum, Berlin. .... - 81 -

Abb. 78: Anzeige, in: Berliner Illustrierte Zeitung, 1919, Heft 49, S. 516, Deutsches Historisches Museum, Berlin. .... - 82 -

Abb. 79: Anzeige, in: Berliner Illustrierte Zeitung, 1922, Heft 31, S. 602, Deutsches Historisches Museum, Berlin. .... - 83 -

Abb. 80: Anzeige, in: Berliner Illustrierte Zeitung, 1923, Heft 15, S. 296, Deutsches Historisches Museum, Berlin. .... - 84 -

Abb. 81: Plakat, ca. 1930er, Beiersdorf AG, Hamburg................................... - 85 -

Abb. 82: Anzeige, in; Berliner Illustrierte Zeitung, 1934, Heft 39, S. 1409, Deutsches Historisches Museum; Berlin. .... - 86 -

Abb. 83: Anzeige, in: Berliner Illustrierte Zeitung, 1927, Heft 3, S.96, Deutsches Historisches Museum, Berlin. .... - 87 -

Abb. 84: Plakat, 1928, DaimlerChrysler AG, Stuttgart................................... - 88 -

Abb. 85: Anzeige, in: Berliner Illustrierte Zeitung, 1924, Heft 42, S. 1244, Deutsches Historisches Museum, Berlin. .... - 89 -

Abb. 86: Anzeige, in: Berliner Illustrierte Zeitung, 1919, Heft 44, S. 456, Deutsches Historisches Museum, Berlin. .... - 90 -

Abb. 87: Anzeige, in: Die Dame, 1938, Heft 25, S. 77, Deutsches Historisches Museum, Berlin. .... - 91 -

Abb. 88: Anzeige, in: Die Dame, 1938, Heft 6, S. 47, Deutsches Historisches Museum, Berlin. .... - 92 -

Abb. 89: Plakat, 1940, DaimlerChrysler AG, Stuttgart. .... - 93 -

Abb. 90: Plakat, nach 1927, Unilever GmbH, Hamburg............................ - 94 -

Hohenzollern Schokolade

Theodor Hildebrand & Sohn
Hoflieferanten, Berlin.

Abb. 1: „Hohenzollern-Schokolade"

Der Kaiser als Werbefigur für Schokolade. Die rechtliche Lage ließ solche Werbung im Kaiserreich zu. Das Recht am eigenen Bild bzw. der Schutz vor der gewerblichen Nutzung der Bilder von Prominenten war noch nicht klar geregelt. Die „Hohenzollern-Schokolade" steht beispielhaft für die Nationalisierung der deutschen Markenkultur seit der Jahrhundertwende. Die Dominanz englischer oder vor allem französischer Markennamen ging zurück. Plakat, ca. 1905, Signatur 367907, Landesarchiv Berlin.

Abb. 2: Erdal-Froschkönig

Der Erdal-Froschkönig griff auf eine in der „deutschen Kultur" bekannte Referenz auf Grimms Märchen zurück. Die Verlebendigung von Marken mit der Kreation von Werbefiguren gehörte zur Modernisierung der Markenkultur seit der Jahrhundertwende. Emaille-Plakat, ca. 1900, Werner&Mertz GmbH.

Abb. 3: „Wohlerhaltene Natur eines Flußufers"

„Wohlerhaltene Natur eines Flußufers" untertitelte Ernst Rudorff in seiner Publikation „Heimatschutz" eine der von ihm ausgesuchten Fotografien deutscher Ideallandschaften, die von den Zeichen des Ökonomismus, allen voran der Werbung, bedroht wurden. Abb. in: Rudorff, Ernst, Heimatschutz, Darmstadt 1994 (Erstveröffentlichung 1897), Bildteil o. Paginierung.

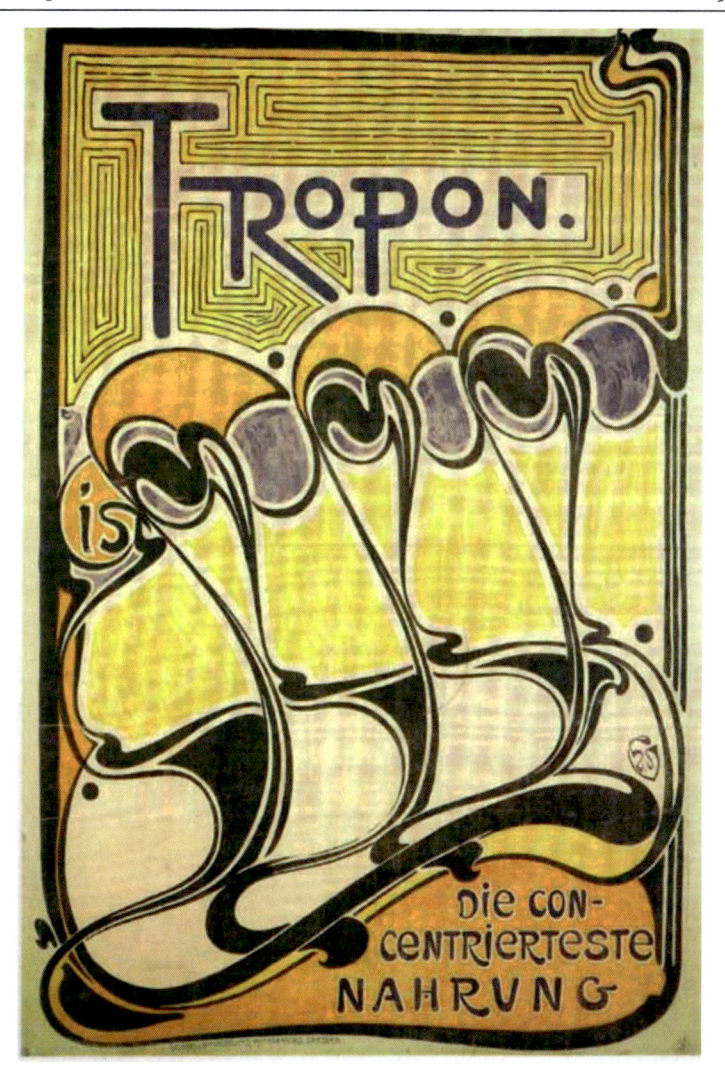

Abb. 4: Werbeplakat für Tropon

Das Werbeplakat für Tropon, gestaltet von Henry van de Velde, galt als einer der ersten und wichtigsten Werbeaufträge der Industrie, die von einem Künstler ausgeführt wurden. Plakat, 1898, Deutsches Historisches Museum, Berlin.

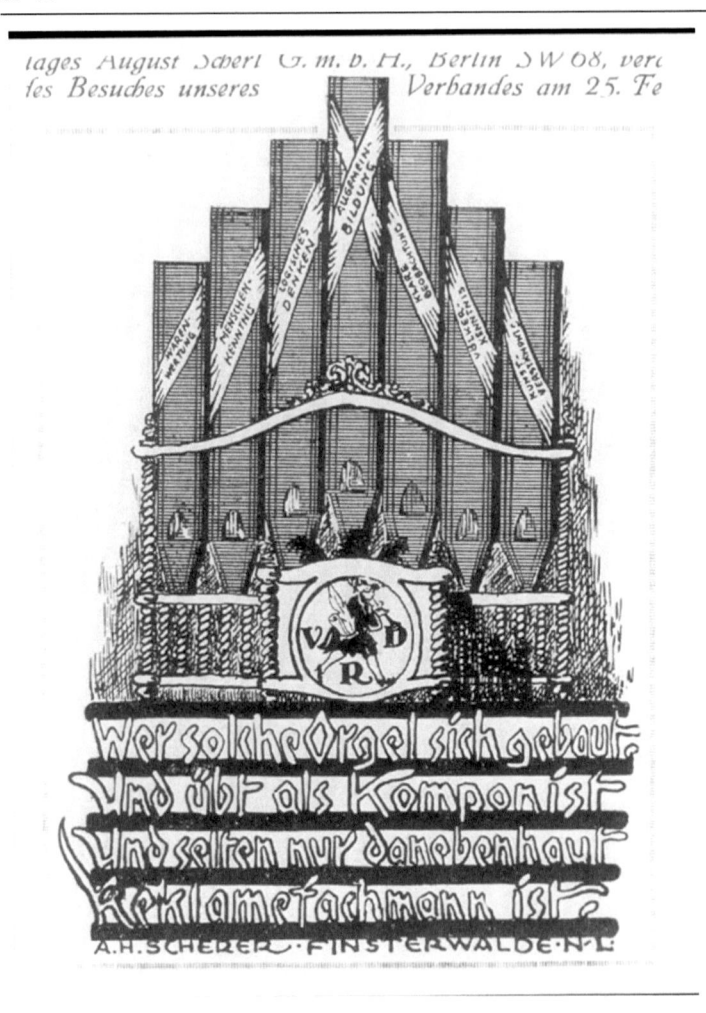

Abb. 5: Qualifikation des Werbers

Illustration zum Aufruf des Verbandes deutscher Reklamefachleute, über die Qualifikation des Werbers nachzudenken. Illustration, aus: Die Reklame, 1922, Heft 152, Titelblatt, Staatsbibliothek Berlin.

Abb. 6: Anzeige für einen Lehrkurs für Reklame

Anzeige für einen Lehrkurs für Reklame von 1927. Das Bild rekonstruiert typische Selbstzuschreibungen der Werber. Als junge, selbstbewusste Wirtschaftselite weisen sie angeblich den Weg zu mehr Umsatz. Anzeige, in: Die Reklame, 2, 1927, S. XXVI, Staatsbibliothek Berlin.

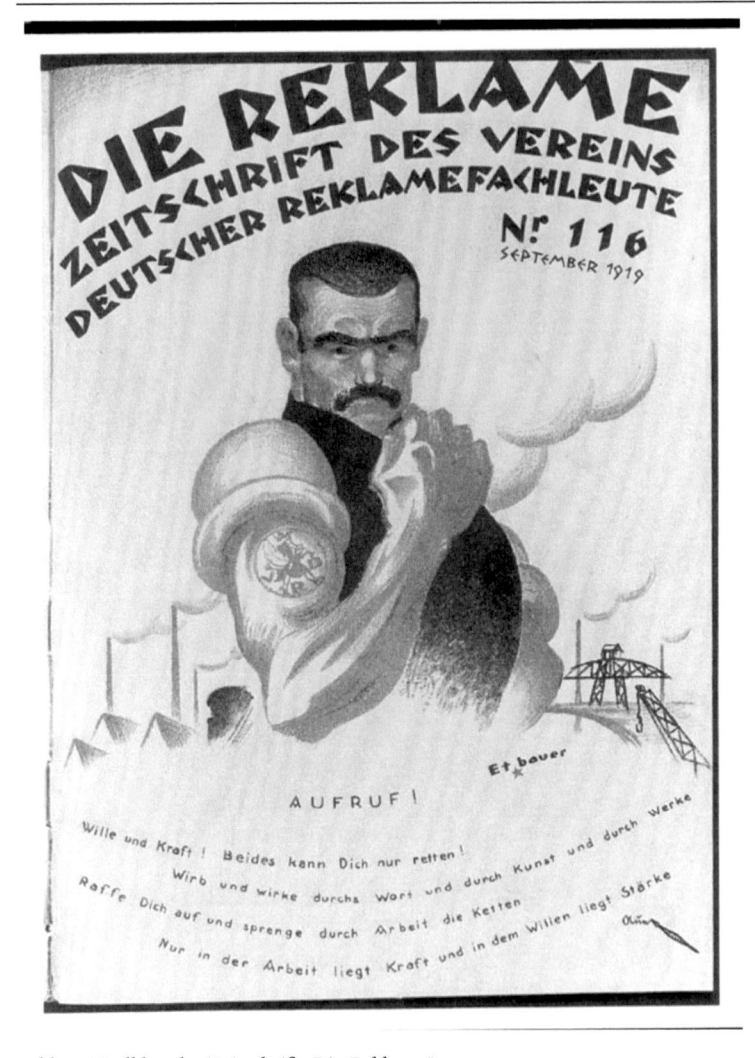

Abb. 7: Titelblatt der Zeitschrift „Die Reklame"

Titelblatt der Zeitschrift „Die Reklame", das das überzogene Selbstbewusstsein der Werbefachleute offenbart. Titelblatt, „Die Reklame", 1919, Nr. 116, Staatsbibliothek Berlin

Abb. 8: Selbstbildnis von Viktor Arnaud

Selbstbildnis von Viktor Arnaud, in dem er seine Zerrissenheit zwischen freier Kunst und Auftragsarbeit thematisiert, in: Verein der Plakatfreunde e.V. (Hg.) Unsere Reklamekünstler. Selbstbekenntnisse und Selbstbildnisse, Berlin 1920, S. 3, Staatsbibliothek Berlin.

Abb. 9: Rückseite eines Kalenders

Herbert Bayer blieb der Tradition der Werbekünstler verbunden und entwickelte einen dominanten Stil, der bei jedem Gestaltungsauftrag durchschien, allerdings nicht mehr zur Wettbewerbsdifferenzierung der Marken taugte, Rückseite eines Kalenders, ca. 1931, Bauhaus-Archiv, Berlin.

Abb. 10: Plakatentwurf von Herber Bayer

Plakatentwurf von Herber Bayer, bei dem typische Gestaltungsmerkmale des Werbekünstlers deutlich hervortreten: Bildcollagetechnik, eine Spritztechnik und die sog. Bayer-Wölkchen bestimmten zahlreiche Entwürfe Bayers. Unterschiedliche Produkte/Unternehmen wurden dadurch in ähnlicher Weise inszeniert, was einer Marktdifferenzierung entgegenstand. Plakat, ca. 1931, Bauhaus-Archiv, Berlin.

Abb. 11: Coverentwurf von Herbert Bayer

Coverentwurf von Herbert Bayer für eine Zeitschrift. Cover, 1937, Westf. Landesmuseum für Kunst und Kulturgeschichte Münster.

Anhang   A - 17 -

Abb. 12: „Es geht vorwärts"

„Es geht vorwärts", Satire aus dem Simplicissimus von 1921 über die Eroberung hoheitlicher Oberflächen durch die Werbung. Fotografische Reproduktion aus: Simplicissimus, Nr. 41, 1921, S. 554, Signatur 2Yy156/50R, Staatsbibliothek Berlin.

BERLIN IM WANDEL DER ZEIT

1890 Der Spittelmarkt. Pferdebahn, Omnibus und Droschke sind die Verkehrsmittel. Alles läuft geruhsam, der Rhythmus der Reklame ist noch völlig unbekannt

1926 Der Potsdamer Platz. Der zeitgemäße Verkehrsturm steht im Mittelpunkt von lebendigstem Hin und Her, über das eine Lichtflut eindringlichster Reklame hinströmt. Das hellerleuchtete Haus ist das von Geh.-Rat Muthesius eigens für Reklame umgebaute Eckgebäude Potsdamer Straße und Platz (siehe auch Seite 1228)

Abb. 13: Berlin im Wandel der Zeit

Berlin im Wandel der Zeit – Gegenüberstellung der Eindrücke von Großstadt in den Jahren 1890 und 1926. Die Bilder suggerieren die erfolgreiche Expansion der Werbung im Stadtbild, in: Die Reklame, 2. Dezemberheft 1926, S. 1224, Signatur 4Fg2332/39-1926, Staatsbibliothek Berlin.

Abb. 14: Berlin im Licht

Berlin im Licht – Licht ist Leben. Monument der Firma Osram anlässlich der Lichtwoche vom 13.-16.10.1928 in Berlin. Fotografie, 1928, Signatur 194712, Landesarchiv Berlin.

Abb. 15: Berlin um 2000 – Zukunftsvision

Berlin um 2000 – Zukunftsvision über die städtebauliche, durch Werbung geprägte Entwicklung Berlins. Fotografische Reproduktion, Die Reklame, 2. Dezemberheft 1926, S. 1225, Signatur 4Fg2332/39-1926, 2R, Staatsbibliothek Berlin.

Abb. 16: Eigenanzeige der Crawfords Reklame-Agentur

Eigenanzeige der Crawfords Reklame-Agentur von 1929, in der typische Dienstleistungsmerkmale der Agenturen wie Marktorientierung, strategische Ausrichtung der Werbung und Internationalität betont werden. Fotografische Reproduktion, Die Reklame, Heft 14, S. V, Signatur 4Fg2332/39-1929, 2R, Staatsbibliothek Berlin.

Abb. 17: Zigaretten der Marke North State

Amerikanische Weltläufigkeit mit Zigaretten der Marke North State versprach diese 1938 publizierte Anzeige, in: Die Dame, 1938, Heft 1, S. 51, Staatsbibliothek Berlin.

Abb. 18: Lichtwerbung am Europahaus bei Nacht

Auch im Nationalsozialismus zeigten sich die „deutschen Oberflächen" trotz des virulenten Säuberungsdiskurses von Lichtwerbung erleuchtet. Lichtwerbung am Europahaus bei Nacht, Stresemannstraße, Berlin 1937, Fotografie, (RZA 4268-14), Deutsches Historisches Museum, Berlin

Abb. 19: : Bahlsen-Werbung

Bahlsen-Werbung, in der „das Deutsche" explizit als Verkaufsargument kommuniziert wird. Derartige Kampagnen waren bei den großen Markenartiklern selten. Plakat, 1933, Bahlsen GmbH, Hannover.

Abb. 20: „Kampf dem Verderb"

Unter dem Motto „Kampf dem Verderb" lief eine der aufwendigsten verbrauchslenkenden Kampagnen im Nationalsozialismus. Individueller Konsum wurde als system-stabilisierendes Verhalten wahrgenommen. Plakat, 1940, Westf. Landesmuseum für Kunst und Kulturgeschichte, Münster.

Abb. 21: Erinnerungswerbung der Fa. Teekanne

Beispiel einer Erinnerungswerbung der Fa. Teekanne. Anzeige, in: Die Dame, 1943, Heft 2, S. 43, Staatsbibliothek Berlin.

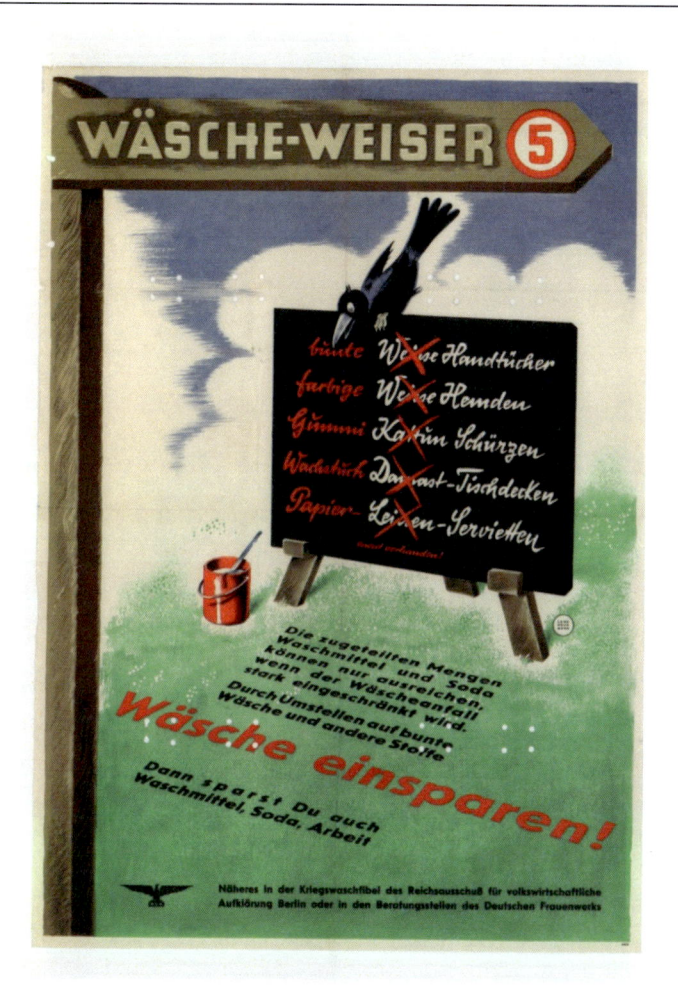

Abb. 22: Plakat der Kampagne für ressourcenschonendes Waschen

Plakat der Kampagne für ressourcenschonendes Waschen mit dem Hinweis auf die Kriegswaschfibel, die ein wichtiges Instrument der Verbrauchslenkung und der Aufrüstung der „Heimatfront" war. Plakat, ca. 1940/41, BArch R5002/25, Bl. 250, Bundesarchiv Berlin.

Abb. 23: Motiv einer Verbrauchslenkungskampagne

Motiv einer Verbrauchslenkungskampagne, die explizit den Zusammenhang zwischen „Heimatfront" und dem Krieg herstellte. Anzeige, ca. 1940er, BArch R 5002/25, Bl. 191, Bundesarchiv Berlin.

Abb. 24: Motiv für Verbrauchslenkungskampagne

Motiv für Verbrauchslenkungskampagne. Anzeige, ca. 1940er, BArch R 5002/25, Bl. 194, Bundesarchiv Berlin.

Abb. 25: Werbepostkarte von Mercedes-Benz

Werbepostkarte von Mercedes-Benz, die ein Beispiel für ein erfolgreiches Co-Branding ist. Postkarte, 1938, Deutsches Historisches Museum, Berlin.

Abb. 26: Beispiel für moderne Gestaltung im Sinne des Internationalen Stils

Moderne Gestaltungssprachen in der Werbung der 20er Jahre ergänzten sich stets mit kunsthistorisch „konventionellen" Stilen. Hier ein Beispiel für moderne Gestaltung im Sinne des Internationalen Stils von El Lissitzky für die Fa. Pelikan in Hannover. Plakat, ca. 1920, Pelikan AG, Hannover.

Abb. 27: Repräsentative Werbegrafik der 20er Jahre

Repräsentativ für die Werbegrafik der 20er Jahre waren Motive wie dieses, das Modernismen im kunsthistorischen Sinne bspw. bei der Typografie (serifenlose Schriften) berücksichtigten, ansonsten eine volkstümliche Sprache zitierten, die stärker an den Bedürfnissen der breiteren Konsumentenkreise orientiert war. Plakat, ca. 1925, Henkel AG, Düsseldorf.

Abb. 28: Kampagne für den koffeinlosen Kaffee Hag

Beispiel eines für die NS-Zeit als erwartbar zu bezeichnenden Motivs einer Kampagne für den koffeinlosen Kaffee Hag. Gotische Lettern und die Fotografie eines starr blickenden Landwirts evozieren das Klischee des „Deutschen", sind aber insgesamt nicht repräsentativer für die NS-Werbegrafik als bspw. das Motiv in Abb. 26. Anzeige, ca. 1938, Kraft Foods, Bremen.

Abb. 29: Anzeige für die Marke Vasenol

Der Frauentypus des Vamps wie in dieser Anzeige für die Marke Vasenol tauchte auch im Nationalsozialismus in der Werbung auf. Kontinuitäten der Werbegestaltung aus den 1920er Jahren waren damit auch nach 1933 präsent. Anzeige, in: Die Dame, 1940, Heft 14, S. 43.

Abb. 30: Anzeige, ca. 1925, Archiv A. Schug, Berlin.

Abb. 31: Berliner Illustrierte Zeitung, 1923, Nr. 9, S. 176, Deutsches Historisches Museum, Berlin.

Abb. 32: Anzeige, in: Die Dame, 1927/1928, Heft 24, S. 49, Deutsches Historisches Museum, Berlin.

Abb. 33: Anzeige, ca. 1925, Archiv A. Schug, Berlin.

Abb. 34: Anzeige, in: Die Dame, 1927/1928, Heft 24, S. 55, Deutsches Historisches Museum, Berlin.

Abb. 35: Anzeige, ca. 1925, Archiv A. Schug, Berlin.

Abb. 36: Anzeige, ca. 1928, Unilever GmbH, Hamburg.

Abb. 37: Anzeige, in: Die Dame, 1925/1926, Heft 2, S. 31, Deutsches Historisches Museum, Berlin.

Abb. 38: Anzeige, 1932, Unilever GmbH, Hamburg.

Lebensfreude und Schönheit

Seit einigen Jahrzehnten ist die Körperpflege eine Kunst geworden, auf die viel Liebe und Ueberlegung verwandt wird.

Jede Frau, die sich jugendliche Spannkraft und Frische bewahren will, muß die Vorschriften über die „Hygiene der Frau" genau beachten. Die moderne Forschung und Wissenschaft hat hier durch die Erfindung des „Sagrotan" Wege gewiesen, für die ihr die einsichtige Frauenwelt dankbar ist. Einzelheiten finden Sie in unserer Broschüre über die „Hygiene der Frau".

„Sagrotan" reinigt, zugleich tötet es schädliche Keime. Es ist das neuzeitliche Mittel für die „Hygiene der Frau", für die Kinderpflege, für die Erhaltung eines gesunden Heims. Ueberall erhältlich in Apotheken und Drogerien.

Sagrotan

Eingetragene Schutzmarke

Name:
Adresse:

Senden Sie mir ohne Kosten und Verbindlichkeit für mich eine Probeflasche „Sagrotan" und Ihre Broschüre über moderne Hygiene.

Schülke & Mayr
Aktiengesellschaft
Hamburg 39.

Abb. 39: Anzeige, in: Die Dame, 1927/1928, Heft 20, S. 48, Deutsches Historisches Museum.

Abb. 40: „Ich habe meiner Mutter die gleichen Fragen gestellt..." SAGROTAN

„Schon wieder verhindert..."

Frauen, die sich vernachlässigen, müssen es fast immer erleben, daß sie auch von ihren Männern vernachlässigt werden. Es ist der Frauen eigene Schuld – –, sie sind hinter der Zeit zurückgeblieben und haben sich die großen Fortschritte der Wissenschaft nicht zu Nutze gemacht... Sie wissen nicht, daß sie sich den Charme und den Reiz der Schönheit durch richtige Hygiene erhalten können.

Aber auch diejenigen Frauen, die den Wert der persönlichen Hygiene kennen, wissen oft kein geeignetes Mittel, das bei sicherer Wirkung durchaus unschädlich ist.

Die Wissenschaft hat mit „Sagrotan" Desinfektionsmittel ein solches Mittel geschaffen. Verlangen Sie unsere Broschüren über die persönliche Hygiene der Frau, aus denen Sie darüber Näheres erfahren.

„Sagrotan" Desinfektionsmittel reinigt, ist von angenehmem Geruch, tötet alle schädlichen Keime und greift in den vorgeschriebenen Lösungen auch das zarteste Hautgewebe nicht an. In allen Apotheken und Drogerien zu haben.

SAGROTAN
Eingetragenes Warenzeichen
DESINFEKTIONSMITTEL
BROSCHÜREN GRATIS!

Schülke & Mayr, Aktien-Gesellschaft (Abt. F1) Hamburg 39

Abb. 41: Anzeige, in: Die Dame, 1927/1928, Heft 23, S. 54, Deutsches Historisches Museum.

Abb. 42: Anzeige, in: Berliner Illustrierte Zeitung, 1933, Nr. 35, S. 1277, Deutsches Historisches Museum, Berlin.

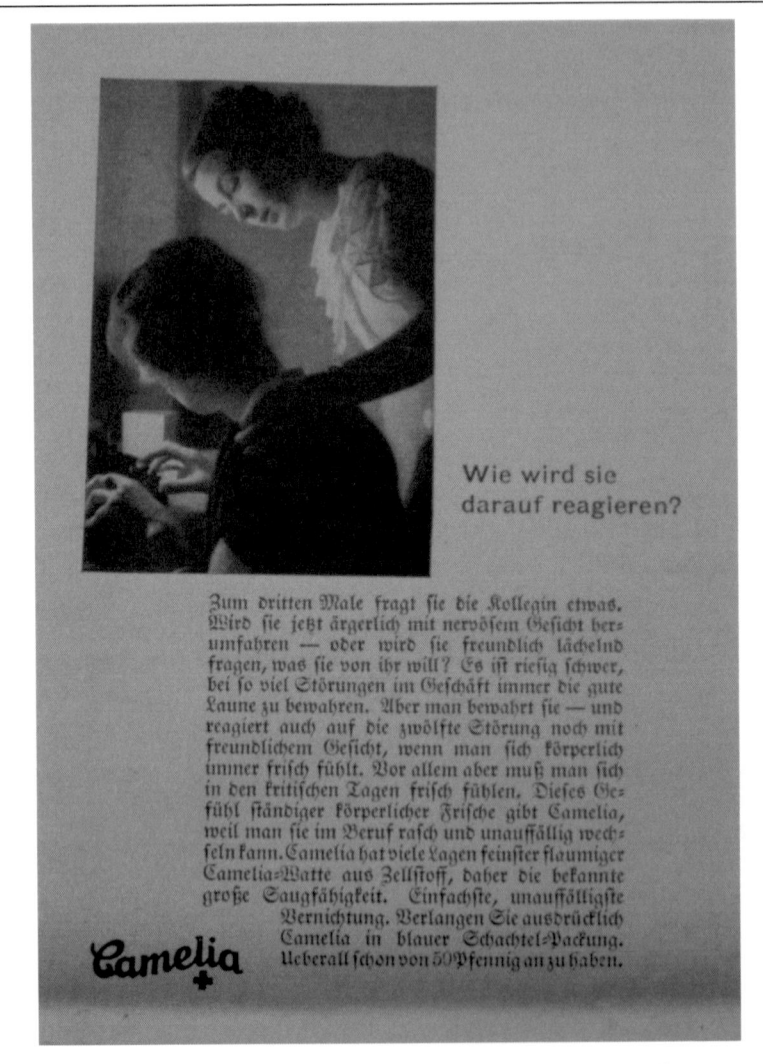

Abb. 43: Abb. 40: Berliner Illustrierte Zeitung, 1934, Nr. 20, S. 704, Deutsches Historisches Museum, Berlin.

Abb. 44: Anzeige, in: Berliner Illustrierte Zeitung, 1941, Heft 1, S. 25, Deutsches Historisches Museum, Berlin.

Abb. 45: Anzeige, in: Die Dame, 1923/1924, Heft 13, S. 33, Deutsches Historisches Museum, Berlin.

Abb. 46: Anzeige, in: Die Dame, 1936, Heft 19, S. 49, Deutsches Historisches Museum, Berlin.

Vorsorglich

pudert die Dame besonders empfindliche Körperstellen, um alle Unannehmlichkeiten bei besonderen Anstrengungen zu vermeiden. Zuverlässig dient ihr

Vasenol

KÖRPER-PUDER

Abb. 47: Anzeige, ca. 1931, Archiv A. Schug, Berlin.

Anhang   A - 53 -

Sex appeal

»das ewig Weibliche« hat schnell den Versuch einer Vermännlichung der Frau überwunden und mehr denn je macht das schöne Geschlecht durch sorgfältige Körperpflege seinem Namen Ehre. Kein Wunder, denn es benutzt ja täglich

Vasenol-Körper-Puder

Abb. 48: Anzeige, ca. 1930, Archiv A. Schug, Berlin.

Abb. 49: Anzeige, ca. 1932, Archiv A. Schug, Berlin.

Abb. 50: Anzeige, in: Berliner Illustrierte Zeitung, 1927, Heft 22, S. 875, Deutsches Historisches Museum, Berlin.

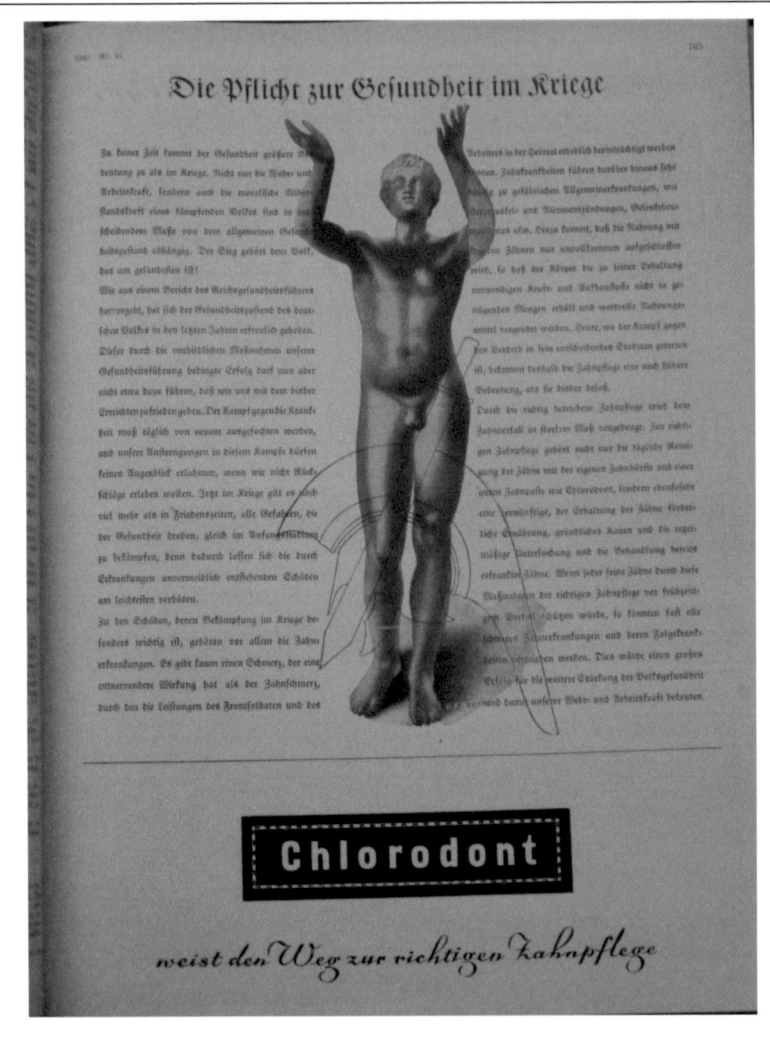

Abb. 51: Anzeige, Berliner Illustrierte Zeitung, 1939, Heft 31, S. 103, Deutsches Historisches Museum, Berlin.

Abb. 52: Anzeige, in: Die Dame, 1943, Heft 2, S. 39, Deutsches Historisches Museum, Berlin.

Abb. 53: Anzeige, in: Berliner Illustrierte Zeitung, 1940, Heft 31, S. 763, Deutsches Historisches Museum, Berlin.

Übler Mundgeruch

Es dünkt mir eine Pflicht, Ihnen über die vorzügliche Wirkung Ihrer Zahnpaste Chlorodont einige Anerkennungen zu zollen. Ich litt schon längere Jahre an üblem Mundgeruch und mißfarbigem Zahnbelag, der mir meine Tätigkeit als kaufmännischer Reisender sehr erschwerte. Einem alten Sprichwort nachgehend „Prüfe Alles und behalte das Beste" habe ich alle Mittel ausgeprobt und muß Ihnen offen gestehen, daß Ihr geschätztes Fabrikat mir am besten geholfen hat. Mein Arbeiten wurde mir zur Freude, da ich meinen üblen Mundgeruch entfernt wußte, außerdem ist aber auch der hartnäckige Zahnstein, der sich besonders an den Zahnfugen in bräunlicher Farbe zeigte, vollständig verschwunden. Chlorodont-Mundpflege ist nunmehr mein Sport.

Ich spreche Ihnen Vorstehendes unaufgefordert aus und stelle es Ihnen auch für eine etwaige Veröffentlichung nach Ihrem Belieben gern zur Verfügung.

Beuel-Bonn, Rh.   E. O.
(Originalbrief bei unserem Notar hinterlegt.)

Ueberzeugen Sie sich zuerst durch Kauf einer Tube zu 60 Pf., große Tube 1 Mk. Chlorodont-Zahnbürsten 1.25 Mk., für Kinder 70 Pf., Chlorodont-Mundwasser, Flasche 1.25 Mk. Zu haben in allen Chlorodont-Verkaufsstellen. Man verlange **nur echt** Chlorodont und weise jeden Ersatz zurück.

Abb. 54: Anzeige, ca. 1925, Archiv A. Schug, Berlin.

SCHERK

Ihr Gesicht – Ihr Erfolg

Schön sein heißt Erfolg haben. Ein zarter, reiner Teint erregt überall Bewunderung, gibt Ihnen das glückliche Selbstgefühl, gut auszusehen. Hierzu das einfachste Rezept: Nehmen Sie einen Wattebausch, etwas Scherk Gesichtswasser, und reinigen Sie damit täglich Ihr Gesicht. Sie entfernen Unreinheiten und Mitesser wirksam und porentief u. erhalten eine gesunde, frische Haut. Flaschen zu 0.80, 1.25, 2.20 und größer.

Scherk Gesichts-Wasser

Abb. 55: Anzeige, in: Die Dame, 1938, Heft 18, S. 47, Deutsches Historisches Museum, Berlin.

Anhang

Frauen im Beruf sehen leicht müde aus, besonders wenn sie sich den ganzen Tag in der trockenen Luft geheizter Räume aufhalten. Aber es gibt für sie ein

Die berufstätige Frau und NIVEA

wundervolles Mittel: Man reibe das Gesicht gut mit Nivea-Creme ein, klopfe die Creme etwas in die Haut und wische sie dann mit einem weichen Tuch ab. Man fühlt sich danach herrlich erfrischt und sieht wieder gut aus.

Nivea-Creme: Dosen 15, 24, 54 Pf und RM 1.–, Tuben 40 u. 60 Pf.

FÜR HAUS UND SPORT
NIVEA CREME
ZUR HAUTPFLEGE

680

Abb. 56: Anzeige, ca. 1928, Beiersdorf AG, Hamburg.

Abb. 57: Anzeige, in: Berliner Illustrierte Zeitung, 1927, heft1, S. 12, Deutsches Historisches Museum, Berlin.

Abb. 58: Anzeige, in: Berliner Illustrierte Zeitung, 1922, Heft 21, S. 419, Deutsches Historisches Museum, Berlin.

Abb. 59: Berliner Illustrierte Zeitung, 1919, Heft 12, S. 95, Deutsches Historisches Museum, Berlin.

Elida Shampoo für alle:
blaue Packung, goldene Schrift.
Elida Shampoo für Blonde:
goldene Packung, blaue Schrift.
Packung für zweimal Waschen
reichend, 30 Pfennige.
Garantiert sodafrei

Liebenswürdig – überall willkommen.

Klug, gute Manieren, weltgewandt, ein guter Kamerad, immer gern gesehen. Bei Geschäftsfreunden – im Kreise der Familie – auf dem Sportplatz – bei geselligen Gelegenheiten. Das Geheimnis seines Erfolges ist nicht nur sein Typus, für den er nichts kann, sondern der Takt seiner äußeren Erscheinung – der wohlgepflegte Mensch.

Wohlgepflegtes Haar ohne Schuppen in tadelloser Frisur ist unerläßlich. Zehn Minuten Arbeit in der Woche – eine Waschung mit Elida Shampoo gibt den gewünschten Erfolg. Außerordentlich praktisch für jeden Mann, kann überallhin leicht mitgenommen werden: auf den Sportplatz, ins Klubhaus, auf die Reise. Säubert Haar und Kopfhaut gründlich, beseitigt alle Schuppen.

ELIDA SHAMPOO

Abb. 60: Anzeige, ca. 1927, Unilever GmbH, Hamburg.

Abb. 61: Anzeige, ca. 1925, Henkel AG, Düsseldorf.

Es muss einmal gesagt werden:

Kopfschuppen u. ausgefallene Haare auf Schultern und Kleidung, unangenehmer Geruch des Haares wirken unordentlich und abstoßend. Es gehört zur gesellschaftlichen Pflicht jedes Menschen, derartiges zu vermeiden. Gebrauchen Sie regelmäßig

Dr. Dralle's Birken-Wasser.

Ihre Kopfhaut bleibt sauber und schuppenfrei. Ihr Haarwuchs wird kräftig angeregt, und das Haar fügt sich leicht zur eleganten Frisur.

Preis RM. 2.20 u. 3.75,
½ Liter RM. 6.—, 1 Liter RM. 10.50

Abb. 62: Anzeige, in: Die Dame, 1927/1928, Heft 20, S. 59, Deutsches Historisches Museum, Berlin.

Abb. 63: Anzeige, in: Die Dame, 1941, Heft 23, S. 44, Deutsches Historisches Museum, Berlin.

Abb. 64: Anzeige, 1934, Henkel AG, Düsseldorf.

Abb. 65: Anzeige, ca. 1925, Unilever GmbH, Hamburg.

Abb. 66: Anzeige, ca. 1930, Henkel AG, Düsseldorf.

Abb. 67: Anzeige, 1928, Unilever GmbH, Hamburg.

Abb. 68: Anzeige, 1930, Unilever GmbH, Hamburg.

Abb. 69: Anzeige, ca. 1930, Henkel AG, Düsseldorf.

Diese netten Drei

Wie? Drei? Jawohl! Sehen Sie, bitte, genau hin. Es sind zwei große Evas und eine kleine Eva. Dieser Scherz besagt, wie unzertrennlich die **Eva**-Haar-Entfernungs-Creme mit den Bedürfnissen jeder Dame verbunden ist, zumal bei der leichten Kleidung des Sommers. **Eva**-Creme hat folgende Eigenschaften: Auch durch längeres Liegenlassen wird die sichere Wirksamkeit nicht abgeschwächt — appetitlich lichte Farbe, nicht erdig fahl oder grau wie müde Asche — vaselineglatte Beschaffenheit der Creme, nicht sandig und bröckelig trocken wie alter Glaserkitt — keine Spur von Nachgeruch auf der Haut — kein Spatel zum Aufstreichen notwendig, da **Eva**-Creme die Fingernägel nicht angreift. Dafür entfernt sie aber lästige Haare um so gründlicher. Versuchen Sie ungeniert, was Hunderttausenden von Damen so selbstverständlich geworden ist wie die Anwendung von Hautcreme oder Zahncreme. Jedes Fachgeschäft führt **Eva**-Creme in Tuben zu Mk. 2,50 und 1,50.

HEIL-SCHNELL-FABRIK, LEIPZIG C 1

Abb. 70: Anzeige, in; Berliner Illustrierte Zeitung, 1928, Heft 30, S. 1282, Deutsches Historisches Museum, Berlin.

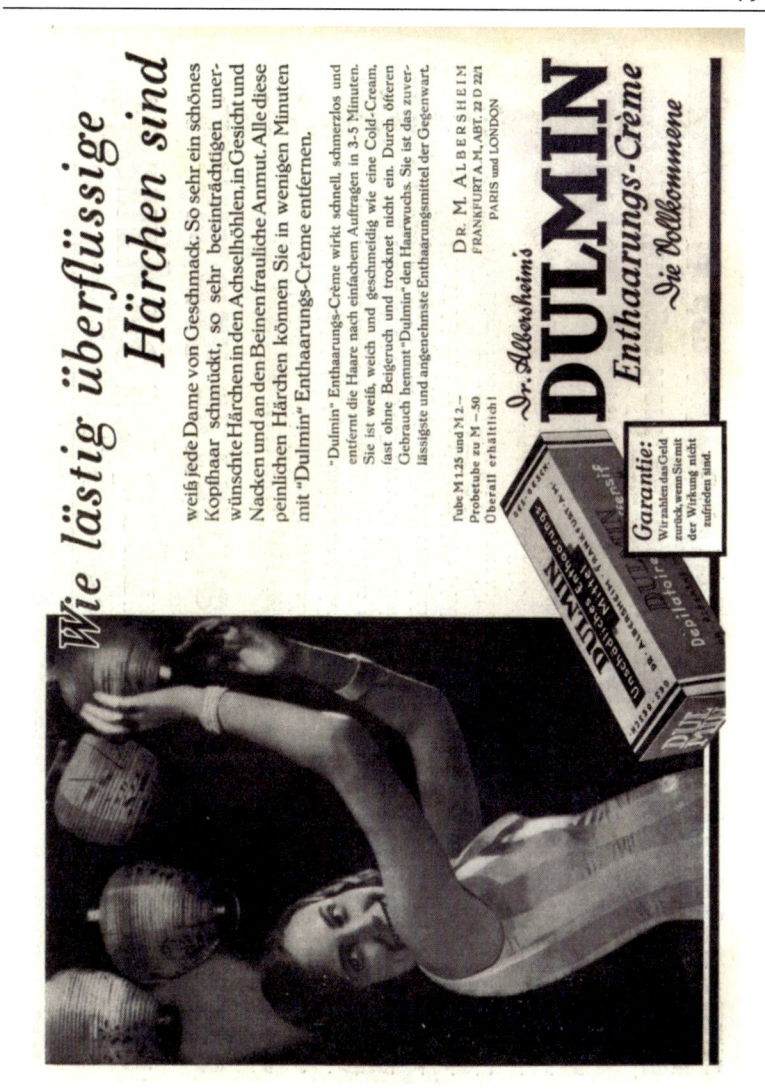

Abb. 71: Anzeige, ca. 1930, Archiv A. Schug, Berlin.

Abb. 72: Anzeige, in; Berliner Illustrierte Zeitung, 1927, Heft 50, S. 2072, Deutsches Historisches Museum, Berlin.

Was tun Sie für Ihre Figur?

Auch ohne Sport und Körperübungen, zu denen vielfach doch die Zeit fehlt, können Sie besser aussehen, gesund sein und Erfolg haben! Gentila Gürtel machen sofort schlanker, beseitigen die Fettschichten, verbessern die Haltung und sichern Ihnen eine tadellose Erscheinung. Bei Folgen der Starkleibigkeit, wie Unbehagen, Darmträgheit, Senkungen, Schmerzen und Ziehen im Leib und Kreuz, Bauch- und Nabelbrüchen, bieten

Gentila Gürtel

einen sicheren Halt. Sie regen die inneren Organe an und verschaffen Ihnen das schöne Gefühl der Vollkraft und Frische.

Reisevertreterinnen gesucht!

J.J. Gentil G.m.b.H. Berlin W9
Potsdamer Str. 5 (a. Potsdamer Platz)
Separate Anlegesalons / Geöffnet von 9—6 Uhr

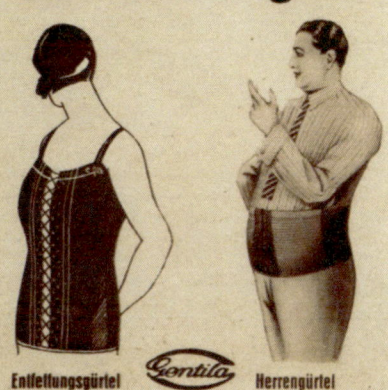

Entfettungsgürtel
für Gesicht, Leib, Büste, Hüften, Arme, Beine, bringen das Fett gewissermaßen zum Schmelzen, wirken gleichzeitig als Gesundheitsgürtel.
Katalog W 56 kostenlos

Herrengürtel
machen auch bei ungewöhnlicher Stärke sofort auffallend schlanker, verbessern die Haltung u. machen frisch, elastisch und ausdauernd.
Katalog H 56 kostenlos

Abb. 73: Anzeige, ca. Anfang 1920er, Archiv A. Schug, Berlin.

Abb. 74: Anzeige, in: Die Dame, 1934, Heft 6, S. 48, Deutsches Historisches Museum, Berlin.

Abb. 75: Anzeige, in: Die Dame, 1931/1932, Heft 3, S. IV, Deutsches Historisches Museum, Berlin

Der Mensch und sein Schicksal

Leben heisst kämpfen um Sieg und Erfolg. Doch die grausame Hand des Schicksals zerschlägt oft mit einfachsten Mitteln alle Bestrebungen des ringenden Menschen. Mögen Ihnen auch Ihre inneren Qualitäten wie ein Anrecht auf Glück und Wohlstand erscheinen, so steht doch zwischen Wollen und Ziel oft der Mangel Ihrer äusseren Erscheinung und verhindert so die Verwirklichung Ihres Strebens. Aber resignieren Sie nicht! Kommen Sie zu uns, wir beraten Sie, wir helfen Ihnen!

Verjüngung des Gesichts, Beseitigung jeglich. Falten, Ohren-, Lippen- u. Nasenfehler, Hebung gesunkener Wangen, Brüsteberichtigung usw. schmerzlos und narbenunsichtbar. Ärztliche Leitung. Zahlungserleichterung. Drucksache frei. Briefanfr. Rückporto. Broschüre mit etwa 60 Doppelbild. geg. 50 Pf. in Marken.

PROF. BIHLMAIER's INSTITUT FÜR KÜNSTLERISCHE CHIRURGIE
BERLIN-CHARLOTTENBURG 2, GROLMANSTRASSE 36 (FRÜHER HANNOVER)
SPRECHZEIT 17–18 UHR · FERNSPRECHER: J 1, BISMARCK 960

Abb. 76: Anzeige, in: Die Dame, 1931/1932, Heft 3, S. 55, Deutsches Historisches Museum, Berlin.

Abb. 77: Anzeige, in Berliner Illustrierte Zeitung, 1933, Heft 15, S. 552, Deutsches Historisches Museum, Berlin.

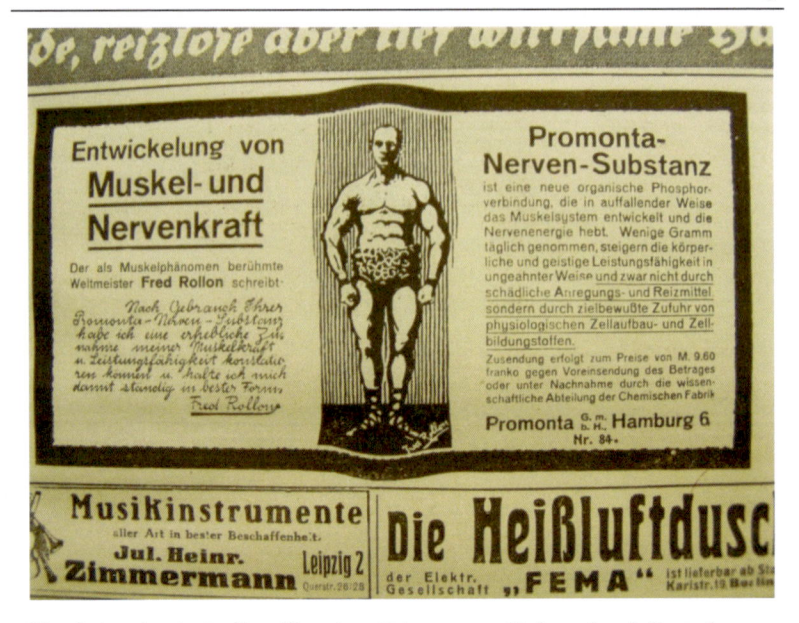

Abb. 78: Anzeige, in: Berliner Illustrierte Zeitung, 1919, Heft 49, S. 516, Deutsches Historisches Museum, Berlin.

Abb. 79: Anzeige, in: Berliner Illustrierte Zeitung, 1922, Heft 31, S. 602, Deutsches Historisches Museum, Berlin.

Abb. 80: Anzeige, in: Berliner Illustrierte Zeitung, 1923, Heft 15, S. 296, Deutsches Historisches Museum, Berlin.

Abb. 81: Plakat, ca. 1930er, Beiersdorf AG, Hamburg.

Abb. 82: Anzeige, in; Berliner Illustrierte Zeitung, 1934, Heft 39, S. 1409, Deutsches Historisches Museum; Berlin.

Abb. 83: Anzeige, in: Berliner Illustrierte Zeitung, 1927, Heft 3, S.96, Deutsches Historisches Museum, Berlin.

Abb. 84: Plakat, 1928, DaimlerChrysler AG, Stuttgart.

Abb. 85: Anzeige, in: Berliner Illustrierte Zeitung, 1924, Heft 42, S. 1244, Deutsches Historisches Museum, Berlin.

Abb. 86: Anzeige, in: Berliner Illustrierte Zeitung, 1919, Heft 44, S. 456, Deutsches Historisches Museum, Berlin.

Abb. 87: Anzeige, in: Die Dame, 1938, Heft 25, S. 77, Deutsches Historisches Museum, Berlin.

Abb. 88: Anzeige, in: Die Dame, 1938, Heft 6, S. 47, Deutsches Historisches Museum, Berlin.

Abb. 89: Plakat, 1940, DaimlerChrysler AG, Stuttgart.

Abb. 90: Plakat, nach 1927, Unilever GmbH, Hamburg

erschienen in der Reihe Q-Serie der Humboldt-Universität zu Berlin
___